LA GARDE NATIONALE

DANS LE DÉPARTEMENT DE LA MEURTHE

PENDANT LA RÉVOLUTION

(1789-1802)

THÈSE

POUR LE DOCTORAT ÈS LETTRES

PRÉSENTÉE à la Faculté des Lettres de l'Université de Paris

PAR

René TOURNÈS

Lieutenant-colonel d'infanterie

ANGERS

SOCIÉTÉ FRANÇAISE D'IMPRIMERIE ET DE PUBLICITÉ

26-28, BOULEVARD DU CHATEAU, 26-28

1920

LA GARDE NATIONALE

DANS LE DÉPARTEMENT DE LA MEURTHE

PENDANT LA RÉVOLUTION

(1789-1802)

THÈSE

POUR LE DOCTORAT ÈS LETTRES

PRÉSENTÉE à la Faculté des Lettres de l'Université de Paris

PAR

René TOURNÈS

Lieutenant-colonel d'infanterie

ANGERS

SOCIÉTÉ FRANÇAISE D'IMPRIMERIE ET DE PUBLICITÉ

26-28, BOULEVARD DU CHATEAU, 26-28

1920

AVANT-PROPOS

Le présent travail a été terminé avant la guerre; il avait été entrepris à une époque où nous étions retenus en province par des occupations fort absorbantes; ceci explique son caractère local.

Dans ce cadre, le choix du sujet procède de cette conception qui s'efforce d'étudier la Révolution du point de vue de la masse populaire; c'est la même qui fait écrire l'histoire des clubs, des journaux. Elle était plus séduisante encore pour la garde nationale, qui représente, en fait, la France entière; les clubs ne sont qu'une minorité; les journaux ne sont que les organes d'un parti, d'une fraction de l'opinion. Le département de la Meurthe se prêtait bien à une étude de ce genre; il a, dès le début de la Révolution, une vie politique intense, que marque, en 1790, d'une note très particulière, le curieux épisode de « l'Affaire de Nancy »; il est proche de la frontière et, à ce titre, plus que d'autres, intéressé par l'invasion prussienne de 1792, par les mesures prises pour les levées de volontaires ou de réquisitionnaires.

Nous n'avions pas d'ailleurs, en entreprenant ce travail, l'illusion d'y trouver la trace d'une action directement exercée par la garde nationale elle-même sur les événements révolutionnaires; nous étions convaincus par avance que les foules, ou même les grandes assemblées organisées, sont inaptes à exercer un pouvoir de direction; foules ou assemblées sont finalement menées par quelques hommes, ou quelques petits groupes d'hommes, qui, seuls, sont en mesure d'exercer le commandement. Nos recherches n'ont fait que nous confirmer dans cette manière de voir.

Seulement, les conducteurs d'hommes, des plus illustres aux plus modestes, ne sauraient négliger l'état d'âme, « l'esprit

[...] des grands organismes qu'ils entendent diriger [...] à l'heure actuelle [...] ce [...] était davantage, en France, sous la Révolution — et surtout à son début, alors que les cadres de la vie publique étaient encore assez mal déterminés. L'étude de la garde nationale est ainsi, avant tout, celle de l'esprit public [...] de la population tout entière, de celle des villes comme de celle des campagnes; elle s'applique enfin à un organisme dont les réactions ne sont pas toujours de simples manifestations oratoires, mais ont fréquemment de graves et immédiates répercussions pour ceux-là mêmes qui les ont adoptées. Quand la garde nationale de Nancy délibère en 1791 sur l'opportunité de défendre le département contre l'invasion prussienne, quand elle décide, en 1792, de fournir volontairement un bataillon de cinq cents [...] pour l'armée du Rhin, elle [...] un esprit auquel on peut faire foi qu'il y a [...] dans les plus brefs délais. Ainsi [...] semblable [...] puisqu'il [...] implique [...] demande d' [...] qu'elle traduit le plus souvent un état d'esprit [...] de la garde nationale offre aussi un intérêt particulier.

Il est [...] évidemment [...] de conduire l'étude [...]

[...] des principales villes du département [...] [illegible] [...] Après la paix, de [...] corps de villes [...] en Lorraine, le [...] [illegible] [...] en 1792 [...] ont [...] une histoire inexistante [...]

[illegible]

les départements, nous avons pu consulter un certain nombre
d'études consacrées à l'histoire de la Révolution en province.
On se tromperait cependant en estimant qu'on puisse trouver
dans ces travaux beaucoup de renseignements sur notre sujet.
Il ne faut pas oublier en effet que l'histoire révolutionnaire en
province n'a commencé à être étudiée scientifiquement que
depuis une trentaine d'années; les bonnes histoires locales, et
surtout celles embrassant à la fois l'histoire des villes et des campagnes, sont encore très rares; puis, naturellement les travailleurs se sont efforcés tout d'abord d'apporter quelque clarté dans
le début des événements révolutionnaires; le nombre est ainsi
beaucoup plus grand des travaux consacrés aux premières années
de la Révolution que celui des études sur la Convention, le
Directoire ou le Consulat...

Il serait donc inutile de vouloir dissimuler ces lacunes; elles
maintiennent un caractère local à notre travail. Tel qu'il est
cependant, il nous semble faciliter dans quelque mesure la
tâche de ceux qui voudront désormais s'intéresser soit à l'histoire de la garde nationale dans les départements, soit d'une
façon plus générale à l'histoire révolutionnaire en province. Si
vraiment nous avons obtenu ce résultat, si l'on veut bien reconnaître pareille utilité à cette modeste étude, nous nous estimons
très suffisamment payés de notre peine.

BIBLIOGRAPHIE

I. — SOURCES

Comme nous l'avons signalé dans notre avant-propos, l'étude de la garde nationale est un sujet relativement neuf; il n'existe pas d'ouvrage qui traite d'une façon approfondie l'histoire de cette institution pendant la période révolutionnaire aussi bien à Paris que dans les départements.

Dans ces conditions, nous avons travaillé à peu près uniquement sur les sources ; la plus grande partie de notre documentation provient des dépôts d'archives, des recueils de pièces et de lois se rapportant à l'époque révolutionnaire. Naturellement, les documents les plus nombreux nous ont été fournis d'abord par le fonds si riche des archives de Meurthe-et-Moselle, puis par ceux des communes du département, en premier lieu par ceux de la ville de Nancy; les recherches effectuées aux archives nationales et aux archives historiques du Ministère de la guerre ont donné également un nombre très appréciable de pièces intéressantes.

Entre ces différents fonds, les documents se répartissent dans des conditions qu'explique l'histoire même de la garde nationale. Pour la période de juillet 1789 à juillet 1790, toutes les pièces sont dans les archives municipales, quelques-unes aux archives nationales ou même aux archives historiques du Ministère ; la plupart émanent des gardes nationales elles-mêmes. A cette époque, en effet, l'organisation départementale n'est pas constituée ; la garde nationale a un caractère essentiellement municipal ; à tout instant, elle se mêle à la vie politique ; ses chefs écrivent, ses unités délibèrent, correspondent avec celles des départements voisins, elles se coalisent en attendant qu'elles célèbrent la fête solennelle de leur fédération. De nombreuses pièces attestent cette activité ; elles donnent de précieux renseignements sur la formation dans les gardes nationales d'un esprit révolutionnaire et patriote.

L'entrée en fonctions des administrations du département, à partir de juillet 1790, change la répartition et la nature des documents à utiliser pour l'histoire de la garde nationale. Désormais, l'autorité se rétablit, les cadres de la vie politique et administrative s'organisent; la garde nationale est soumise peu à peu à des règlements et à des lois uniformes ; son indépendance se restreint ; elle tend à perdre du caractère essentiellement municipal qu'elle avait au début. Dès lors, son activité délibérante, son intrusion dans la vie politique vont toujours diminuant ; par suite aussi, les pièces qui retracent son histoire changent de caractère. La plupart ne sont plus des documents qui émanent de ses unités ou de ses chefs, mais des autorités régulières du dépar-

tement, du district, de la commune; ce sont celles qui deviennent
alors les plus nombreuses, les plus vivantes aussi, à l'inverse de
ce qui se produit dans la période précédente. Elles sont classées
aux archives départementales, quelques-unes aux archives nationales.

ARCHIVES DU DÉPARTEMENT DE MEURTHE-ET-MOSELLE

Toutes les pièces utilisées proviennent de la série L et à quelques exceptions près se rapportent à la période postérieure à
juillet 1790 ; on peut les grouper en deux grandes séries : l'une
constituée par les pièces émanant des gardes nationales elles-
mêmes, l'autre par tous les autres documents ne figurant pas sous
cette rubrique.

La première série comprend, cataloguées par district, puis par
cantons, des pièces nombreuses, presque toutes similaires : ce sont
des procès-verbaux d'élections de gradés, de formations d'unités ; elles permettent de reconstituer l'organisation réelle de la
garde nationale dans les districts, de retrouver l'origine, le rang
social des officiers, sous-officiers, gardes nationaux; elles ont la
sûreté de documents officiels ; elles en ont aussi la sécheresse.

Avec les pièces de la deuxième série on pénètre davantage dans
la vie intime des gardes nationales; elles nous donnent des renseignements très précieux surtout pour les périodes de crises,
Affaire de Nancy, levée des volontaires en 1791 et 1792, invasion
de 1792, réquisition de gardes nationaux pour l'Armée du Rhin
en 1793. A partir de la fin de l'an II, et surtout à partir de l'an III,
les comptes décadaires, établis par les autorités subordonnées à
l'Administration du département, Directoires de district, Commissaires du Directoire près les administrations de cantons ou
les administrations de grandes villes, la correspondance du Commissaire du Directoire près l'Administration centrale du département avec les ministres de la justice et de la police fournissent des données précises sur l'état de la garde nationale.

1re SÉRIE :

a) *Pièces émanant des gardes nationales (P.V. d'élections,
contrôles des unités, etc...)*, de 1790 à l'an IV pour les districts
de : Blâmont, 728 (1) ; Château-Salins, 902,903 ; Dieuze, 1.116 ;
Lunéville, 1.412; Nancy, 1.678; Pont-à-Mousson, 1994, 1995, 1996;
Toul, 2429; Sarrebourg, 2271; Vézelise, 2718, 2719.

b) *Pièces de même nature que les précédentes* de l'an IV à
l'an VIII pour les cantons de : Amance, 2792; Haroué, 2850, 2851;
Nancy extra-muros, 2936 ; Pont-à-Mousson intra-muros, 2985
Pont-Saint-Vincent, 3027; Vaudémont, 3117.

2me SÉRIE :

a) *Pièces émanant de l'Administration du département pour la
période du 28 juillet 1790 au 28 ventôse an VIII (19 mars 1800).
Registres de délibération du Conseil général du département, du
Directoire du département, de l'Administration centrale du dépar-*

(1) Les numéros indiqués ci-dessus sont ceux des liasses de la série.

tement, 32 registres, 67 à 99. — *Correspondance émanant du Directoire du département, du Procureur général syndic, du Commissaire du gouvernement près l'Administration centrale ou reçue par ses différentes autorités*, 45 registres ou liasses, 102, 103, 120, 125 à 132, 142 à 147, 151, 152, 158 à 174, 177, 179 à 187.

b) Pièces diverses intéressant l'histoire du département :

1° *Arrêtés des représentants du peuple en mission :* 1793 à l'an III, liasses 121 à 133 ;

2° *Pièces concernant des mesures de police :* 1790 et 1791, liasses 211 et 212 ;

3° *Pièces concernant des événements militaires :* 1792 à l'an VII, liasses 410 à 415, 3370.

Les dossiers 410 et 411 contiennent des documents particulièrement intéressants sur l'attitude des populations et des autorités du département lors de l'invasion de 1792, ainsi que sur l'emploi des gardes nationales en cette circonstance. Le dossier 3370 a trait aux bataillons des gardes nationales « sans culottes », partis volontairement, en 1793, pour l'Armée du Rhin.

4° *Pièces concernant les prisonniers, les maisons d'arrêt, la justice militaire*, liasses 427 bis, 494, 494 bis.

c) Pièces émanant des Administrations, des Directoires, des Procureur syndics des districts, des Administrations, des Commissaires du Directoire près les Administrations de cantons, ou reçues par ces différentes autorités.

En général, ces fonds des districts et des cantons sont beaucoup moins importants pour notre sujet que les fonds des subdivisions précédentes qui intéressent tout le département ; les administrations subordonnées, rendant compte de tout événement grave, on retrouve trace, en effet, soit dans les pièces reçues, soit dans les réponses faites par l'Administration du département, des affaires les plus intéressantes survenues dans les districts ou dans les cantons. Les comptes décadaires de l'an II à l'an VIII, établis par les autorités subordonnées à l'Administration centrale, se retrouvent de même dans les fonds de cette administration.

Les fonds des districts et des cantons livrent cependant des documents qui permettent de constater quels furent l'organisation et le fonctionnement réel de la garde nationale du district ou du canton et quelles différences la distinguent de celle de la circonscription voisine.

Le grand nombre des pièces contenues dans les liasses de cette série en rendait impossible un examen complet ; nous avons donc fouillé pour certains districts et cantons la plus grande partie des liasses et registres, nous contentant pour d'autres de compulser les dossiers que l'expérience nous avait démontré pouvoir être fructueusement consultés ; nous ne citerons ci-après que ceux des dossiers où nous avons trouvé des renseignements utiles.

DISTRICTS : *Blâmont (1790-1791) perquisitions* (1), 638. *Enrôlements volontaires et réquisitions de 1792 à l'an III*, 703 à 707. — *Château-Salins : Enrôlements volontaires, État des armes,*

---

(1) Les numéros indiqués ci-dessus sans autre mention sont ceux des liasses de la série.

1791 à 1793, 881 à 884. — Dieuze : *Correspondance relative aux affaires militaires*, 1791 à l'an III, 1071 à 1075, 1087. — *Délibérations du Directoire relatives à la garde nationale*, 1792-an IV, 1116. — Lunéville : *Epuration des autorités administratives*, 1793-an III, 1230. — *Gardes nationales et fédérations*, 1239, 1240, 1345. — *Affaires militaires, Correspondance*, 15 registres, 1346 à 1361. — *Affaires militaires, Recrutement et engagements*, 1343, 1363, 1364, 1368. *Levée des 500 hommes pour la défense de la Convention*, 1365. *Bataillon agricole*, 1367. — Nancy : *Registre des procès-verbaux de délibération du Conseil général et du Directoire du 28 juillet 1790 au 27 brumaire an IV*, 22 registres, 1473 à 1494. — *Arrêts du Directoire*, 1791-an II, 1495, 1496. **Comptes** *décadaires de l'agent national. Correspondance de cet agent de l'an II à l'an IV*, 1512, 1513. *Affaires de police*, 1523. *Affaires militaires, engagements volontaires, recrutement, armement, de 1791 à l'an IV*, 1616, 1618, 1675 à 1679. — Pont-à-Mousson : *Affaires militaires, Armes de 1792 à l'an IV*, 1919 à 1923, 1931. *Comptes décadaires de l'agent national et de l'agent de la commune de Pont-à-Mousson, ans II et III*, 1779. — Toul : *Affaires militaires*, 2412, 2413. — Sarrebourg : *Police, arrestations, mise en état de surveillance*, 2151 à 2153, 2155. — Vézelise : *Affaires militaires de 1791 à l'an IV*, 2634. *Police pour les mêmes années*, 2555.

CANTONS : Amance : *Registre des procès-verbaux des délibérations de l'Administration du canton de l'an IV à l'an VIII*, 2 registres, 2769, 2770. *Plaintes de l'Administration au commissaire du Directoire près l'Administration centrale*, 2775. — Belleau : *Registre des procès-verbaux des délibérations de l'Administration du canton, de l'an IV à l'an VIII*, 3 registres, 2799 à 2801. — Blâmont : *Tableau moral de la situation du canton, de l'an III à l'an VIII*, 2804. — Custine : *Registre des procès-verbaux des délibérations de la commune, puis de l'Administration municipale du canton de Custine, de 1790 à l'an VIII*, 2 registres, 2805 et 2806. — Frouard : *Registre des procès-verbaux de l'Administration du canton, an IV à an VIII*, 3 registres, 2814, 2814 bis, 2815. — Haroué : *Mêmes registres que les précédents*, 6 registres, 2822 à 2827. — Laneuville-au-Bois : *Correspondance de l'Administration du canton, de l'an IV à l'an VII*, 2854 bis. — Nancy (extra-muros) : *Délibérations et correspondance de l'Administration, de 1791 à l'an VIII*, 2877 à 2879. — Nancy (intra-muros) : *Arrêtés de l'Administration municipale du canton*, an VI, 2943. — Pulligny : *Affaires militaires, an IV à an VIII*, 3053.

<h3 style="text-align:center">ARCHIVES MUNICIPALES</h3>

Les archives des municipalités de la Meurthe sont incontestablement moins riches que celles du département; mais on y trouve un grand nombre de pièces qui ne figurent pas dans les archives départementales; c'est dans les dépôts des archives municipales qu'il faut aller chercher les originaux de presque toutes les pièces afférentes à la période de juillet 1789 à juillet 1790; même pour les événements postérieurs à cette période, les documents des fonds municipaux sont encore extrêmement précieux, parce que, malgré l'organisation réalisée à la fin de 1791, la garde nationale a toujours conservé, par la force même des choses, une place, plus ou moins importante, dans la vie municipale.

Malheureusement, les archives des petites communes, peu surveillées, mal préservées, ont laissé irrémédiablement échapper beaucoup de pièces qui devaient y exister ; dans les villages, voire même dans les gros bourgs, il est rare de trouver des documents relatifs à la garde nationale de l'époque révolutionnaire. Les villes ont, par contre, conservé leurs archives d'une façon plus ou moins complète ; presque toujours, dans ces dépôts, nos recherches ont été fructueuses. Il va de soi que nous avons exploré aussi scrupuleusement que possible les archives municipales de Nancy ; ce sont de beaucoup les plus riches de toutes celles des villes du département par le nombre et l'intérêt des documents qu'elles renferment ; ce sont aussi les plus importantes à utiliser en raison du rôle considérable joué par la garde nationale de la capitale de la Lorraine.

NANCY :

1re série : *Pièces émanant de la garde nationale de la ville (Procès-verbaux de formation, d'élections, contrôles d'unités, délibérations du conseil d'administration et des unités, correspondance du commandant de la garde nationale, pièces relatives aux fédérations...)*, 2 cartons, N° 1 de 1789 à 1794, N° 2 de 1795 à 1802. H³.

2e série : 1° *Dossier concernant la milice bourgeoise de la ville avant la Révolution*, un dossier, E E⁷ ; 2° *Registres des procès-verbaux des différentes assemblées municipales depuis juillet 1789 jusqu'à l'an VIII*, D. 1. Une table chronologique imprimée, dressée par l'ancien archiviste municipal Roussel, pour la période de 1789 à 1900, facilite le maniement de ces registres ; elle est actuellement continuée par une table manuscrite établie par ordre de matières, récemment achevée par M. P. Denis, archiviste municipal ; 3° *Correspondance du Comité permanent* (1789), un dossier, A A²¹. Ce dossier est composé en grande partie de lettres émanant des Comités permanents ou des Administrations substituées aux municipalités des villes de la région lorraine ; on y retrouve la correspondance échangée par ces assemblées avec le Comité de Nancy, afin de lui demander tous les renseignements nécessaires pour former leur garde nationale sur le modèle de celle de Nancy ; 4° *Registre de correspondance des Assemblées municipales avec différentes autorités, du 2 nivôse an II* (22 décembre 1793) *à la fin de 1799*, 4 registres, D² ; 5° *Dossier de l'Affaire de Nancy, 1790*, 1 dossier I² ; 6° *Pièces relatives aux affaires militaires et notamment à l'invasion de 1792*, 1 dossier H² ; 7° *Registres de la Société populaire de Nancy, du 8 frimaire an II* (28 novembre 1793) *au 21 frimaire an III* (11 décembre 1794) (avec quelques interruptions), 3 registres. Ils manquent donc pour les périodes où ils auraient été les plus utiles à consulter en ce qui concerne la garde nationale, les journées qui ont précédé l'affaire de Nancy (31 août 1790) et le moment critique de l'invasion de 1792 (août-septembre 1792). La Société a fait brûler ses registres à ces deux époques afin d'éviter les représailles qu'elle pouvait craindre, au cas d'un triomphe définitif des contre-révolutionnaires ou des Prussiens.

Toul :

Les archives de la ville de Toul ne contiennent pas de dossier relatif à la garde nationale ; nous avons dû nous contenter de consulter les registres des procès-verbaux des assemblées municipales, du 23 septembre 1789 jusqu'en 1818. 8 registres, registre N° 60, Série BB, registres 1 à 7, Série D.

Lunéville :

1re série : *Pièces émanant de la garde nationale ou reçues par elle de 1789 à 1806, 1 carton H*^{82}.

2e série : *Registres des procès-verbaux des assemblées munici-pales pour l'année 1789, 2 registres, N°s 22 et 23, BB.*

Pont-a-Mousson :

Registres des procès-verbaux des assemblées municipales de 1789 à 1793 inclus, 2 registres, sans numérotage.

Nomény :

Registres des procès-verbaux des assemblées municipales de 1789 à 1793 inclus, 2 registres, sans numérotage.

Ils s'arrêtent à 1793 pour reprendre à partir de 1806. Dès 1791, ils sont à peu près sans intérêt en ce qui concerne la garde natio-nale.

Baccarat :

Registre pour recevoir les délibérations de la milice bourgeoise du 16 août 1789 au 25 août 1792, 1 registre, sans N° de série. C'est un registre de 29 pp., in-f°, contenant quelques délibéra-tions généralement sans grand intérêt.

*
**

BIBLIOTHÈQUE MUNICIPALE DE NANCY

La bibliothèque municipale de Nancy contient une collection importante de pièces de l'époque révolutionnaire, tant manus-crites qu'imprimées, se rapportant à l'histoire de la ville ; elles font partie, soit du *fonds lorrain*, dont il existe un excellent cata-logue dressé par le conservateur, M. Fabvier, soit du *fonds des manuscrits*.

Fonds lorrain :

a) *Pièces énumérées au catalogue Fabvier* (nous les citons d'après leur numéro à ce catalogue) :

1re série : *Pièces émanant de la garde nationale de Nancy*, N°s 1346, 1347, 1349, 1350, 1352 à 1364, 1368 à 1379, 1382, 1383, 1391, 1393, 1398, 5527. Toutes, sauf une pièce, se rapportent aux années de 1789 à 1792. La disparition de tous documents de cette série à partir de 1792 s'explique en partie par ce fait que, dès 1793, la garde nationale perd toute influence sur la vie politique de Nancy.

Nous signalerons particulièrement dans la série :

a) La pièce N° 1378. « *Registre des procès-verbaux et délibéra-tion de la compagnie Noël*, de septembre 1790 à novembre 1791 ». 55 pp., in-4°. Ce curieux registre contient pour une compagnie, puis pour un bataillon de la légion de Nancy, les procès-verbaux de délibérations, d'élections, d'admissions, les ordres, les pro-grammes pour les exercices. Grâce à ce document, nous pénétrons dans la vie intérieure d'une unité de la garde de Nancy.

b) Pièce N° 5527. *Almanach de la garde citoyenne de Nancy*, 1790. Nancy, Lamort, 1790, in-32, 125 pp. Il donne la liste de tous les membres de la garde nationale au début de l'année 1790.

2° série : 1° Pièces concernant les gardes nationales de la Meur-the, mais n'émanant pas d'elles (Pamphlets, lettres des gardes nationales voisines...). N°⁸ 1351, 1366, 1380, 1385, 1388 à 1390, 1392, 1395 à 1397, 1399 ;

2° Affaire de Nancy, Pièces N°ˢ 1049 à 1168.

Nous signalons particulièrement parmi les pièces classées sous cette rubrique :

a) N° 1051. Léonard. *Relation exacte et impartiale de ce qui s'est passé à Nancy le 31 août et les jours précédents, avec un détail circonstancié des événements qui ont précédé et accompagné l'insurrection de la garde citoyenne et qui l'ont accasionnée,* par M. de Léonard, lieutenant au régiment de Mestre de Camp général de la Cavalerie. Nancy, Henri, 1790, in-4°, V. 188 pp. La relation de Léonard est l'œuvre d'un officier aristocrate, nettement hostile à la Révolution, prévenu contre le parti patriote et notamment contre la garde nationale de Nancy ; cette partialité même de l'auteur, en nous révélant l'animosité de bon nombre d'officiers contre l'institution des gardes nationales, constitue un des prin-cipaux intérêts de cet ouvrage.

b) *Rapport de MM. Duveyrier et B. C. Cahier, Commissaires nommés par le Roi pour l'exécution des décrets de l'Assemblée nationale, relatifs aux troubles de Nancy, remis à M. La Tour du Pin, Ministre de la guerre, le jeudi 14 octobre 1790.* Paris, Imprimerie nationale, 1790, petit in-8°. 109 pp. C'est le rapport officiel de l'affaire ; les faits y sont, en général, rapportés d'une façon exacte, mais leur appréciation n'est pas dénuée de toute partialité ; les commissaires, circonvenus par le parti patriote de Nancy, ont essayé dans la mesure où ils pouvaient le faire sans provoquer des réclamations trop violentes, d'excuser les excès commis par les régiments insurgés.

3° Représentants du peuple en mission. Rapports de Faure pour justifier sa conduite à Nancy, 1313 à 1315 ;

4° Sociétés révolutionnaires. Pièce N° 1611 ;

5° Actes des Directoires du département, des districts, des Administrations municipales. Nous n'avons utilisé aucun des docu-ments figurant sous cette rubrique au catalogue Fabvier : tous existent, en effet, en originaux aux différents dépôts d'archives ;

6° Pamphlets. Pièces N°ˢ 1646 à 1647 ;

7° Journaux. Les journaux du département pendant la période révolutionnaire sont loin d'être une source importante pour l'his-toire locale : ils donnent des nouvelles de Paris, des nouvelles de l'étranger d'après les journaux de Paris, des réclames, des annonces, mais on peut parcourir des séries entières de leurs numé-ros sans y relever une mention des faits les plus intéressants survenus dans le département ; la crainte de se compromettre n'explique pas toujours cette indifférence ; en fait, le journal local n'est pas encore créé.

N° 5460. — *Journal du département de la Meurthe, rédigé par Sonnini*, du 15 juillet 1790 au 7 juillet 1791, 46 numéros in-8°. C'est un journal patriote, d'opinions avancées, le plus intéressant des périodiques du département à cause de son caractère combatif qui le fait intervenir dans la vie politique locale.

N° 5461. — *Journal des frontières pour l'instruction des habitants des villes et des campagnes*, du 14 juin 1792 au 6 juin 1793. Nancy, Veuve Bachot, 80 numéros in-8°. — A partir du numéro 24 (30 août 1792), il est publié sous le titre *Journal de Nancy et des frontières par la Société des Amis de la Constitution*, afin dit un avis au public, de propager des idées plus avancées que celles de l'ancien journal où les membres de la Société n'avaient pas une influence assez prépondérante.

N° 5464. — *Journal de la Meurthe*, publié successivement sous les titres de *Patriote de la Meurthe* du 22 septembre 1797 au 20 avril 1798, *Journal moral et politique de Nancy* du 26 avril 1798 au 23 septembre 1798, *Journal de la Meurthe* du 25 septembre 1798 au 15 mars 1814.

N° 5512. — *Les Affiches des Evêchés et Lorraine* ; à partir du 15 juillet 1790, le journal prend le titre de *Journal des départements de la Moselle, de la Meurthe, des Ardennes et des Vosges*, qu'il garde jusqu'au 28 juillet 1897. Les numéros de janvier 1794 à octobre 1796 manquent à la collection. Le journal est d'ailleurs d'une insignifiance à peu près complète pour l'exposé des faits politiques survenus dans le département.

b) *Pièces non énumérées au catalogue Fabvier*. — Elles sont contenues dans les cartons du N° 26 au N° 34. Bien qu'un certain nombre d'entre elles aient été utilisées dans ce travail, il ne paraît pas nécessaire de les signaler particulièrement.

Fonds des manuscrits :

Toutes les pièces de ce fonds utilisées dans notre travail proviennent du recueil n° 852 relatif à la période révolutionnaire ; nous les citons d'après les numéros portés à la main sur chacune d'elles.

1re Série : *Pièces émanant des gardes nationales*, N°s 1194, 1195, 1214, 1251 (*Pétitions de gardes nationaux*). Ces 4 pièces sont imprimées.

2e série : *Pièces n'émanant pas des gardes nationales*, N°s 1193, 1196, 1198, 1204 à 1212, 1252. Toutes sont des procès-verbaux de délibérations des assemblées municipales ou d'élections des districts. Les pièces 1250, 1254, ont trait à l'Affaire de Nancy sur laquelle la pièce 1254, *Relation de l'expédition du Général de Bouillé*, composée de deux récits, l'un d'un auteur inconnu, l'autre de Noël, donne des renseignements intéressants. On trouvera, à la fin de ce manuscrit N° 1254, deux lettres autographes du Commandant de place, de Noue, adressées en octobre 1790 à Bouillé,

***

ARCHIVES NATIONALES

Elles ont fourni peu de documents et, en général, de peu d'importance pour la période de 1789 à l'an IV ; notamment, nous n'avons rien trouvé dans les cartons des séries F¹ᶜ III et A. F. II ; de l'an IV à l'an VIII, au contraire, les recherches dans la série F⁷ nous ont donné d'assez nombreux *états sur la situation politique du département* qui procurent de précieux renseignements sur la garde nationale. Toutefois, il faut remarquer que les minutes de ces pièces se retrouvent aux archives du département, soit dans les registres de correspondance du commissaire du Directoire près l'Administration du département, soit dans les registres des procès-verbaux de cette administration.

1ʳᵉ série : *Pièces émanant de la garde nationale (en général des procès-verbaux de formation, des pétitions, des réclamations de gardes nationales... pour les années 1789 et 1790)*, 18 pièces, D. IV, 43.

2ᵉ série : 1° *Pièces concernant la police du département*. F⁷. 5. 1241 ;

2° *Pièces concernant les troubles dans le département en 1789*, D. XXIX *bis*, 1 ;

3° *États de situation, dénonciations contre des municipalités, des émigrés, des prêtres, de l'an IV à l'an VIII*. F⁷. 7155, 7436, 7450, 7865 ;

4° *Dossier de l'information ouverte contre Lavalette, premier commandant de la garde nationale de Nancy, pendant son séjour à Lille en 1793*, 19 pièces, W. 25-1511.

***

ARCHIVES HISTORIQUES DU MINISTÈRE DE LA GUERRE

Les cartons des « Archives anciennes — Supplément » ont été consultés pour la période de juillet 1789 à septembre 1790. On y trouve quelques lettres échangées par les commandants de la province de Lorraine ou les commandants de place avec le Ministre de la guerre. Ces pièces ont trait pour la plupart à l'organisation et à l'armement des gardes nationales, à la fédération, à l'Affaire de Nancy ; elles sont d'ailleurs peu nombreuses.

***

ARCHIVES ADMINISTRATIVES DU MINISTÈRE DE LA GUERRE

Elles ont fourni les états de services d'officiers qui avaient servi dans l'armée avant leur entrée dans la garde nationale ou qui passèrent de la garde nationale dans les volontaires.

*
* *

BIBLIOTHÈQUE NATIONALE

Les quelques pièces relatives à la garde nationale de la Meurthe qui se trouvent à la Bibliothèque nationale existent au fonds lorrain de la Bibliothèque municipale de Nancy. Une seule de ces pièces manque au fonds lorrain, c'est la *Délibération du corps de la musique de la garde citoyenne de Nancy* du 12 octobre 1789, sl. nd. (1789), in-4° Lf³³˙ 109.

Nous avons encore consulté à la Bibliothèque une pièce intéressant Lavalette, le premier commandant de la garde nationale de Nancy : *Note du général Lavalette en réponse à la dénonciation de Bourdon de l'Oise*. Lille. Boubers, Sd. (1793). 8 pp. Ln²⁷ 11776.

*
* *

Après cette indication des différents fonds d'où proviennent nos sources, nous mentionnerons rapidement les documents et recueils de documents imprimés qui n'appartiennent pas spécialement à tel dépôt d'archives ou à telle bibliothèque. On s'étonnera peut-être de voir figurer dans notre énumération des recueils de lois extrêmement connus et couramment utilisés par tous ceux qui ont à s'occuper d'études sur la Révolution. Nous demandons qu'on ne nous accuse point d'avoir voulu faire parade d'une facile érudition ; il est certain qu'on trouvera sur ce sujet, par exemple dans les excellents manuels de Caron ou de Schmidt des indications plus détaillées et mieux présentées que celles reproduites ci-après ; il nous a semblé cependant qu'il pourrait être utile pour les travaux d'un genre analogue aux nôtres de reproduire ici la liste des recueils de textes dont nous nous sommes servis et qu'il est indispensable de consulter :

1° *Procès-verbal de l'Assemblée nationale*, Paris, Beaudoin. sd. 75 vol. in-8° et *Table de ce procès-verbal*. Paris, Imprimerie nationale, an XIV, 5 vol. in-8°.

Procès-verbal de l'Assemblée législative, Paris, Imprimerie nationale, 1791-1792, 16 vol. in-8° et *Table de ce procès-verbal*, Paris, Imprimerie nationale, Frimaire an X, 2 vol. in-8°.

Procès-verbal de la Convention nationale, Paris, Imprimerie nationale, 1792-an IV, 74 vol. in-8°. Il n'existe pas de table imprimée ; nous nous sommes servis de la copie abrégée de la table de Camus qui existe aux Archives nationales dans la salle de travail.

Procès-verbal des séances du Conseil des Cinq Cents de l'an IV à l'an VII, Paris, 50 vol. in-8° et *Procès-verbal des séances du Conseil des Anciens de l'an IV à l'an VII*, Paris, 49 vol. in-8°, avec une table en 9 volumes commune aux deux procès-verbaux ci-dessus mentionnés.

2° *Moniteur universel*, 1789, an VIII, Paris, Panckoucke, 24 vol. in-f°.

3° *Journal militaire officiel* (Collection de la Bibliothèque du Ministère de la guerre). Les premiers volumes de la collection sont formés par le *Journal militaire* de B. C. Gournay (1790, an VIII), Paris, Belin, 1790, 29 vols. in-8°, et le supplément de ce journal, Paris, Imprimerie du Journal militaire, an VIII, 6 vol. in-8°.

4° Indépendamment des collections Beaudoin et du Louvre que nous avons consultées, nous nous sommes servis le plus habituellement des recueils ci-après : a) J. B. Duvergier, *Collection complète des lois, décrets, ordonnances, règlements et avis du Conseil d'Etat.* Paris, Guyot et Scribe, 1824, 24 vol. in-8°.

b) *Législation relative à la garde nationale (de 1789 au 22 mars 1831). Recueil de lois, ordonnances et autres actes de l'autorité concernant la garde nationale,* Paris, Paul Dupont, 1840, in-8°, XXXI, 608. C'est un recueil bien fait, exact, suffisamment complet dont on peut se servir avec profit.

c) *Bulletin des lois* avec la *Collection des lois* de 1789 au 22 prairial an II. 22 vol. in-8°.

5° *Archives parlementaires* de 1787 à 1860, Ire Série (1787 à 1799), Paris, Dupont. 1867-1914, 81 vol. in-8°.

6° F. A. Aulard, *Recueil des actes du Comité de salut public, avec la correspondance officielle des représentants en mission et le registre du Conseil exécutif provisoire,* Paris, Leroux, 1889-1911, 21 vol. in-8°.

La Société des Jacobins. Recueil de documents pour l'histoire du Club des Jacobins à Paris. Paris, Jouant et Noblet, 1889-1897. 6 vol. in-8°.

7° *Discours et rapports de Maximilien Robespierre,* publiés par Ch. Vellay dans la collection *L'Elite de la révolution.* Paris, Champion, 1908, in-12. XX, 430 pp.

Œuvres complètes de Maximilien Robespierre, publiées par V. Barbier et Ch. Vellay. T. 1er, Paris, *Revue historique de la Révolution française,* 1910, in-8°, XLII, 246 pp.

Œuvres complètes de Maximilien Robespierre, publiées par Eug. Deprez, Fas. I., Paris, Leroux, 1910, in-8°, 64 pp.

8° A. Debidour, *Recueil des actes du Directoire exécutif (Procès-verbaux, arrêtés, instructions, lettres et actes divers....),* Paris, Imprimerie nationale, 1910-1911, 4 vol. in-8°.

II. — OUVRAGES

On ne trouvera ici qu'une nomenclature assez courte des ouvrages consultés. En effet, il nous a paru complètement inutile, et d'ailleurs la chose eût été pratiquement impossible, de reproduire dans cette modeste bibliographie, l'indication des ouvrages généraux ou des instruments de travail, dont toute recherche sur la Révolution suppose la connaissance préalable. D'autre part, en ce qui concerne le point de vue particulier auquel nous étions placés dans notre étude, nous n'avons voulu faire figurer dans la liste ci-après que ceux des ouvrages dont la lecture nous a fourni réellement des renseignements utiles ou pourrait° en donner à d'autres travailleurs poursuivant une enquête analogue.

Ouvrages sur l'histoire générale de la Révolution. — Nous ne mentionnerons à cet égard que l'ouvrage classique de M. Aulard l'*Histoire politique de la Révolution*, auquel nous nous sommes trop souvent et trop fructueusement reportés pour que nous puissions malgré la règle que nous venons de poser, le passer sous silence. Nous citerons également pour les avoir toujours utilisés avec profit, l'ouvrage de Sciout sur le Directoire et celui de Mautouchet sur le gouvernement révolutionnaire.

Ouvrages sur la garde nationale : Comme nous l'avons déjà dit, nous ne connaissons pas d'ouvrage récent de quelque importance ayant trait à l'histoire de la garde nationale soit à Paris, soit dans les départements ; il serait possible de signaler au contraire un nombre relativement considérable d'études déjà anciennes consacrées soit à la garde nationale parisienne, soit à des vues d'ensemble sur l'institution. Mais, tous ces travaux, effectués pour la plupart sous la Restauration ou sous la Monarchie de juillet, ont trait beaucoup plus à la garde nationale de cette époque qu'à celle de la période révolutionnaire, sur laquelle ils n'apportent que des renseignements peu importants, imprécis, sans indication d'origine.

Il est juste cependant de faire une exception pour l'ouvrage de Poisson *L'Armée et la Garde nationale* qui donne un aperçu intéressant de l'histoire de la garde nationale entre 1789 et 1795. Poisson étudie surtout les transformations que les lois successives ont tenté de faire subir à l'institution ; il s'occupe peu de l'état réel de la garde nationale, des services qu'elle a rendus dans les départements, de l'influence qu'elle a eue sur la vie politique. Sa documentation ne lui permet pas davantage ; elle paraît se borner en effet, au *Moniteur*, à quelques recueils de lois et à des histoires générales de la Révolution. Tel qu'il est cependant, en raison du point de vue auquel s'est placé son auteur, l'ouvrage reste extrêmement utile.

Le livre de Ch. Comte, écrit en 1827, *Histoire de la garde nationale de Paris depuis l'époque de sa fondation jusqu'à l'ordonnance du 29 avril* 1827 présente également quelque intérêt encore ; c'est un coup d'œil rapide sur l'histoire de la garde nationale parisienne dans le but de démontrer l'erreur commise par le gouvernement en supprimant une institution qui, depuis sa création, a toujours concouru au maintien de l'ordre.

Histoire de la Révolution dans le département de la Meurthe : L'histoire de la Révolution dans le département de la Meurthe n'est point encore écrite ; elle a donné lieu cependant depuis 20 ans à des monographies assez nombreuses que nous avons presque toujours utilement consultées. Pour l'histoire de la Révolution à Toul, nous nous sommes servis des ouvrages de A. Denis, pour l'histoire de Lunéville de l'ouvrage de Baumont. La magistrale histoire de Nancy par Ch. Pfister s'arrête actuellement à 1789 ; on y trouve cependant d'intéressants renseignements sur la topographie de la ville à l'époque révolutionnaire ; sur ce sujet, on peut encore consulter avec profit le livre de Courbe. Nous citons à peu près pour mémoire, en ce qui concerne la Révolution, l'histoire insignifiante de Cayon.

La monographie de Mansuy, sur les *Sociétés populaires à Nancy*, parue dans les *Annales de l'Est et du Nord*, les différents ouvrages de Poulet, l'excellent historien lorrain, nous ont été fort utiles ; le volume, publié par M. P. Denis, l'archiviste municipal de Nancy, sur *les Municipalités de Nancy de 1790 à 1910*, est une source de renseignements très précieux.

Sur l'un des événements les plus fameux de l'histoire révolutionnaire du département, l'Affaire de Nancy, on consultera avec fruit l'ouvrage de Maire, paru en 1861 sous le titre *l'Affaire de Nancy* ; c'est encore aujourd'hui la meilleure relation de cette insurrection. Bien que Maire n'indique pas ses sources, il a certainement consulté la plupart des documents du fonds lorrain ; son récit est exact et en général impartial. On n'en peut dire autant de l'exposé de ce même événement dans le livre du Lieutenant de Chilly sur *la Tour du Pin* ; on y relève des erreurs graves ; l'auteur n'a visiblement examiné qu'un nombre tout à fait restreint de documents contemporains, il n'en indique d'ailleurs aucun, enfin il semble avoir basé son appréciation des événements sur la relation de Léonard dont nous avons déjà noté l'extrême partialité. Il est à peine besoin de signaler que ce même parti pris se retrouve dans les passages des mémoires de Bouillé, consacrés au récit de ses opérations contre la garnison rebelle. L'étude de Bourdeau, dans les *Annales de l'Est et du Nord*, en 1897, sur l'affaire de Nancy n'est que le sommaire d'un mémoire présenté au diplôme d'études ; nous n'avons pu consulter le manuscrit lui-même.

Histoire de la Révolution dans les départements autres que la Meurthe : L'absence d'une histoire d'ensemble de la garde nationale rendait d'autant plus important de rapprocher le résultat de nos recherches des renseignements sur le même sujet que nous pourrions rencontrer dans les études consacrées à l'histoire révolutionnaire dans d'autres départements que la Meurthe.

Seulement, nous l'avons rappelé dans notre avant-propos, l'histoire locale révolutionnaire n'a guère commencé à s'écrire scientifiquement que depuis une trentaine d'années ; le nombre de travaux importants qu'elle comporte est encore singulièrement restreint ; beaucoup n'embrassent qu'une période assez courte des événements, généralement le début. Il est certain d'ailleurs que l'œuvre à accomplir est immense, aride ; il est malaisé pour un auteur de résoudre avec la même compétence tous les problèmes qu'elle soulève. Nous ne saurions donc nous étonner que, malgré la valeur indéniable de certains travaux d'histoire locale, il nous ait été souvent impossible d'y trouver une réponse satisfaisante aux questions que nous étions amenés à leur poser. A quelle époque se sont formées les gardes nationales rurales? Sous l'empire de quels motifs ? Les gardes nationales ont-elles fourni seules les volontaires de 1791 ? Sur ces points particuliers, comme sur bien d'autres que soulève l'étude de la garde nationale, on est forcé de constater que souvent de très bonnes monographies provinciales ne donnent aucun éclaircissement.

Cependant, malgré l'intérêt d'une enquête dans les départements autres que la Meurthe, on comprend sans peine que nous ne pouvions songer à consulter les innombrables travaux consacrés à l'histoire de la Révolution en province ; nous avons forcément dû nous limiter, en essayant du moins d'opérer nos sondages dans des points sensiblement différents de la France. D'autre part, conformément à la règle que nous nous sommes posée ,nous n'indiquons ici que ceux des ouvrages consultés où nous avons effectivement trouvé des renseignements utiles.

En ce qui concerne la région de l'Est, les travaux de Bouvier pour les Vosges, de Reuss et Seinguerlet pour l'Alsace, nous ont particulièrement aidés ; pour la région lyonnaise et celle du sud-est nous mentionnerons les ouvrages de M. Wahl sur les débuts de la Révolution à Lyon, ceux de Viguier relatifs à la Provence et de Chevalier au département de la Drôme ; il nous faut citer également l'étude de P. Conard sur : *La peur en Dauphiné*.

Le livre de M. Bruneau : *Les débuts de la Révolution dans les départements du Cher et de l'Indre* (1789-1791), mérite une mention spéciale en raison des renseignements si précis qu'il fournit. Nous avons trouvé dans cet excellent ouvrage, scientifiquement abordés et résolus, tous les problèmes qui se posent à propos de l'organisation et de la formation des gardes nationales dans les villes comme dans les campagnes. Les études de M. Bussière sur la Révolution en Périgord constituent aussi pour le centre de la France une source de renseignements qui n'est pas négligeable.

Pour la région de l'Ouest enfin, nous avons consulté le livre de Fleury sur la Ville et le District de Mamers et aussi l'histoire déjà ancienne de la Bretagne par Duchatellier.

Histoire Militaire : Les ouvrages relatifs aux institutions militaires à l'époque antérieure à celle de la formation des gardes nationales ou à cette époque même ne nous ont donné qu'un très petit nombre de renseignements ; nous n'en avons trouvé à peu près aucun sur les milices, les compagnies d'arquebusiers ou d'arbalétriers, maintenues dans queques villes de Lorraine, pas plus dans l'ouvrage de Boyé sur *la Milice en Lorraine au XVIII° siècle* que dans celui de Lepage sur *L'organisation et les institutions militaires de la Lorraine*. Nous avons disposé au contraire de renseignements importants et nombreux pour les levées de volontaires qui ont exercé forcément une répercussion profonde sur l'état des gardes nationales dans le département.

Grâce à l'extrême amabilité de notre camarade, le capitaine de Sandt, président de la commission des recherches relatives aux levées de volontaires dans la Meurthe, nous avons pu prendre connaissance de l'important et consciencieux travail effectué par lui et par ses collaborateurs tant sur les levées de 1791 et 1792 sur celles des réquisitionnaires en 1793. Nous avons pu utiliser en outre une partie des études manuscrites déjà rédigées par ces officiers et notamment celles du capitaine de Sandt sur le *Bataillon des sans-culottes de la Meurthe*, celles du lieutenant Darde sur *les Réquisitionnaires du district de Lunéville* et enfin celle du lieutenant Pauly sur *Le 4ᵐᵉ Bataillon de la Meurthe*. Si nous ajoutons que nous disposions encore pour la levée de 1791 de l'ouvrage publié par M. Poulet, on verra que, pour cette partie de notre étude, nous avons pu recourir largement aux travaux de nos devanciers.

En ce qui concerne l'attitude des gardes nationales de la Meurthe lors de l'invasion de 1792 nous avons utilisé le recueil de documents publiés en 1910 par le capitaine de Sandt sous le titre *La défense de Nancy en 1792. Documents des archives nancéiennes...* ; toutefois un certain nombre de pièces des archives municipales de Nancy, notamment tout un important dossier (dossier H²), relatif à l'invasion de 1792 ont échappé au capitaine de Sandt. L'examen de ces documents nouveaux, et aussi l'étude des pièces mêmes du recueil de Sandt, nous ont conduit à des conclusions opposées à celle de notre camarade qu s'est montré trop indulgent, à notre avis, pour l'attitude des gardes nationales du département pendant cette période critique. Enfin, pour cette invasion de 1792 encore, nous avons consulté les études de Poulet sur Saint-Mihiel et les ouvrages de A. Chuquet sur les guerres de la Révolution. *La première invasion prussienne, Valmy, la retraite de Brunswick.*

Les études suivantes de Chuquet, *Wissembourg, Hoche,* etc..., l'ouvrage de Colin sur la *Campagne de 1793 en Alsace,* de Hennequin sur la *Campagne de 1794* nous ont donné quelques renseignements sur l'attitude à l'armée des gardes nationaux, transformés à la hâte en soldats et jetés, sans transition, aux émotions de la bataille.

Renseignements biographiques : Nous n'avons trouvé aucun renseignement important dans les biographies de Michel et Bégin ; les erreurs n'y sont pas rares. Le livre de Wallon sur le tribunal révolutionnaire, celui de Douarche sur les tribunaux de Paris, nous ont fourni quelques indications concernant Lavalette, le premier Commandant de la garde nationale de Nancy. On pourra également consulter sur ce personnage intéressant l'article de Pellerin sur le Général de la Marlière dans la *Revue des Etudes historiques* (1910) et notre article paru en 1913 dans les *Annales Révolutionnaires.*

III. — BIBLIOGRAPHIE ALPHABÉTIQUE DES OUVRAGES CONSULTÉS

Alboise et Elie. — *Fastes des gardes nationales de France,* Paris, Goubaud et Olivier, 2e édition, 1849, 2 vol. in-4°.

F. A. Aulard. — *Histoire politique de la Révolution française,* Paris, Colin, in-8°, 2e édit. XII, 805 pp.

Bacquet. — *L'Infanterie au XVIII° siècle. L'organisation,* Paris, Berger-Levrault, 1907, in-8°, 216 pp.

P. Barthélemy. — *Les Marseillais à Nancy en 1792,* Nancy, Hinzelin, 1846, in-8°, 333 pp.

H. Baumont. — *Histoire de Lunéville,* Lunéville, Bastien, 1900, in-8°, XIII, 768 pp. avec gravures.

— *La Société populaire de Lunéville* (1793-1795), Nancy, Berger-Levrault, 1889, in-8°, 42 pp.

E. A. Begin. — *Biographie de la Moselle,* Metz, Venonnais, 1826-1832, 4 vol., in-8° avec portraits.

Belhomme (Lt-Colonel). — *Histoire de l'Infanterie en France,* Paris, Lavauzelle, 1893, 5 vol. in-8°.

Bouillé (Marquis de). — *Mémoires. Bibliothèque des mémoires relatifs à l'histoire de France pendant le XVIIIe siècle,* Paris, Didot, 1859, in-12, XII, 420 pp.

G. Bourdeau. — *L'Affaire de Nancy,* 31 août 1790. Sommaire d'un mémoire présenté au diplôme supérieur d'études d'histoire et de géographie. — *Annales de l'Est et du Nord,* 1897.

F. Bouvier. — *Les Vosges pendant la Révolution.* Paris, Berger-Levrault. 1885, in-8° XVI, 516 pp. avec portraits.

P. Boyé. — *La milice en Lorraine au XVIIIe siècle.* Mémoires de l'Académie de Stanislas, 1903-1904, C.L.IVe année, 6e série, T. I. p. 182.

M. Bruneau. — *Les débuts de la Révolution dans les départements du Cher et de l'Indre* (1789-1791). Paris, Hachette, 1902, in-8°, L.I., 470 pp.

L. Bultingaire. — *Le Club des Jacobins de Metz,* Paris et Metz 1906. in-8°, 105 pp.

G. Bussière. — *Etudes historiques sur la Révolution en Périgord,* 3e partie. La Révolution bourgeoise, Paris, Lechevallier, 1903, in-8°, XI, 489 pp.

C. Cauvin et A. Barthélemy. — *Les volontaires et les réquisitionnaires des Basses-Alpes de la levée à l'amalgame* (1791-1796). Paris, Chapelot, 1910, in-8°, XIX, 563 pp.

J. Cayon. — *Histoire de Nancy. Histoire physique, civile, morale et politique de Nancy depuis son origine jusqu'à nos jours.* Nancy, Cayon-Liébhault, 1846, in-8°, VIII, 440 pp. avec plan et gravures.

Ch. L. Chassin et L. Hennet. — *Les volontaires nationaux pendant la Révolution.* Paris, Cerf, 1899, 3 vol. in-8°.

J. Chevalier. — *La Révolution à Die et dans la vallée de la Drôme* (1789-1799). Valence, Ceas, 1903, in-8°, 382 pp.

Chilly (L. de). — *La Tour du Pin. Les origines de l'armée nouvelle sous la Constituante.* Paris, Perrin, 1909, in-8°. II. 377 pp. avec un portrait.

A. Chuquet. — *Les guerres de la Révolution,* — I. *La première invasion prussienne.* — II. *Valmy.* — III. *La retraite de Brunswick.* — IV. *Jemmapes et la conquête de la Belgique.* — V. *La trahison de Dumouriez.* — VI. *L'expédition de Custine.* — VII. *Mayence.* — VIII. *Wissembourg.* — IX. *Hoche et la lutte pour l'Alsace.* — X. *Valenciennes.* — XI. *Hondschoote,* Paris, Cerf, 1886-1896, 11 vol. in-12.

— *Etudes d'histoire. Deuxième série. Le commandant Poincaré. Adam Lux,* etc. Paris, Fontemoing, 1903, in-8°, 254 pp.

J. Colin. — *La campagne de 1793.* Paris, Chapelot, 1902, in-8°, 564 pp. avec cartes.

Ch. Comte. — *Histoire de la garde nationale de Paris depuis l'époque de sa fondation jusqu'à l'ordonnance du 29 avril 1827.* Paris, Sautelet, 1827, in-8°, 534 pp.

P. Conard. — *La peur en Dauphiné* (Juillet-août 1789). Paris. Société nouvelle de librairie et d'édition, 1904, in-8°, 286 pp.

Ch. Courbe. — *Promenades historiques à travers les rues de Nancy au XVIIIe siècle, à l'époque révolutionnaire et à nos jours.* Nancy, Imprimerie nancéienne, 1883, in-8°, III, 471 pp.

Darde (Lieutenant). — *Les réquisitionnaires du district de Lunéville.* Mss. 1911.

E. Deprez. — *Les volontaires nationaux.* Paris, Chapelot, 1908, in-8°, 525 pp.

A. Denis. — *Toul pendant la Révolution, des Etats-Généraux à l'abolition de la royauté* (5 juillet 1788, 21 septembre 1792). Toul. Lemaire, 1892, in-8°, 419 pp. avec portrait.

— *Le Club des Jacobins de Toul* (1793-1795). Paris, Berger-Levrault, 1895, in-8°, X, 130 pp.

P. Denis. — *Les Municipalités de Nancy,* 1790-1910, Nancy, Crepin-Leblond, 1910, in-8°, IX, 199 pp. avec portrait.

Douarche. — *Les tribunaux civils de Paris pendant la Révolution.* Paris. Cerf. 1905-1907, 3 vol. in-8°.

A. Duchatellier. — *Histoire de la Révolution dans les départements de l'ancienne Bretagne.* Ouvrage composé sur des documents inédits. Paris, Desessart, 1836, 6 vol. in-8°.

A. Duquesnoy. — *Journal d'Adrien Duquesnoy, député du Tiers-Etat de Bar-le-Duc à l'Assemblée constituante,* 3 mai 1789, 3 avril 1790, publié par R. de Crevecœur, Paris, Picard, 1894, 2 vol. in-8°.

G. Fleury. — *La ville et le district de Mamers pendant la Révolution,* 1789-1804. Paris, Champion, 1911, 3 vol. in-8°.

L. Hennequin (Capitaine). — *Campagne de 1794 entre Rhin et Moselle.* Paris, Chapelot, 1909, in-8°, XXIV, 630 pp. avec cartes.

H. Lepage. — *Sur l'organisation et les institutions militaires de la Lorraine.* Paris, Berger-Levrault, 1884, in-8°, VII, 444 pp.

A. Lesort. — *L'esprit public dans le département de la Meuse au moment de l'arrestation de Louis XVI à Varennes.* Bar-le-Duc, Contaut-Laguerre, sd.. (1906), in-8°, 18 pp.

Lévy-Scheider. — *Napoléon et la garde nationale* (Rev. française. T. 55, 1908, p. 530).

L. Madelin. — *La Révolution.* Paris, Hachette, 1911, in-8°, VII, 578 pp.

Mansuy. — *Les Sociétés populaires à Nancy pendant la Révolution.* Sommaire et extrait d'un mémoire présenté au Diplôme supérieur d'étude d'histoire et de géographie (*Annales de l'Est et du Nord.* Tome XIII, 1899, p. 432).

Maire. — *Histoire de l'affaire de Nancy. Episode de la Révolution.* Nancy, Maubon. Paris. Techner, 1861. in-8°. III, 220 pp.

Mautouchet. — *Le Gouvernement révolutionnaire* (10 août 1792, 4 brumaire an IV). Paris, Cornély, 1912, in-8°, 406 pp.

Pauly (Lieutenant). — *Le 4e Bataillon de la Meurthe,* mss. 1910.

A. Pellerin. — *Une victime de la délation dans l'armée en 1793.*

Le général Collier de la Marlière (*Revue des études historiques*, 1910, p. 378).

Ch. Pfister. — *Histoire de Nancy*. Paris, Berger-Levrault, 1902, 1908, 3 vol. in-8°, avec gravures, illustrations, planches et plans.

— *L'élection aux États-Généraux et le cahier de la ville de Nancy*. Nancy, Crépin-Leblond, 1910, in-16, 106 pp.

— *Les Assemblées électorales dans le département de la Meurthe, le district, les cantons et la ville de Nancy. Procès-verbaux originaux*. Paris, Berger-Levrault, 1912, in-8°, XXX, 405 pp.

A. Philippe. — *Les bataillons agricoles des Vosges aux lignes de Wissembourg* (Septembre 1793). *Révolution dans les Vosges*, 1909-1910, tome 3, p. 65 et sq.

C. Poisson (Baron). — *L'armée et la garde nationale*. Paris, Durand, 1858, 4 vol. in-8°.

H. Poulet. — *Une petite ville lorraine à la fin du* xviii° *siècle et pendant la Révolution. Thiaucourt*. Paris, Berger-Levrault, 1904, in-8°, XII, 196 pp.

— *Le sans-culotte. Philipp, président de la Société populaire de Nancy* (1793-1794). Paris, Berger-Levrault, 1906, in-8°, 116 pp.

— *L'administration centrale du département de la Meurthe de l'établissement des départements à la création des préfectures* (1790-1800). *Révolution française*, 1906, t. 51, pp. 438 et sq., t. 52, pp. 48 et sq.

— *Les volontaires de la Meurthe aux armées de la Révolution* (Levée de 1791). Paris, Berger-Levrault, 1910, in-8, 376 pp.

— *Saint-Mihiel en 1792*. (*Revue Pays lorrain. Pays messin*, 1910, pp. 129 et sq.).

J. Renault. — *Nancy en 1790*. Nancy, Wiener, 1876, in-8°, 120 pp.

R. Reuss. — *L'Alsace pendant la Révolution française. Correspondance des députés de Strasbourg à l'Assemblée nationale*. Paris, Fichbacher, 1881-1895, 2 vol. in-8°.

R. Rosières. — *La Révolution dans une petite ville* (Meulan). Paris, Laisney, 1888, in-16, 220 pp.

F. Rouvière. — *Histoire de la Révolution française dans le Gard*. Nîmes, Catélan, 1888-89, 4 vol. in-16.

Sandt (Capitaine de). — *La défense de Nancy en 1792. Documents des archives nancéiennes*. Nancy, Bertrand, 1910, in-8°, 164 pp. avec croquis.

— *Le bataillon des gardes nationales sans-culottes de la Meurthe*. Mss 1911. (Un extrait de cette étude a paru dans le numéro mars-avril des *Annales Révolutionnaires* de 1911).

— *Les soldats de Vézelise en l'an II*. Nancy, Crépin-Leblond, 1912, in-8°, 98 pp.

E. Seinguerlet. — *L'Alsace française. Strasbourg pendant la Révolution*. Paris, Berger-Levrault, 1881, in-8°, XII, 364 pp.

L. Sciout. — *Le Directoire*, Paris, Didot, 1895, 4 vol. in-12.

R. Tournès (Capitaine). — *Les débuts à Nancy d'un général robespierriste; Lavalette* (Annales révolutionnaires, mai-juin 1913).

J. Viguier. — *Les débuts de la Révolution en Provence. Essai sur la chute de l'ancien régime en Provence et l'établissement du nouveau régime dans les départements des Bouches-du-Rhône, du Var et des Basses-Alpes, 27 janvier 1789, 30 septembre 1791.* Paris Lenoir, 1891, in-8°, XV, 405 pp.

M. Wahl. — *Les premières années de la Révolution à Lyon, 1788-1792.* Paris, Colin, 1894, in-8°, XXVII, 628 pp.

H. Wallon. — *Histoire du Tribunal révolutionnaire de Paris.* Paris, Hachette, 1880, 6 vol. in-8°.

A. Young. — *Voyages en France pendant les années 1787, 1788, 1789, 1790.* Traduit de l'anglais par F. S. Paris, Buisson, 2ᵉ édit. 1794, 3 vol. in-16.

CHAPITRE PREMIER.

Formation de la garde nationale à Nancy.

(Juillet-Août 1789)

Les premiers mois de l'année 1789 marquent pour Nancy le début d'une période dont l'agitation contraste singulièrement avec le calme habituel de la capitale de la Lorraine. [...] réunion d'une assemblée [...] la rédaction [...] des cahiers, l'élection des députés aux États généraux, les nouvelles des événements survenus à Paris et à Versailles [...] dans la ville [...] Ce[s] expressions [...] violentes. [...] classes [...] les plus élevées, sans se ranger [...] des réformes [...] qui leur [...] sont à Nancy de tendances [...] les nobles, les magistrats, les officiers et le haut [...] sont [...] plus intéressés qu'ailleurs au maintien de l'état [...] duc Léopold avait prodigué les [...] se montrèrent [...] jalouses de ce[...] qu'elles [...] Chambre des Comptes [...] avantages de leurs [...] de leurs places [...] au service du roi [...]

la Cour qui les avait favorisés. Il existait encore un grand nombre de tribunaux inférieurs, une intendance, un baillage, une chambre des eaux et forêts, une chambre consulaire, une juridiction prévôtale, enfin tous les établissements combinés par la fiscalité, un chapitre noble, et un commerce considérable par la position de la Lorraine hors des barrières de la France ». (1)

A ces avantages matériels, dus à la situation exceptionnelle de la Lorraine, si récemment réunie à la France, se joint pour la haute société le plaisir de réunions élégantes où se retrouvent les gens de qualité, les magistrats, les officiers. Ceux-ci sont nombreux ; Nancy possède trois régiments : le régiment de Mestre de Camp cavalerie, le régiment d'infanterie suisse Lullin-Chateauvieux, et le régiment du Roi. Ce dernier notamment contient un grand nombre de jeunes officiers ou aspirants officiers. Dans les salons élégants, assidument fréquentés par cette aimable société, on cultive les belles-lettres, on tient à honneur d'être membre de la Société royale des sciences, lettres et arts, fondée par Stanislas, on se pique de sensibilité et les magistrats se font gloire d'être humains. Quand le Parlement sera supprimé en 1790, les membres du Club des amis de la constitution lui rendront hommage en écrivant : « ... l'humanité gravera dans nos annales en caractères ineffaçables ses soins particuliers pour discerner l'innocent d'avec le coupable et son horreur pour l'effusion du sang... L'on disait qu'il fallait des protections pour être pendu à Nancy... » (2). Le peuple même aurait pu se trouver heureux, exempt en effet des deux impôts qui dans la plupart des provinces de France l'écrasaient lourdement, la taille et la capitation (3) : seulement, depuis l'agitation du commencement de l'année, il comprenait mieux sa misère et celle-ci s'était accrue. La récolte de 1788 ayant été mauvaise en Lorraine, la question des subsistances pour les classes pauvres se pose avec une gravité exceptionnelle dès le début de 1789. En mars, à partir du moment où les approvisionnements de grains se raréfient encore, la surexcitation du peuple augmente : le 23, la ville est le théâtre de désordres ; des émeutiers parcourent les rues, se rendent à l'Université où sont amassées des farines, en emportent une partie

(1) *Rapport des comités réunis, militaire, des rapports et des recherches sur l'affaire de Nancy,* op. cit. p. 4 et s.q.
(2) *Journal de la Meurthe* du 7 octobre 1790. B. M.
(3) *Rapport de Duveyrier et B. C. Cahier,* op. cit. p. 6 et s.q. B. M.

et jettent le reste (1). La répression est sévère ; l'un des plus compromis parmi les coupables est condamné au bagne à perpétuité. Cependant les autorités s'efforcent par tous les moyens en leur pouvoir d'assurer régulièrement l'approvisionnement en grains de la Lorraine ; le Parlement rend à cet effet une série d'arrêts (2). Si draconniennes que soient les mesures prises, elles restent peu efficaces : le pain demeure cher et le peuple souffre ; quand arrive la nouvelle des événements du 14 juillet à Paris, les hôtes d'Arthur Young, alors de passage à Nancy, lui disent : « ...tout est à craindre de la part du peuple parce que le pain est si cher qu'il meurt de faim et est en conséquence mûr pour une insurrection... » (3)

Le mot caractérise les craintes des classes les plus élevées en ce début du mois de juillet ; leurs inquiétudes deviennent plus vives encore dès que se fait sentir à Nancy la répercussion des événements survenus, le 14, à Paris. Certes, la population paraît à peu près unanime dans la joie qu'elle manifeste ; les rues s'illuminent et l'on chante, un Te Deum « au sujet du parfait accord des ordres et du rétablissement du calme et de la tranquillité à Paris... » (4) : seulement on apprend bientôt que dans les campagnes lorraines les paysans menacent les nobles et les couvents, qu'en certaines localités, ils ont commis des excès. A Nancy, la populace insulte les employés des fermes et octrois ; elle profère des menaces ; les garçons charrons, maréchaux, serruriers, ferblantiers, fabriquent de gros bâtons à bouts ferrés (5).

Devant cette effervescence populaire, les partisans de l'ordre sentent qu'il faut agir sans retard ; le 24 juillet, un certain nombre de membres des trois ordres s'assemblent à l'Hôtel de Ville (6) ; on tombe d'accord que « pour veiller à la tranquillité générale » il sera formé immédiatement un « Comité permanent composé de 10 membres de la noblesse, 10 du clergé, 10 des corporations d'arts et métiers et de quelques citoyens influents ». Le soir même, le Comité permanent se réunit ; il décide aussitôt « pour pourvoir aux moyens d'assurer la tranquillité de la ville et d'y

(1) *Affiches des Evêchés et Lorraine*, 14 mai 1789. B. M.
(2) *Arrêts des 24, 26 mars, 4, 9 avril, 4, 5 mai, 1er juillet 1789.*
(3) Arthur Young, *Voyage en France*, op. cit. p. 428.
(4) *Affiche des Evêchés et Lorraine*, 23 juillet 1789. B. M.
(5) *P. V. du Comité permanent*, 24 juillet 1789. A. M.
(6) P. Denis, *Les municipalités de Nancy*. Op. cit. p. 3.

maintenir l'ordre et la paix, d'établir une garde citoyenne, destinée à entretenir entre les militaires et les habitants l'union et la confiance... à monter la garde et... seconder le patriotisme qui anime toutes les corporations... » La garde citoyenne sera formée de 1.400 hommes « ...pris dans la noblesse, les corporations et parmi tous les autres citoyens, sans distinction de classe... » Le Comité permanent se réserve la désignation des individus qui seront admis à entrer dans le corps qu'il forme ; il pourra donc l'armer « ce qui est sans inconvénient, puisque les armes ne seront confiées qu'à des citoyens sûrs, incapables d'en abuser... » La garde citoyenne et ceci est nettement spécifié, relèvera uniquement du Comité permanent dont l'autorité s'exercera habituellement par l'intermédiaire d'une commission de trois membres, le comte de Lavalette, Bréviller et Krantz, chargée « ...de veiller sur la milice citoyenne et de lui donner des ordres... » (1).

La formation de la garde citoyenne allait entraîner naturellement la disparition de l'ancienne « milice bourgeoise », chargée, elle aussi, d'assurer la tranquillité de la ville, la garde de quelques postes, et un service de patrouille. Formée « par tous les habitants exerçant des professions ou faisant commerce à boutique ouverte ou autrement... » de 18 à 60 ans, cette milice comptait trois bataillons à neuf compagnies, dont un bataillon pour la Ville-vieille et le faubourg des Trois-Maisons, deux bataillons pour la Ville-neuve et le faubourg Saint-Pierre ; chaque compagnie comprenait 4 officiers et 93 hommes. Le lieutenant général de police était de droit Lieutenant-Colonel du corps, le Maire royal de la ville en était Colonel. Les bourgeois aisés se fournissaient à leurs frais d'une épée et d'un pistolet ; la ville disposait de 100 fusils pour le service des gardes (3). D'accord avec le Comité permanent, il est entendu que cette ancienne milice bourgeoise continuera son service aux portes jusqu'au moment où il sera possible de la faire relever par la nouvelle garde citoyenne (3).

Le Comité permanent n'était pas pourtant sans inquiétudes sur l'accueil que les autorités régulières, et surtout l'autorité militaire, allaient faire à l'institution de la milice citoyenne. Il était

<hr>

(1) P. V. du Comité permanent, 24 juillet 1789. A. M.
(2) Règlement de la Milice bourgeoise, 17 mai 1759. — Ordonnance de 1762 concernant le service dans la milice bourgeoise de Nancy. — Délibération des officiers municipaux, 30 décembre 1780. E. E. 7. A. M. — Cf Lepage, Les Archives de Nancy. Op. cit. passim.
(3) P. V. du C. P., 25 juillet 1789. A. M.

essentiel, cependant, pour le nouveau pouvoir, d'éviter un conflit grave en un moment où il était encore à peine installé ; d'ailleurs, les membres du Comité, tous amis de l'ordre, comprenaient également que leur intérêt propre leur commandait de s'appuyer, au moins provisoirement, sur l'élément de force dont disposaient les officiers placés à la tête de la garnison de la ville ; à tout prix, il fallait conserver de bons rapports en cette période avec le comte de Choiseul, commandant de la province, avec le comte d'Haussonville, commandant en second et avec de Noue, commandant de la place. Aussi, dans la séance même du 24 juillet au soir, où il arrêtait les premières mesures pour l'organisation de la milice citoyenne, le Comité permanent prévoyait que s'il avait seul le droit de prescrire la réunion de la garde, celle-ci passerait aux ordres du commandant de la place dès qu'elle serait rassemblée (1). Il allait prouver, le 25 encore, tout son désir de se concilier l'autorité militaire.

Dans la journée, le président du Comité permanent qui se présente chez le commandant de la province pour demander l'armement nécessaire au nouveau corps est accueilli par une fin de nonrecevoir polie, mais très nette ; le comte de Choiseul déclare qu'en raison des graves inconvénients de délivrer des fusils à un nombre aussi considérable d'habitants, il ne saurait prendre une pareille responsabilité et qu'il est obligé d'en référer à Paris. La nouvelle du refus soulève de violentes protestations dans le peuple ; il s'agite, s'attroupe dans les rues ; Choiseul cède alors à une nouvelle et pressante démarche du Comité permanent, mais il le fait sous conditions. Il est entendu qu'on soumettra à son approbation le règlement de la garde et qu'il pourra « prendre des renseignements » sur ceux des citoyens désignés comme miliciens. Effectivement, le lendemain, 26 juillet, le règlement composé par Lavalette et examiné par le Comité, était envoyé à Choiseul, avant publication (2).

Aux termes du règlement du 26 juillet, « la garde bourgeoise » comprendrait deux bataillons, divisés chacun en quatorze compagnies, commandées par un capitaine, un lieutenant, un souslieutenant, deux sergents, quatre caporaux. Le premier bataillon serait formé par « 760 hommes des plus aisés, parmi ceux qui sont

(1) *P. V. du C. P.*, 24 juillet 1789. **A. M.**
(2) *P. V. du C. P.*, 25 juillet 1789. **A. M.**

le plus susceptible par leur bonne conduite, leurs mœurs et garantis par leurs corporations ou par les chefs de l'ordre dans lequel ils se trouvent exister... » La liste des gardes proposés, vérifiée d'abord par les trois commissaires désignés par le Comité, serait soumise ensuite pour acceptation définitive au commandant de la province : elle ne devait comprendre, pour plus de sûreté, que les citoyens âgés de 25 ans au moins ; quand, le 13 août, on abaissera jusqu'à 20 ans la limite d'âge, on prescrira que les capitaines ne devront admettre que ceux des citoyens de vingt à vingt-cinq ans « dont la prudence leur fut connue... » (1).

Le Comité permanent avait même été plus loin dans la voie des concessions à l'autorité militaire qu'il n'avait été convenu tout d'abord ; le règlement prévoyait, en effet, une subordination étroite de la garde au commandant de la province et au commandant de la place. Le premier nommait à tous les emplois vacants d'officiers, le second disposait complètement de la garde dès qu'elle était sous les armes ; les patrouilles de garde citoyenne ne pouvaient circuler sans être accompagnées « de soldats militaires » ; aucun garde ne pouvait, sans autorisation, « ...se montrer en armes dans les rues... »

Si le Comité permanent se montre aussi conciliant pour l'autorité militaire, il semble bien que, les conditions mêmes où il doit exercer les fonctions qu'il s'est attribuées, lui fassent une obligation de cette attitude. Et, tout d'abord, il est de plus en plus inquiet de l'effervescence populaire. Le 26 juillet, les manifestations, les attroupements prennent, à chaque instant, plus d'importance ; mal satisfait des promesses faites la veille par Choiseul, le peuple exige qu'on lui remette immédiatement des armes. Les membres du Comité s'efforcent en vain de ramener le calme en répétant que, dès sa formation, le premier bataillon de garde citoyenne sera armé ; leurs assurances ne produisent aucun effet ; l'invitation faite à son de caisse aux bons citoyens de se retirer et aux cabaretiers de fermer leurs maisons n'obtient pas un meilleur résultat ; il faut en venir à demander l'assistance des troupes de la garnison dont les patrouilles ramènent enfin un peu d'ordre et de calme dans les rues de la ville (2). Ce n'est là qu'un apaisement passager ; en réalité, l'agitation populaire per-

(1) *P. V. du C. P.*, 25 juillet, 13 août 1789. — *Règlement pour la garde citoyenne de Nancy.* B. M.
(2) *P. V. du C. P.*, 26, 29 juillet 1789. A. M.

siste pendant tout le courant du mois d'août ; elle s'organise
même davantage ; une véritable émeute est montée à la fin du
mois pour faire « comparaître » sur la Place royale plusieurs
fonctionnaires, l'Intendant, le Directeur des fermes, les employés
des octrois qu'on sommera « de rendre compte de leurs fonctions
ou de leur gestion... », De plus en plus, le Comité permanent
en est réduit à faire appel, à défaut de la garde citoyenne, encore
en voie d'organisation, aux troupes de la garnison. Le procédé
est commode ; mais il a bien aussi ses dangers ; il y a des signes
que les soldats ne sont pas sans être touchés par la contagion
révolutionnaire, que leurs sympathies vont au peuple ; au début
du mois d'août déjà, il faut réprimer quelques actes d'indiscipline au régiment du Roi (1).

Il n'y a pas que le peuple dont l'attitude crée des difficultés
au Comité permanent et provoque ses inquiétudes dans cette
période de la fin de juillet à la fin du mois d'août. Les mesures
que l'Assemblée municipale doit prendre pour l'organisation de
la garde nationale l'obligent à faire des mécontents aussi parmi
les classes les plus élevées de la population ; la limitation à 1.400
hommes de l'effectif du nouveau corps a contraint, en effet, de
rejeter les demandes de nombreux citoyens que cette exclusion
a profondément vexés ; on a crié à l'intolérance en voyant le
Comité refuser, par principe, l'admission des juifs et des comédiens du théâtre (2). Et, cependant, malgré toutes les précautions qu'il a prises, malgré le mécontentement qu'il n'a pas craint
de soulever, le Comité permanent n'est pas parvenu à former la
milice citoyenne de telle façon qu'elle constitue un instrument
à son entière dévotion. On le verra bientôt à l'attitude de la garde
qui entrera en conflit violent avec le Comité ; on peut s'en rendre compte déjà au seul examen des listes nominatives des compagnies ; les opinions politiques de la garde vont se trouver, dès
le début, plus avancées que celles du Comité permanent. Les
nobles sont rares dans les rangs comme dans les cadres ; au contraire, les hommes de lois sont nombreux, beaucoup sont offi-

(1) *P. V. du C. P.*, 20, 23 août 1789. A. M.
(2) *Lettre de la Communauté des juifs au Comité permanent*, 26 juillet
1789. A. A. 21. — *Pétition des Comédiens du théâtre*, 24 août 1789. H. 3.
A. M. — *Adresse de remerciements des Comédiens de Nancy. — Lettre d'un
citoyen sur la question « les juifs doivent-ils être admis dans la milice
nationale ? »*. B. M.

ciers. La masse est composée de petits commerçants très nettement favorables au mouvement révolutionnaire (1).

Dans son ensemble, la garde citoyenne constitue donc un élément d'opposition au Comité permanent, élément d'autant plus fort qu'il se sent appuyé par la grande majorité de la population de Nancy. Enfin, à peine la garde est-elle organisée qu'elle s'est trouvée un chef dont les tendances favorables au mouvement révolutionnaire sont plus accentuées encore que les siennes et qui est bien décidé à jouer un rôle de premier plan. Le comte de Lavalette (2), nommé provisoirement commandant de la milice citoyenne, dès les premiers jours du mois d'août, était bien, d'ailleurs, l'homme le moins fait pour exercer le commandement d'une troupe dont la mission essentielle était de faire régner l'ordre et le calme dans la ville. Ambitieux, brouillon, impulsif, assez peu délicat sur le choix des moyens, il va s'efforcer continuellement, en s'appuyant sur le parti avancé, de soustraire la garde citoyenne à l'autorité du Comité permanent et à celle du commandant de la place. Il aura l'art d'envenimer toutes les difficultés qui ne manqueront pas de se produire au début du fonctionnement d'une institution aussi nouvelle que celle de la garde nationale.

On est assez mal renseigné sur les origines du personnage ; il est incontestable qu'il jouissait, cependant, à Nancy, avant les

(1) Voici, à titre d'exemple, la composition de la compagnie de la paroisse Notre-Dame, compagnie à tendances avancées : Capitaine Coliny, avocat au Parlement; lieutenant Rambois, pâtissier; sous-lieutenant Alison, chapelier; sergents Janson, marchand, et Amus, aubergiste; caporaux Alibert, marchand; Gérard, chapelier; Helzelle, marchand de vins; Maire, vitrier; Michel, marchand; Roussel, maître d'écritures. Les gardes comprennent : 2 rentiers, 1 architecte; 1 boulanger, 3 aubergistes, 1 coutelier, 1 chandelier, 1 tourneur, 1 cabaretier, 1 marchand de vins, 7 marchands, 1 tailleur, 1 cordonnier, 1 sellier, 1 serrurier, 1 menuisier, 1 carrossier, 1 traiteur, 1 tisserand, 1 bonnetier, 1 perruquier, 3 charpentiers, 1 tonnelier, 1 blanchisseur, 1 ferblantier, 1 fondeur, 1 paveur, 1 ébéniste.
Composition de la compagnie de la paroisse Saint-Roch, du type « aristocratique » : Capitaine de Bacourt; lieutenant Oudinot, conseiller au Parlement; sous-lieutenant de Villeneuve; sergents Simonin, procureur au Parlement; Goeury, conseiller au Bailliage ; caporaux Leomaur, tailleur ; Sire (Jean), avocat, et six autres dont les professions ne sont pas indiquées. Les « citoyens militaires » comprennent : 4 juristes, 3 procureurs, 1 avocat, 1 contrôleur du bureau des fermes, 1 huissier, 4 praticiens, 1 vitrier, 1 sculpteur, 1 miroitier, 2 imprimeurs, 1 armurier, 1 maître de billard, 1 chapelier, 1 boulanger, 2 perruquiers, 1 parfumeur, 1 éprouveur, 2 marchands, 1 horloger, 1 serrurier, 1 tailleur, 4 citoyens dont les professions ne sont pas indiquées. — Dossier H³. A. M.
(2) Sur Lavalette. Cf. R. Tournès, *Les débuts, à Nancy, d'un général robespierriste. Lavalette.* (*Annales révolutionnaires*, mai-juin 1913.)

événements révolutionnaires, d'une situation personnelle et d'une certaine influence. En 1788, en effet, on constate qu'il est membre de l'Académie royale ; il en préside la séance le 8 mai 1789 ; en janvier de cette même année, il fait partie de l'Assemblée des ordres et entre en juillet au Comité permanent (1). Sa nomination au poste de commandant de la garde nationale le met en situation de s'immiscer dans tous les détails de l'administration de la ville ; il en profite aussitôt ; toutefois, son premier essai pour faire échec au Comité permanent n'est pas heureux. Dès le 19 août, en effet, Lavalette, se faisant le porte-parole des mécontents, écartés comme peu sûrs, réclame que l'effectif de la garde citoyenne soit porté de 1.400 à 3.000 hommes ; d'ailleurs, la mesure donnera aussi plus d'importance à sa propre position en doublant le nombre des citoyens qu'il commande. La tentative n'a aucun succès ; non seulement, le Comité permanent refuse de donner satisfaction à Lavalette, mais encore il l'exclut de l'assemblée municipale en décidant qu'il y a incompatibilité entre les fonctions de membre du Comité et le service de la garde.

Ce n'est là qu'un premier différend ; il n'a pas de conséquences fâcheuses dans un moment où l'on est encore, de part et d'autre, dans la satisfaction de voir la garde citoyenne sur le point d'entrer effectivement en fonction. Le 20 août, en effet, le Comité a reçu du comte de Choiseul l'armement nécessaire pour la garde nationale. Trois jours après, le 23 août, on peut donc procéder à la réception solennelle du premier bataillon entièrement formé (2).

Aux sons « d'une nombreuse musique guerrière, composée de citoyens amateurs », le bataillon, d'abord rassemblé sur la Carrière, se rend à la cathédrale où l'abbé Anthoine, membre du Comité permanent, célèbre la messe, bénit le drapeau et prononce un discours. Le commandant de la province, le comte de Choiseul, le commandant en second, le comte d'Haussonville, le commandant de la place, le comte de Noue, les officiers de l'état-major de la place et des trois régiments, le Comité permanent, une foule considérable, remplissent l'église. La quête

(1) *Lettre de Lavalette aux sergents de la* 1re C10 *(octobre 1789). Almanach de Lorraine et du Barrois pour l'année bissextile 1788. Affiches des Evêchés et Lorraine,* 28 mai 1789. B. M.

(2) *P.-V. du C. P.,* 19-20 août 1789. A. M. — *Etat des effets remis à la garde citoyenne de Nancy.* L. 1677. A. D.

3

est faite par la comtesse de Lavalette, conduite par le marquis de Balivière, colonel du régiment du roi, et la musique « joue l'air si convenable à la cérémonie : Où peut-on être mieux qu'au sein de sa famille ? » Le bataillon se reforme ensuite sur la Place royale, où Lavalette prête serment et reçoit celui des officiers ; enfin, l'abbé de Dombasle, président du Comité, entouré des autres membres, témoigne au bataillon « les sentiments d'amour et de reconnaissance de la cité pour ses généreux défenseurs. »

Huit jours après, le dimanche 30 août, une cérémonie analogue est célébrée à nouveau à la cathédrale pour la formation du deuxième bataillon ; cette fois, la quête est faite par Madame de Jobart, femme du major de la garde, accompagnée par le comte de Léviston, caporal de la garde citoyenne. A la sortie de la messe, après la prestation de serment, les deux bataillons de la garde défilent Place royale devant le comité. Des délégations de bas-officiers et d'officiers se rendent ensuite à l'Hôtel de ville pour y apporter leurs protestations de concorde, d'amitié et de frater nité (1).

Dès lors, la garde citoyenne était organisée ; les deux bataillons étaient composés de gens sûrs, ou du moins des gens les plus sûrs qu'on avait pu trouver ; les 700 citoyens du 1er bataillon avaient été choisis dans les conditions prévues par le règlement du 26 juillet ; on avait procédé ensuite plus rapidement et plus simplement, chacun des 700 gardes du 1er bataillon désignant un autre citoyen pour entrer dans la composition du 2e bataillon. Chaque paroisse de Nancy et des faubourgs formait ainsi quatre compagnies d'environ 50 hommes, deux pour chacun des deux bataillons (2). Tous les chefs avaient été nommés à l'élection, les officiers et bas-officiers par leurs compagnies respectives, le commandant en chef, le commandant en second, le major, par la garde entière. Quelques jours plus tard, le 10 septembre, une assemblée de commissaires, nommés par les compagnies, se réunit pour régulariser les résultats des premières élections ; elle ne s'occupa pas des nominations faites dans les compagnies, mais simplement des questions intéressant l'ensemble de la garde.

(1) *P. V. du C. P.*, 23, 30 août 1789. A. M.
(2) Nancy, avec ses faubourgs, comprenait alors sept paroisses, Saint-Fiacre, Notre-Dame, Saint-Roch, Saint-Epvre, Saint-Sébastien, Saint-Nicolas Saint-Pierre.

A l'unanimité, Lavalette fut élu commandant en chef ; deux anciens officiers, Poincaré et de Jobart, furent nommés, le premier commandant en second, le deuxième major ; Conteaux, rentier, était « confirmé » aide-major du 1er bataillon ; Mollevaut, avocat, et Charvet, étaient désignés comme porte-drapeaux ; l'abbé Anthoine, membre du Comité permanent était chargé des fonctions d'aumônier. D'une façon générale, tous ces élus appartenaient au parti nettement favorable au mouvement révolutionnaire. On acceptait les offres de Vaultrin qui demandait à remplir les fonctions de trésorier, et celles de Laffitte, premier prévô' du Collège royal de chirurgie, qui se chargeait gratuitement du service de chirurgien-major ; enfin, les commissaires complétaient le règlement en décidant que les officiers de l'état-major seraient réélus tous les trois ans et ceux des compagnies chaque année ; tous, d'ailleurs, seraient rééligibles (1).

Si l'on essaie maintenant de résumer les caractéristiques de ce début de l'organisation à Nancy de la garde nationale, il est incontestable que le trait le plus frappant en est la part prépondérante qu'y prend la bourgeoisie. C'est elle qui crée la garde nationale ; ce sont les bourgeois petits et grands qui occupent la plupart des grades et composent les compagnies. La bourgeoisie élimine complètement de la garde l'élément populaire dont elle redoute la turbulence et l'agitation ; elle accepte, au contraire, en entrant au Comité permanent, l'alliance provisoire avec la noblesse et le clergé qui veulent, comme elle, le maintien de l'ordre et de la tranquillité dans la ville ; seulement, elle se différencie aussi de ces deux classes sociales par son dévouement très net au mouvement révolutionnaire qui vient de prendre son essor.

C'est, en effet, dans ces deux tendances de la bourgeoisie nancéienne, désir de voir l'ordre se maintenir, volonté de faire triompher les idées nouvelles qu'il faut chercher, avant tout, les raisons qui la poussent à créer la garde nationale. Toutefois de ces motifs, les uns sont hautement proclamés, les autres sont plus déguisés.

Il est certain que la bourgeoisie et les classes sociales élevées

(1) *P. V. du C. P.*, 16 septembre 1789. *Délibération de la Compagnie Fontenoy*, 4 octobre 1789. *Lettre de Lavalette à MM. les députés des communes de Nancy aux Etats-Généraux*, H. 3. A. M. *Procès-verbal de l'Assemblée de MM. les commissaires de la garde citoyenne à l'Hôtel-de-Ville*, 10 septembre 1789. B. M.

de Nancy ont éprouvé des craintes réelles pour la tranquillité de
là ville dans ce début de juillet 1789 ; l'effervescence populaire
ne se borne pas à cette époque à la capitale seule de la Lorraine ;
elle s'étend à la plupart des villes ; les campagnes sont également
en pleine agitation (1). Evidemment, la ville a des murailles ; elle
a une garnison nombreuse ; mais les régiments peuvent être, à
chaque instant, appelés ailleurs sur une simple décision du ministre ; en outre, nous l'avons dit, il y a, dès le début du mois
d'août, des indices nets que la discipline des troupes n'est pas
sans avoir fléchie sous le contre-coup des premières manifestations révolutionnaires. Le parti modéré n'était donc pas fâché de
posséder, en pareille circonstance, une force dont il fût sûr et
qui restât continuellement à sa disposition.

Il est aussi puissamment encouragé dans la voie où il s'en-
gage par le vif désir qu'éprouve toute la population de se conformer à l'exemple donné par Paris depuis le 14 juillet. On
retrouve ce besoin d'imitation de la capitale jusque dans les
plus petits détails de la formation de la garde nationale. Si les
clercs de la basoche ne peuvent se grouper, vu leur nombre, en
une compagnie particulière, comme ceux de Paris, ils rédigent
du moins à l'exemple de leurs confrères une pétition enthousiaste pour être admis dans la garde ; les comédiens du théâtre
qui protestent contre leur exclusion le font en termes analogues
à ceux des acteurs des scènes parisiennes (2).

A côté de ces motifs avoués ou facilement perceptibles, il faut
en signaler d'autres. Ni le Comité permanent, qui venait d'usur-
per le pouvoir municipal dans les conditions les plus illégales,
ni la bourgeoisie tout entière qui sentait le moment venu pour
elle de prendre la direction des affaires, n'étaient fâchés d'avoir
une troupe qui leur appartint en propre; indépendamment des
services qu'elle rendrait au maintien de l'ordre, elle donnait au
parti favorable au mouvement révolutionnaire une assurance dont
il avait besoin dans un moment où il ignorait encore quelle serait
à son égard notamment l'attitude de l'autorité militaire, commandant de la province, commandant de la place. La garde nationale
ferait la preuve matérielle que ses organisateurs étaient bien des
délégués de ce peuple que déjà on ne s'étonnait plus d'entendre
parler en maître.

(1) Cf. Chapitre III, p. 3o.
(2) Cf. Poisson, *L'Armée et la garde nationale*. Op. cit. I, p. 57 et sq.

La bourgeoisie manœuvrait ainsi habilement entre le peuple d'une part, les autorités régulières de l'autre, de façon à créer la garde nationale où elle distinguait dès ce moment un instrument essentiel de son pouvoir naissant. Contre l'autorité régulière elle s'appuyait sur la volonté affirmée, unanime, de la population de recevoir des armes, mais elle écartait soigneusement des rangs de la milice citoyenne tout l'élément populaire. Par là, elle donnait des gages aux agents de l'autorité régulière qui toléraient alors son ingérence dans les affaires de la ville et favorisaient même les premières mesures prises pour l'organisation de la garde natio--nale.

CHAPITRE II

La garde citoyenne à Nancy et ses difficultés
avec les autorités

(Septembre 1789 — Janvier 1790)

I. Le règlement de la garde citoyenne de Nancy. — II. Animosité
de la garde contre l'autorité militaire. Ses difficultés avec
la municipalité. — III. La question des subsistances. —
IV. Démission de Lavalette. Agitation du parti avancé sous la
direction de Poincaré. Election de Bassompierre.

Dans la période qui s'étend de septembre à décembre 1789, la
garde citoyenne prend une importance croissante dans la vie de
Nancy : tout d'abord, elle achève de s'organiser en se donnant un
règlement définitif approuvé, le 9 octobre, par l'Assemblée des
représentants de la commune, élue, le 3 octobre, en remplacement du Comité permanent. Ce « règlement de la garde citoyenne
de Nancy librement fait par elle » (1) ne comprend pas moins de
13 titres.

Un préambule dispose tout d'abord que la garde citoyenne a
pour objet de veiller à la sûreté générale des citoyens, au maintien
de la loi et de la tranquillité publique. Le titre premier traite de
la composition de la garde.

« ARTICLE PREMIER. — La garde citoyenne sera purement civile ;
elle ne dépendra en aucune manière des chefs militaires ; elle
répondra directement et uniquement à l'Assemblée des représentants de la commune en attendant qu'il existe dans cette ville une
municipalité constituée par l'Assemblée nationale.

ART. 2. — Cette garde sera composée de deux bataillons.

(1) *Règlement de la Garde citoyenne de Nancy*, 1789 H. 3. A. M.

Art. 3. — Elle reconnaîtra pour chefs, un commandant en chef, un commandant en second, un major; il y aura en outre deux aides-majors, et ces cinq officiers, avec les capitaines des compagnies, formeront le conseil de la garde citoyenne, lequel règlera les objets de police générale du corps, chaque compagnie se réservant sa police intérieure.

. . . .

Art. 6. — Chaque bataillon sera composé de 1.106 hommes et divisé en 14 compagnies; chaque compagnie sera formée d'un capitaine, un lieutenant, un sous-lieutenant, trois sergents, douze caporaux, soixante garde effectifs, un tambour.

. . . .

Art. 9. — Les officiers de l'état-major seront amovibles après trois années; les autres officiers et bas-officiers seront amovibles à l'expiration de chaque année ; cependant ils pourront, ainsi que ceux de l'état-major, être élus à nouveau.

Art. 10. — On n'emploiera jamais dans les élections que la voie du scrutin....; pour les élections d'un officier de l'état-major, il faudra plus de la moitié des voix des compagnies; le choix des officiers et bas-officiers des compagnies sera déterminé par la moitié des voix plus une des membres présents.

. . . .

Art. 15. — Nul ne sera admis au service honorable de la garde citoyenne qu'il n'ait 20 ans accomplis, qu'il ne soit d'une conduite sûre et qu'il n'ait intérêt au maintien du bon ordre. »

Le titre II traite du commandant en chef : « Art. 2. — Le commandant en chef recevra par écrit de l'Assemblée des représentants de la commune les réquisitions qu'il sera tenu de mettre à exécution... » Toutefois, la municipalité ne peut exiger le service hors de la banlieue que pour intervenir dans des cas extraordinaires ou pour protéger l'arrivée de convois de subsistances, destinés à la ville; de son côté, le commandant en chef a le droit d'exercer les bataillons, sous la réserve que les exercices d'ensemble n'auront pas lieu plus d'une fois par mois.

Les titres III et IV traitent, le premier du commandant en second, qui supplée le commandant en chef, le deuxième du major, dont le rôle consiste essentiellement à commander et à surveiller le service de garde. Dans le titre VII, se trouve indiquée la forme à suivre pour l'admission dans la garde. La demande est soumise à la compagnie dont le vote décide de l'acceptation ou du refus. Le même titre édicte pour les capitaines l'obligation d'exercer leur compagnie tous les quinze jours.

Le titre XII réglemente l'organisation de la musique qui sera « composée des citoyens inscrits pour cette destination chez le commandant. Les musiciens porteront l'épée au baudrier. » Conformément aux dispositions de ce titre, la musique de la garde se réunit, le 12 octobre, pour arrêter les détails de son organisation; les trente musiciens présents décident que la musique étant composée de « professionnels » et « d'amateurs », le premier chef sera toujours pris parmi les professionnels et le deuxième parmi les amateurs; ils élisent alors comme « capitaine de musique » Wachter, et pour deuxième chef, Luxer (1).

Le titre XIII a trait à l'observation du règlement. « ART. 2. — La garde citoyenne ne prononcera les jugements que sur les infractions à la police qu'elle s'est établie; en conséquence, la plus grande peine qu'elle pourra infliger sera l'exclusion. Consacrée au maintien des lois, elle n'entend, en aucune manière, soustraire aucun de ses membres à la justice ordinaire ni en troubler le cours... »

L'article 3 du même titre donne la formule du serment que tout membre de la garde doit prêter devant les représentants de la Cité : « Je jure et promets de bien et fidèlement servir la nation, le roi et la loi, d'employer tous mes efforts au maintien de la paix, à la défense des citoyens, de me conformer aux règlements, de n'user des armes qui me sont confiées que pour assurer la tranquillité publique et sur l'ordre exprès des chefs de la garde citoyenne... » C'était ce même serment que prononçait le commandant en chef, entre les mains du commandant en second, en présence des officiers municipaux; il remplaçait seulement les mots « ...et sur l'ordre exprès des chefs de la garde citoyenne », par ceux-ci « ...et sur la réquisition des représentants de la Cité ».

Comparé au règlement provisoire du 26 juillet (2). le règlement définitif du 9 octobre marque les progrès accomplis en ces deux mois sous l'influence des idées nouvelles ; la garde citoyenne qui s'était mise si docilement en juillet sous la tutelle de l'auto-

---

(1) *Délibération du corps de la musique de la garde citoyenne de Nancy.* 12 octobre 1789. Lf. 133. 109. B. N.
(2) Cf. Chapitre I, p. 6.

rité militaire locale s'en rend tout à fait indépendante. En augmentant l'effectif des compagnies de 25 hommes, l'effectif total des deux bataillons passant de 1.400 à 2.212 hommes, elle ouvre plus largement ses rangs à la classe des artisans, des commerçants et des petits bourgeois, partisans de la Révolution. Pour le parti avancé, c'est là une mesure juste et équitable « ...basée sur le principe que tous les hommes étant frères, on ne devait pas priver les citoyens peu fortunés de l'honneur de défendre la patrie... » (1). au contraire, un écrivain royaliste appréciera un peu plus tard l'innovation en disant : « ...qu'elle infesta les compagnies de tout ce qu'il y avait de suspect dans la ville... » (2). A coup sûr, elle augmentait notablement l'influence de la garde citoyenne qui devient chaque jour plus considérable dans la vie intérieure de Nancy; on s'en rend compte aisément à propos des nombreux conflits de la garde avec l'autorité municipale comme avec l'autorité militaire.

Avec celle-ci, les relations sont devenues franchement mauvaises. La garde ne sait aucun gré au commandant en second de la province, M. d'Haussonville, de lui avoir délivré les armes nécessaires; elle ne lui pardonne pas de lui refuser des munitions. En vain, M. d'Haussonville a-t-il essayé d'adoucir son refus en offrant une dizaine de cartouches par compagnie pour les hommes qui prennent la garde, cette satisfaction a été jugée tout à fait insuffisante. Non seulement le conseil d'administration, mais la plupart des compagnies déposent des réclamations sur le bureau de l'Assemblée des représentants de la commune ; quelques-unes dénotent bien l'exaspération provoquée dans la garde par le refus de la considérer comme une troupe véritable. « Il est nécessaire aujourd'hui que l'on nous témoigne la confiance que l'on doit avoir en nous; c'est en nous confiant des munitions qu'on nous la fera connaître et nous redoublerons notre zèle pour le service de notre Etat, comme jusqu'alors votre défiance envers nous, nous a été connue en voyant la troupe régulière, de concert avec nous pour le service, être munie des munitions nécessaires quoique obligées de servir par leur engagement et soldées par nous ; nous et tous nos concitoyens qui ne nous sommes engagés que par zèle à être utiles à la Cité et à notre Patrie, l'on nous a tou-

---

(1)*Rapport des Comités réunis*, op. cit. p. 6 et sq.
(2)Léonard : *Relation exacte et impartiale*, op. cit. p. 2.

jours cru incapables de mériter cette confiance... » (1), et une
autre compagnie estime indispensable de délivrer des cartouches
à la garde car : « ... les gardes citoyens étaient hors d'état de se
défendre et de parer aux attaques des ennemis de l'Etat dont ils
sont menacés... » (2).

Cependant, M. d'Haussonville persévère, et à juste titre, dans
son refus. Ces réclamations de cartouches se produisent en effet
dans un moment où, nous le verrons tout à l'heure, la garde
nationale de Nancy est divisée en deux clans hostiles qui sont sur
le point d'en venir à un conflit à main armée. D'autre part, le
commandant de la province ne peut céder sur ce point à la ville
de Nancy sans être obligé en même temps de satisfaire toutes les
demandes analogues dont il est accablé par les municipalités et
les gardes de la province; dès lors, on verra armées les unes contre les autres des populations dont les intérêts ne sont pas sans se
heurter. Mais de telles considérations de prudence ne sauraient
calmer le mécontentement provoqué dans la garde nationale de
Nancy; elle voit dans le refus qui lui est opposé une nouvelle
preuve de cet esprit aristocratique dont elle fait grief aux officiers
de la garnison.

En ce point, il est vrai, elle n'a pas tout à fait tort. Dès le mois
d'août, l'effervescence de la population n'a pas tardé à réagir sur
les troupes de la garnison; les soldats ont fraternisé avec le peuple, ils se sont trouvés rapidement acquis aux idées nouvelles ;
des actes d'indiscipline se sont produits et spécialement au régiment du Roi (3). En octobre, M. d'Haussonville juge déjà impru-
dent de confier la sécurité de la ville à ce seul régiment et au
régiment Mestre de Camp cavalerie; quoiqu'il ait reçu l'ordre
d'envoyer le régiment suisse Chateauvieux, à Longwy, il le
maintient à Nancy. Le 1ᵉʳ novembre, le ministre approuve cette
initiative du commandant en second de la province; en décembre,
il considère le régiment du roi comme « si contaminé par les nouvelles doctrines » qu'il estime indispensable de lui faire quitter
Nancy; il consulte Bouillé sur la possibilité d'envoyer ce corps de
troupe à Metz (4).

(1) *Délibération de la compagnie de la paroisse Saint Pierre*, 30 octobre 1789. H. 3. A. M.
(2) *Délibération de la compagnie du capitaine Perrin*, 26 octobre 1789.
H. 3. A. M.
(3) *Rapport des Comités réunis*. Op. cit. p. 4.
(4) *Le Ministre au comte d'Haussonville*, 1ᵉʳ novembre 1789; *au marquis
de Bouillé*, 26 décembre 1789. A. H.

La situation eût demandé de la part des officiers beaucoup de fermeté et beaucoup de prudence ; il semble bien que ces qualités manquèrent à quelques-uns d'entre eux (1). Sans doute, la répugnance, à peu près unanime du corps d'officiers pour le mouvement révolutionnaire, ne s'est pas manifestée brutalement, mais son mauvais vouloir, son hostilité vis-à-vis de la garde ont été mal dissimulés; on se moque maladroitement de ces citoyens qui se déguisent en soldats ; enfin, il se produit les malentendus inévitables entre corps de troupe voisins qui ne s'entendent pas. Ainsi, le 10 octobre, la garde adresse une plainte à l'Assemblée des représentants parce que les officiers du régiment du Roi ont défendu à leurs bas-officiers de servir d'instructeurs pour les exercices; l'enquête fait reconnaître que pareil ordre n'a jamais été donné (2).

Lavalette ne met, de son côté, aucune aménité dans ses rapports avec les autorités militaires. Le 15 septembre, il écrit à Choiseul : « M. le Marquis. Je suis chargé de vous représenter que le régiment suisse qui est à Toul a prêté le serment à la nation, que celui des gardes suisses (3) en a fait autant et que l'on ne voit pas sans une inquiétude très marquée le régiment (4) qui est ici différer cette (sic) acte nécessaire aussi longtemps tandis que vous avait (sic) mis tant d'empressement à faire prêter celui des troupes françaises qui sont sous votre commandement. Il serait encore très essentiel au maintien de la paix si nécessaire pour nous que MM. les officiers de la garnison et surtout les jeunes gens sentissent qu'il est plus intéressant de s'occuper de maintenir l'harmonie qui s'était établie entre la garde citoyenne et les corps de cette ville que de se permettre des plaisanteries et des propos qui, en détruisant l'union, pourront causer les plus grands malheurs.. » (5).

La garde nationale n'a pas des rapports plus faciles avec l'autorité municipale, aussi bien, jusqu'au 3 octobre, avec le Comité

(1) On peut juger de l'état d'esprit de certains officiers par cet aveu de Bouillé : « .. J'étais resté constamment à Metz, haï du peuple mais assuré de la confiance de mon armée où j'avais entretenu la jalousie avec le bourgeois et le mépris pour la populace... ». — Bouillé, *Mémoires*. Op cit. IX, p. 143.

(2) *P. V. de l'A. R. C.*, 10 octobre 1789. A. M.

(3) Régiment des gardes suisses de la Maison du Roi.

(4) Régiment suisse de Lullin-Chateauvieux.

(5) *Lettre de Lavalette à Choiseul*, 15 septembre 1789. H. 3. A. M.

permanent qu'après cette date avec l'Assemblée des représentants qui prend alors la gestion des affaires municipales. Si ces deux Assemblées sont en effet soutenues dans la garde par une fraction, comme elles très modérée, elles sont aussi l'objet de vives attaques de la partie la plus nombreuse, dont les opinions sont beaucoup plus avancées. L'attitude de Lavalette, fort désireux de prendre à Nancy la direction du parti révolutionnaire, brouillon, ambitieux et impatient de toute autorité, est faite d'ailleurs pour envenimer la querelle avec la municipalité comme pour achever de dresser l'un contre l'autre les deux clans de la garde.

Dès les premiers jours de septembre, un premier dissentiment surgit avec le Comité permanent qu'une partie de la population veut obliger à se retirer afin de permettre l'élection d'une municipalité régulière; le Comité essaie en vain de provoquer en faveur de son maintien une délibération de la garde nationale; une députation, sous la conduite de Lavalette, lui signifie, en termes courtois mais très nets, qu'on juge préférable qu'il « ... sache donner le bon exemple du sacrifice... » (1).

Cette petite manifestation avait valu à Lavalette des attaques assez vives de la part des modérés de la ville; elle avait soulevé également dans la fraction modérée de la garde nationale des marques non déguisées de désapprobation. Le commandant de la garde en prit prétexte pour donner bruyamment sa démission, mais il cédait bientôt aux instances de la majorité de la garde à la tête de laquelle il reprenait sa place avec d'autant plus d'assurance qu'il entrait en même temps à l'Assemblée (2) des représentants où l'envoyait siéger le faubourg Saint-Pierre (3) Il commande donc les deux bataillons à la fête solennelle du 18 octobre que l'Assemblée fait célébrer à la Primatiale « pour implorer le Saint-Esprit de répandre ses lumières sur toutes les opérations dont elle est chargée... » A l'issue de la cérémonie, en présence des deux bataillons rassemblés sur la Place royale et devant les représentants de la commune, Lavalette, les officiers et les gardes

(1) *P. V. du C. P.*, 4, 6, 16 septembre 1789. A. M.

(2) Cette assemblée avait été élue par les électeurs convoqués dans les douze districts de la ville et des faubourgs, à la diligence de l'ancienne municipalité royale. Cf. *P. V. du Comité permanent*, 7 septembre 1789, et P. Denis, *Les Municipalités de Nancy.* Op. cit. p. 3.

(3) *P. V. de l'A. R. C.*, 4, 16 octobre 1789. *Délibération de la compagnie de Maisonneuve.* H. 3. A. M. *Réflexions d'un citoyen de sang-froid sur les notes du commandant de la garde citoyenne.* B. M.

citoyens prêtent le serment prescrit par le règlement définitif; un défilé termine la fête, puis le président de l'Assemblée félicite la garde et échange toutes sortes de compliments avec les officiers de son état-major (1).

La concorde devait être de courte durée; la nouvelle municipalité, de tendance très modérée comme l'ancienne, ne tarde pas à entrer à son tour en conflit avec le parti avancé de la garde et Lavalette, à propos de l'approvisionnement en farine nécessaire à la ville; la garde nationale avait pourtant rendu à cet égard de très réels services au moment de sa formation.

Dès le 15 août, en effet, le problème des subsistances avait pris à Nancy une importance capitale ; l'achat du blé, l'entrepôt des grains, la cuisson par les boulangers, la vente du pain à la population sont les soucis les plus graves de la municipalité. C'est qu'à Nancy, comme dans la banlieue, le peuple croit toujours qu'on veut l'affamer et qu'il est victime de gros spéculateurs; il est prêt à recourir à l'émeute à la moindre difficulté dans les arrivages; or, ces difficultés sont continuelles avec les entraves mises, soit par l'administration, soit par les nouvelles municipalités elles-mêmes, à la libre circulation des grains, avec les défiances qu'il faut calmer dans tous les villages que traversent les convois de blé. La garde se trouve ainsi mêlée tout d'abord aux mesures d'ordre que soulève la crise; elle fait la police du marché aux blés; elle y surveille la vente des grains; chez chaque boulanger, un garde de planton contrôle la confection et la cuisson du pain, il oblige à payer les individus qui s'y refusent (2). La garde rend en outre des services plus importants encore.

A partir du mois de septembre, le Comité permanent accepte avec reconnaissance l'offre faite par les officiers de la garde de pacourir les environs, soit isolément, soit avec de petits détachements, pour inviter les cultivateurs à envoyer leurs grains à Nancy ; il recommande seulement de ne prendre pour faire « soumissionner » que « les moyens de la persuasion et n'employer aucune voie coactive qu'il n'en ait été délibéré au Comité permanent... » (3). Et, en effet, la seule persuasion réussit tout d'abord; mais bientôt, comme les cultivateurs sont parfois peu

(1) *P. V. de l'A. R. C.*, 16, 18 octobre 1789. A. M.
(2) *Ordre du conseil d'administration*, 13 septembre 1789. B. M. — *P. V. du C. P.*, 4 septembre 1789. A. M.
(3) *Arrêté du C. P.*, 7 septembre 1789. B. M.

exacts à tenir leurs engagements, comme les paysans prétendent que Nancy finira par les affamer; la garde doit entreprendre de petites expéditions. Le 3 octobre, elle va reprendre à Malzéville, une voiture de blé destinée à Nancy que les habitants du village ont enlevée ; le 5 octobre, en forme de représailles, elle saisit à Essey et amène à Nancy du blé commandé par le curé de Malzéville (1). Son intervention n'est pas sans provoquer quelques bagarres. Le village de Champigneulles ayant gardé un convoi de blé attendu à Nancy, on envoie un détachement de Mestre de Camp chercher les voitures et arrêter le maire et le syndic ; les habitants se barricadent, montent sur les toits et accueillent par une grêle de pierres les cavaliers qui sont forcés de se replier. Il faut revenir avec un renfort de 300 gardes nationaux ce qui permet cette fois d'arrêter et de conduire en prison neuf paysans de la localité (2).

Mais bientôt, ces expéditions à la recherche du blé soulèvent des protestations parmi les membres du Comité permanent ; c'est qu'en effet, Lavalette exagère de plus en plus la tendance marquée par lui, dès le début de son commandement, de s'affranchir de tout contrôle d'une autorité supérieure ; il se déclare «... chargé particulièrement de veiller à ce qui se passe à Nancy pour assurer la sécurité des citoyens... » et dans un ordre du 4 septembre, il empiète largement sur les pouvoirs municipaux en autorisant la garde à perquisitionner dans les auberges et à arrêter les voitures (3). Le conflit s'aggrave quand l'Assemblée des représentants succède au Comité permanent. Il est de fait que Lavalette en arrive à organiser de véritables coups de main pour enlever le blé, sans en référer en aucune manière à la municipalité. Il ne peut ignorer d'ailleurs qu'en agissant ainsi, il contrevient de façon formelle au décret du 10-14 août 1789 d'après lequel les municipalités seules ont pouvoir «... de requérir les milices nationales... » ; il enfreint non moins délibérément le propre règlement de la garde nationale, fait par lui-même, dont

(1) *Délibération des officiers municipaux*, 14 septembre 1789. B. M. — *P. V. de l'Assemblée des 3, 5, 9, 10 octobre* 1789. A. M.

(2) *P. V. de l'A. R. C.*, 10 octobre 1789. A. M. — L'emploi des gardes nationales à l'escorte des convois de grains est général, à cette époque, en France ; de même, les expéditions de la garde nationale d'une ville contre celle d'une autre ville ou contre les habitants des campagnes, à propos des subsistances, ne sont pas rares. Cf. Poisson, *L'Armée et la garde nationale.* Op. cit. I, p. 193 et sq.

(3) *Ordre du comte de Lavalette*, 4 septembre 1789. B. M.

les dispositions ont prévu que le commandant en chef ne peut agir que «... sur réquisition des représentants de la cité... » L'Assemblée est d'autant plus mécontente que la garde nationale, au cours de ses sorties, soulève par ses agissements de vives protestations ; elle perquisitionne dans les maisons soupçonnées de cacher « des brigands » ; elle se prend de querelle avec les employés de l'octroi et avec ceux des fermes. Contre ces derniers surtout elle manifeste une vive animosité ; elle les juge dangereux parce qu'ils sont armés ; elle estime intolérable leur droit de procéder à des visites domiciliaires et à la saisie des armes chez les particuliers.

Le 20 octobre, un membre de l'Assemblée, Moulon, d'opinions très modérées, propose d'infliger un blâme à Lavalette qui «... a faussé son serment... » en faisant escorter de 24 gardes un convoi transportant des fusils accordés par M. d'Haussonville à la municipalité de Lunéville ; l'Assemblée rappelle en effet le commandant de la garde nationale au respect du règlement «... qui veut qu'il prenne toujours les ordres de l'Assemblée avant de faire marcher la garde qui lui est confiée... » (1). Le lendemain, 21 octobre, elle lui adresse de nouveaux reproches pour avoir fait saisir sans ordres des armes chez des employés de la ferme «... on a enfoncé les portes, on est entré par les fenêtres en violant le droit de domicile, on a brisé les coffres en l'absence du propriétaire... ». Cette fois, l'Assemblée entend bien mettre fin aux actes d'indépendance du commandant de la garde ; il est invité à venir la consulter avec le conseil d'administration tout entier dans les cas graves «... à rétablir la plus parfaite concorde entre le militaire et la garde citoyenne... », à ne plus faire exécuter de visites domiciliaires sans un ordre. Le 23, un arrêté résumant ces dispositions est adopté et l'Assemblée décide aussitôt d'en donner lecture à une députation de la garde qui devra comprendre l'état-major et un délégué par compagnie. La députation se présente ce même jour en effet, seulement Lavalette a eu soin de n'y faire figurer que ses partisans les plus dévoués. Les députés écoutent donc froidement la lecture de l'arrêté auquel ils répondent par quelques observations «... sans aménité et sans modération... », protestant que les faits reprochés à la garde sont ou controuvés ou insignifiants. Devant cette attitude, l'As-

______

(1) *P. V. de l'A. R. C.*, 20 octobre 1789. A. M.

smblée saisit directement les compagnies des difficultés survenues entre elle et Lavalette (1).

Les relations se trouvaient ainsi tendues, lorsque le 14 novembre, M. d'Haussonville, commandant en second de la province,
rend compte à l'Assemblée que Lavalette l'a dénoncé au ministre
de la guerre, La Tour du Pin, « ...comme ayant excité des fer-
mentations dans la province... ». Sur le champ, l'Assemblée
«... arrête que le comte de Lavalette sera mandé à l'instant pour
rendre compte de sa conduite et que l'on répondra au ministre
de la guerre combien la commune désapprouve cette lettre de
M. de Lavalette et la justice qu'elle se plaisait à rendre à
M. d'Haussonville... » (2). De son côté, la garde s'agite ; le parti
avancé soutient Lavalette, le parti modéré l'Assemblée des représentants ; il s'indigne de la conduite du commandant de la garde
et de l'état-major ; il envoie des députés assurer l'Assemblée de
son respect (3). Par contre, le parti avancé, favorable à Lavalette,
n'ose pas manifester trop ouvertement en sa faveur devant le
courant d'opinion très net qui s'est formé contre le commandant de la garde. Le 16 novembre, sentant sa situation compromise, Lavalette envoie sa lettre de démission «... Messieurs, J'ai
l'honneur de vous prévenir que fatigué des efforts que j'ai faits
pour combattre l'aristocratie, tous mes soins devenant inutiles
au maintien de la bonne cause, je quitte et remets en vos mains
la place que vous m'avez confiée que je ne puis plus remplir
honorablement et devient un fardeau trop pesant pour moi... »(4)
Il écrit au conseil d'administration que cette décision lui est
imposée par «... les entraves que l'aristocratie met à tous les
projets que le patriotisme suggère en cette ville... » ; il annonce
qu'il soumet au jugement de l'Assemblée nationale et à celui de
toutes les villes de la province une lettre que le Ministre de la
guerre lui a adressée, car cette lettre « ... est de nature à offenser
un citoyen libre, dans tous ses points. Les termes et les vues

(1) *P. V. de l'A. R. C.*, 21 octobre. — *Lettre du conseil d'administration
aux représentants de la commune*, 4 novembre 1789. A. M — *Lettre des
représentants de la commune aux compagnies de la garde*, 28 octobre 1789.
B. M.
(2) *P. V. de l'A. R. C.*, 14 novembre 1789. A. M.
(3) *Délibération de la compagnie Leviston*, 14 novembre 1789. A. M.
(4) *Le comte de Lavalette au Conseil d'administration*, 16 novembre 1789
A. M.

despotiques qui y sont développées, y seront prisés par les ennemis de la tyrannie... »

L'Assemblée des représentants triomphait ; elle crut bon cependant de protester hautement contre les accusations de Lavalette
dans une lettre à l'Assemblée nationale et aux municipalités de
la province (1). Avec elle triomphait aussi dans la garde le parti
modéré tandis que le parti avancé, excédé des agissements de
Lavalette, ne témoignait pas de regrets trop amers de la chute de
son chef (2). Aussi, dans les jours qui suivent le départ de Lavalette (16 novembre 1789), l'accord règne dans la garde ; un
homme énergique, intelligent, expérimenté, ancien officier, le
commandant en second Poincaré (3), s'efforce, de concert avec
la municipalité, de rétablir l'ordre et la discipline. Il interdit
les assemblées que les bas-officiers de la garde ont pris l'habitude
de tenir dans une salle de l'Hôtel de ville ; il décide que toutes
les plaintes émanant des compagnies devront dorénavant être
adressées au conseil d'administration qui seul aura qualité pour
les faire parvenir à l'Assemblée des représentants (4). Le parti
avancé était tout dévoué à Poincaré ; le parti modéré rendait
justice à ses qualités et à son honorabilité incontestée ; lui seul
était peut-être l'homme du moment, seulement l'Assemblée ne
lui pardonnait pas d'avoir soutenu Lavalette.

(1) *P. V. de l'A. R. C.*, 19 novembre 1789. A. M. — *Lettre du Comité
permanent de la commune de Nancy au président du Comité des rapports
de l'Assemblée nationale*, 19 novembre 1789. D. XXIX 59. A. N.

(2) *Délibération de compagnies au sujet de Lavalette*, novembre 1789.
H. 3. A. M.

(3) Aimé-François Poincaré, né le 15 juillet 1739, à Nancy. Cadet au
régiment d'infanterie du grand-duc de Toscane, en 1759. Lieutenant au
corps en 1766. Passé en Pologne. Capitaine de chasseurs sous les ordres
de Dumouriez, en 1770 (attestation de Dumouriez en date du 21 mai 1791).
Major de la légion Potocki, sous les ordres du généra. de Vioménil. Capitaine, à la suite, du 4e chasseurs, en 1779. Capitaine de remplacement
des chasseurs à cheval des Cévennes, en 1784. Passé à un bataillon, formé
des chasseurs des Cévennes. Capitaine de remplacement en 1788. Capitaine
réformé en 1788. Capitaine à la formation dans la garde nationale de
Nancy en août 1789. Commandant en second en septembre 1789. Commandant en chef, le 3 juin 1790. Commandant du 4e bataillon de volontaires
de la Meurthe en août 1791. Proposé, le 27 octobre 1791, pour la croix de
Saint-Louis avec les notes ci-après : « ...dans sa 36e année de service, tant
chez les alliés que dans les troupes de la France, il a montré le plus grand
zèle, la plus grande activité et fermeté dans la conduite de son bataillon,
qui est également bien tenu et bien commandé... » Il quitte, le 2 mai 1795,
le commandement du 4e bataillon de la Meurthe, à la suite des fatigues
éprouvées pendant les campagnes de 1792 à 1795. (Dossier Poincaré. A. A. G.
Cf. dans Poulet, *Les Volontaires*. Op. cit l'historique du 4e bataillon de la
Meurthe.)

(4) *P. V. de l'A. R. C.*, 19 novembre 1789. A. M.

A peine celui-ci avait-il donné sa démission que l'Assemblée s'était inquiétée de trouver un homme à elle pour le remplacer ; dès le 25 novembre, elle recevait une lettre du marquis de Bassompierre (1), posant sa candidature au poste devenu vacant. Certes, Bassompierre, maréchal de camp, neveu du prince de Beauvau, d'une illustre famille du pays, pouvait réunir bien des suffrages ; les sympathies de l'Assemblée, celles d'une notable partie des habitants, flattés de voir à la tête de leur garde un militaire de haut grade, celles des modérés, lui étaient acquises. Malheureusement, Bassompierre ne possédait aucune des qualités indispensables pour commander la garde nationale dans la période agitée qu'elle traversait ; visiblement, il cédait à des sollicitations pressantes en se laissant porter au commandement d'une troupe que tout son passé militaire l'incitait plus à considérer comme l'armée de l'émeute que comme celle de l'ordre. Aussi, à peine apprend-il que sa candidature ne réunit pas absolument tous les suffrages, qu'avant même d'avoir quitté Paris, il donne sa démission, car, écrit-il « on a eu des doutes sur la pureté de mes motifs et sur mes idées aristocratiques... » (2).

La démission ne fait l'affaire ni du parti modéré, ni de l'Assemblée des représentants qui insistent pour garder le marquis de Bassompierre ; on provoque donc dans la garde des adresses en faveur du nouveau commandant ; on nomme le maréchal de Beauvau, président d'honneur de la garde. De son côté, le parti avancé, sous la direction de Poincaré et de Jobart, mène énergiquement la campagne contre Bassompierre et surtout contre la municipalité ; toute une fraction réclame même avec insistance le retour de Lavalette ; des placards sont répandus dans la ville où l'on signale «... que des traîtres ont réussi à faire abdiquer M. de Lavalette ; ils attaquent aujourd'hui avec de nouvelles noirceurs les officiers de l'état-major qui sont presque les seuls

(1) Jean-Anaclet, comte de Bassompierre, né le 13 juillet 1744. Garde du corps du roi en 1760. Lieutenant à la suite des carabiniers en 1762. Capitaine au régiment Conti-Cavalerie, en 1764. Capitaine commandant dans les carabiniers en 1765. Mestre de camp commandant Royal Picardie-Cavalerie en 1769. Brigadier des armées du Roi en 1785. Maréchal de camp en 1789. En 1769, il est noté comme « ...un excellent officier, servant avec beaucoup de zèle... », mais, un peu plus tard, un nouvel inspecteur estime qu' « il n'est pas assez occupé de son régiment et paraît servir avec indifférence... ». (Dossier Bassompierre.) A. A. G.

(2) *Lettre de Bassompierre aux officiers de la garde*, 28 novembre 1789 H. 3. A. M.

officiers non corrompus de la garde citoyenne ; ils ne veulent que des robins ou des nobles pour mieux nous enlacer... » (1)

Le 8 décembre, sans réquisition de l'Assemblée, Poincaré convoque les bataillons à l'Hôtel de ville ; les gardes des deux partis s'y trouvent en nombre ; beaucoup ont apporté leurs armes. Dès le début, la réunion est tumultueuse, les partis s'injurient et semblent sur le point d'en venir aux mains. L'Assemblée des représentants veut intervenir et envoie signifier à Poincaré qu'il répondra de tous les événements ; sa députation est accueillie par les huées de la majeure partie de la garde ; on lui réclame le retour de Lavalette, comme commandant en chef, tandis que le tumulte continue et qu'on expulse les modérés de la séance. Cette fois, l'Assemblée des représentants se décide à agir énergiquement ; comme elle ne peut plus songer à employer la garde même pour rétablir l'ordre sans risquer de soulever un conflit très grave, elle use du droit que vient de lui conférer la loi martiale du 21 octobre, 21 novembre, et elle requiert le commandant de la province de faire dissoudre la réunion. Il faut effectivement que la troupe intervienne pour faire évacuer la salle, partie par les portes et partie par les fenêtres. Toutefois, le parti hostile à la municipalité, sous la conduite de Poincaré, continue à manifester dans la rue ; il va faire une ovation à Lavalette devant son domicile, puis, ceux des gardes qui ne sont pas encore armés, courent prendre leurs fusils chez eux et reviennent Place royale où l'on a fixé le rendez-vous général. A nouveau, il faut que les troupes de la garnison soient appelées pour faire évacuer la place et l'on est obligé de maintenir toute la nuit un service de patrouilles pour assurer le calme dans la ville.

Heureusement, le parti avancé de la garde revient rapidement à des idées plus modérées ; le lendemain, 9 décembre, Poincaré se présente à l'Assemblée des représentants avec tous les capitaines, annonce que la garde s'est « réconciliée » et qu'elle demande l'oubli de la journée du 8. L'Assemblée y consent sous condition que toutes les délibérations prises dans la réunion illégale de la veille seront annulées. Pour sceller le traité de paix,

____

(1) *P. V. de délibération des compagnies de la garde,* novembre 1789. — *Pièces relatives à l'assemblée du 8 décembre 1789.* H. 3. A. M.

le capitaine Charlot, chef des modérés de la garde, embrasse publiquement Poincaré, jusqu'alors son adversaire (1).

On conçoit que les événements dont sa candidature a été le prétexte ne soient pas de nature à faire revenir le marquis de Bassompierre sur la démission qu'il a donnée ; il la maintient donc avec plus de fermeté que jamais en exposant que l'hostilité de ses subordonnés les plus immédiats, Poincaré et Jobart, ne saurait lui permettre d'exercer convenablement son commandement (2). Une pareille attitude ne faisait pas le jeu de l'Assemblée des représentants, plus désireuse que jamais de ramener le calme et la tranquillité dans la garde et d'éviter le retour des difficultés que susciteraient inévitablement l'hostilité ou l'attitude trop indépendante d'un chef tel que Lavalette. Elle redouble donc ses instances ; la garde les appuie et envoie même une délégation à Paris, au maréchal de Beauvau, pour le prier d'intervenir près de son neveu. En janvier, cédant enfin à ces sollicitations, le marquis de Bassompierre répond qu'il accepte et rejoindra son poste au début de février « guéri de ses soupçons et de ses préventions... » (3)

(1) *P. V. de l'A. R. C.*, 8, 9 décembre. — *Pièces relatives à l'Assemblée du 8 décembre*. A. M.

(2) *Lettre du marquis de Bassompierre à la garde*, 13 et 16 décembre au Président de l'A. R. C., 21 décembre. H. 3. A. M.

(3) *P. V. do l'A. R. C.*, 9 janvier 1790. — *Lettre des députés envoyés par la garde à Paris. — Lettre du maréchal de Beauvau à l'A. R. C. — Lettre du marquis de Bassompierre à l'A. R. C.*, 15 janvier 1790. H. 3. A. M.

CHAPITRE III

Formation de la garde nationale dans les villes et les gros bourgs du futur département de la Meurthe

(Juillet-Décembre 1789)

I. Création des gardes nationales dans les villes et les bourgs. Part prépondérante de la classe bourgeoise dans cette création. — II. Les campagnes ne forment pas de gardes nationales. — III. Diversité dans le mode de formation des gardes nationales. Imitation et influence de Nancy. — IV. Caractère municipal des gardes nationales de 1789.

En même temps que se formait la garde nationale de Nancy, les villes et les gros bourgs de Lorraine créaient des troupes analogues ; dès la fin de juillet, il existe « des gardes ou milices citoyennes » à Toul, Lunéville, Pont-à-Mousson, Sarrebourg, Vézelise, Saint-Nicolas, Thiaucourt, Rambervillers, Charmes (1). Et c'est bien d'une création qu'il s'agit ; nulle part, on ne peut signaler de tentatives pour reformer les anciennes milices locales ou gardes bourgeoises si elles ont disparu, ou pour leur infuser une vie nouvelle, si elles existent encore. C'est tout au plus, si parfois les deux institutions vivent côte à côte encore un certain temps, comme par exemple à Toul, où la vieille compagnie des Cadets-Dauphins ne fusionne que le 13 novembre avec la jeune garde citoyenne (2).

Les anciennes gardes bourgeoises, au rôle effacé, aux fonctions étroitement limitées, eussent été d'ailleurs complètement incapables de répondre aux besoins nouveaux qui produisent, en ce mois de juillet 1789, l'éclosion spontanée et simultanée des

(1) P. V. du C. P., juillet et août 1789. A. M.
(2) Denis, *Toul pendant la Révolution*. Op. cit. p. 129.

gardes citoyennes des villes. En réalité cependant, ces besoins n'étaient pas tous aussi impérieux et pressants que les contemporains ont semblé le croire ; s'il en est qui sont sérieux et précis, s'il y a effectivement en Lorraine la crainte de périls vagues et mal définis contre lesquels on tient à se mettre en état de défense, il existe aussi des motifs d'ordre politique, moins ouvertement avoués ; il y a enfin le désir d'imiter l'exemple des deux capitales, de Paris et de Nancy. On retrouve uniformément ces mêmes influences dans les villes lorraines quelles qu'elles soient, au moment où elles organisent leurs gardes nationales.

La nécessité, le plus souvent invoquée, et avec le plus d'insistance, pour légitimer à l'époque la formation d'une milice, c'est celle d'assurer l'ordre et la tranquillité ; les hautes classes et la bourgeoisie se rapprochent en présence de l'effervescence populaire causée dans les villes et dans les campagnes par le contre-coup des événements du 14 juillet à Paris. Sans doute, il n'y a pas en Lorraine de troubles graves, mais il se produit de nombreux incidents qui dénotent une certaine agitation. A partir du 26 juillet, des émeutes éclatent à Rambervillers, à Sarrelouis, à Neufchateau ; la contrebande du tabac et du sel se fait ouvertement, ce qui amène des conflits à main armée avec les employés des fermes ; enfin, des bandes de paysans s'organisent dans les campagnes. Les unes vont s'emparer de bois dans les forêts particulières, d'autres menacent les salines ; à Flavigny, le 27 juillet, une bande se rend à l'abbaye où elle exige la remise des titres de rentes seigneuriales et de droit de pêche «... ils sont revenus à plusieurs reprises avec le maire et le syndic, menaçant de mettre le feu au couvent... » (1). Les officiers du baillage de Lixheim écrivent : « Tout est chez nous dans la plus grande confusion... surtout depuis que M. l'Intendant a fait répandre le récit de ce qui s'est passé à la séance tenue par le roi le 15 juillet... les gardes des fermes sont chassés, les marchandises prohibées, libres et vendues publiquement, les poteaux de péage renversés... Les paysans viennent en troupes et par deux cents forcer les seigneurs de leur remettre leurs titres : on les menace de démolir leurs maisons. Dimanche dernier, M. le Lieutenant général a assemblé la bourgeoisie d'ici déjà attroupée ; il l'a invitée à la paix, à la concorde... des officiers municipaux eux-

---

(1) *Lettre du prieur des Bénédictins au Comité permanent*, 28 juillet 1789. A. M.

mêmes l'ont sifflé... le maire royal s'est sauvé à Nancy... On nous a forcé de mettre des cocardes... C'est toute la part que nous avons eue à cette fermentation dont nous désirerions vivement de voir la fin qui aura bien de la peine à venir tant les esprits sont exaltés et échauffés... » (1).

A côté de cette crainte précise de troubles qui pourraient être suscités par la populace des villes ou par des bandes venues de la campagne, la bourgeoisie redoute également un péril plus vague et mal défini : c'est celui des « brigands » ; la formation des gardes nationales doit aussi la prémunir contre ce danger. Quel est-il au juste ? Les contemporains eux-mêmes le définiraient sans doute mal aisément. Il s'agit parfois de vagabonds que la rumeur publique déclare ravager les provinces voisines et prêts à passer d'un moment à l'autre en Lorraine ; parfois aussi de ces troupes de contrebandiers ou simplement de paysans qui s'attaquent aux châteaux, aux couvents, aux employés des fermes; quelquefois on s'arme contre les simples bandits qui ne sont pas rares à l'époque et qu'on craint de voir prendre plus d'audace par le trouble des temps. Le règlement du 29 juillet 1789 pour la milice bourgeoise de Pont-à-Mousson expose : « Les fonctions de cette milice seront de veiller soigneusement, et de concert avec le régiment en quartier dans cette ville, à la sûreté, au bon ordre et à la police de la ville, tant à l'intérieur, qu'à l'extérieur, de prévenir l'incursion des brigands qui voudraient s'y introduire, le soulèvement et les émeutes de la populace qui pourrait se laisser entraîner à l'esprit de licence et d'insubordination... » (2). Les nouvelles municipalités, formées à Neufchâteau (3), à Sarrelouis (4), à Charmes, invoquent très nettement la crainte des brigands. « Les circonstances deviennent chaque jour plus impérieuses, les brigands se répandent dans les bois et au-delà dans les campagnes où ils répandent la terreur... » (5). Le comité de Saint-Nicolas-du-Port craint le cas «... d'agression de la part des vagabonds et des bandits... » ; celui de Bruyères déclare que la formation de sa milice bourgeoise «... n'a eu d'au-

<hr>

(1) *Lettre des officiers du bailliage de Lixheim au Comité permanent* 1er août 1789. A. A. 21. A. M.

(2) *P. V. des corps municipaux*, 29 juillet 1789. A. M. de Pont-à-Mousson

(3) *P. V. du Comité des trois ordres*, 3 août 1789. A. A. 21. A. M.

(4) *Lettre des officiers municipaux de Sarrelouis*, 2 août 1789. A. A. 21. A. M.

(5) *Lettre du Comité de Charmes*, 8 août 1789. A. A. 21. A. M.

tre but que de nous mettre en garde contre les brigands qui parcourent la province de Franche-Comté et qui se sont approchés de nos frontières... » (1). Ainsi le phénomène de la « grande peur », bien que très atténué en Lorraine, y exerce cependant une indéniable influence sur la formation des nouvelles gardes nationales.

La nécessité de maintenir l'ordre, la crainte des brigands, tels sont donc les motifs les plus fréquemment mis en valeur par les municipalités des villes ou des bourgs pour justifier la création de leurs gardes nationales. Ces raisons n'ont d'ailleurs rien de spécial à la Lorraine ; on les voit invoquer sur les points les plus différents de la France, dans le centre, dans l'ouest, dans le sud-est et souvent dans les mêmes termes ; les gardes citoyennes formées au début de 1789 dans les villes des Vosges, à Épinal, Saint-Dié, Neufchateau, Remiremont, Bruyères, Lamarche, Bulgnéville, Rambervillers se donnent comme mission essentielle de protéger leurs concitoyens de ces mêmes périls contre lesquels on se met en garde dans la Meurthe (2). Parfois, l'appui que peuvent donner ces nouvelles milices à la cause de l'ordre paraît si urgent et si indispensable que les autorités régulières en favorisent la création de bien meilleure grâce qu'à Nancy et en Lorraine. « Dans le Berry, c'est avec le consentement, on pourrait dire sous l'impulsion du gouvernement et de ses représentants que la garde nationale se forma... » (3).

Ces motifs de sécurité, hautement invoqués et certainement très réels, ne sont cependant pas les seuls ; les municipalités en ont d'autres qu'elles dissimulent. On retrouve en effet dans toute la Lorraine chez ces organisations révolutionnaires, qui usurpent les pouvoirs municipaux de leur ville, ce même désir, déjà constaté à Nancy, d'appuyer immédiatement leur autorité irrégulière sur une force qui soit à elles. La crainte seule n'explique pas la nécessité de former une garde nationale à Toul dont les remparts sont solides et la garnison sûre (4), à Pont-à-Mous-

(1) *Lettre du Comité de Bruyères*, août 1789. A. A. 21. A. M.
(2) Cf. Bussière, *Etudes historiques sur la Révolution en Périgord*, op. cit., p. 84 et sq. — Bruneau, *Les débuts de la Révolution dans le Cher*, op. cit., p. 73 et sq. — Rosières, *La Révolution dans une petite ville*, op. cit., p. 25 et sq. — Bouvier, *La Révolution dans les Vosges*, op. cit. p. 24 et sq. ;
(3) Bruneau, op. cit. p. 76.
(4) Toul a deux régiments : le régiment suisse de Vig'er, le régiment de cavalerie de Royal Normandie.

son et à Lunéville qu'occupent des troupes nombreuses (1). En fait, le parti révolutionnaire veut s'appuyer, dès son arrivée au pouvoir, sur une troupe de citoyens, dévoués à ses idées; pour le chasser de la place, il faudrait alors employer les soldats contre les citoyens, opération hasardeuse que le gouvernement royal, dans sa faiblesse, est hors d'état d'entreprendre.

A toutes ces raisons, il convient d'ajouter l'influence de Nancy et aussi de Paris. La formation d'une garde citoyenne à Paris, à partir du 13 juillet, avait été rapidement connue en Lorraine, par les journaux, les lettres, et surtout par celles des députés à l'Assemblée nationale (2) ; elle avait exercé une influence indéniable sur l'organisation de la garde nationale à Nancy, nous l'avons vu précédemment ; elle a sur la formation des gardes nationales des autres villes de la Lorraine une influence qui s'augmente de l'exemple de Nancy. On constate en effet que partout la création des gardes citoyennes est postérieure à celle de Nancy ; la garde nancéienne s'organise le 25 juillet, celle de Lunéville le 27, de Pont-à-Mousson le 28. D'ailleurs, dès le 25 juillet, le Comité permanent de Nancy a écrit aux villes de la province pour leur faire le récit des événements survenus dans la capitale de la Lorraine, les avertir de l'établissement d'une garde citoyenne et les engager à suivre son exemple. Le Comité, puis la garde nationale de Nancy, exercent ainsi dans cette période un rôle de direction générale, d'organes d'information et de direction, pour les institutions similaires qui se créent en Lorraine. La garde nationale entre dès lors en correspondance suivie avec toutes les gardes nationales de la province et même avec celles d'autres provinces de France (3). Aussi est-ce, soit au Comité, soit à la garde que s'adressent les organisateurs des gardes nationales. Le 11 août, le vicomte de Gaucourt, commandant la garde nationale de Commercy, demande « ... l'envoi du règlement de la garde de Nancy pour l'appliquer à celui de Commercy... » (4) ; le 5 août, Venot, lieutenant particulier à Lon-

<hr>

(1) Lunéville a deux régiments de carabiniers, et Pont-à-Mousson un régiment de cavalerie, les chasseurs du Hainaut.

(2) Cf. par ex. *Lettre de Maillot, député du Tiers-Etat, pour les bailliages de Toul et de Vic*, 18 juillet 1789. Registre n° 7. J. J. A. M., Toul.

(3) *Pétition de la garde nationale de Nancy pour obtenir le remboursement de dépenses*, 29 mai 1790. D. IV. 43. A. N.

(4) *Lettre du vicomte de Gaucourt au comte de Vidampierre, membre du Comité de Nancy*, 11 août 1789. A. A. 21. A. M.

guyon, adresse la même demande (1). Le Comité de Neufchâteau veut « ...se modeler en tous points... » sur celui de Nancy pour l'organisation de sa garde (2). La milice citoyenne de Briey déclare même vouloir reconnaître pour colonel, le comte de Lavalette, commandant la milice citoyenne de Nancy (3).

On s'explique quand on connaît ces conditions dans lesquelles se créent les gardes nationales des villes, l'absence d'une organisation similaire dans les campagnes. Le phénomène n'en est pas moins remarquable ; alors que les villes et les bourgs mettent une ardeur fébrile à former des gardes nationales, les villages n'en organisent à peu près aucune. L'organisation des gardes rurales ne se fera qu'en 1790, nous le verrons un peu plus loin ; quelques-unes, très peu d'ailleurs, se créeront de janvier à juin, sous l'influence des fédérations provinciales, l'immense majorité ne se constituera que sous l'empire du décret de juin 1790.

Même dans les circonstances où cela leur eût été facile, les communes rurales ne forment pas de gardes nationales. Ainsi, dans le pays toulois, certains villages avaient en dépôt, au début du mois d'août, des armes qui leur avaient été confiées par le gouverneur de la province des Trois-Evêchés «... pour la défense du pays et l'armement des milices communales... » ; il y eut bien quelques velléités d'organisation : une assemblée des délégués des communes du baillage de Toul, réunie le 6 août, délibéra entre autres sujets, «... sur la formation d'une milice champêtre dans chaque commune, de manière qu'au moindre signal la milice d'une communauté irait au secours de toutes les autres pour maintenir la tranquillité publique et le respect des propriétés... » (4), mais il ne fut jamais passé aux mesures d'exécution. Nulle part, on ne voit revivre non plus les anciennes milices locales, qui avaient existé autrefois et qu'avait supprimées, en 1739, une ordonnance de Stanislas (5). Tout souvenir n'en était cependant pas perdu : en 1790, quand elle formera sa garde, la commune de Laxou suspendra solennellement aux voûtes de son

(1) *Lettre de Venot au Comité de Nancy*, 5 août 1789. A. A. 21. A. M.
(2) *Lettre du Comité permanent de Neufchateau à celui de Nancy*, 3 août 1789. A. A. 21. A. M.
(3) *Lettre des officiers municipaux de Bruyères*, 9 août 1789. A. A. 21 A. M. — Cf. Denis, *Toul pendant la Révolution*. Op. cit. passim.
(4) *Compte rendu à l'assemblée des communes du bailliage de Toul par François de Neufchateau*, août 1789. B. M.
(5) Cf. Lepage : *L'organisation et les institutions militaires en Lorraine*. Op. cit. p. 77.

église «... le drapeau de l'ancienne compagnie, ci-devant formée du règne de nos anciens princes, laquelle compagnie a
cessé ses fonctions du règne de Stanislas, roi de Pologne, quelques années après son avènement en Lorraine... en mémoire de
l'ancienne compagnie et première après celle de Nancy au service de nos anciens princes de glorieuse mémoire... » (1).

L'inertie des villages se comprend cependant quand on considère que les conditions mêmes qui ont provoqué dans les villes
la formation des gardes nationales, sont absolument inexistantes
dans les campagnes. Les villageois n'ont pas peur de cette effervescence populaire qui menace châteaux et couvents mais ne
s'attaque pas à leurs propriétés ; d'ailleurs, ce sont les paysans
eux-mêmes qui forment ces bandes où l'on réclame tumultueu-
sement l'abolition des droits féodaux et celle des impôts qui pèsent
le plus lourdement sur la terre. Peut-être y a-t-il, parmi les campagnes, à la fin de juillet, quelque crainte des « brigands » ;
elle est bien vite dissipée. Dans la Lorraine en effet, riche en
garnisons de toutes armes, l'autorité militaire s'empresse, dès les
premiers signes d'agitation chez les populations rurales, de disséminer dans les campagnes de petits détachements de troupes ;
le 10 août, le Ministre de la guerre en prescrivant au comte de
Choiseul d'envoyer un détachement de dragons garder le château de la vicomtesse de Laval « effrayée par les brigands... »
ajoute que l'intention du roi «... est que les troupes soient
employées le plus utilement que faire se pourra pour veiller à
la sûreté des citoyens et de leurs possessions... » ; ce même jour,
ordre est également donné à Choiseul d'envoyer immédiatement
des troupes « ...faire cesser les désordres auxquels se livrent des
habitants du comté de Bitche et d'autres endroits, qui entraîne-
raient infailliblemnt la ruine des forêts du roi et de plusieurs
établissements utiles... » De même, le 20 août, le Ministre, à
la demande des fermiers généraux, enjoint de protéger les salines de Dieuze en y envoyant des troupes «... pour en imposer
aux brigands » (2) ; il revient à plusieurs reprises en juillet et
en août, dans sa correspondance avec Choiseul sur la nécessité
d'envoyer de petits détachements dans les localités de la province où des troubles ont éclaté (3). Les mêmes mesures sont

(1) *P. V. de formation*, 11 juillet 1790. D. IV. 43. A. N.
(2) *Le Ministre de la guerre à Choiseul*. 10, 20 août 1789. A. H.
(3) *Correspondance du Ministre avec Choiseul*, juillet-août 1789. A. H.

prises, dès les premiers jours d'août, dans le pays toulois par Bouillé, commandant de la province des Trois-Évêchés ; des fractions de troupes sont distribuées dans les principaux bourgs (1).

Ce déploiement de troupes régulières calme l'agitation rurale et rassure en même temps les campagnes sur les dangers à courir de la part de ces brigands qu'on ne voit toujours pas paraître. D'ailleurs, le paysan est en pleine moisson et il n'a point de temps à perdre en pareille saison pour former des compagnies et réaliser une organisation complexe.

Les études sur la Révolution dans les diverses provinces de la France nous renseignent en général assez médiocrement sur les conditions où se sont créées ailleurs qu'en Lorraine les gardes nationales rurales. Certains historiens passent complètement sous silence la question dont l'intérêt paraît leur avoir échappé ; beaucoup ont adopté à priori, visiblement sans regarder de près les documents, la thèse de l'organisation spontanée dans les campagnes comme dans les villes, sous l'empire de la « grande peur » ; en fait, il s'en faut qu'on soit encore en état de formuler sur ce point des conclusions d'ensemble. A s'en rapporter cependant aux données fournies par les histoires locales que nous avons pu consulter utilement, il semble que les gardes nationales rurales se soient formées de façon sensiblement différente suivant les régions de la France.

En Périgord, elles se constituent effectivement, dès les premiers mois de 1789, sous l'empire de la grande peur, qui sévit violemment dans le pays. Il s'agit bien de véritables troupes ; les gardes ont leurs chefs, leurs cadres, leurs statuts ; leur organisation du début n'est pas éphémère ; elle subsiste sans grands changements jusqu'à la fédération de 1790. Très probablement, l'initiative de cette création est due aux nombreux gentilshommes de la région qui, résidant sur leurs terres, tiennent à prendre le commandement des gardes nationales qu'ils constituent dans leurs villages à l'imitation des villes (2).

L'étude de M. Conard, consacrée à la grande peur dans le Dauphiné, ne laisse aucun doute non plus qu'il y ait eu là, dès juillet 1789, un essai d'organisation des communes rurales en vue de

(1) *Compte-rendu de François de Neufchateau*, août 1789. Op. cit. B. M.
(2) Bussière, op. cit. p. 88 et sq. ; p. 166 et sq.

se défendre contre les brigands. Seulement, ces groupements de campagnards se transforment rapidement, pour la plupart, en bandes d'émeutiers qui vont piller les domaines de la noblesse et du clergé, et contre lesquelles il faut faire intervenir les gardes nationales des villes ; au contraire, quelques milices rurales, créées à cette époque dans la banlieue grenobloise, sous la direction de bourgeois ou de nobles, ne donnent prise à aucun reproche. La crainte, provoquée par les excès des paysans, avait été pourtant si profonde que, dès l'émeute apaisée, les autorités locales s'empressent de prononcer la suppression de toutes les troupes rurales, même de celles demeurées parfaitement tranquilles (2). En définitive, il semble que dans la plus grande partie des campagnes du Dauphiné, il n'y eut aucune organisation comparable à celle des gardes nationales des villes ; on ne voit s'y former que des troupes de paysans, sans règlement, sans discipline, unies surtout par le désir de piller ; seules, quelques gardes nationales rurales dignes de ce nom se constituent à proximité de Grenoble ; elles n'ont, d'ailleurs, qu'une courte existence (1).

Pour le Berry, les conclusions de M. Bruneau sont très précises et très nettes ; elles sont les mêmes que celles apportées par nous pour la Lorraine ; il n'est pas créé, en 1789, de gardes nationales rurales. L'indifférence des campagnes de cette région du centre pour le service de la garde nationale se prolongera même bien plus longtemps que dans la Meurthe ; là, nous le verrons plus loin, les gardes nationales se forment à peu près partout, dans l'été de 1790, sous l'empire du mouvement patriotique suscité par la fédération, et surtout par obéissance au décret du 12 juin ; en Berry, au contraire, M. Bruneau signale que la mesure légale même restera sans effet. « Sauf quelques exceptions, les campagnes du Cher et de l'Indre ne s'armèrent point comme les villes. Ordinairement, le paysan ne subit ni le besoin ni le désir de s'inscrire sur des registres, de se soumettre à une discipline, de se donner des chefs, de sacrifier une part de son temps à des exercices militaires. Il fallut l'élan de la fédération ou l'angoisse de la fuite du Roi pour faire surgir ici et là quelques gardes nationales comme celles d'Argy (Indre), le 14 juillet 1790 ou comme celle de Meobecq (Indre), le 25 juin 1790. C'est

(1) Conard. Op. cit. p. 38 et sq.

en vain qu'en juin 1790 les législateurs avaient imposé à tout citoyen actif, désireux de conserver l'existence des droits politiques attachés à cette qualité, l'obligation d'inscrire son nom sur un registre qu'ils prescrivaient d'ouvrir dans chaque commune pour le service des gardes nationales. Dans le Berry, la loi ne fut pas appliquée ; nulle part, si ce n'est dans les localités où la garde nationale était déjà organisée, le registre prescrit ne fut ouvert, nulle part les citoyens actifs ne donnèrent leurs noms ou ne perdirent leurs droits. Lorsque, par un de ses derniers décrets, l'Assemblée constituante rendit d'une manière plus expresse et plus positive l'établissement des gardes nationales universellement obligatoire, le nombre des communes du Cher et de l'Indre où il existait une garde nationale n'était guère plus grand qu'au début de 1790 » (1).

En Provence, il semble qu'il y ait eu, en 1789, formation de gardes nationales rurales dans un petit nombre de villages ; encore l'organisation fut-elle très passagère ; à la fin de l'année déjà, les quelques milices des campagnes ont disparu, les paysans ne voulant pas consacrer à un service qu'ils jugent fastidieux et inutile, un temps plus fructueusement employé aux travaux de la terre (2).

L'absence dans les campagnes d'une classe analogue à la bourgeoisie des villes, agissante, influente, intéressée à prendre la direction du mouvement révolutionnaire, expliquerait, à elle seule, le défaut d'enthousiasme témoigné pour se former en gardes nationales par les populations rurales. Elles ne sauraient constituer les comités, qui, sous des noms variables, ont une part prépondérante dans la création des milices citoyennes des villes.

L'action de ces comités est, d'ailleurs, assez différente suivant les localités ; parfois, ils usurpent d'abord les pouvoirs municipaux, puis organisent, en même temps, la garde, c'est le cas de Nancy, qui se reproduit à Briey, à Saint-Nicolas, Neufchâteau ; parfois, aussi, ils se forment sous prétexte de constituer la garde nationale, puis ils continuent à fonctionner comme municipalité, c'est ainsi que procède le Comité de Lunéville. Enfin, à Sarrebourg et à Pont-à-Mousson, ce sont les anciennes municipalités elles-mêmes, sous la pression de l'opinion publique, qui for-

(1) Bruneau. Op. cit. p. 286.
(2) Viguier. Op. cit. p. 109 et sq.

ment les milices bourgeoises. Il n'est pas sans intérêt d'examiner d'un peu plus près les conditions où s'établit ainsi, en Lorraine, la nouvelle institution.

A Lunéville, le 25 juillet, une soixantaine de bourgeois demandent à la municipalité la formation d'une « milice bourgeoise » afin de prévenir les accidents qui peuvent résulter « ...d'émotions subites et qu'on a lieu de craindre par ce qui se passe dans les environs... ». Le 27 juillet, un Comité de treize membres s'établit « ...afin de faire tous les règlements que la sûreté publique pourrait exiger... » ; trois militaires entraient dans sa composition : de Berneron et de Malvoue, mestres de camp, chevaliers de Saint-Louis, et Delorme, ancien gendarme rouge. Le lendemain, 28 juillet, le Comité arrêtait la formation d'une « milice bourgeoise », à deux bataillons de six compagnies chacun ; la compagnie était à l'effectif de 50 hommes (1). Tous les officiers furent nommés, lors de cette première formation, par le Comité seul ; il choisit pour commandant en chef, Diettmann, mestre de camp de cavalerie, chevalier de Saint-Louis, pour commandant en second, Gouvenoux, procureur du roi au bailliage, pour major général, d'Aristan de Châteaufort, ancien capitaine de dragons, pour major adjoint, Dauphin, ancien officier d'infanterie, chevalier de Saint-Louis. L'armement fut provisoirement constitué au moyen de 110 fusils, accordés par le gouverneur de la province et de 100 piques, fabriquées aux frais de la ville (2).

Le même jour, 28 juillet, le Comité de Lunéville envoyait deux députés aux membres du Comité de Nancy « ...pour concerter avec eux sur les moyens de s'entendre et correspondre pour la sûreté publique... » (3) ; il assumait bientôt entre ses mains toutes les fonctions de l'ancienne municipalité, qui, en quelques jours, se trouvait dépossédée de ses pouvoirs.

A Sarrebourg, au contraire, c'est l'ancienne municipalité elle-même, qui, d'accord avec le commandant pour le roi, crée une milice nationale «... pour le maintien du bon ordre et de la tranquillité publique... » ; prudemment, d'ailleurs, dès les premiers troubles, elle a demandé une compagnie d'infanterie que Choiseul s'est hâté de lui envoyer. Rassurée par le décret du 10 août

(1) *P. V. des assemblées municipales*, 25, 27, 28 juillet 1789. B. B. A. M., Lunéville.
(2) Beaumont, *Histoire de Lunéville*. Op. cit. p. 253.
(3) *P. V. du C. P.*, 28 juillet 1789. A. M.

sur la légalité de sa milice, elle en réunit, le 26 août, les officiers ;
à l'unanimité, ceux-ci et les membres de la municipalité, formés
en comité, nomment commandant en chef, le baron de la Gironsière, commandant de la ville pour le roi, qui accepte, mais sous
réserves de l'approbation du comte de Choiseul. L'assemblée élit
ensuite un « Comité militaire » composé du baron de la Gironsière, de deux officiers municipaux et de quatre officiers de la
garde, chargé de rédiger un règlement pour la milice et de prononcer sur les peines à infliger non seulement à ceux qui contre-
viendraient à ce règlement «... mais encore à ceux qui troublè-
raient l'ordre public, ...mes dits sieurs officiers municipaux
remettant, dès ce moment, au comité tous leurs pouvoirs... ».
On convient toutefois que le « Comité militaire » comprendra
toujours obligatoirement le premier officier municipal et que le
règlement devra être revêtu de l'approbation du commandant de
la province (1).

Aux termes de ce règlement, la « milice nationale » de Sarrebourg, comprenait vingt « divisions de fusiliers ». Le service
était personnel pour « tous les citoyens quelconques, sans distinction de privilèges, depuis l'âge de 18 ans... » et, par là, il
faut entendre que le service était obligatoire. C'est une prescription tout à fait remarquable, alors que les autres gardes nationales du département dont nous possédons les règlements pour
la période antérieure à juin 1790 ne sont formées que de volontaires. Elle devait, d'ailleurs, soulever, à bref délai, les protestations de toute une partie de la population qui refusera le service
en prétextant qu'on ne l'a pas suffisamment consultée, pour la
formation de la milice et la rédaction du règlement (2).

Définissant ensuite les fonctions de la milice, le règlement
s'exprimait ainsi, « ...elle veillera au maintien de la tranquillité
publique et mettra tous ses soins à empêcher tout attroupement
séditieux, soit dans la ville, soit dans les campagnes, même sous
prétexte de chasse ; elle veillera principalement sur la conduite
de tous les gens sans aveu et suspects et se conformera enfin à la
déclaration du roy du 10 du présent mois... ». Pour permettre

(1) *Extrait du registre des délibérations de l'Hôtel de Ville de Sarrebourg,*
26 août 1789. — *Règlement pour la composition et la discipline de la milice
de Sarrebourg,* 27 août 1789. D. IV. 43. A. N.

(2) *Extrait du registre des délibérations de l'Hôtel de Ville de Sarrebourg,*
13 octobre 1789. D. IV. 43. A. N.

à la garde d'étendre sa surveillance aux environs de Sarrebourg, il était formé « …une division de 12 volontaires à cheval… et de 30 chasseurs à pied… composée de jeunes gens non mariés… » D'importants pouvoirs judiciaires étaient attribués au commandant et au comité de la garde. Tout particulier arrêté « …commettant du désordre et troublant l'ordre public… » était jugé par le commandant, si la faute était légère, et si elle était grave, par le Comité. Aussi, l'Intendant de la province, en approuvant, le 5 septembre, le règlement de la milice, faisait-il toutes réserves sur ces dispositions, tendant à soustraire les accusés à leurs juges naturels pour les rendre justiciables du Comité militaire de la milice (1).

Rien de plus différent de la formation de la garde de Sarrebourg que celle de la garde de Pont-à-Mousson. A Sarrebourg, l'influence de l'ancienne municipalité et du commandant du roi est manifeste ; il n'y a presque aucune intervention de la masse de la population à laquelle on impose un service obligatoire dont elle ne voudra pas. A Pont-à-Mousson, c'est, au contraire, une sorte d'assemblée plénière des citoyens qui décide l'organisation de la garde nationale.

Dès le 22 juillet, c'est-à-dire trois jours avant la création de la garde nationale de Nancy, il s'est formé, à Pont-à-Mousson, une « compagnie de la jeunesse bourgeoise » qui s'est chargée spontanément d'un service de patrouilles et de garde. D'autre part, l'autorité municipale continue à être exercée par les officiers municipaux en fonctions, mais ils ouvrent leurs séances journalières à tous les citoyens et c'est « l'assemblée générale », ainsi formée, qui prend les décisions relatives à l'administration de la ville (2). Le 27 juillet, cette assemblée générale décide de faire organiser une « milice citoyenne » par un comité, composé de 30 citoyens, élus « dans toutes les classes de la ville indistinctement » auxquels s'adjoindront quelques officiers des chasseurs du Hainaut (3) ; elle procède immédiatement à l'élection du comité. Il comprend 7 chevaliers de Saint-Louis, 7 hommes de

(1) L'approbation de « l'Intendant au département de Metz » est portée sur l'exemplaire même du règlement qui lui a été adressé.

(2) Le nombre élevé de signatures, qui figurent à la suite de chaque procès-verbal, montre combien l'assemblée générale est fréquentée.

(3) Le régiment de cavalerie des chasseurs du Hainaut, colonel comte de Ségur, tient garnison à Pont-à-Mousson où il entretient les meilleures relations avec les habitants.

loi, quelques négociants, quelques nobles, Villemin, échevin, d'Ancillon, commandant de la ville pour le roi, Breton, lieutenant-général du bailliage, Lelorrain, avocat-conseiller au bailliage. De leur côté, les officiers des chasseurs du Hainaut désignent comme délégués, leur colonel, le comte de Ségur, leur lieutenant-colonel, le comte de l'Estrade, leur major, de Monard, 4 capitaines et 2 sous-lieutenants.

Le 28 juillet, le Comité se réunit et choisit les commissaires chargés de se rendre au domicile des citoyens qu'on juge dignes de faire partie de la garde, pour leur demander s'ils consentent à être enrôlés ; il est essentiel, dit le procès-verbal du Comité, que la garde « …ne comprenne que des gens libres et disposés volontairement à s'y enrôler… ». Dans l'après-midi du même jour, les enrôlements ayant été souscrits au-delà même du chiffre de 500, fixé par le Comité pour l'effectif de la garde, on procède à l'établissement d'un règlement. Il créait une « milice citoyenne », divisée en 8 compagnies, correspondant aux 8 quartiers de la ville. La « compagnie de la jeunesse bourgeoise » devait être « …agrégée à la milice citoyenne ; « il lui serait loisible de s'assembler, de monter la garde, de s'exercer au maniement des armes, une fois seulement la semaine, un jour de dimanche ou de fête, depuis 10 h. 1/2 du matin jusqu'à 8 heures du soir… » ; elle ne pourrait prendre les armes en dehors de l'exercice. Le 30 juillet, le secrétaire du Comité, Lelorrain, lit le règlement devant « l'assemblée générale de tous les citoyens de tous les ordres… » ; il est adopté après quelques modifications (1).

S'il est vrai qu'il y ait une diversité grande dans les procédés de formation des gardes nationales, on relève aussi dans toutes les villes lorraines des idées communes qui président à la création de ces nouveaux organismes. Ainsi, l'influence prépondérante de la bourgeoisie se marque partout par le souci très net de ne laisser entrer dans les milices « bourgeoises ou citoyennes » que des gens sûrs, amis de l'ordre, autant que possible de classe aisée et d'en écarter le peuple, ouvriers, petits artisans ; c'est ce même trait que nous avons déjà relevé à Nancy (2).

(1) *P. V. des corps municipaux*, 27, 28, 29, 30 juillet 1789. — *P. V. du Comité élu pour le règlement*. A. M., Pont-à-Mousson.

(2) Les histoires locales que nous avons pu consulter font ces mêmes constatations sur les points les plus différents de la France : à Douai, à Arras, à Bourges, à Nîmes, à Marseille en juillet 1789, et aussi dans de petites villes comme Meulan.

A Pont-à-Mousson, le comité chargé du règlement n'admet dans la garde « que les citoyens de Pont-à-Mousson et de sa banlieue, domiciliés et compris sur le rôle des impositions personnelles de la ville, de même que ceux qui sont nommés es-dits rôles en qualité de privilégiés... tels enfin qu'ils puissent répondre de leurs actions et de leur conduite... » ; il en écarte « ...les laboureurs, les vignerons à gage, les journaliers... » (1) A Briey, on ne prend que «... les bons citoyens... » (2), à Saint-Nicolas que « ...les habitants de la ville, propriétaires et en état de répondre de leurs actions... » (3), à Toul, on exclut « ...tous compagnons, journaliers et manœuvres, étant chargés de travaux nécessaires à eux et aux autres... » (4). La milice de Sarrebourg, qui a d'abord ouvert largement ses rangs à tous les citoyens, en écarte bientôt les jeunes gens « ...non chefs de famille », à l'exception de ceux agréés par le conseil de la garde (5).

Un second trait, commun à toutes les villes, c'est leur désir de confier le commandement de leurs gardes à des hommes compétents ; presque partout, à l'origine, ce sont d'anciens officiers qui sont à la tête des gardes nationales ; ils sont nombreux aussi dans les commandements subordonnés. A Lunéville, dans l'état-major, on trouve Diettmann, d'Aristan de Châteaufort, Dauphin ; à Toul, les deux commandants de la garde sont d'anciens officiers, Husson de Prailly et Louis de Gouvion ; à Sarrebourg, c'est le baron de la Gironsière, à Briey, Delorme, ancien capitaine d'infanterie ; lors de la fédération du 19 avril 1790, à Nancy, tous les détachements, à quelques rares exceptions, sont sous les ordres d'offi-

Lyon exagère encore les précautions prises et constitue même vraisemblablement une exception dans ce grand mouvement d'organisation des gardes nationales urbaines. La vieille milice bourgeoise y subsiste, en 1789, avec un petit corps de volontaires à l'effectif de 800 hommes, formé en juillet pour concourir, avec les troupes réglées, à la répression des émeutes rurales. L'ancienne municipalité, demeurée en fonction, ne met aucune bonne volonté à créer une véritable garde nationale; elle ne s'y décide qu'à la fin du mois de janvier 1790, sous la pression de l'opinion populaire. (Cf M. Wahl. Op. cit. p. 100 et sq.)

(1) *P.-V. du Comité élu pour le règlement. — P.-V. des corps municipaux,* 29 juillet 1789. A. M., Pont-à-Mousson.

(2) *Le Comité et les officiers municipaux de Briey à Lavalette, 9 août 1789.* A. A. 21. A. M.

(3) *Lettre du Comité des trois ordres de Saint-Nicolas au Comité de Nancy,* 28 juillet 1789. A. A. 21. A. M.

(4) *Règlement pour la garde citoyenne,* reproduit par Denis, *Toul pendant la Révolution.* Op. cit. p. 129.

(5) *Extrait du registre des arrêtés du conseil de la garde de Sarrebourg,* 13 octobre 1789. D. IV. 43, A. N.

ciers de carrière. Plus que d'autres, en effet, il paraisssent capables d'organiser les « gardes bourgeoises », de les mettre rapidement en état de remplir les services qu'elles ont la prétention d'assurer. C'est aussi un titre de gloire pour les gardes d'avoir à leur tête des officiers qui ont occupé un grade élevé dans l'armée ; la garde de Paris est fière d'avoir pour chef le marquis de Lafayette ; les gardes des petites villes sont heureux de trouver un homme apte à les commander et en situation de rehausser leur prestige par l'éclat de son grade, et s'il se peut, de son nom.

L'imitation de Nancy, dont nous avons déjà signalé l'importance dans la genèse spontanée et rapide des gardes nationales des villes, contribue aussi, pour une bonne part, à leur donner une ressemblance accentuée. On se rend compte de l'importance du rôle de direction joué par la municipalité de Nancy, l'état-major de sa garde, et surtout Lavalette, à propos de la question de l'armement qui préoccupe vivement les villes lorraines ; toutes réclament, en effet, des fusils au commandant de la province, de ce même ton très vif, qu'a déjà employé la garde nationale de Nancy vis-à-vis de M. d'Haussonville. Le 7 octobre, la garde citoyenne de Lunéville a demandé à l'Assemblée des représentants de la commune de Nancy, d'appuyer la requête qu'elle a adressée pour avoir 600 fusils. Ces armes, ayant été refusées, le 19 octobre, les députés du Comité permanent de Lunéville se rendent à Nancy à l'Assemblée des représentants, accompagnés par 37 gardes citoyens ; ils déclarent qu'ils ont été contraints de tenter une nouvelle démarche près de M. d'Haussonville par la population qui veut 800 fusils ; elle a décidé, en outre, que si sa demande n'était pas accueillie, elle irait elle-même chercher des armes à Nancy « en se faisant accompagner par les villages qui sont sur la route... ». Devant cette insistance, M. d'Haussonville consent à délivrer 490 fusils avec baïonnettes et 60 sabres. « ... Je ne puis trop vous recommander, écrit-il au Comité, de ne confier les armes qui vous ont été délivrées qu'à des personnes bien choisies, d'un âge mûr, et propres à assurer la tranquillité de Lunéville... » (1).

A la fin du mois d'octobre, les demandes adressées par les villes de la province à la municipalité de Nancy pour obtenir des armes par son entremise sont devenues si fréquentes que l'Assemblée des représentants refuse de s'occuper dorénavant de ces requê-

(1) P.-V. de l'A. R. C., 7, 19 octobre 1789. A. M. — Beaumont, *Histoire de Lunéville.* Op. cit. p. 254.

tes (1). Par contre, Lavalette s'emploie plus que jamais à satisfaire les villes où les gardes qui s'adressent à lui ; il se pose en
représentant des gardes, auxquelles le parti aristocratique refuse,
sans motifs, les armes qu'elles sollicitent. Le 15 octobre, il écrit
à La Tour du Pin, Ministre de la guerre : « ...Les milices nationales de la province ont fait infructueusement des démarches
auprès du commandant du roi pour avoir les armes qui sont en
abondance dans l'arsenal. Ce sont des ordres précis de vous qui
enchaînent M. le comte d'Haussonville. Ces ordres, contraires à
tous les décrets de l'Assemblée nationale, nous forcent à faire
avec toutes les milices de cette province une démarche... La ville
de Nancy a reçu les armes nécessaires ; le projet seul de la rendre odieuse, en devenant un objet de jalousie, pourrait expliquer
une retenue que je ne puis croire que vous admettiez. Toutes les
milices de la province ont un intérêt commun avec nous, celui
de maintenir et d'entretenir la paix... » (2). Evidemment choqué
du ton de la lettre, le 8 novembre, La Tour du Pin répond à Lavalette « ...je ne vous dissimulerai pas que S. M. a été fort surprise
que vous soyiez chargé de m'adresser, avec les principes que vous
exposez, les représentations auxquelles elles ont donné lieu... elles
lui ont paru si peu fondées que ces villes ont été armées proportionnellement à leurs populations... leurs réclamations à ce sujet
ne peuvent donc être que l'effet d'une insubordination et d'une
effervescence contraires au bon ordre, au bien de son service...
elle n'a rien changé à ce qu'elle a prescrit à ce sujet à MM. les
comtes de Choiseul et d'Haussonville... » (3).

On retrouve encore l'imitation de Nancy dans l'attitude, prise
par les gardes nationales des villes lorraines vis-à-vis de leurs
municipalités, mais il serait évidemment exagéré de prétendre
que le désir d'imiter leur petite capitale explique à lui seul ce
phénomène. Il est certain que le contact d'organisations semblables a produit dans toute la province des résultats comparables
à ceux obtenus à Nancy dans des conditions analogues. Dès le
31 août, le Comité permanent de Neufchâteau déclare que la
garde citoyenne de la ville n'obéit plus à ses ordres (4) ; à Sarre-

---

(1) P. V. de l'A. R. C., 22 octobre 1789. A. M.
(2) Lettre de Lavalette à La Tour du Pin, 15 octobre 1789. B. M.
(3) Lettre de La Tour du Pin à Lavalette, 8 novembre 1789. B. M.
(4) Lettre du Comité de Neufchateau à celui de Nancy, 31 août 1789. H. ?.
A. M.

bourg, au début d'octobre, le commandant se plaint de l'insubordination de la garde et de ses officiers ; le parti avancé réclame contre le Comité permanent parce qu'il a formé la garde sans presque consulter les citoyens (1) ; les jeunes gens, qu'on a inscrits dans la division « des chasseurs à pied » refusent le service, menacent ceux qui voudraient les punir et entendent cependant former à leur gré une compagnie particulière (2). A Lunéville, le 15 octobre, la garde citoyenne arrête spontanément une voiture de blé qui traverse la ville et la décharge devant son corps de garde (3). D'ailleurs, on constate à l'époque, sur tous les points de France, des conflits semblables entre municipalités et gardes nationales. Bruneau en trouve l'explication, pour le Berry, dans le défaut d'un droit respectif bien défini, dans les usurpations fréquentes de pouvoir des commandants des gardes nationales, ou parfois dans l'emploi fait mal à propos par les municipalités de leur force publique (4). Ce sont là des conditions tout à fait semblables à celles que l'on rencontre en Lorraine.

L'abolition du droit de chasse, annoncée par les décrets du 4 août, a fait croire aux paysans qu'ils étaient entièrement libres de chasser, non seulement sur les terres leur appartenant, mais même sur celles d'autrui ; au mois d'août, on se livre dans les campagnes à de véritables massacres de gibier. Bien loin d'empêcher ces excès, des gardes citoyens y participent en grand nombre et avec les armes délivrées par l'état (5) ; un propriétaire d'Houdelmont, se plaignant au Comité permanent de Nancy de la perte de son gibier, ajoute « ...il n'est pas possible d'attendre le moindre secours des troupes de la bourgeoisie de Vezelise ; elle se permet la plus grande innovation et y a chasser partout... » (6).

Les expéditions, organisées comme à Nancy pour la recherche du blé, donnent lieu aux mêmes incidents ; en septembre, la garde

(1). *Pétition aux officiers municipaux de Sarrebourg*, octobre 1789. D. IV. 43. A. N.

(2) *Extrait du registre des arrêtés du conseil militaire de Sarrebourg*, 13 octobre 1789. D. IV. 43. A. N.

(3) Beaumont, *Histoire de Lunéville*. Op. cit. p. 259.

(4) Bruneau. Op. cit. p. 29 et sq.

(5). *Adresse du Conseil général du département à l'Assemblée nationale pour la réglementation du droit de chasse*, 13 décembre 1790. L. 142. — *État de l'armement des gardes nationales du district de Sarrebourg*, août 1790. L. 2271. A. D.

(6) *Lettre de Morlal d'Houdelmont au Comité*, 27 septembre 1789. A. A. 21. A. M.

de Pont-à-Mousson arrête des voitures de blé destinées à Nancy et provoque ainsi une vive discussion entre les Comités des deux villes (1). Le 7 octobre, un convoi de grains pour Lunéville, escorté par 50 carabiniers et un détachement de la garde nationale, traverse Moyenvic ; aussitôt, la population sonne le tocsin, court aux armes et s'empare d'une partie des voitures ; il faut les lui abandonner et le détachement de Lunéville en est réduit à ne ramener qu'une partie de son convoi après avoir été l'objet des plus vives menaces (2).

Malgré ces caractères communs, malgré l'action pour les uniformiser, exercée dans une certaine mesure par Nancy, les gardes nationales des villes lorraines restent, en ce début de leur existence, des organismes locaux, municipaux. Il n'y a pas trace dans leur création, d'une idée de les utiliser militairement, il ne vient pas à la pensée des contemporains que ces gardes citoyennes puissent être un réservoir d'hommes armés et exercés, où le pays trouverait, s'il en avait besoin, des défenseurs en face d'un péril extérieur ; il n'est pas une garde dans la région lorraine qui envisage, à cette époque, une pareille éventualité. Même quand les gardes nationales fonctionneront depuis quelque temps, auront pris déjà une certaine cohésion, il leur paraîtra encore absolument contraire à l'esprit de leur institution qu'on puisse songer à les employer contre l'étranger. Le 25 octobre 1789, le conseil d'administration de la garde citoyenne de Nancy, ayant émis, dans une lettre, l'idée que les gardes pourraient éventuellement se réunir, en cas d'invasion, pour résister à l'ennemi, une compagnie répond « ...C'est une monstruosité de tenter de faire croire que nous voulons enlever aux armées de notre souverain la gloire de nous défendre et de marcher contre les forces combinées de l'étranger... renfermons-nous dans le cercle que trace autour de nous notre institution... gardes citoyens, restons dans nos cités, défendons-les des trames secrètes des ennemis de la liberté et du bonheur public... » (3). Il faut donc bien constater chez ces gardes nationales du début l'absence de patriotisme tel que nous l'entendons aujourd'hui ; elle s'explique par les tendances paci-

<hr>

(1) *Lettre du Comité de Pont-à-Mousson à celui de Nancy*, 1ᵉʳ octobre 1789. A. A. 21. A. M.

(2) Beaumont, *Histoire de Lunéville*. Op. cit. p. 259.

(3) *P. V. de séance du Conseil d'administration de la garde de Nancy*, 25 octobre 1789. Lf. 133. 110, B. N.

fistes de l'époque, par le sentiment profond que la Révolution ne peut porter ombrage aux puissances voisines, et aussi par le souvenir odieux, laissé par la milice en Lorraine. Elle n'en est pas moins suggestive, si l'on songe que, moins d'un an après, des gardes nationales de la Meurthe sortiront en foule les volontaires enthousiastes de 1791, plus tard ceux de 1792, et que le département fournira facilement les réquisitionnaires de 1793.

Dénuées de patriotisme militaire, les gardes nationales n'ont pas davantage pour atténuer leur caractère de particularisme municipal, le lien que pourrait créer entre elles le patriotisme révolutionnaire ; sans doute, elles sont dévouées à l'ordre nouveau qui naît ; elles sentent le besoin de se concerter, de s'appuyer, de se conformer à ce noble mouvement qui soulève non pas seulement le pays lorrain, mais la grande patrie, la France ; cependant, leurs essais pour se grouper, faire l'unité, se donner une même âme révolutionnaire, restent timides et incertains. Ce sera l'œuvre de l'année 1790, élaborée dans les « coalitions » provinciales, parachevée enfin dans l'apothéose de la fête de la Fédération, d'animer les gardes nationales d'un même patriotisme ardent pour la Révolution. Elles auront ainsi accompli la première évolution vers leur état d'âme de 1791 et de 1792, où elles confondront, dans une même foi religieuse, la Révolution et la Patrie en danger.

CHAPITRE IV

La Fédération du 19 avril 1790 à Nancy

I. La lutte entre les partis à Nancy à propos de la coalition. —
II. Conflits entre la garde nationale et la municipalité. —
III. La fête de la coalition du 19 avril. — IV. Progrès des idées
révolutionnaires dans les régiments de la garnison de Nancy.

Dans les premiers jours de décembre 1789, quelques officiers
de la garde nationale fondent, à Nancy, un « cabinet littéraire » (1)
qui se transformera, peu après, en « Club des amis de la constitution ». On s'y occupe « ...de lire les papiers publics, de méditer
les principes de la constitution et de la législation, de prendre
l'habitude des affaires publiques... » (2). Au Club se retrouvent les
officiers de la garde du parti avancé, Poincaré, Jobart, André,
Coliny, Fontenoy, auxquels se joint, dans les débuts, l'ancien
commandant Lavalette ; les membres sont d'abord peu nombreux : le Club ne tient pas de séances publiques ; il n'aura un
journal à lui, le *Journal de la Meurthe*, qu'au mois de juillet
1790 ; son influence est assez restreinte, lorsqu'en février, il s'affi-
lie au Club des « Amis de la constitution » de Paris. A partir de
ce moment, il prend figure de représentant de la doctrine officielle
révolutionnaire et son autorité sur la fraction de la garde nationale dévouée à ses idées devient considérable.

Son prestige naissant ne suffit cependant pas pour empêcher
le succès des modérés aux élections de 1790 (3) ; le 29 mars, les
membres sortants de l'ancienne Asssemblée des représentants

(1) *P. V. de l'A. R. C.*, 26 décembre 1789. A. M.
(2) *Règlement de la Société des amis de la constitution*, 1ᵉʳ décembre
1789. A. M.
(3) Les élections, prescrites par la loi du 14 décembre 1789, en vue de la
constitution de municipalités régulières, ont commencé à Nancy en février
1790.

rentrent tous au conseil général de la commune et si quelques clubistes, Poirson, Mollevaut, Jobart, Colin, Coliny, viennent siéger à côté d'eux, la grande majorité n'en reste pas moins acquise aux modérés, et surtout dans le corps municipal (1). La situation politique ne subit donc aucun changement à Nancy ; comme au temps du Comité permanent et de l'Assemblée des représentants, on retrouve en présence une municipalité modérée, soutenue par une fraction de la garde, et le parti avancé de cette même garde qui prend maintenant son inspiration au Club des amis de la constitution ; les conflits vont surgir aussi nombreux qu'en 1789 : le premier éclate à propos de la « coalition ».

Nous avons vu, dans le chapitre précédent, que, dès leur création, les gardes nationales avaient senti le besoin de s'unir ; l'idée d'abord très vague de « coaliser » les gardes voisines se précise peu à peu. A la fin du mois d'octobre 1789, les gardes nationales d'Epinal et de Charmes proposent à celle de Nancy « ...de former une coalition parfaite de manière que les différents membres de cette association salutaire, répandus sur la surface de la Lorraine et du Barrois, présentent un ensemble respectable et forment une société de patriotes que l'on puisse réunir avec facilité et dont on dirige les mouvements avec ordre et avec certitude d'en tirer les secours nécessaires... ». Non seulement le conseil d'administration de la garde nancéienne accueille favorablement cette avance, mais il expose à ses compagnies l'avantage d'inviter les gardes citoyennes voisines à envoyer des députés à Nancy jeter les bases d'une association « ...qui assurerait la libre circulation des grains, la surveillance des accapareurs... » et déjouerait « ...les complots ténébreux que les ennemis de la chose publique pourraient former... » (2).

Le projet était hardi ; il ne tendait à rien moins qu'à ériger le conseil d'administration de la garde nationale de Nancy en un comité directeur pour la Lorraine, ou tout au moins pour le département de la Meurthe, ayant qualité pour régler les questions de subsistances et de police. C'était absolument illégal, c'était aussi absolument contraire à l'esprit qui animait l'Assemblée nationale, en un moment où elle s'occupait de faire disparaître les anciennes divisions administratives pour créer les départements

<hr>

(1) *P. V. du C. G. C.*, 29 mars 1790. A. M.
(2) *P. V. du conseil d'administration de la garde de Nancy*, 25 octobre 1789. Lf. 133. 4o. B. N.

et les administrations départementales ; le parti avancé se trouvait donc gêné pour adhérer complètement à la proposition ; le parti modéré repoussait avec énergie (1) un projet qui eût amoindri notablement les pouvoirs de la municipalité de l'époque, uniquement recrutée parmi ses partisans. Aucune suite ne fut donnée aux avances des gardes nationales d'Epinal et de Charmes.

Le conseil d'administration de la garde nationale de Nancy ne se tint pas pour battu définitivement à la suite de ce premier échec ; en décembre, prenant prétexte de l'exemple donné par les gardes du Vivarais et du Dauphiné, il revient sur l'idée d'une fédération ; il propose aux compagnies de signer deux adresses, l'une pour l'Assemblée nationale, l'autre pour Lafayette en témoignage d'admiration et du vif désir de la garde de se confédérer avec la milice parisienne (2).

Certes, la proposition n'avait rien de particulièrement subversif ; mais on était encore sous le coup des dissentiments violents qu'avait soulevés le différend de Lavalette avec l'Assemblée des représentants : celle-ci vit dans le projet du conseil d'administration un moyen nouveau de combattre son autorité ; elle s'y opposa très nettement. Encore une fois, la garde nationale se divise en deux clans ; l'un proteste contre les actes intempestifs d'initiative du conseil d'administration, contre les convocations constantes des compagnies pour des questions absolument étrangères au service (3), l'autre approuve, au contraire, chaudement la teneur des adresses de félicitations qui lui sont proposées et se déclare indigné contre « le parti des égoïstes » qui refuse de se fédérer (4).

Il est essentiel de remarquer, cependant, que, cette fois, en janvier 1790, aucune compagnie ne proteste contre le principe même de la fédération ; les compagnies modérées ont bien soin de noter dans leurs procès-verbaux qu'elles protestent seulement

(1) Cf. notamment la *délibération de la compagnie Leviston*, 25 octobre 1789. B. M.

(2) *P. V. du conseil d'administration de la garde de Nancy*, 27 décembre 1789. H. 3. A. M.

(3) *P. V. de délibération des compagnies Charlot, Maisonneuve, Oudinot, François, Durelest, de Mitton*, décembre 1789-janvier 1790. H. 3. A. M.

(4) *P. V. de délibération des compagnies de Saint-Roch, Boutily, Oudinot, de Mitton, de la compagnie du faubourg Saint-Pierre*, etc., décembre 1789-janvier 1790. H. 3. A. M. — Il existe deux procès-verbaux pour des compagnies qui se sont trouvées partagées en deux fractions d'avis opposé.

contre l'attitude du conseil d'administration vis-à-vis de l'Assemblée des représentants. C'est que l'idée fédérative a fait son chemin en Lorraine depuis le mois d'octobre ; il y a déjà eu des « coalitions », célébrées avec éclat dans diverses parties de la France ; ces fêtes n'ont amené aucun conflit avec les municipalités intéressées et la plupart ont provoqué une approbation presque unanime.

La fédération, célébrée le 7 mars, à Épinal, par les gardes nationales du département des Vosges, ramenait bientôt l'attention sur l'opportunité d'une cérémonie du même genre à Nancy ; les gardes nationales des Vosges avaient formé, à cette occasion, un « pacte fédératif » ; elles s'étaient engagées à se porter secours, à surveiller le transport des subsistances ; elles avaient obtenu l'adhésion d'un certain nombre de gardes nationales de la Meurthe (1). Les circonstances étaient trop favorables pour que le parti avancé de la garde de Nancy manquât de se mettre à la tête du mouvement qui se prononçait très nettement dans la Meurthe pour l'organisation d'une fédération particulière au département. Il y était d'autant plus enclin qu'il trouvait ainsi un moyen d'affaiblir l'influence des modérés qui venaient d'ouvrir contre lui de véritables hostilités. Le 26 mars, en effet, l'Assemblée des représentants, que devait remplacer trois jours après le « Conseil général de la commune », avait décidé qu'il y avait incompatibilité entre les fonctions de garde citoyen et celles de notable ; c'était exclure des rangs de la nouvelle municipalité neuf officiers de la garde nationale, dont Mollevaut, Jobart, Colin, tous représentants du parti avancé (2). On n'ignorait pas, d'autre part, que le Conseil général de la commune allait être aussi hostile que l'Assemblée des représentants à la célébration d'une fête fédérative.

Le moment était mal choisi pour le parti modéré ; le mécontentement, provoqué dans la garde, s'augmentait de l'effervescence, causée dans le peuple par des rumeurs inquiétantes à propos de l'approvisionnement en farines. Le 3 avril, de Noüe, commandant de la place, écrit « ...les mauvaises têtes sont persuadées que tout appartient à la garde citoyenne de Nancy qui croit pouvoir satisfaire ses désirs et ses volontés en raison de ses armes et

(1) Bouvier. *La Révolution dans les Vosges*. Op. cit. p. 35 et sq.
(2) *P. V. de l'A. R. C.*, 26 mars 1790. A. M.

de son nombre..... toutes les têtes sont montées au dernier point..... ils veulent avoir du canon de l'arsenal par haustentation.... et dont ils ne sauraient faire que très mauvais usage... » ; il va même jusqu'à déclarer que si la municipalité persiste à s'opposer à la coalition, la garde nationale peut en venir à attaquer les troupes chargées de défendre l'arsenal (1).

Le 5 avril, le parti avancé de la garde nationale se réunit à l'Hôtel de ville ; on proteste contre les « aristocrates » qui veulent affamer le peuple, on proclame la nécessité de se « coaliser » pour déjouer leurs complots. Un caporal, Conteaux, avocat, membre du Club des amis de la constitution, rédige un arrêté, décidant qu'il sera célébré une fête de la coalition et blâmant la municipalité, en termes violents, « ...il est temps que la ville de Nancy, si célèbre par son courage et le patriotisme de ses concitoyens, sorte de l'apathie dans laquelle veulent en vain la retenir ces êtres pervers et dégradés qui ont mis leur bonheur dans la détresse publique et qui voudraient maintenir le fantôme de leur puissance sur l'oppression de leurs concitoyens... ». Au milieu du tumulte, il lit son manifeste, puis chacun et Bassompierre lui-même y appose sa signature. On tombe ensuite d'accord que la fête aura lieu le dimanche 18 avril, et l'on écrit aussitôt une lettre circulaire aux gardes de Lorraine pour les inviter à envoyer à cette occasion des députés à Nancy; on joint à la lettre une copie de l'arrêté Conteaux (2).

C'est en vain que le Conseil général de la commune essaie de réprimer cet acte de rébellion : il ne saurait avoir quelque succès devant le mouvement général d'opinion en faveur de la coalition. Il le comprend et se hâte de profiter de paroles plus conciliantes que lui apporte le lendemain une députation de la garde nationale pour céder sur le principe de la fête elle-même. Il le fait d'ailleurs de mauvaise grâce ; avant tout, il déclare nul et illégal l'arrêté Conteaux, il décide d'écrire aux gardes nationales et municipalités qui ont reçu l'arrêté que cette pièce est désapprouvée par la garde nationale de Nancy ; celle-ci ne pourra désormais ni se rassembler ni imprimer quoi que ce soit sans autorisation. Enfin, par une dernière maladresse, il recule la célébration de la

(1) *Lettre de de Nouc à La Tour du Pin*, 3 avril 1790. Dossier de Nouc. A. A. G.

(2) P. V. du C. G. C., 7 avril 1790. A. M. — *Arrêté pris dans la garde nationale de Nancy sur la coalition*, 5 avril 1790. B. M.

fête jusqu'au 25 avril, sous prétexte de se donner le temps nécessaire pour trouver des vivres et des logements (1). C'était risquer
presque à coup sûr de nouveaux incidents.

Le 13 avril, lendemain du jour où la municipalité a pris ces
décisions, au moment où le Conseil général veut entrer en séance,
il trouve la Place royale, le vestibule de l'Hôtel de ville, la salle
même des délibérations, remplis d'une foule en effervescence;
on injurie, on insulte les officiers municipaux, on les somme de
convoquer, séance tenante, les sections auxquelles sera soumise
la question de la date de la coalition. Au rez-de-chaussée de l'Hôtel de ville, dans la salle des concerts, « ...une assemblée composée d'un très grand nombre de personnes de l'un et de l'autre
sexe, de soldats, de domestiques, d'enfants... », présidée par l'a-
vocat Genaudet, manifeste bruyamment. Le Conseil général est
contraint de voter, pour le 15, la réunion des sections, mais malgré cette concession il faut faire intervenir la troupe pour obtenir, tard dans la soirée, le rétablissement de l'ordre et du
calme (2).

La violence de la manifestation, l'unanimité croissante en
faveur de la coalition, montraient clairement au Conseil général
qu'il lui fallait céder; il s'y résignait le lendemain, en profitant
d'une démarche de conciliation faite près de lui par une députation de la garde nationale conduite par Bassompierre. D'un commun accord, cette fois, on choisit la date du 19, pour la célébration de la fête. Afin de sceller la réconciliation, le Conseil général
s'engageait à obtenir de M. de Noue les quatre canons, convoités
par la garde, et à habiller les tambours « ...vu la modicité des
prix et pour rehausser l'éclat de la coalition... » avec les uniformes provenant de l'ancienne milice provinciale (3).

Dès le 18, arrivent les gardes nationales de la Meurthe, celles de
la Moselle en grand nombre, des députations des gardes des Vosges, de la Meuse, de quelques localités de la Haute-Marne. Au
milieu des acclamations, les détachements défilent dans les rues;
quelques-uns ont amené avec eux des voitures de blé; ils sont
accueillis, à leur arrivée sur la Place royale, par la musique de la
garde de Nancy, placée sur le balcon de l'Hôtel de ville, puis, on

(1) *Lettre de de Noue à Choiseul*, 8 avril. — *Lettre de Choiseul au Ministre*
10 avril 1790. Dossier de Noue. A. A. G.
(2) *P. V. du C. G. C.*, 13 avril 1790. A. M.
(3) *P. V. du C. G. C.*, 14 et 15 avril 1790. A. M.

les emmène ensuite chez les citoyens patriotes qui se sont chargés de leur logement et de leur nourriture. Le soir, des députations, réunies à l'Hôtel de ville, élisent comme président général Bassompierre, comme secrétaire Petit, commandant de la garde de Thionville, comme major général Diettman, commandant de la garde de Lunéville; on adopte ensuite la formule du serment à prononcer le lendemain « ... Nous jurons par l'honneur, sur l'autel de la patrie en présence du Dieu des armées, d'être fidèles à la nation, à la loi et au roi, de maintenir de tous nos pouvoirs la constitution, décrétée par l'Assemblée nationale et acceptée par le roi. Nous jurons de rester à jamais unis, de nous prêter réciproquement les secours qu'exige la fraternité, de prendre au premier signal du danger pour cri de ralliement « ...L'union et la France... et de protéger particulièrement le service des subsistances... » (1).

Le lendemain, les gardes nationales, 5.000 hommes, sont rassemblées, celles de la Meurthe et des Vosges, Place royale, celles de la Meuse, Place du Marché, celles de la Moselle et de la Haute-Marne, Place Carrière. A 8 heures, les trois groupes se mettent en marche par trois itinéraires différents vers la butte Sainte-Geneviève (2), où déjà les ont précédés les troupes de la garnison. Au centre de la butte se dresse sur un piédestal triangulaire, un autel, surmonté d'un obélisque de 40 pieds de haut au sommet duquel flotte une longue flamme tricolore. Au bruit des salves d'artillerie, les gardes se rangent autour du monument; les officiers municipaux et ceux des localités voisines figurent aux places d'honneur; puis, l'abbé Anthoine, aumônier de la garde de Nancy, célèbre la messe et prononce un discours patriotique. Enfin, devant les drapeaux réunis près de l'autel, Bassompierre d'abord, les commandants de députation ensuite prêtent solennellement le serment, puis on défile devant l'autel (3).

Le soir, dans une réunion, tenue à 6 heures, les commandants de députation votent l'envoi d'adresses au Roi et à l'Assemblée nationale : ils décident que les fédérés resteront à Nancy jusqu'au 21. Le 20, les députés essaient de réaliser effectivement une orga-

<hr>

(1) *P. V. de la Fédération du Mont Sainte-Geneviève près Nancy*, 19 avril 1790. D. XXIX. 59. A. N.
(2) La butte Sainte-Geneviève est l'extrémité sud-est du plateau de Malzéville, situé près de Nancy.
(3) *Procès-verbal de la Fédération.* Loc. cit. D. XXIX 59. A. N.

nisation fédérative des gardes nationales représentées; on décide
alors qu'il sera établi comme organe centralisateur entre les
départements fédérés un « bureau de la correspondance générale » (1) et que celui existant déjà pour le département des Vosges (2), commencera par en servir; en même temps, on rédige
une pétition à l'Assemblée nationale pour obtenir des armes et
des munitions nécessaires aux gardes nationales qui « ... pour la
plupart ne sont pas armées ou d'une manière insuffisante... »(3).

Pendant que les chefs s'occupaient ainsi des questions sérieuses,
les fédérés fraternisaient avec la garde et la population de Nancy;
on les avait acclamés le 19 sur la butte Sainte-Geneviève; le soir
on donna au théâtre une représentation en leur honneur et l'on y
applaudit *Le serment civique ou les Lorrains patriotes*, pièce en
un acte et en vers de la Vallée, président du Club (4).

La cérémonie du 19 avril devait avoir, et à juste titre, un profond retentissement dans toute la Lorraine; elle était en effet la
première manifestation publique et solennelle de l'adhésion du
nouveau département de la Meurthe et de la vieille capitale la
Lorraine aux idées révolutionnaires; elle marquait la première
phase dans l'évolution patriotique des gardes nationales. Le
patriotisme municipal du début s'élargit; une compréhension
plus nette de l'union nationale, un sens déjà profond de la fraternité, la volonté clairement exprimée de soutenir l'Assemblée
nationale, ressortent des adresses votées par les gardes. Dès ce
moment, il est évident que le département de la Meurthe est à
peu près unanime dans son adhésion à la Révolution.

En ce qui concerne la ville même de Nancy, la fête de la fédération d'avril 1790 marque aussi une date qui n'est pas sans
importance, celle où s'affirme l'alliance très nette entre les soldats de la garnison et le parti avancé de la garde nationale.

(1) On ne trouve, par la suite, aucun renseignement sur ce bureau. S'il
a été établi, il ne semble pas qu'il ait longtemps fonctionné, ni qu'il ait eu
quelque importance.

(2) Le bureau des Vosges avait été établi, le 7 mars, lors de la Fédération
des Vosges, à Épinal; il devait siéger alternativement tous les trois mois
dans les villes du département. — Bouvier, *Les Vosges pendant la Révolution*, p. 40.

(3) *Procès-verbal de la Fédération.* Loc. c't. D. XXIX. 59. A. N.

(4) *Le Serment civique ou les Lorrains patriotes, pièce en un acte repré-
sentée pour la première fois par MM. les comédiens de la cité de Nancy, le
19 avril 1790, par M. Lavallée, ancien capitaine au Régiment de Bretagne
et président de la société des amis de la constitution.* Nancy, Vve Bachot,
1790, in-8°, 22 pp. B. M.

C'est le début de cette phase critique qui va se terminer par l'insurrection sanglante du mois d'août.

L'effervescence, causée dans les trois régiments, stationnés à Nancy, avait commencé dès 1789; peu sensible au régiment suisse de Lullin-Châteauvieux et au régiment de cavalerie Mestre de Camp, elle avait pris, dès l'origine, plus de gravité au régiment du Roi; elle ne fait que s'accentuer avec le temps. Les hommes prennent part aux discussions politiques de la ville; ils fraternisent avec le parti avancé de la garde nationale; ils font ouvertement profession d'adhérer aux idées du club des amis de la constitution. Vis-à-vis des officiers, leur attitude devient chaque jour plus indisciplinée.

Il faut bien avouer que ceux-ci ne sont pas sans prêter à la critique. Alors que les officiers suisses, étrangers, se tiennent naturellement à l'écart des divisions des partis, que ceux de Mestre de Camp, peu nombreux, passent assez inaperçus, les officiers du régiment du Roi, riches, généralement de très bonne noblesse, reçus dans les meilleures familles de la ville et du pays, ont adopté avec ostentation les idées du parti aristocratique (1). Ils sont enfin assez maladroits dans leurs rapports avec la garde nationale de Nancy.

C'est l'époque où celle-ci s'efforce de se militariser; en septembre 1789, elle avait rejeté « ... à la grande pluralité... le projet de prendre un uniforme... » et s'était contentée d'arborer la cocarde et un plumet au chapeau (2). Avec le temps, quelques gardes nationaux, et surtout les officiers, commencent à revêtir des uniformes, mais dont la diversité reste grande en l'absence de toute réglementation imposée, soit par la ville, soit par l'Assemblée nationale (3). Les compagnies vont en corps à des séances d'instruction, sous la direction de bas-officiers du régiment du Roi; elles font concurremment avec les troupes de la garni-

(1) *Rapport des Commissaires...* op. cit. p. 14 et suiv.
(2) *P. V. du C. P.*, 25 juillet 1789, A. M. *P. V. de l'Assemblée de la garde*, 10 septembre 1789. *Opinion de Jadelot sur la question des uniformes*, sd (1789), B. M.
(3) A la fête de la fédération, célébrée à Paris, la bigarrure des costumes des gardes nationaux parut choquante ; aussi, le 19 juillet 1790, l'Assemblée nationale adoptait un uniforme pour toutes les gardes nationales de France ; il comprenait l'habit bleu de roi, à doublure blanche, à parements et revers écarlates ; en 1791, par décret du 13 juillet, l'Assemblée changea le collet blanc de l'habit en un collet écarlate. Il va de soi que l'uniforme ne fut jamais rendu obligatoire, mais fut la seule tenue adoptée pour toutes les gardes nationales.

son le service de place, au marché, à la comédie, dans les salles de danse (1).

Ce désir de la garde nationale de se militariser prête à rire aux jeunes officiers du régiment du Roi; ils ne se font pas faute de se moquer de ces bourgeois qui veulent jouer aux soldats; les rencontres, dans le service, des troupes réglées et des gardes nationaux donnent lieu à de fréquents incidents. La garde se plaint que « souvent, devant des détachements de la garde natio nale qui portaient les armes, les officiers ne faisaient pas porter les armes à leur troupe et laissaient eux-mêmes leur épée dans le fourreau... » (2). Les disputes pour les questions de préséance sont continuelles (3). En mars, Coliny, major de la garde, entre avec un détachement à l'église Saint-Roch, pour assister à une cérémonie, conformément aux dispositions votées par l'Assem blée nationale, qui donnent, dans leurs villes, la préséance aux gardes nationales, il forme sa troupe dans le côté droit de la nef. Survient alors un détachement du régiment du Roi, commandé par M. d'Andor, qui prétend s'installer à la place même, occupée par la garde nationale. Coliny fait remarquer à l'officier que la garde occupe la place qui lui revient et refuse de la céder, mais M. d'Andor lui répond « qu'il se f... des décrets de l'Assemblée » et il fait rentrer son détachement au quartier (4). Parfois les que relles sont plus sérieuses et dégénèrent en duels entre les officiers et les gardes nationaux.

Quand arrivent les incidents qui précèdent la coalition du 19 avril, les soldats décident, sans qu'il y ait d'ailleurs d'opposi tion de leurs chefs, qu'ils iront à la fête. Cependant, les patriotes se scandalisent de l'attitude des officiers du régiment du Roi, venus en habits négligés « ... en redingote... » sous prétexte que le temps est froid; on blâme aussi l'attitude de quelques pelotons qui défilent devant la garde, sans rendre les honneurs réglemen taires.

A mesure que le temps s'écoule, l'animosité de la garde contre les officiers, l'effervescence et l'indiscipline des troupes ne font que s'accroître; le lendemain de la fête de la coalition « ... un

(1) P. V. de l'A. R. C. 4, 20 janvier, 15 mars, 16 avril 1790. A. M.
(2) *Rapport des Commissaires du Roi*, op. cit., p. 10 et suiv.
(3) *Lettre de Choiseul à La Tour du Pin*, 10 avril 1790. Dossier de Noue. A. A. G.
(4) *Rapport des Commissaires du roi*, op. cit., p. 14.

grand nombre de gardes citoyens, des soldats en armes, tous plus ou moins ivres, se présentent dans les différents quartiers des régiments et veulent faire mettre en liberté les prisonniers... » (1). En mai, les soldats du régiment du Roi refusent de reconnaître le lieutenant-colonel de la Laurencie, nouvellement nommé au corps; ils protestent contre le mode d'administration; en juin, ils créent un comité qui prend le commandement véritable du régiment (2). Le Club des amis de la constitution, le parti avancé de la garde encouragent cet état d'esprit dans les troupes; au contraire, tout le parti modéré s'effraie des conséquences graves qui peuvent en résulter. Le 22 mai, Bassompierre démissionne sous prétexte de maladie et il est remplacé par Poincaré, tandis que Jobart devient commandant en second (3); c'est l'avènement dans la garde nationale de Nancy du parti entièrement favorable à la Révolution; désormais, les modérés sont relégués au second plan.

(1) *Lettre de de Noüe au Corps municipal*, 20 avril 1790. I². A. M.

(2) *Rapport des Commissaires du roi*, op. cit., p. 15 et suiv.

(3) *P. V. du C. M.*, 4 juin 1790. Lettre de Bassompierre au C. G. C., 22 mai 1790. H³. A. M.

CHAPITRE V

Le décret du 12 juin 1790 et la formation des gardes nationales dans le département de la Meurthe

I. Mesures relatives aux gardes nationales, prises par l'Assemblée nationale jusqu'en 1790. — II. Importance du décret du 12 juin 1790. Il crée les gardes nationales rurales. — III. Patriotisme de ces gardes nationales. — IV. Influence du mouvement fédératif sur les gardes nationales rurales. La fédération du 14 juillet. — V. Le service dans les gardes nationales rurales. — VI. Conclusion.

Pendant la première moitié de l'année 1790, l'Assemblée nationale ne s'occupe pas plus qu'elle ne l'a fait en 1789 d'organiser les gardes nationales; elle pose simplement quelques règles en vue de leur utilisation, en cas de besoin, pour les troubles intérieurs; elle s'attache surtout à régler leurs rapports avec les municipalités de façon à éviter les conflits qui se produisent en nombre d'endroits; dans ce but, elle place nettement les gardes nationales sous la dépendance des municipalités ou des différents corps administratifs qui vont bientôt fonctionner; tels sont les objets des différents décrets parus jusqu'au mois de juin. Le premier en date (1), autorisait les municipalités à exiger des gardes un serment provisoire « ... d'être fidèles à la nation, à la loi et au Roi, de maintenir de tout leur pouvoir, sur la réquisition des corps administratifs et municipaux, la constitution du royaume et de prêter pareillement, sur les mêmes réquisitions, main-forte à l'exécution des ordonnances de justice et à celle des décrets de l'Assemblée nationale... », mais, le décret, voté le 7 janvier, ne fut sanctionné que le 16 mars, alors que déjà la subordination

---

(1) Décret du 7 janvier, 16 mars 1790.

des gardes aux municipalités avait été affirmée beaucoup plus nettement. En effet, le décret du 2 février 1790, relatif aux assemblées de communautés et assemblées en vue des élections, prescrivait « ... désormais les gardes nationales... ne se mêleront ni directement, ni indirectement de l'administration municipale; mais obéiront aux réquisitions des officiers municipaux... » (1). Le 30 avril, l'Assemblée, revenant encore sur cette prescription, vote un nouveau décret portant que jusqu'à ce qu'une organisation d'ensemble ait été établie pour les gardes, elles ne pourront modifier leur régime que de concert avec les municipalités (2).; elle complètera plus tard ces dispositions, en ordonnant aux divers corps, restés jusqu'alors indépendants, tels que arquebusiers, compagnies franches et autres, de se fondre dans la garde nationale et d'en adopter le régime (3). Si nous notons maintenant une mesure relative aux règles de préséance avec les troupes de ligne, nous aurons relevé les dispositions les plus essentielles, prises à l'égard des gardes nationales, jusqu'en juin 1790. Encore n'y eut-il rien d'officiellement arrêté à cette époque, semble-t-il, en ce qui concerne le rang à occuper respectivement par les troupes et les gardes. Le 2 février, M. de Noailles, parlant au nom du Comité militaire, terminait un rapport sur « ...quelques objets constitutionnels et leur rapport avec l'armée... » par un projet de décret dont l'article 4 portait « ...lorsque les gardes nationales et les troupes réglées seront sous les armes, les gardes nationales prendront la droite sur leur territoire ; hors de leur territoire, elles cèderont le pas aux troupes réglées... ». L'Assemblée vota avec enthousiasme l'impression du rapport (4), mais on ne trouve aucune trace que le décret ait été adopté à ce moment.

Si la législation relative aux gardes nationales n'est pas extrêmement étendue, elle est, par contre, devenue si confuse qu'au mois d'août l'Assemblée nationale croit utile de rappeler les principales règles qu'elle a posées à cet égard au cours de cette seule année ; elle rappelle donc que les gardes nationales ne peuvent modifier leur organisation sans accord préalable avec leur municipalité, qu'il ne doit plus y avoir d'autres corps de milices que

(1) Décret du 2, 3 février 1790.
(2) Décret du 30 avril, 2 mai 1790.
(3) Décret du 12 juin, 18 juin 1790. Décret du 24 juin, 27 juillet 1790.
(4) Moniteur du 3 février 1790.

la garde nationale, que les fonctions administratives sont incompatibles avec les fonctions de la garde nationale, que les gardes nationales ont le pas « dans leur territoire » sur les troupes de ligne, enfin qu'elles doivent déférer aux réquisitions des corps municipaux et administratifs sans jamais délibérer sur les affaires d'administration municipale ou de politique générale. L'Assemblée promettait de s'occuper ultérieurement « …de l'organisation des gardes nationales… de la nature et règles de leur service… » (1).

La promesse correspond à un désir, très vivement exprimé, plusieurs reprises, aussi bien par les gardes nationales elles-mêmes que par les municipalités et les corps administratifs ; un régime légal, bien défini, supprimerait les difficultés de détail qui surviennent journellement, soit parce que les corps administratifs sont insuffisamment armés vis-à-vis des gardes nationales, soit parce que ces gardes elles-mêmes ne sont pas fixées sur le service qu'elles sont en droit d'exiger de leurs membres. Aussi, les demandes et les projets ne cessent d'affluer sur le bureau de l'Assemblée (2) ; à Nancy, plusieurs fois au cours de l'année, la municipalité et les corps administratifs engagent la Constituante à hâter cette organisation (3) ; les gardes nationales du département n'en sont pas moins désireuses. En janvier 1790, la gard nationale de Vezelize écrit à l'Assemblée nationale pour lui faire part de la nécessité d'uniformiser promptement le service de la garde nationale « …Un armement prompt de tous les citoyens, un mode d'élection des officiers qui convienne à une association d'hommes égaux en droits, un service, qui, tenant les gardes nationaux en haleine, sans les surcharger, les prépare par des exercices à atteindre leur but… une destination combinée avec les besoins de l'état qui présente toujours aux factieux du dedans, aux ennemis du dehors, un obstacle insurmontable à toutes les entreprises formées contre notre liberté ou contre nos propriétés ; tels sont les fondements qui nous paraissent porter cet édifice important… » (4).

(1) *Instruction de l'Assemblée nationale concernant les fonctions des Assemblées administratives*, 12, 20 août 1790.

(2) *Préambule du décret du 30 avril -2 mai, concernant les gardes nationales.*

(3) P. V. du C. G. C., 14, 24 avril 1790. A. M. — P. V. du G. G. du département, 4 novembre 1790. L. 67. A. D

(4) *Adresse des citoyens de la garde nationale de Vezelise*, reçue le 30 janvier 1790. D. IV. 43. A. N.

En juin, toutefois, si l'Assemblée nationale ne trouvait pas encore le temps d'établir une organisation d'ensemble pour la garde nationale, elle votait du moins un décret dont l'importance est primordiale pour l'histoire de l'institution dans le département de la Meurthe ; c'est cette mesure légale, en effet, qui établit dans les campagnes les gardes nationales. Jusque-là très rares, elles vont désormais exister à peu près partout, dans chaque municipalité, si petite soit-elle ; les villages où il n'y aura pas de gardes seront, dorénavant, des exceptions.

Le principe fondamental du décret du 12 juin 1790 avait déjà été posé devant l'Assemblée nationale en décembre 1789, au moment où elle s'occupait de l'organisation de l'armée. Dubois de Crancé avait proposé de décider « ...tout homme libre ayant le droit d'électeur, et en état de porter les armes, sera inscrit au rôle de sa municipalité comme garde national... » (1). C'est en fait la disposition essentielle du décret, qui oblige tous les citoyens actifs, s'ils veulent conserver cette qualité, à s'inscrire dans leur commune sur le registre ouvert pour le service des gardes nationales; leurs fils, âgés de 18 ans, sont astreints à cette même obligation sous peine de ne pouvoir ni porter les armes, ni remplacer un citoyen actif empêché. D'ailleurs, les citoyens actifs ne peuvent être remplacés que par des citoyens actifs ou des fils de citoyens actifs ; ils jouissent seuls, avec leurs fils légalement inscrits, du droit de porter les armes (2).

C'était une modification grave au régime des gardes nationales jusqu'alors formées librement et constituées uniquement de volontaires. Désormais, les citoyens actifs sont forcés de s'enrôler, mais, par contre, les citoyens passifs ne le peuvent plus et l'on est contraint d'expulser ceux d'entre eux qui se trouvent dans les gardes déjà existantes.

Telle était du moins la théorie et le Directoire du département consulté pour savoir s'il fallait appliquer rigoureusement le décr répondait que le texte était formel, et que, par suite, il fallait exclure des gardes nationales nouvelles ou anciennes les citoyens passifs (3). Dans la pratique, on fut loin de se conformer à ces prescriptions draconiennes.

(1) *Moniteur* du 13 et du 14 décembre 1789.
(2) Décret du 12-18 juin 1790 relatif à l'inscription des citoyens actifs sur le registre des gardes nationaux.
(3) *Registre des lettres du Directoire du département*, 23 septembre 1790. L. 125. A. D.

C'eût été très difficile dans les campagnes où, par suite du petit nombre des citoyens actifs, la garde eût été trop faible. Les administrateurs du district de Sarrebourg disaient : « ...Dans les campagnes, c'est exclure de la garde la majeure partie et presque toujours la plus en état de marcher et souvent celle de meilleure volonté... » (1). Tel petit village, They-sous-Vaudemont, par exemple, compte 25 citoyens, dont 15 sont citoyens actifs et 10 citoyens passifs, mais, des 15 premiers, il faut déduire les 4 officiers municipaux, qui, légalement, ne peuvent exercer les fonctions de gardes nationaux ; il ne resterait donc que 11 hommes pour faire le service (2). Aussi, bien des procès-verbaux d'organisation des gardes rurales, surtout dans les petites localités, exposent qu'il n'a pas été fait de distinction entre citoyens actifs et citoyens passifs ; on relève même des officiers, des sergents et des caporaux, pris parmi les citoyens passifs. Dans les villages, au contraire, où la population est assez forte, on n'inscrit généralement sur les contrôles que les citoyens actifs (3).

Il eût été plus délicat encore de faire sortir des gardes des villes les citoyens passifs, enrôlés lors de la première formation ; on ne le fit ni à Lunéville, ni à Pont-à-Mousson, ni à Nomény : en novembre 1790, il y eut, à Toul, une réorganisation de la garde nationale, on n'y relève aucune exclusion des citoyens passifs. A Nancy, aucune mesure n'est prise pour expulser les citoyens non actifs au moment de l'apparition du décret du 12 juin ; par contre, en septembre, on n'admettra plus de citoyens passifs dans la garde nationale réorganisée à la suite de l'affaire de Nancy (4).

C'est là un cas exceptionnel ; en général, les gardes nationales existantes, avant la proclamation du décret du 12 juin 1790, ne prennent aucune mesure pour exclure les citoyens passifs et l'Assemblée nationale légalise cette situation par son décret du 6 décembre 1790 autorisant les citoyens non actifs, ayant déjà fait le service dans la garde nationale, « à le continuer le reste

---

(1) *Lettre des administrateurs du district de Sarrebourg,* 23 septembre 1790, L. 125. A. D.

(2) *Lettre des officiers municipaux de They-sous-Vaudemont,* 24 août 1790.

(3) Cf. nombreux procès-verbaux d'organisation. L. 1995, 2718, 2271, 1412, 1805. A. D.

(4) Cf Chapitre VII.

de leur vie ...selon les règlements qui seront statués à cet égard... » (1).

Le décret du 12 juin n'eut donc finalement pas d'influence dans les villes, où il ne modifia, en aucune manière, l'état de choses ; il eut, au contraire, une action considérable dans les campagnes, où il détermina véritablement la création de la garde nationale. Avant le mois de juin, il n'existe à peu près pas de gardes nationales rurales dans la Meurthe ; dès la publication du décret, elles sont créées dans la plupart des villages ; certaines municipalités reculent seulement la formation jusqu'après la moisson afin de ne pas gêner les cultivateurs très occupés en juin, juillet, août, par les travaux des champs; en septembre 1790, on peut dire que chaque commune du département possède sa garde nationale. Il faut bien ajouter, d'ailleurs, que ces gardes rurales existent surtout sur les contrôles et que leur organisation est tout à fait rudimentaire.

La formation des gardes nationales rurales sous l'empire du décret du 12 juin est singulièrement facilitée par le courant d'esprit, créé dans le département, comme dans toute la France, par le mouvement fédératif, commencé dès la fin de 1789; nous avons signalé son importance dans le chapitre précédent. Sans doute, les populations rurales ne sont pas très au courant des « coalitions » ou « fédérations » qui se célèbrent sur différents points de la France, mais le *Moniteur* pénètre cependant dans les campagnes et il énumère longuement les cérémonies de cet ordre (2).

Plus tard, les fêtes fédératives célébrées dans les départements ont une influence indéniable. La fédération des Vosges, le 7 mars, à Epinal, la première de la région lorraine, fait sentir ses effets dans toute la Meurthe et plus particulièrement dans le district plus proche de Lunéville (3); surtout, la cérémonie de Nancy, le 19 avril, a une répercussion profonde qui s'étend à la Lorraine

(1) Décret du 6-12 décembre 1790 sur l'organisation de la force publique.

(2) Nous relevons par exemple dans le *Moniteur*, le 23 décembre, des « Nouvelles de la fédération du Vivarais, (Dauphiné, Provence », le 24 décembre, de « nouveaux renseignements sur cette fédération », le 26 décembre, d'autres renseignements encore sur la même fédération. Le numéro du 31 janvier donne des nouvelles de la fédération de la « Jeunesse bretonne », célébrée à Pontivy, le 15 janvier, celui du 17 février, des nouvelles de la fédération, célébrée, le 31 janvier, à Valence.

(3) Bouvier. *La Révolution dans les Vosges*, op. cit., p. 32.

entière. Des députations viennent de tout le département et même de villes très éloignées, de Langres, de Bar-le-Duc, de Thionville ; elles sont nombreuses ; la Meurthe, seule, sans y comprendre la garde nationale de Nancy, envoie plus de 7.000 hommes ; seulement toutes ces gardes nationales appartiennent à des villes ou à de gros bourgs; dans les 38 députations du département, on n'en trouve pas plus de trois ou quatre appartenant à des communes rurales; la constatation est facile à faire; elle ne saurait échapper aux populations des campagnes où les députations, en cours de route, sont accueillies, hébergées et fêtées. Le mouvement se continue, d'ailleurs, pendant tout le printemps ; le 4 mai, à leur tour, un grand nombre de gardes nationaux de la Meurthe assistent à la fédération célébrée à Metz ; Nancy a envoyé 380 hommes, Pont-à-Mousson 160, Lunéville 80 et Toul 63. Trois semaines plus tard, les gardes nationales du département se rendent à une nouvelle fête, celle de Bar-le-Duc, le 24 mai (1).

Ainsi, le mouvement fédératif, commencé en Lorraine au mois de mars, se répercute profondément dans les campagnes ; il les prépare à accepter facilement l'obligation qui va leur être imposée de constituer leurs gardes nationales; mais, surtout, il a une influence très nette sur l'esprit qui anime ces corps dès leur début et les différencie sensiblement de ceux créés en 1789. Les gardes nationaux ne se sentent pas seulement citoyens de leur petit village, de leur commune, ils sont unis par un sentiment profond au pays tout entier, ils adhèrent du fond de leur cœur au mouvement révolutionnaire ; ils se forment « avec satisfaction », le terme revient souvent dans les procès-verbaux d'organisation (2). Leur état d'âme est pour beaucoup dans la rapidité avec laquelle se constituent les gardes nationales rurales ; il se traduit fréquemment en termes touchants par leur naïveté même. Voici comment s'expliquent, par exemple, les citoyens du petit village de Méhoncourt : « Nous, citoyens, gardes nationaux de Méhoncourt, réunis d'un amour de fraternité pour nous conformer aux décrets de

(1) *P. V. de la fédération faite sur le Mont Sainte-Geneviève, à Nancy,* 19 avril 1790. D. XXIX. A. N. *P. V. du C. G. C. Lunéville,* 15 avril. A. M. Lunéville. *Affiche des Evêchés et Lorraine,* 10 juin 1790, B. M.

Aucune garde nationale alsacienne ne s'était fait représenter à la cérémonie du 19 avril à Nancy. La Meurthe au contraire, tout au moins les grandes villes et quelques bourgs envoyèrent des députés à la fédération célébrée, le 14 juin à Strasbourg.

(2) Cf. *Procès-verbaux d'organisation.* L. 1995, 2718, 2281, 1412, 2805. A. D.

notre auguste Assemblée, animés d'un zèle patriotique et d'un cœur sincère pour le soutien de la nation, de la loi et du roi et le maintien de la constitution, nous venons de consacrer à l'Eternel, Dieu des armées, notre drapeau; il sera toujours l'emblème et le gage de notre union civique et de notre dévouement à la Patrie ; nous venons de prêter au pied de l'autel le serment d'être fidèles à la nation, à la loi et au roi et de soutenir, jusqu'à répandre la dernière goutte de notre sang, tous les décrets de l'Assemblée nationale, sanctionnés par le roi. C'est l'exposé libre et sincère de nos sentiments, nous n'en professerons jamais d'autres, nous vivrons pour notre patrie et nos derniers soupirs seront encore pour elle; c'est à ce sujet, que nous avons formé une compagnie de tous les bons citoyens... » (1). Les villageois de Custine s'expriment en ces termes : « ...Nous, maire et officiers municipaux, composant le Conseil général de Custine, frappé des grands exemples de patriotisme que nous donnent les habitants de la terre française, considérant que si nos généreux compatriotes se sont voués à notre défense, il est de la justice de nous disposer de manière à pouvoir leur rendre le même secours, voulant imiter ceux que les circonstances nous ont empêché de prévenir et répondre par là aux vœux de nos concitoyens sur la formation d'une garde nationale... » (2).

L'annonce, au mois de juin, qu'une grande fédération sera célébrée, le 14 juillet, dans toute la France, accélère encore l'organisation des gardes nationales rurales ; des municipalités se hâtent de former leurs gardes nationales en apprenant qu'elles vont avoir à élire des députés qui iront peut-être les représenter à Paris. Le 23 juin, la petite commune de Laneuveville-devant-Nancy invite ses habitants à constituer, sur-le-champ, leur garde nationale « ...considérant que, jusqu'à présent, la garde nationale n'a pas encore été constituée et même la jeunesse de l'arrondissement non encore reçue au serment civique... mais voulant participer à l'union et craignant de faire méconnaître son patriotisme en ne contribuant pas à l'Assemblée de Nancy... » (3).

Les mesures préparatoires pour la fédération de Paris, l'éclat

(1) *Liste des gardes nationaux de Méhoncourt*, 5 septembre 1790. L 1412. A. D.

(2) *P. V. de la commune de Custine*, 11 juillet 1790. L. 2805. A. D.

(3) *P. V. de la commune de Laneuveville-devant-Nancy*, 23 juin 1790. H². A. M.

donné à la fête dans la capitale, la célébration, le même jour dans toute la France, de cérémonies analogues, achèvent de rendre tout à fait populaire l'institution des gardes nationales dans l'été de 1790 et facilitent encore leur établissement dans l'ensemble du département.

Le 29 mai, l'Assemblée avait décidé qu'elle inviterait les gardes nationales du royaume à se fédérer pour assurer le maintien de la constitution (1) ; le 8 juin, elle vota le décret relatif à la nomination des députés qui représenteraient les gardes provinciales à la fête de Paris (2). Aux termes de ce décret, les gardes nationales du district nommeraient tout d'abord un délégué pour 100 gardes ; ces délégués, réunis ensuite au chef-lieu du district choisiraient un député pour 200 gardes nationaux ; les districts, éloignés de plus de 100 lieues de Paris, pourraient n'envoyer qu'un député pour 400 gardes. Le voyage, aller et retour, serait à la charge de la caisse du district dont l'administration dirigerait toutes les opérations nécessitées par la fédération. Au cas où cette administration ne serait pas encore formée, le corps municipal du chef-lieu du district devait assumer cette charge.

C'était le cas dans toute la Meurthe, mais l'on peut se rendre compte par le seul exemple du district de Nancy, des conditions où furent choisis les députés. Le 19 juin, le corps municipal de Nancy invitait les communes du district à envoyer pour le 24 leurs députés au chef-lieu ; certains villages n'envoyèrent personne parce qu'ils n'avaient pas encore organisé leurs gardes ; d'autres, qui se trouvaient dans le même cas, nommèrent cependant des délégués ; finalement, le 24 juin, 255 délégués, représentant 4.362 gardes nationaux, dont la moitié de Nancy, se trouvèrent réunis. On décida alors que 11 députés seraient choisis parmi la garde nationale de Nancy, 11 parmi les gardes nationales des autres communes du district. Citons parmi les députés de Nancy, Poincaré, Thouvenin, les capitaines Charlot, Hennequin, Seillière, Jadelot, Colin, Oudinot. La municipalité alloua pour le voyage aux députés une « indemnité économique » de 72 livres de France ; la ville de Lunéville, plus généreuse, offrit aux siens une indemnité de 120 livres (3). Enfin, les députés du district

(1) *P. V. de l'Assemblée nationale*, 29 mai 1790.
(2) Décret du 8-9 juin 1790. *Lettre du Ministre de la guerre aux Commissaires du roi*, 14 juin 1790. L. 143. A. D.
(3) *P. V. du district de Lunéville*, juin 1790. L. 1239. A. D.

se rassemblèrent le 29 juin et décidèrent qu'ils se retrouveraient tous le 11 juillet, à Pantin, à 9 heures du matin, pour entrer ensemble à Paris (1).

La fête fut célébrée à Nancy avec toute la solennité possible ; malheureusement, une pluie diluvienne, pendant la plus grande partie de la journée, en atténua sensiblement l'éclat. A 11 h. 1/2, le Conseil général de la commune, escorté de deux compagnies de la garde, quitta l'Hôtel de Ville pour se rendre dans la prairie de Tomblaine où les troupes et les spectateurs étaient rangés autour d'un autel improvisé; à midi, au bruit des salves d'artillerie et des cloches, le président du Conseil général prononce à haute voix le serment civique. Ainsi, se trouvait réalisé le désir, exprimé par la commune de Paris à toutes les municipalités que le serment fût prêté « au même instant dans toute la France... ». Après que la formule a été répétée par les officiers municipaux et les spectateurs, on réunit les drapeaux sur l'autel et de Noüe, à la tête de l'état-major de la place, prête le serment prévu par l'article 8 du décret du 28 février; après lui, les commandants de régiments, le commandant de la garde nationale en répètent les termes que reprennent dans chaque corps, officiers, soldats et gardes. Cette formalité accomplie, l'aumônier de la garde chante le *Te Deum*, puis le *Domine salvum fac regem*, et la cérémonie se termine par le défilé des troupes devant le Conseil général. Ce corps regagne ensuite l'Hôtel de Ville avec son escorte de la garde (2).

Dans toutes les villes du département, la cérémonie se célèbre avec la même solennité; il est probable qu'elle eut également lieu dans les villages, toutefois on ne saurait l'affirmer en l'absence de procès-verbaux de la fête, établis par les municipalités rurales (3).

(1) P. V. du C. M. 19 et 26 juin 1790. A. M.

(2) P. V. du C. G. G., 6-14 juillet 1790. A. M.

(3) Le 12 octobre, la municipalité de Paris demandait au département de la Meurthe qu'on lui adressât les procès-verbaux de chaque commune, relatifs à la fête du 14 juillet ; « cette confédération est un acte si intéressant, disait-elle, qu'il importe que les archives de la nation en réunissent dans un seul dépôt les monuments épars... ». 12 octobre 1790. L. 903. A. D. Ces procès-verbaux furent-ils établis ? furent-ils envoyés ? nous n'avons trouvé aucun renseignement à cet égard. Les archives départementales ne renferment qu'un seul procès-verbal, envoyé par une municipalité rurale, celle d'Aberschviller (district de Sarrebourg), où après la cérémo-

La célébration de la fête du 14 juillet, le retentissement de la cérémonie solennelle du Champ-de-Mars à Paris, ont en outre une influence morale considérable sur les gardes nationales, sur celles des campagnes, comme sur celles des villes. C'est à cette époque que s'achève le mouvement commencé dans les fédérations départementales et qui aboutit à la communion des idées, à la formation d'un patriotisme profond, national dans les gardes, au début particularistes et purement préoccupées de leurs intérêts locaux. Dans la Meurthe, les populations lorraines fraternisent avec celles des Trois Evêchés, récemment incorporées dans le département et avec lesquelles leurs relations n'ont pas toujours été faciles. La garde nationale se rapproche enfin dans ces fêtes de l'armée régulière qu'elle voit gagnée comme elle à la Révolution et ce fait n'est pas non plus sans importance si l'on songe que le jour est proche où le danger extérieur obligera à combattre, côte à côte, sur le même champ de bataille, les citoyens et les soldats.

L'explosion de patriotisme, provoquée par le mouvement fédératif, ne pouvait suffire cependant à déterminer une organisation sérieuse des gardes nationales là où elles n'existaient pas depuis 1789; le décret de 1790 ne posait qu'un principe, il ne formulait aucun système. D'ailleurs, une question, celle des armes, dominait tout le problème de la formation et le dominera constamment; on n'arrivera jamais à faire prendre au sérieux la garde nationale dans les communes où on n'aura pas d'armes à lui donner. Or, en 1790, les gardes nationaux des campagnes ne peuvent se procurer des fusils; leurs municipalités n'ont pas d'argent pour en acheter; les administrations des districts et surtout celle du département sont fort peu disposées à s'entremettre pour armer la masse des populations rurales dont l'agitation au début de 1789, a inquiété la bourgeoisie des villes et où il reste par ailleurs quelque fermentation.

nie le curé baptise « civiquement et religieusement un jeune enfant devant toute la garde nationale. »

L'absence de renseignements dans les archives municipales rurales ne suffit pas pour conclure que la fête n'a pas été célébrée : les registres des délibérations de ces communes sont toujours très brefs et ils ne mentionnent souvent pas les faits les plus importants. Le registre de la commune de Custine que nous possédons pour la période de juillet 1790 à janvier 1793 ne fait aucune allusion à des événements, tels que l'invasion du territoire français en 1792, les mesures de défense, prises à cette époque dans le département ; les délibérations sont uniquement consacrées aux intérêts agricoles et financiers du village.

Dans le district de Nancy, la garde nationale de Nancy, forte de 2.200 hommes environ, a reçu 2,154 fusils; elle est donc complètement armée (1); mais, pour le reste du district, comptant 5.549 citoyens actifs, légalement inscrits sur les contrôles de la garde, il n'y a que 372 fusils, qui, tous appartiennent à de gros bourgs, tels que Saint-Nicolas, Amance, Varangeville (2). Dans le district de Vezelise, on peut dire qu'aucune garde nationale rurale n'est armée (3). Le district de Sarrebourg, pour 4.037 citoyens actifs inscrits, dispose de 690 fusils, mais dont 200 appartiennent à la garde de Sarrebourg, 200 à celle de Phalsbourg, 100 à celle de Lorquin, 60 à celle de Lixheim; il n'y a donc pas d'armes dans les communes rurales du district (4). A Lunéville, la garde nationale, forte de 1.000 hommes, compte 690 fusils, mais les 5.320 gardes nationaux du district n'ont que 223 fusils (5). La situation est un peu différente dans le district de Pont-à-Mousson : là, les armes confiées aux communes rurales des Trois-Evêchées ont été laissées aux municipalités quand elles ont été incorporées au département de la Meurthe : vingt-deux villages ont ainsi quelques fusils fournis par l'arsenal de Metz (6).

A part cette exception pour le district de Pont-à-Mousson, les gardes nationales rurales du département n'ont donc à peu près aucune arme; certes, elles restent pleines de bonne volonté, désireuses de rendre service et de s'instruire. Elles le montrent bien en choisissant pour chefs, quand elles le peuvent, des hommes capables de leur enseigner les premiers principes militaires, officiers ou anciens soldats; à Colombey, la garde choisit Dupeyrat, colonel du régiment Conti-infanterie, à Pompey, Alba, ancien lieutenant de gendarmes; à Custine, Gillet, ancien lieutenant de dragons; à Vandœuvre, Rouot de Fossieux, ancien capitaine au régiment d'Auxerrois, est élu capitaine, et Nicolas, « Suisse, ancien serviteur au régiment de Royal-Roussillon, lieutenant ». Laxou choisit comme capitaine Joseph Parroit, ancien fourrier au régiment des grenadiers. Mais le manque absolu de fusils, l'impossibilité de s'en procurer malgré des

(1) *Etat des effets remis à la garde citoyenne de Nancy*, 1790 ; L. 1677. A. D.

(2) *Etat du nombre des citoyens actifs du district en état de se livrer au service de la garde nationale*, 1790. L. 1677. A. D.

(3) Cf. les nombreux états figurant pour 1790 au dossier : L. 2718 A. D.

(4) *Tableau pour le district de Sarrebourg*, 1790. L. 2771. A. D.

(5) *Tableau pour le district de Lunéville*, 1790. L. 1412. A. D.

(6) Nombreux états pour 1790 au dossier L. 1995. A. D.

démarches réitérées, découragent les villageois les plus zélés; la petite commune de Thorey caractérise bien la situation quand elle déclare que l'instruction « ... ne peut guère se pratiquer sans armes, d'où il résulte que les garçons en état se dégoûtent... » (1). Aussi l'activité des gardes nationales rurales de 1790 se borne-t-elle à peu de choses; elles ne s'instruisent pas, elles font peu ou pas de service; dans certains villages seulement pour protéger les champs et les vignes au moment de la moisson et des vendanges, on organise un corps de garde, on fait quelques patrouilles de nuit avec des hommes armés de fusils ou de faulx.

Dans ces conditions, ce sont surtout les gardes nationales des villes qu'on voit intervenir dans les campagnes en cas de besoin, elles ont à le faire assez fréquemment à partir du mois de juillet 1790, quand une inquiétude mal définie s'empare des populations rurales du département (2) ; le 17 juillet, une maladresse de la maréchaussée donne à croire aux villageois de la région de Vezelise à une incursion de « brigands »; aussitôt, les gardes nationales des communes se rassemblent au son du tocsin tandis que les campagnards crient et se désolent; c'est la garde de Vezelise qui finalement ramène le calme (3). En septembre, des détachements de garde nationale de Vezelise et de Lunéville appuient des troupes réglées pour arrêter des paysans qui ont pillé, le 17 juillet, un château des environs, et ont, une première fois, résisté, à main armée, à la maréchaussée (4).

En réalité, l'activité des gardes nationales rurales se traduit surtout, dans l'été de 1790, par des initiatives malencontreuses ou des excès regrettables; elles arrêtent sans mandat les particuliers qu'elles regardent comme « ennemis du bien public »; elles chassent, sur les propriétés particulières, avec les quelques fusils qu'elles possèdent; parfois, elles menacent d'en venir aux mains avec les gardes des communes voisines (5). Pendant les mois de juin et de juillet, le petit village de Chaumont-sur-Moselle est en effervescence; deux partis, l'un formé par la garde nationale,

(1) *Requête de la commune de Thorey à MM. les représentants de l'Assemblée nationale*, 1er août 1790. L. 2)18. A. D.

(2) *Journal de la Meurthe*, 26 août 1790. B. M.

(3) *P. V. du C. G. C. de Vezelise*, 18 juillet 1790. *Lettre de de Noue au Ministre de la guerre*, 19 juillet 1790. A. H.

(4) *Adresse du C. G. du département à l'Assemblée nationale*, 25 septembre 1790. L. 142. *Lettre du Directoire du département*, 4 août 1790. L. 145. *P. V. des séances du Directoire du département*, 7, 17, 24 septembre. L. 73. A. D.

(5) *P. V. du Directoire du département*, 2 août 1790. L. 73.

commandée par un avocat, Dieudonné, l'autre, composé de modérés, soutenus par le curé et M. de la Galaizière, sont en conflits incessants; le 6 juin, la garde enferme au poste le curé qui a traité ses membres de « mannequins, voleurs, brigands » : finalement, il faudra un arrêté de la Chambre des comptes de Nancy, condamnant la garde à faire des excuses au curé pour ramener un calme relatif (1). L'administration du district de Sarrebourg en est réduite à constater que «... si l'on ne peut douter à tous égards qu'il soit fort utile d'armer les gardes nationales de toutes les campagnes, il peut néanmoins en résulter de graves inconvénients. Il est prouvé que nombre en abusent pour se livrer à la chasse, tirer de jour et de nuit dans l'intérieur des villages... Les gardes nationales, sans discipline, sans organisation, se sont permis des abus; on en a vu aller en armes dans les villages voisins, souvent y causer des désordres et sous différents prétextes, arrêter sans ordre des citoyens... » (2).

A regarder les choses de ce point de vue, l'effet du décret du 12 juin 1790 aurait donc été de minime importance puisqu'il n'aurait créé qu'un organisme à peine ébauché, sans valeur militaire, sans utilité pratique pour le maintien de l'ordre intérieur' mais, si l'on considère l'état d'âme, suscité dans la masse populaire rurale, la grande masse française, à la fois par le décret et par le mouvement fédératif, il en va tout autrement. Le spectacle des coalitions, issues de l'initiative des gardes nationales urbaines, l'obligation de se former en gardes nationales, édictée par l'Assemblée nationale, montrent aux paysans que la Révolution et la France ont besoin de leur appui et non seulement d'un appui moral, mais effectif, qu'il faudra peut-être combattre les armes à la main, au péril de sa vie, soit contre les ennemis de l'intérieur, soit contre ceux de l'extérieur. La rapidité, l'enthousiasme, la ferveur à forme religieuse, qui caractérisent la formation des gardes nationales villageoises de 1790, montrent bien que la masse rurale répond à cet appel; c'est un phénomène, entièrement nouveau, d'une importance considérable, dans un pays où la majorité des citoyens a toujours considéré que l'armée seule avait charge de défendre le territoire et où les campagnes avaient une particulière horreur du service de la milice.

(1) *Pièces relatives à des troubles à Chaumont-sur-Moselle* (juin-juillet 1790). D. IV. 43. A. N.
(2) *Tableau pour le district de Sarrebourg de l'armement de la garde nationale* (septembre ou octobre 1790). L. 2271. A. D.

CHAPITRE VI

L'Affaire de Nancy

I. Indiscipline croissante du régiment du Roi. — II. L'émeute du
régiment suisse de Lullin-Chateauvieux. Attitude de la garde
nationale. — III. Le décret du 16 août et l'arrivée de Malseigne
à Nancy. — IV. Réquisition des gardes nationales. Leur arrivée
à Nancy. Refus du régiment suisse de quitter Nancy. — V. Fuite
de Malseigne à Lunéville. Expédition des insurgés de Nancy sur
Lunéville. Retour de Malseigne à Nancy. — VI. Organisation
de la défense de Nancy par les insurgés. Arrivée de Bouillé à
Frouard. L'incident de la porte Stainville. Le combat dans les
rues de la ville. — VII. Appréciation sur le rôle des gardes
nationales pendant la crise de l'Affaire de Nancy.

Ce progrès des idées révolutionnaires, qui fait naître dans les
gardes nationales des sentiments très vifs de solidarité, qui fait
éclore chez elles un patriotisme précurseur de celui dont elles
témoigneront en 1791 et 1792, ne provoque pas les mêmes effets
dans les corps de troupe alors en garnison en Lorraine. C'est que
le milieu est moins sain, car le soldat de l'armée royale ne se
recrute pas parmi les éléments les plus recommandables de la
nation : il est moins accessible aux grandes idées qui pénètrent
naturellement les gardes nationales; il est facilement enclin à
voir surtout dans la Révolution une occasion de s'affranchir de
toute discipline et de satisfaire librement ses instincts. Cet état
d'esprit des troupes régulières, qui provoque des incidents en
divers points de la France, est assez généralisé en Lorraine au
début de l'été 1790; il y a des difficultés entre les officiers et leurs
hommes à Epinal, une sorte d'émeute à Metz en juillet (1); à
Nancy, une véritable insurrection de soldats prend une tournure

(1) Bouillé. *Mémoires*, op. cit., p. 180 et sq. Cf. ég. Poisson, op. cit. I,
p. 245.

tout à fait grave ; elle se termine par le combat sanglant, connu à l'époque révolutionnaire sous le nom d' « affaire de Nancy ». Elle offre l'occasion d'étudier le rôle, joué par la garde nationale du département, et surtout par celle de Nancy, dans une crise locale, violente, qui porte sérieusement atteinte à l'ordre intérieur.

Depuis le mois de janvier, où nous avons vu les soldats déjà travaillés par les idées nouvelles, la situation s'est aggravée chaque jour dans les régiments de Nancy et surtout au régiment du Roi ; les comités, d'abord secrets, fonctionnent ouvertement dès le mois de juin ; ils dirigent les réclamations des troupes, les orientent vers un prétexte précis : la reddition des comptes ; à partir de juillet, les revendications deviennent pressantes (1), le régiment du Roi prétend qu'il y a des irrégularités dans l'administration du corps et qu'il revient à chaque homme une certaine somme (2).

Devant cette insubordination croissante, il a fallu sévir ; nombre de soldats ont dû quitter le régiment avec la « cartouche jaune » ou congé infamant. Mais, en même temps, les officiers ont accentué leur attitude d'opposition aux idées nouvelles ; dès lors, on les accuse de chasser les soldats patriotes ; ils s'aliènent définitivement le peuple, le club des Jacobins, et tous les patriotes. On ne leur sait plus gré de leurs meilleures intentions ; à l'occasion du 14 juillet, les soldats du régiment du Roi envoient du pain aux pauvres, pour qui les officiers déposent aussi à la mairie une somme d'argent importante ; la municipalité les remercie et aussitôt le *Journal de la Meurthe*, organe du club des Jacobins, écrit : « ...Nous présumons que MM. les soldats auront aussi part à l'expression de la reconnaissance publique ; ils ont offert le denier de la veuve et il n'a pas moins d'éclat que l'or des Miltiades... » (3).

Avec la garde nationale de Nancy, les rapports des officiers sont loin de s'être améliorés ; aussi, dans la période qui s'étend de juillet jusqu'au 18 août, la garde assiste au conflit en spectatrice favorable aux soldats ; son conseil d'administration, la majo-

(1) *Lettre de de Noue au Ministre de la guerre*, 1er juillet 1794. LXV. A. H.

(2) *Réclamations des soldats du régiment du Roi*. Doss. Aff. de Nancy. B. M.

(3) *Journal de la Meurthe* du 22 juillet 1790. B. M.

rité des capitaines, comptent parmi les clubistes. De son côté, la municipalité répugne à se servir de la garde ; elle n'en est pas assez sûre et ne la croit pas d'ailleurs capable d'en imposer aux soldats ; elle se contente donc d'espérer que tout s'arrangera puisqu'il n'y a pas encore d'incidents irréparables ; les faits sont cependant bien loin d'être sans gravité.

A la fin de juillet, la municipalité doit intervenir une première fois pour ramener l'ordre au régiment du Roi, à la suite d'un conflit violent entre officiers et soldats ; ceux-ci veulent faire chasser, d'une façon infamante, neuf fusiliers qu'ils prétendent avoir été payés par les officiers pour tuer en duel les membres du comité, formé par les meneurs du régiment. L'incident paraît si grave que M. de Noue, toujours disposé, il est vrai, à s'exagérer le danger, et chaque jour plus effrayé de sa responsabilité, demande l'intervention de la garde et la proclamation de la loi martiale ; la municipalité refuse et les soldats obtiennent satisfaction; on incarcère les neuf camarades qu'ils ont accusés (1).

Le 1ᵉʳ août, se place un nouvel incident, plus significatif encore, qui démontre aux soldats l'impuissance de leurs officiers et la faiblesse de l'autorité. Le régiment du Roi ayant refusé d'assurer le service de la place, de Noue désigne, pour le suppléer, le régiment Suisse et le régiment Mestre de Camp ; il demande, en outre, à la municipalité, le concours de la garde. Or, non seulement le Conseil général de la commune refuse de faire marcher la garde sous prétexte que le régiment du Roi a déclaré qu'il délogerait par la force les troupes qui consentiraient à occuper ses postes habituels, mais il fait pression sur de Noue pour le faire renoncer à l'intervention des Suisses et de Mestre de Camp. Le soir, les officiers du régiment du Roi envoient à Paris deux d'entre eux rendre compte de leur situation à l'Assemblée nationale et au Ministre de la guerre (2). Ce n'étaient pas les premiers actes

(1) *Rapport des commissaires du Roi*, op. cit., p. 19. *Pétition des soldats du régiment du Roi à l'auguste Assemblée nationale. Précis des principaux événements, arrivés à Nancy, du 20 juillet au 6 septembre, fait et arrêté au Conseil général de la commune*, 2 septembre 1790, dossier Affaire Nancy. B. M. *Registre des P. V. du Corps municipal*, 20, 21, 22 juillet 1790. *P. V. du Conseil général de la commune*, 21 juillet. *Lettre de M. de Noue au C. M.*, 21 juillet , I². A. M. *Les soldats arrêtés en juillet dernier par le Comité militaire du régiment du Roi, au Président de l'Assemblée nationale*, 2 novembre 1790. B M.

(2) *Précis des principaux événements.* B. M. *P. V. du C. M.*, 2, 3 août 1790. A. M. *Réquisition du C. M. à M. de Noue*, 3 août 1790. I². A. M

d'indiscipline graves sur lesquels on attirait l'attention des pouvoirs publics. L'Assemblée nationale crut mettre fin aux désordres par son décret du 6 août ordonnant la dissolution des comités, établis par les soldats dans différents régiments et édictant des peines sévères contre ceux qui se rendraient coupables désormais d'actes d'indiscipline. Des officiers généraux seraient délégués par le Roi pour procéder à la vérification des comptes, exigée par les soldats (1).

Le 9 août, alors que les soldats sont déjà surexcités par la nouvelle de troubles militaires survenus à Metz, ils apprennent les mesures arrêtées le 6, par l'Assemblée nationale; ils décident aussitôt d'agir avant que le décret ait force légale à Nancy (2). A la rentrée de l'exercice, tous les officiers du régiment du Roi sont enfermés au quartier ; ceux de l'état-major sont amenés devant une foule de soldats qui exigent les comptes des masses ; le 10 août, les officiers sont forcés de livrer une somme de 150.000 livres que les soldats se partagent ; désormais, les hommes du régiment du Roi courent la ville, peuplent les cabarets, fêtés par la populace qui fraternise avec eux, enviés par leurs camarades des deux autres corps que leur exemple encourage à tenter une aussi fructueuse opération (3).

Le 11 août au matin, deux soldats suisses, Emery et Samuel de Lisle, arrêtés en présence du régiment assemblé, et trouvés porteurs de brochures séditieuses, sont jugés, condamnés aux courroies et au renvoi du corps ; la punition est exécutée, séance tenante, mais les camarades des deux condamnés s'y prêtent avec peu de bon vouloir. Le peuple, attiré par le spectacle, proteste ; il fait pleuvoir des pierres sur un des bataillons qui traverse la ville pour rentrer dans son quartier, il insulte les officiers ; dans l'après-midi, son attitude est telle que le lieutenant-colonel de Mérian fait prévenir le Corps municipal. Celui-ci invité Poincaré et Jobart à aller sur place, à la citadelle, où les Suisses sont casernés, se rendre compte de la situation. Les deux officiers de la garde reviennent bientôt en assurant que les émeutiers sont, pour la plupart, des femmes et des enfants et qu'il n'y a pas d'inquiétudes à concevoir ; or, la situation s'est profondément modifiée

(1) Décret du 6-8 août 1790.

(2) Le décret du 6 août, ayant pour but le rétablissement de la discipline, ne fut sanctionné que le 8.

(3) *Précis des principaux événements...* B. M. *Registre des P. V. du C.* 9 août 1790. A. M. *Quittance donnée par les députés du régiment du Roi.* I² A. M.

dès leur départ de la citadelle ; des soldats du régiment du Roi et de Mestre de Camp, aidés par la foule à laquelle se sont mêlés des gardes nationaux ont forcé les portes du quartier des Suisses. Le lieutenant-colonel de Mérian a été insulté, menacé ; on l'a forcé de réhabiliter les deux condamnés du matin, en les faisant passer sous les drapeaux.

L'émeute continue dans la nuit ; les Suisses se révoltent, se rendent chez leur major, M. de Salis, qu'ils veulent pendre ; il n'échappe à la mort qu'en se sauvant avec sa femme par le toit de son habitation et en se réfugiant dans l'hôtel voisin de Madame de Warren. Quelques patrouilles du régiment du Roi, des patrouilles de gardes nationaux parcourent les rues, mais elles ne veulent pas, ou n'osent pas intervenir (1). Cette même nuit, cependant, de Noue recevait, par un courrier extraordinaire, avis de la sanction des décrets du 6, et une lettre du Ministre de la guerre, lui enjoignant de procéder, le plus tôt possible, à leur publication ; il décidait alors, d'accord avec la municipalité, que la cérémonie aurait lieu dès le 12 au matin. Avant 5 heures, les ordres sont donnés ; le régiment du Roi, qui a chargé ses armes, malgré la défense de ses officiers, est formé Place royale, le régiment de Châteauvieux sur la Pépinière, Mestre de Camp, rue de l'Esplanade ; un des bataillons de la garde a pris position rue des Dominicains, l'autre, dans la rue de la Congrégation. L'attitude des troupes est loin d'être rassurante ; au premier rang du régiment du Roi se trouve un des Suisses, passés la veille aux courroies, l'autre est au premier rang de Mestre de Camp, monté sur un des chevaux du corps; des menaces sont proférées à l'égard de M. de Noue. L'apparition des membres du Corps municipal sur la Place royale est saluée par les vociférations du peuple et du régiment du Roi, on réclame M. de Noue; finalement, cet officier est forcé de venir sur la place et de rétracter publiquement le mot brigandage qu'il a appliqué aux actes des soldats. On peut cependant publier le décret et, à midi, la cérémonie est terminée (2).

(1) *Précis des principaux événements.* B. M. *Registre des P. V. du C. M.* 2 août 1790. A. M. *Lettre de de Noue au C. M., 1ᵃ.* A. M. *Compte-rendu à leurs souverains par les officiers de Lullin-Chateauvieux.* Vic. 2 septembre 1790, B. M. *P. V. adressé au Ministre de la guerre par les officiers de Mestre de Camp.* Nancy, 17 août 1790. A. H. Léonard, *Relation,* p. 17.

(2) Cf outre les pièces déjà citées. *P. V. du Corps municipal,* 12 août 1790. A. M. *Registre des séances du Directoire du département,* 12 août 1790. L. 7³. A. D.

Mais, tandis que les autres corps rejoignent leur quartier, le régiment de Mestre de Camp entre à son tour en pleine insurrection ; il escorte en triomphe les deux Suisses, Emery et de Lisle, puis, appuyé par des soldats du régiment du Roi, par des gardes nationaux, par la populace, il s'en va au quartier des Suisses où il force le lieutenant-colonel à indemniser les deux condamnés par le versement de 120 louis à chacun d'eux. Cette somme est dépensée dans les cabarets et dans les mauvais lieux ; la ville est parcourue par une foule de soldats ivres, armés, qui fraternisent, changent d'uniformes, mais ne commettent toutefois aucun attentat ni sur les personnes ni sur les propriétés. Le lendemain, 13 août, les trois régiments ont décidément perdu toutes notions de discipline. Le décret du 6 août a été totalement inefficace.

Les Suisses emprisonnent leurs officiers, se font remettre 27.000 livres, obtiennent la promesse que 200.000 livres leurs seront payées pour le 1ᵉʳ septembre ; le régiment du Roi enlève sa caisse, gardée par la maréchaussée et la dépose dans son quartier. Mestre de Camp réclame de l'argent ; il obtient, le 15 août, 48.000 livres fournies, partie par ses officiers, partie par la municipalité. Dès que les troupes sont ainsi pourvues d'argent, les désordres augmentent ; le 14, les Suisses offrent un banquet à leurs camarades, font scandale dans les cabarets ; on tire des coups de fusil dans les rues ; les habitants commencent à s'émouvoir et la municipalité fait partir un courrier pour Paris ; elle demande à l'Assemblée nationale l'envoi à Nancy de quelques députés, dont les exhortations ramèneront à la discipline les soldats égarés (1).

A ce moment, il semble que la garde nationale prenne ouvertement parti pour les soldats. Le 18, les deux Suisses condamnés le 11, en uniformes de gardes nationaux, sont placés en sentinelle au poste même de l'Hôtel de ville ; le major de la garde, de Jobart, leur délivre des congés en bonne forme pour remplacer ceux qui leur ont été donnés par leur corps. Sur la plainte des officiers suisses, Jobart, appelé devant le Corps municipal, reconnaît l'exactitude des faits, mais donne comme seule excuse qu'on l'a forcé d'admettre ces deux hommes. Il est certain que la majeure partie de la garde est bien disposée pour les soldats et hostile aux officiers ; cette attitude lui vaut du moins d'avoir

(1) Cf. outre le *Précis* et les *Comptes-rendus des officiers des régiments*. P. V. du Corps municipal, 14, 15 août 1790. A. M.

encore sur les régiments une influence que les autorités vont essayer d'utiliser pour amener une détente (1).

Il en était besoin, car l'effet produit à Paris par les nouvelles parties de Nancy, le 14, avaient enfin déterminé l'Assemblée nationale à prendre contre les mutins des mesures de rigueur; le 16, elle décrétait que les fauteurs de la rébellion seraient poursuivis comme coupables de lèse-nation ; les soldats, qui, vingt-quatre heures après la lecture du décret, n'auraient pas fait leur soumission, seraient compris dans les mêmes poursuites ; la municipalité, le commandant militaire et les gardes nationales de Nancy étaient chargés de livrer les coupables à la justice : s'il était nécessaire, le Roi nommerait un officier général qui assurerait l'exécution du décret en faisant appel aux troupes des garnisons les plus proches, aux gardes nationales de la Meurthe et des départements voisins (2).

Le décret fut connu à Nancy le 18 au soir ; on le distribua, le lendemain, à un grand nombre d'exemplaires aux officiers et aux soldats, mais on omit de le faire afficher et publier à son de caisse. L'effet fut nul; il ne causa parmi les troupes qu'une recrudescence de l'agitation qui augmenta encore le 19, quand on apprit l'arrestation, à Paris, sur l'ordre du Ministre de la guerre, de huit soldats, députés par le régiment du Roi pour porter plainte à l'Assemblée nationale. Il devenait délicat d'obtenir désormais un acte de soumission au décret du 16 août.

Seule peut-être la garde nationale de Nancy avait encore quelque chance de réussir dans une tentative de ce genre; après consultation de Poincaré et des commandants des régiments, le Directoire du département et le Corps municipal décidèrent d'essayer de cette intervention pour « ramener la paix et la concorde ». De son côté, le conseil d'administration de la garde s'engageait, dès le rétablissement de l'ordre, à envoyer des députés à Paris solliciter la grâce des huit soldats arrêtés; il déclarait d'ailleurs que les décrets du 16 août étaient trop rigoureux et qu'il fallait éclairer l'Assemblée nationale sur la situation véritable à Nancy. La démarche réussit; le 20, les soldats des régiments signent la

(1) *P. V. du Corps municipal*, 19 août 1790. A. M. *Observations sur un petit article de la relation municipale*, par M. de Jobart. *Justification de M. Limonnier, ci-devant lieutenant de la compagnie Hoener*. B. M.

(2) *Décret du 16-16 août 1790*. Il est transcrit, le 19, sur les registres du Directoire du département.

rétractation prévue par le décret du 16, se déclarant décidés à rentrer dans le devoir et à confier leurs intérêts au conseil d'administration de la garde. De son côté, celui-ci tient sa promesse : deux officiers, André et Henry, patriotes notoires, partent pour Paris solliciter l'indulgence de l'Assemblée en faveur des soldats (1).

La détente s'accentue encore le 21, au retour à Nancy de deux soldats, envoyés à Paris par le régiment du Roi et remis en liberté par l'Assemblée nationale, afin d'aller rassurer leurs camarades. Dès lors, les régiments paraissent rentrer dans la voie de la soumission et la municipalité attribue à la garde nationale l'heureuse issue du conflit. Il semble que tout danger soit momentanément écarté et l'on peut espérer que la venue prochaine de Malseigne, maréchal de camp, désigné pour procéder à la vérification des comptes, conformément au décret du 6 août, mettra un terme définitif à l'indiscipline des soldats (2). Or, c'est précisément à partir de ce moment que la situation va devenir plus grave qu'elle n'a jamais été.

Le 24, dès son arrivée, Malseigne se rend au quartier du régiment de Lullin-Châteauvieux; il y trouve les Suisses extrêmement surexcités par la nouvelle de leur départ de Nancy pour Sarrelouis, et surtout par le désir d'obtenir encore de l'argent. Le refus formel opposé à leurs réclamations d'ordre pécuniaire augmente l'irritation des soldats; le 25, pour sortir du quartier, Malseigne est obligé de mettre le sabre à la main; il réussit à grand-peine avec l'aide de quelques officiers à se réfugier chez de Noue où il lui faut soutenir un siège contre les Suisses et la populace. Conduit dans l'après-midi à l'Hôtel de ville, sous la protection d'une escorte du régiment du Roi, de Mestre de Camp et de la garde nationale, il essaie vainement de ramener les Suisses à la raison; il n'y réussit pas. Le 26, la discussion reprend mais reste aussi infructueuse (3).

Quelques indices de mécontentement apparaissent en même temps dans la garde; le 25, les deux bataillons ont été tenus sous

<hr>

(1) Cf. Outre le *Précis des principaux événements* et les *Comptes rendus des officiers*, P. V. du *Corps municipal*, 20 août 1790. A. M. *Délibération de l'Assemblée administrative du département*, 4 novembre 1790. L 69. A D.

(2) P. V. du C. M., 22, 24 août 1790. A. M.

(3) *Registre des P. V. du C. M.*, 25, 26 août. A. M. *Lettre du Directoire du département au Ministre de la guerre*, Dossier Aff. Nancy. I3 A. M.

les armes toute la journée sur la Place royale, un détachement a protégé Malseigne pendant la nuit du 25 au 26; le 26, dès le matin, à nouveau les deux bataillons sont rassemblés. Ils doivent intervenir une première fois pour empêcher les Suisses d'envahir l'Hôtel de ville où se trouve Malseigne, une deuxième fois pour protéger un hôtel où déjeûne ce général avec quelques officiers. Dans la soirée, les deux bataillons sont toujours sur la Place royale; ils sont fatigués, énervés, il y a eu des défaillances individuelles, quelques cris hostiles contre Malseigne. Une foule, composée de Suisses, de gens du peuple, entoure les compagnies ; elle répète aux gardes qu'on leur impose des fatigues inutiles et exagérées; dans les rangs, on entend des murmures; Poincaré et les commandants de compagnies doivent éloigner les beaux parleurs et rappeler que chacun peut se retirer d'un corps où le service est libre. Mais jusque-là du moins, si la garde est plutôt favorable aux soldats, elle reste docile aux ordres de ses chefs et déférente aux réquisitions du Corps municipal, tout en exécutant un service pénible et continuel (1).

La situation change à partir du lendemain, 27 août. A 7 heures du matin, le Directoire du département reçoit une réquisition de Bouillé, commandant à Metz, que le Roi a désigné pour faire rentrer dans le devoir les régiments de Nancy; en exécution, il envoie immédiatement l'ordre à toutes les gardes nationales du département de la Meurthe, « armées de fusil », de se mettre à la disposition de Bouillé « à effet de faire rentrer dans l'obéissance le régiment suisse de Châteauvieux ». La réquisition du Directore prévoyait en outre les mesures à prendre par les municipalités pour assurer « aux volontaires » une solde journalière de 24 sous et l'équipement qui leur manquerait (2).

Elle était d'une remarquable imprécision sur deux points d'importance capitale : à quelle date devaient se rassembler les gardes nationales requises ? où devaient-elles se rassembler ? Bouillé ne l'avait pas indiqué, le Directoire du département ne le mentionnait pas davantage; les gardes nationales devaient donc forcément croire qu'il fallait marcher sans délai et se rendre à Nancy même, et ainsi allaient se trouver agglomérées dans une ville, en

<hr>

(1) *Précis des principaux événements et Comptes rendus des officiers suisses*. B. M. — *P.-V. du Corps municipal*, 26 août 1790. A. M.

(2) *Délibération du Directoire du département*, 27 août 1790. L. 7². A. D.

contact avec une garnison mutinée, des troupes mal disciplinées, mal encadrées, mal instruites du but de leur convocation. Du moins, on pouvait espérer que les ordres lancés, le 27, par le Directoire du département, ne détermineraient l'arrivée des premières gardes que pour le 28, et que ce délai permettrait de recevoir des instructions complémentaires de Bouillé.

Or, quel n'est pas l'étonnement dans la ville, dans la garde nationale, rassemblée devant l'Hôtel de ville, lorsqu'on voit arriver, dans cette matinée même du 27, tout d'abord 200 gardes nationaux de Vézelise, puis des gardes de Toul, de Lunéville, de Craon, de Voinémont, de Leintrey. Dès l'arrivée de la garde nationale de Vézelise, la population s'émeut, les patriotes se font part de leurs soupçons; un garde nationale, Genaudet, ce même avocat qui a déjà pris une part active à la manifestation du 5 avril en faveur de la coalition, se présente avec quelques citoyens au Corps municipal. Cette députation réclame la convocation immédiate du Conseil général de la commune, celle des sections, et demande le motif de la réunion des gardes nationales des environs. Le Corps municipal réussit à convaincre la députation qu'il serait dangereux de convoquer les sections et même le Conseil général dans des circonstances aussi délicates; mais il doit avouer qu'il ignore absolument comment il se fait que déjà les gardes nationales des environs puissent affluer à Nancy (1). On s'enquiert cependant et bientôt l'on apprend que cette arrivée est due à l'initiative malencontreuse, prise par Desmottes, aide de camp de Lafayette. Cet officier, après avoir porté à Metz, à Bouillé, les décrets du 16 et les instructions de la Tour du Pin, s'est rendu à Nancy où il se trouve depuis quelques jours; le 26, après une conversation avec Malseigne, il a adressé, sans consulter aucun des corps constitués, deux lettres aux gardes nationales des environs. La première était une lettre, en date du 17 août, de Lafayette, qui demandait à toutes les gardes nationales d'assurer, le cas échéant, l'exécution des décrets du 16 août; la deuxième émanait de Desmottes, lui-même « ...Messieurs, j'ai l'honneur de vous adresser une lettre de M. de Lafayette... Les régiments paraissent être revenus de leur égarement; M. de Malseigne, officier général, employé à Nancy, vient de donner l'ordre qu'il a reçu de faire partir, demain 27, le

____

(1) Cf. *Précis des principaux événements*, p. 24. — *Registre des P. V. du Corps municipal*, 27 août 1790, A. M. *Délibération des municipalités touchant l'envoi de gardes nationales à Nancy.* I². A. M.

régiment Châteauvieux. Dans le cas où ce régiment refuserait de partir, il sera nécessaire de déployer des forces qui puissent faciliter l'exécution du décret de l'Assemblée nationale. MM. les gardes nationaux ont déjà fait beaucoup pour le rétablissement de l'ordre; un nouvel effort est encore nécessaire. M. de Lafayette m'a chargé de prier ses frères d'armes de venir se joindre à ceux de Nancy; il l'attend de leur patriotisme et de l'amitié qu'ils veulent bien lui porter. J'ai l'honneur d'inviter le plus grand nombre de volontaires possible, de partir sur le champ pour se rendre à Nancy (1) ».

La lettre de Desmottes n'avait pas surpris outre mesure les municipalités ; sur l'initiative du Procureur général syndic, elles avaient été averties, dès le 19, par les administrations des districts que leurs gardes nationales devaient être prêtes à partir pour Nancy à la première réquisition (2); elles n'hésitèrent donc pas à les mettre en route le 27. D'autre part, comme la lettre prescrivait d'amener le plus grand nombre possible de volontaires, les commandants des gardes rurales se font suivre de troupes étranges de paysans. Quelques-unes seulement ont des fusils, d'autres ont quelques sabres, la plupart des bâtons ou des faulx; et toute la journée, le défilé continue. Après les détachements arrivés le matin, on reçoit dans l'après-midi ceux de Dieuze, Château-Salins, Vic, Moyenvic, Colombey, Marsal, Saint-Nicolas. Or l'esprit de ces gardes nationales est plein de soupçons: en Lorraine, à ce moment on redoute les complots des émigrés, on est inquiet des mouvements de troupes autrichiennes qui se rendent en Belgique ; on voit partout des contre-révolutionnaires et l'on dit que Bouillé n'est pas le moins dangereux. Dès qu'il a été désigné pour réprimer les troubles de Nancy, le choix a paru suspect; le 26 août, le *Journal de la Meurthe*, reproduisant les journaux patriotes de Paris, dénonce comme « ennemis du bien public » les instigateurs du décret du 16 août; il attaque, en même temps, le marquis de Bouillé. On voit dans l'opération qui va s'exécuter à Nancy le commencement de la contre-révolution (3).

A peine sont-ils arrivés que les gardes nationaux sont entourés

(1) *P. V. de l'Assemblée administrative du département*, 4 novembre 1790, L. 69. A. D. *Proclamation du Directoire du département*, 29 août 1790. L. 211. A. D. *P. V. du C. G. C.* 29 août 1790. A. M.

(2) *Lettre du Procureur syndic Lelorrain*, 19 août 1790. L. 1523. A. D.

(3) *Journal de la Meurthe*, juillet-août 1790, notamment 5 août 1790, 26 août 1790. B. M.

d'une foule animée des mêmes passions, des mêmes méfiances ; ils fraternisent avec les soldats du régiment du Roi et de Mestre de Camp, leurs alliés naturels, puisque la lettre de Desmottes, comme la proclamation du Directoire, déclarent ces deux régiments rentrés dans l'ordre. Bientôt, circulent les bruits les plus divers.

Malseigne n'est pas muni de pouvoirs réguliers ; il veut conduire les Suisses à Sarrelouis pour les vendre à l'Autriche ; on chassera ensuite de Nancy les deux autres régiments. D'ailleurs, Bouillé est un traître : il n'a qu'un but, dégarnir les frontières pour favoriser l'entrée en France des émigrés et des Autrichiens. Pourquoi, sans cela, marcherait-il sur Nancy ? Tout y est tranquille ; les réclamations des soldats sont justes. Les paysans commencent à murmurer, à plaindre les soldats qu'on vole, contre qui on veut les faire battre pour amener la guerre civile entre patriotes au profit des aristocrates. Et les arrivées de détachements continuent ; il y a maintenant dans la ville 2.400 gardes nationaux étrangers qui, déjà, se débandent, parcourent les rues avec les soldats et la foule, peuplent les cabarets. Au moins eût-il été sage de les loger par détachements constitués dans les locaux publics disponibles ; on accentue le relâchement des liens militaires en les disséminant chez des particuliers. Dès ce moment, il est certain que la ville n'a pas reçu un secours, mais un élément des plus dangereux pour sa tranquillité (1).

Le Directoire du département, la municipalité, de Noue, le comprennent sans peine ; le seul remède serait d'obtenir à l'amiable le départ des Suisses. A nouveau, on essaie d'y parvenir en leur envoyant une députation de la garde de Nancy ; elle échoue. En vain, Poincaré, au nom du conseil d'administration, offre aux Suisses de déposer chez un banquier, jusqu'à décision de l'Assemblée nationale, la somme qu'ils prétendent leur revenir ; en vain, il leur offre des otages en garantie de cette promesse, 4 gardes par compagnie ; en vain, il leur offre d'accompagner lui-même à Paris une députation qu'ils enverront ; le régiment refuse de quitter Nancy (2). La soirée est aussi agitée que la jour-

(1) Cf. outre le *Précis*, et les *Comptes-rendus des officiers. P. V. du C. M.* du 27 et 28 août 1790. A. M. *Rapport des commissaires du Roi*, p. 40, Léonard. *Relation.* p. 72. *Mémoire justificatif pour la garde nationale de Nancy. Adresse de la garde nationale de Lunéville au sujet de l'affaire de Nancy.* B. M.

(2) *Précis des principaux événements.* B. M. — *P. V. du C. M.*, 27 août 1790. A. M.

née ; les patrouilles des troupes et de la garde nationale de Nancy, chargées de dissiper les attroupements, interdits par arrêté municipal, interviennent trop mollement pour réussir à ramener le bon ordre.

Le 28, les esprits sont encore plus excités que la veille ; le matin, Malseigne a échoué dans une nouvelle tentative de conciliation avec les Suisses ; des gardes nationales continuent à arriver, en exécution maintenant de l'arrêté du Directoire du département, en date du 27. De plus en plus effrayé, le Directoire expédie sur les routes des messagers pour donner ordre aux gardes nationales en marche d'aller stationner dans des localités qu'il indique autour de Nancy, à Pont-à-Mousson, Toul, Lunéville... où elles attendront de nouvelles instructions (1). La mesure est efficace, mais il y a déjà trop de gardes nationales installées dans Nancy. C'est dans cette foule impressionnable et surexcitée que survient, vers deux heures, la nouvelle que Malseigne s'est enfui à Lunéville ; et, en effet, le général a quitté Nancy, sans avoir fait part à qui que ce soit, ni des motifs de cette brusque décision, ni de ses intentions ultérieures. Il ne pouvait se dissimuler cependant l'émotion que son départ allait produire dans un moment où la situation n'était pas plus mauvaise que les jours précédents ; de ce fait, il devait assumer une lourde responsabilité dans les événement qui allaient suivre.

Les bruits les plus sinistres se répandent aussitôt ; le général est allé chercher à Lunéville les régiments de carabiniers et les régiments étrangers ; c'est le début de la contre-révolution ; les journaux, arrivés de Paris, contribuent à accréditer ces soupçons ; l'un d'eux, les *Annales patriotiques et littéraires*, de Mercier, prévient les patriotes, au nom de la Société des amis de la constitution, de se méfier : « ...et surtout, nous prévenons les gardes nationales et les soldats patriotes des troupes de ligne de se tenir plus serrées que jamais les unes contre les autres pour faire face à ce nouvel orage. » Tandis que des cavaliers de Mestre de Camp galopent après Malseigne, gardes nationales et soldats courent aux armes ; les soldats pénètrent dans les maisons riches où ils soupçonnent que leurs officiers peuvent se trouver, ils les saisissent et les ramènent de force à leur tête ; d'autres haranguent les gardes nationaux qu'ils somment de se déclarer pour les patriotes ;

(1) *Arrêté* du 28 août 1790. L. 211. — *Registre des délibérations*, 27 au 31 août 1790. D. 73. A. D.

ils leur rappellent les serments de la Fédération. M. de Noue est emprisonné au quartier Sainte-Catherine, des officiers qui veulent le défendre sont blessés et, comme lui, jetés dans les prisons de la caserne. Un officier suisse, Isselin, qui cherche à fuir, déguisé en garde nationale, va être massacré quand il est sauvé par quelques gardes nationaux.

Une foule, composée de soldats, de gens du peuple, de gardes nationaux, force l'entrée de la salle des séances de l'Hôtel de ville ; elle apporte un courrier adressé à Bouillé, saisi sur un cavalier ; elle exige que le Corps municipal ouvre cette correspondance « ...puisque la ville étant en danger... toute correspondance avec M. de Bouillé devenait suspecte... » : le Corps municipal doit céder ; il prend connaissance des lettres dont le contenu est tout à fait insignifiant. C'était une preuve de faiblesse d'autant plus dangereuse, que, dans cette crise où nombre de citoyens patriotes ignoraient encore de quel côté se trouvait la légalité, l'autorité municipale traitait Bouillé en suspect et semblait prendre parti pour les soldats. Elle n'eût même pas le mérite de calmer l'effervescence (1).

Vers six heures, l'agitation est à son comble; à l'annonce que, dans un engagement, à Lunéville, avec les carabiniers, des cavaliers de Mestre de Camp ont été tués ou blessés, tout le régiment monte à cheval; le régiment du Roi, le régiment Suisse, un grand nombre de gardes nationaux étrangers à Nancy, se dirigent sur Lunéville. La garde nationale de cette ville, à Nancy depuis le 27, suit la colonne afin de s'interposer pour éviter une action de guerre dont souffrirait Lunéville. Comme on est parti tard, c'est en pleine nuit qu'on arrive aux abords de Lunéville; les rebelles, dans le plus profond désordre, décident d'attendre le jour pour pénétrer dans la ville (2).

A Nancy, l'émeute bat son plein : la populace, les gardes nationaux des campagnes se portent à l'arsenal, enfoncent les portes, enlèvent 4.000 fusils avec des munitions ; dès lors, se trouvent armés une foule d'individus, dont le plus grand nombre est totalement inconnu dans la ville. La garde de Nancy elle-même, si

(1) *Précis des principaux événements. Compte rendu des officiers.* B. M. *Registre des délibérations du Directoire du département*, 27 au 31 août 1790. L. 73 A. D. *Registre des P. V. du C. M.*, 28 août 1790. A. M.

(2) Cf. les pièces précédemment indiquées, et plus particulièrement : *Adresse de la garde nationale de Lunéville*, op. cit. et *Mémoire justificatif pour la garde nationale de Nancy*. B. M.

elle ne participe pas au sac de l'arsenal, ne tente rien pour s'y opposer, et elle s'empare, à l'Hôtel de Choiseul, de quatre petites pièces de canon qu'elle veut emmener au secours de la colonne de Lunéville. L'inquiétude, le désordre règnent toute la nuit ; les Directoires du département et du district, le Corps municipal sont impuissants ; ils n'osent pas indiquer nettement leur désapprobation des actes commis dans la journée. Le désarroi ne fait que s'accentuer le lendemain, 29 août, quoique par suite de l'absence des émeutiers la matinée soit calme à Nancy ; les événements importants ont lieu à Lunéville (1).

Là, dès que le jour paraît, deux officiers de la garde nationale trompent la surveillance des soldats, réussissent à gagner les faubourgs de la ville ; ils font alors replier les quelques gardes nationaux qui les occupent et se rendent à l'Hôtel de ville ; ils y exposent que la force des rebelles rend la résistance inutile, dangereuse pour la ville et pour ses gardes retenus au milieu des soldats de Nancy ; ces mêmes observations sont faites à Malseigne et aux officiers des carabiniers qui ont réuni les deux régiments sur le Champ-de-Mars. On laisse alors entrer dans la ville la colonne des rebelles qui vient se former sur la place du château ; elle commence par délivrer les prisonniers, faits la veille par les carabiniers, puis entre en accommodement avec les députés envoyés par ceux-ci. Il est convenu que Malseigne, dont la personne sera respectée, se rendra à Nancy sur réquisition du Corps municipal de cette ville et que son escorte sera fournie, moitié par la garnison de Nancy, moitié par les carabiniers ; aussitôt, la colonne évacue Lunéville, où elle laisse cependant nombre de soldats et de gardes nationaux débandés.

Bientôt, ces isolés entourent Malseigne qui est venu à l'Hôtel de ville ; ils lui enjoignent de partir immédiatement pour Nancy, sans attendre la réquisition de la municipalité ; on le menace, on l'oblige à monter à cheval et, au milieu de cette foule armée, sous la seule protection d'une petite escorte de carabiniers, le

(1) Pour les événements des journées des 29 et 30 août, à Lunéville, consulter : *Précis des principaux événements. Compte rendu des officiers. Rapport des commissaires du Roi. Adresse de la garde nationale de Lunéville. Mémoire justificatif de la garde de Nancy.* B. M. toutes pièces déjà citées. En outre : *Registre des délibérations du Directoire du département*, 27 au 31 août. L. 73. A. D. *Délibération du C. G. C. de Lunéville*, 29 août 1790, A. M. Lunéville. *Arrangement entre les carabiniers et les députés des trois régiments.* I². A. M.

général est forcé d'obéir ; seulement, au moment où il arrive à l'embranchement du chemin de Jolivet, il met le sabre à la main et s'enfuit au galop ; les carabiniers qui couvrent sa retraite ont sept tués et une quinzaine de blessés.

La nouvelle de cette échauffourée est apportée vers Dombasle à la colonne rebelle en retraite sur Nancy ; des cavaliers de Mestre de Camp annoncent que leurs camarades ont été massacrés à Lunéville, qu'eux-mêmes sont poursuivis par des carabiniers et des hussards. Aussitôt, Mestre de camp s'enfuit au galop sur Nancy, les gardes nationaux et les fantassins se débandent, courent à Saint-Nicolas dont ils essaient d'abord de préparer la défense, puis continuent sur Nancy.

Dans cette ville, les gardes nationales ont maintenant l'attitude de troupes franchement alliées aux soldats ; dès quatre heures et demie, elles se sont rassemblées en différents points de la ville ; un fort détachement de la garde nationale de Nancy assure, à la place des soldats du régiment du Roi, la garde de de Noue et des officiers, enfermés dans les prisons du quartier Sainte-Catherine. Des postes de garde nationale occupent toutes les portes de la ville, que quittent de nombreux habitants, effrayés par la tournure prise par les événements. Le courrier de Metz est saisi, le Corps municipal est sommé d'ouvrir ses dépêches, et, comme il refuse, le Conseil d'administration de la garde de Nancy procède à cette opération. M. de Noailles, ambassadeur près de l'Empereur, en route pour Paris, est arrêté et le Conseil général de la commune obtient à grand peine qu'on respecte ses papiers. Les chefs de gardes nationales sont convoqués au Directoire du Département ; ce corps leur représente la fausseté des bruits qui courent, le danger de laisser violer les décrets de l'Assemblée la première fois où elle emploie la force ; tous déclarent partager l'opinion du Directoire, mais ne dissimulent pas leur impuissance ; quelques-uns promettent qu'ils vont essayer du moins de faire sortir leurs troupes de Nancy (1).

Dans l'après-midi, les gardes nationales continuent à pactiser avec les soldats ; à la nouvelle que les carabiniers marchent sur Nancy, la foule court à l'arsenal déjà pillé la veille ; elle enlève les dernières armes, les munitions qui restent ; dans les rues, on

(1) *Précis des principaux événements.* B. M. — *P. V. du C. G. C.* 29 août 1790. A. M. *Registre des séances du Directoire du département.* L. 73 A. D.

vend les fusils au prix de 24 sous (1). Les gardes nationales du département demandent au Corps municipal des munitions ; Poincaré se fait délivrer une réquisition pour en toucher également afin de pouvoir servir les quatre petits canons pris la veille « ... et les circonstances n'ont pas permis d'en refuser... » (2). Dans la garde nationale de Nancy qui se porte hors de la ville pour recueillir la colonne revenant de Lunéville, les compagnies ne sont plus à l'effectif réglementaire de 75 hommes ; il s'y est glissé une foule de gens du peuple, de gardes nationaux étrangers, pourvus d'armes depuis le pillage de l'arsenal ; les compagnies, même les plus modérées, ne peuvent songer ni à chasser des rangs, ni à désarmer tous ces individus. C'est au milieu de cette cohue que rentrent les fuyards de l'expédition de Lunéville, mais exténués par les étapes de la veille et de la journée, par une nuit sans sommeil, ils sont, pour le moment du moins, désireux uniquement de repos. D'autre part, la question de Malseigne paraît réglée puisque le général se trouve maintenant en sûreté au milieu des carabiniers. Ainsi, on peut espérer désormais une sorte de détente ; malheureusement, les événements survenus dans la matinée à Lunéville vont avoir à Nancy leur répercussion immédiate.

Après s'être enfui par la route de Jolivet, Malseigne s'est réfugié au Champ-de-Mars, au milieu des deux régiments de carabiniers ; mais aussitôt, dans la ville, les gardes nationaux et les soldats de Nancy représentent aux habitants que le général est un traître qui a manqué à sa parole, qu'il a tué deux sous-officiers en s'échappant, qu'il n'a aucun pouvoir et qu'il doit vendre les carabiniers à l'Autriche pour un million ; on va jusqu'au Champ-de-Mars répéter ces insinuations aux régiments de carabiniers ; elles trouvent créance dans des esprits prévenus ; les gardes nationaux de Lunéville qui ont déjà entendu des accusations analogues pendant leur séjour à Nancy, commencent à se laisser persuader ; leur commandant, le comte de Diettman, ancien colonel de cavalerie et chevalier de Saint-Louis, accuse à son tour, publiquement, Malseigne de vouloir vendre les carabiniers à l'Autriche et il ne rétractera ces paroles que le 31 sur le vu des pouvoirs réguliers du général.

<hr>

(1) *Précis des principaux événements*, B. M. p. 39. Op. cit.
(2) *Registre des P. V. du C. G. C.*, 29 août. A. M.

Les carabiniers, qui ont d'abord montré une certaine hésitation, sont bientôt convaincus de la vérité des accusations portées contre Malseigne ; dans la nuit, ils le forcent à rentrer à Lunéville et le 30 août, à quatre heures du matin, la municipalité décide de le faire conduire à Nancy. Une foule nombreuse entoure l'Hôtel de ville ; le général n'a pu montrer ses pouvoirs, restés à Nancy ; il est suspect à tous ; pour les violents, c'est un traître dont il faut faire une justice immédiate ; on menace de se porter à des voies de faits. C'est cependant grâce au dévouement d'un détachement de carabiniers et de 200 gardes nationaux que Malseigne peut sortir sans encombre de la ville ; il rendra lui-même plus tard cette justice à la garde nationale de Lunéville (1).

Il est midi quand il arrive dans le faubourg Saint-Pierre de Nancy, escorté par des carabiniers ; dès qu'il entre en ville, une foule composée de gens du peuple et de soldats, hurle et profère des menaces ; heureusement, le Conseil général de la commune a pris quelques précautions. Averti, dès le matin, que Malseigne arriverait vers midi, il a requis Poincaré de prendre toutes mesures utiles pour assurer la sécurité du général. Bien qu'il juge la mission si difficile qu'il refuse de signer le récépissé de la réquisition, Poincaré a disposé cependant depuis la porte Saint-Nicolas jusqu'à l'Hôtel de ville la garde nationale de Nancy et quelques détachements des gardes du département ; ces troupes forment la haie, elles contiennent le peuple et l'empêchent de massacrer Malseigne (2). Ainsi, le 30 août encore, la garde nationale de Nancy et quelques gardes du département, obéissent aux ordres de leurs chefs et aux réquisitions du Corps municipal ; elles peuvent être un appui sérieux à condition qu'on leur donne des indications nettes.

Malheureusement, les corps administratifs font preuve de plus en plus d'une faiblesse déplorable qui contraste singulièrement avec l'énergie et l'activité des soldats ; ceux-ci obtiennent de garder eux-mêmes Malseigne, emprisonné à la Conciergerie ; ils construisent des barricades aux portes de ville, ils y disposent les

(1) Cf. Pièces déjà citées, relatives aux événements de Lunéville et, en outre, Registre des P. V. du C. G. C., 30 août 1790. A. M.

(2) Précis des principaux événements, op. cit. p. 34. B. M. Registre des ... du C. G. C., 30 août 1790, A. M. Mémoire justificatif pour la garde nationale de Nancy, op. cit. p. 8. B. M. Réquisition au Commandant de la ... de protéger Malseigne, 30 août. I² A. M. Léonard, Relation, op. cit.

canons pris à la citadelle et préparent ouvertement la résistance à main armée contre Bouillé (1). Pendant ce temps, aucun des corps administratifs n'ose déclarer de quel côté est la légalité; nombre d'habitants, de gens du peuple et de gardes nationaux peuvent encore être sincèrement convaincus qu'avec les soldats, on combat une tentative de contre-révolution, soutenue par l'étranger; c'est le reproche que les patriotes adresseront plus tard au Conseil général de la commune et il est indéniable qu'il est fondé. Mais la faiblesse de ce corps s'aggrave par une suite de mesures maladroites.

Alors que depuis quatre heures et demie du matin, le Conseil général de la commune a reçu la proclamation de Bouillé déclarant qu'il va employer la force contre la garnison de Nancy, cet avis n'est ni affiché ni publié; il était cependant d'une importance primordiale puisqu'il indiquait nettement aux gardes nationales l'attitude qu'elles devaient prendre. Le général disait, en effet : « ...ordonnons aux troupes de marcher, d'après l'ordre qui leur sera donné et à l'heure qui leur sera indiquée, pour exécuter le décret de l'Assemblée nationale, sanctionné par le Roi, conjointement avec les gardes nationales qui se réuniront à celles de Nancy pour contraindre par la force les rebelles à la soumission aux lois. Invitons les gardes nationales qui sont dans les murs de Nancy à se réunir aux troupes qui marcheront pour l'exécution du décret, au moment de leur arrivée aux portes de cette ville... » (3). Le Conseil général de la commune n'ose pas davantage prévenir la garde de l'arrivée de Bouillé. « ...On agite la question de savoir si MM. les capitaines de la garde nationale seront invités d'assembler leurs compagnies pour les prévenir que si M. de Bouillé, officier général, se présentait avec des troupes de ligne, c'était pour assurer l'exécution des décrets des 6 et 16 de ce mois et non pour exercer aucune hostilité contre les citoyens ». A l'unanimité, on convient qu'il vaut mieux prier le Directoire du département de faire une proclamation à tous les citoyens; mais le Directoire du département, aussi timide que le Conseil général de la commune, répond qu'il diffère cette publication jus-

(1) *Précis op. cit.* p. 33. B. M. P. V. *du C. G. C.*, 30 août 1790. A. M.
(2) *Rapport des Comités réunis op. cit. Observations de M. de Jobal*, op. cit., B. M.
(3) *Proclamation de Bouillé*, Toul, 30 août 1790. I° A. M.

qu'au retour des députés qu'il a envoyés à Bouillé, en commun avec le Conseil général et la garde de Nancy (1).

A son tour, le Conseil d'administration de la garde montre une faiblesse, désormais maladroite, vis-à-vis des soldats ; avec le comité, élu par les Suisses révoltés, il se rend chez le lieutenant-colonel commandant le régiment ; il fait valoir que les Suisses s'éloigneront, si l'on fait droit à leurs demandes d'argent, que la tranquillité de la ville vaut bien un sacrifice pécuniaire, qu'au besoin, il joindra ses efforts à ceux des officiers suisses pour réunir les sommes nécessaires. Une pareille démarche à ce moment ne pouvait plus avoir d'autre résultat que de confirmer les soldats dans leur détermination de résister à main armée (2).

Ils recevaient d'autres encouragements : le 29, ils ont arraché à de Noue, prisonnier au quartier Sainte-Catherine, une réquisition invitant la municipalité à ordonner aux troupes de Bouillé de rétrograder (3) ; le 30, ils obtiennent du Directoire du département et de la municipalité l'envoi de députés, chargés de sommer Bouillé de ne pas marcher sur Nancy. Il va de soi que le général, alors à Toul, refuse d'accéder à ces demandes ; il renouvelle son refus dans la soirée à Mollevaut, membre du Directoire du département, qui lui représente le danger d'une intervention pour la population paisible de la ville (4). Il n'est cependant pas sans inquiétudes : la députation d'abord, Mollevaut ensuite, l'ont renseigné sur les dispositions des soldats ; des officiers, et notamment de Gouvion, commandant de la garde nationale de Toul, qui n'a pu, dans la journée, sortir de Nancy avec sa troupe, lui exposent toute la gravité de la situation ; la défection des carabiniers l'augmente. Pour réduire la garnison de Nancy qu'on peut évaluer à 3.000 hommes d'infanterie, avec de la cavalerie et de l'artillerie, Bouillé ne dispose que de 2.220 hommes d'infanterie, de 1.480 cavaliers, avec huit pièces de canon. La jonction avec les gardes nationales de Metz et de Toul, invitées à se trouver le 31, à Frouard, augmentera cet effectif d'environ 800 hommes d'infanterie.

(1) *Registre des P. V. du C. G. C.*, 30 août 1790. *Précis des principaux événements,* p. 32, op. cit. B. M.
(2) *Compte rendu à leurs souverains des officiers suisses,* op. cit. B. M.
(3) *Réquisition de M. de Noue à la municipalité de Nancy,* 29 août 1790. A. M.
(4) *P. V. des séances du Directoire du département du 27 au 31 août* 1790. L. 73. A. D.

Le fait de convoquer uniquement pour l'attaque éventuelle de Nancy les gardes nationales de Toul et de Metz est assez curieux. Bouillé l'a expliqué par sa répugnance à employer des troupes peu sûres et qu'il estimait ne pouvoir lui être d'un grand secours (1) ; au contraire, il connaissait la garde nationale de Metz, il s'en était servi avec succès, lors des troubles survenus dans cette ville ; d'ailleurs, elle demandait à marcher. Il pouvait aussi compter sur la garde nationale de Toul, commandée par un officier, M. de Gouvion ; elle était sortie, le 3o, de Nancy, montrant ansi qu'elle ne pactisait pas avec les soldats. Les explications données par Bouillé sont donc plausibles ; on ne peut s'empêcher, cependant, de constater que les deux seuls détachements de gardes nationaux, appelés à coopérer à une action de vive force contre les insurgés nancéiens, font partie de l'ancien gouvernement des Trois-Evêchés, dont les populations ont eu fréquemment des rapports difficiles avec celles de la Lorraine ; dans ces conditions, on peut se demander s'il n'y a pas eu là, de la part de Bouillé, un calcul pour détruire l'œuvre d'unification révolutionnaire, en jetant les unes contre les autres des gardes nationales voisines ; de fait, la perte de leurs compatriotes, tombés, le 31, allait soulever, chez les Messins, une haine qui durera longtemps contre les habitants de Nancy (2).

Dans cette ville, le 31, la résistance est prête ; les soldats, aidés par les gardes nationaux étrangers à la ville et par des gens du peuple, ont organisé la défense ; des gardes nationaux ont été envoyés sur les routes par où peut arriver Bouillé ; ils avertiront de l'approche des troupes et les engageront à passer aux patriotes ; les habitants paisibles ont quitté la ville en grand nombre ; le faubourg de Boudonville, le plus menacé, puisqu'il est sur la grande route de Frouard où se rassemblent les troupes de Bouillé est presque entièrement désert.

La faiblesse et la pusillanimité des corps administratifs, qui cèdent à toutes les sommations des soldats, donnent à l'organisation de la résistance un caractère légal ; le Conseil général de la commune et le Directoire du département font inviter à son

(1) Bouillé. *Mémoires.* op. cit. p. 190.

(2) Certains documents émanant du C. G. C. de Nancy (*P.-V. des délibérations*, 31 août 1790; *Proclamation du 1er septembre.* A. M.) notent incidemment que des gardes nationaux de Pont-à-Mousson, et même des villages voisins auraient participé à l'action contre Nancy; cette assertion nous paraît peu fondée.

de caisse les citoyens, connaissant la manœuvre du canon, à servir les pièces, disposées aux portes ; le Conseil général fait prendre les armes à la garde de Nancy, il lui prescrit d'assurer avec les soldats la garde des portes de la ville. Le Directoire du département requiert les carabiniers de Lunéville de se rendre à Nancy pour concourir à la défense de la ville ; heureusement, les officiers du corps ont assez d'influence pour empêcher leurs hommes d'obéir à la réquisition (1). Ces mesures, arrachées par l'intimidation, ont le grave inconvénient de ne pas détromper toute la partie de la population qui voit toujours dans Bouillé l'agent de la contre-révolution ; elles contribuent aussi à donner aux soldats la persuasion que l'on n'osera pas employer contre eux la force armée. Il leur faut revenir de cette illusion quand, vers trois heures et demie, une députation, envoyée par eux à Frouard, rentre et raconte l'accueil qui lui a été fait : les troupes de Bouillé l'ont insultée et menacée ; le général n'a pas voulu discuter ; il impose les conditions suivantes : MM. de Malseigne et de Noue lui seront rendus sur-le-champ ; les troupes de la garnison sortiront de la place dans la soirée et attendront des ordres ; elles livreront, par régiment, quatre des principaux rebelles pour être jugés par l'Assemblée nationale. En même temps, les troupes fidèles apparaissent en vue de la ville qu'elles commencent à investir du côté de la porte Stainville et de la porte Notre-Dame (2).

Cette attitude énergique impressionne la masse des soldats ; l'opinion générale est qu'il faut accepter les conditions de Bouillé, s'il consent à ne pas maintenir celle relative à la désignation de quatre hommes par régiment ; de fait, dans des corps où il n'y a plus d'autorité, l'exigence est impossible à satisfaire. Une nouvelle députation est envoyée au général qui consent à ne maintenir que ses deux premières conditions. Dès lors, l'accord est conclu ; le régiment du roi délivre de Noue et lui donne une escorte de grenadiers pour aller chercher Malseigne à la conciergerie, mais l'opération ne s'effectue pas sans peine car des gens

---

(1) *Précis des principaux événements. Compte-rendu des officiers suisses*, op. cit., B. M. *Registre des P. V. du C. G. C.*, 31 août 1790. A. M. *P. V. des séances du Directoire du département*, L. 73. A. D. *Rapports des commissaires du Roi*, op. cit., p. 84 et 85. Léonard, *Relation*, op. cit., p. 117.

(2) *Précis des principaux événements et compte-rendu à leurs souverains des officiers suisses*, op. cit. B. M. — *P. V. du C. G. C.*, 31 août 1790. A. M. — Bouillé : *Mémoires*, op. cit., p. 195 et sq.

du peuple, des soldats débandés, veulent tuer ce général ; il faut encadrer solidement sa voiture par des soldats du régiment du Roi et par des gardes nationaux pour pouvoir le faire sortir par la porte Sainte-Catherine et le remettre avec de Noue dans les mains de Bouillé. A ce moment, les trois régiments ont obéi ; ils sont réunis dans la prairie de Tomblaine, attendant des ordres ; tout est donc apaisé lorsque retentit, un peu après quatre heures, vers la porte Stainville, un coup de canon, suivi d'une violente fusillade. Aussitôt, les trois régiments se croient trahis ; le bruit se répand que les troupes de Bouillé massacrent dans la ville les soldats attardés ; le régiment du Roi rentre rapidement dans son quartier, Mestre de Camp, au quartier Saint-Jean, les Suisses à la Citadelle. Fort heureusement, les officiers des trois corps réussissent à maintenir la plupart des hommes enfermés dans leurs casernes ; cependant, des cavaliers de Mestre de Camp, des soldats du régiment du Roi et surtout des Suisses se débandent et courent se joindre aux insurgés engagés maintenant contre les troupes de Bouillé.

Celles-ci vont avoir devant elles des éléments fort disparates. Les portes de la ville sont gardées par des détachements du régiment du Roi et des Suisses, dont les officiers ont conservé le commandement, dans l'espérance d'empêcher un conflit irrémédiable ; à côté d'eux, se trouvent des compagnies de la garde nationale, en vertu de la réquisition, arrachée, dans la matinée même, par les soldats mutinés, à la faiblesse des corps administratifs. Ces quelques troupes, où subsiste un ordre relatif, sont noyées au milieu de la cohue de la populace, armée depuis le pillage de l'arsenal, et parmi la tourbe des soldats débandés (1). En fait, il n'y a plus dans la ville, depuis la veille, aucune force capable d'assurer même un semblant d'ordre ; les corps administratifs ne savent qu'obéir aux exigences des soldats ; ils n'ont pas l'énergie d'indiquer à la garde nationale de quel côté se trouve la légalité.

Vers trois heures et demie cependant, après le retour des députés envoyés à Frouard, l'approche de Bouillé rend quelque courage au Conseil général de la commune ; il prescrit de rassembler immédiatement les compagnies sur la Place royale ; là, on leur

(1) *Rapport des commissaires du Roi*, op. cit. B. M. — *Lettre de Duquesnoy à un ami*, datée du 1er septembre. — *Moniteur* du 6 septembre. — Léonard : *Relation*, op. cit.

donnera connaissance des conditions posées aux soldats pour leur reddition et on leur fera déposer les armes dès que les troupes fidèles entreront dans la ville. Malheureusement, l'ordre est difficile à exécuter par les compagnies qu'on a eu la faiblesse d'envoyer aux portes ; la populace et les soldats qui les entourent, menacent de faire feu sur elles si elles abandonnent leurs emplacements. Léonard, dont la relation n'est pas suspecte de bienveillance pour la garde, avoue lui-même que la situation de ces compagnies était « épouvantable » (1).

Dès que le canon retentit à la porte Stainville, la municipalité comprend toute la gravité de la faute qu'elle a commise : non seulement, sa pusillanimité n'a réussi qu'à donner une apparence légale à l'insurrection, mais encore elle expose la garde nationale aux premiers coups de l'armée de Bouillé. Cette fois, elle donne l'ordre formel de faire rentrer chez eux tous les gardes nationaux sans exception. L'ordre est immédiatement transmis aux compagnies de la Place royale, mais il est déjà difficilement exécuté. Les gardes qui veulent obéir et regagner leur domiciles sont menacés par les gens du peuple, incorporés dans leurs rangs qui les mettent en joue et les menacent de leurs baïonnettes ; des groupes sont poursuivis dans la rue des Dominicains ; Poincaré, Jobart, sont menacés et insultés. Cependant, la plupart des gardes nationaux parviennent à évacuer la Place royale et à se réfugier chez eux.

Il était encore plus délicat de faire exécuter l'ordre de retraite aux compagnies des portes ; certaines ne le reçurent pas, d'autres refusèrent de s'y conformer, parce qu'il ne leur était pas notifié par écrit, d'autres, menacées par les insurgés, ne purent y déférer de suite. Poincaré et Jobart qui essaient de parvenir jusqu'à ces compagnies sont plusieurs fois en danger sérieux ; le premier est pris par des insurgés qui le forcent à se mettre à leur tête ; il n'est délivré que par un détachement des troupes de Bouillé dont l'apparition dans la rue de la Visitation met en fuite le groupe qui l'a entouré. Cependant, il est à peu près certain que peu de temps après les premiers coups de canons, la garde de Nancy a quitté les portes qu'elle occupait et que les gar-

<hr>

(1) Registre des P. V. du C. août 1790. A. M. — Mémoire justificatif pour la garde de Nancy. Rapport des commissaires du Roi. op. cit. B. M. — Délibérations de diverses compagnies de la garde. A. M. — Léonard, Relation. Op. cit. B. M.

des réguliers sont rentrés chez eux ; cet exemple est suivi par nombre des gardes nationaux venus du dehors (1). Ainsi, aucune fraction constituée de la garde nationale de Nancy ne prend part au combat qui se livre, ni avec les insurgés, ni du côté de Bouillé. Les troupes de ce général ne rencontrent guère devant elles que des Suisses, environ 200 hommes (2), des soldats du régiment du Roi et de Mestre de Camp, en nombre vraisemblablement un peu moindre, peut-être quelques gardes nationaux de Nancy ou de la banlieue, surtout des gens du peuple, ce que Bouillé appelle « le petit peuple ». (3)

Les insurgés offrent une vigoureuse résistance ; ce sont eux qui ont engagé le combat à la porte Stainville. Là, longtemps, les efforts d'officiers énergiques, Delsort, capitaine d'une compagnie du régiment du Roi, Désilles, lieutenant de cette même compagnie, les exhortations de membres de la municipalité, de gardes nationaux de Nancy, avaient réussi à empêcher les insurgés de faire feu sur l'avant-garde de Bouillé, arrêtée à petite distance sur la route de Frouard. Bientôt, tout paraissant fini puisque les régiments ont fait leur soumission, cette avant-garde se met en mouvement pour pénétrer dans la ville ; c'est à ce moment qu'un soldat rebelle met le feu à une pièce dont la charge de mitraille fauche la tête de colonne des troupes de Bouillé ; en même temps, des soldats du régiment du Roi s'apprêtent à faire feu, quand le lieutenant Désilles se précipite devant eux, les suppliant de ne pas massacrer leurs camarades ; ses prières ne servent de rien : il tombe frappé de trois balles, et tandis qu'un garde national, Haener, le transporte dans une maison voisine, une violente fusillade éclate. (4)

(1) *Registre des P. V. du C. G. C,* 31 août 1790. A. M. — *Mémoire justificatif pour la garde de Nancy.* — *Rapport des commissaires du Roi,* op. cit. — *Délibérations de diverses compagnies de la garde.* A. M. — Léonard, *Relation,* op. cit. B. M.

(2) D'après le compte-rendu des officiers suisses, le nombre de leurs hommes ayant pris part au combat se décompose ainsi : 174, répartis, depuis le 30, entre les différentes portes, 30 hommes qui ont rejoint les premiers au moment où le régiment est revenu de la prairie de Tomblaine dans son quartier. Tous les documents sont d'accord pour reconnaître que les combattants les plus nombreux ont été les Suisses ; l'évaluation de Bouillé qui déclare dans ses mémoires que 600 hommes du régiment du Roi ont pris part à la défense de la ville est manifestement exagérée.

(3) *Lettre de Bouillé* (probablement du 29 août) citée par le *Moniteur* du 1er septembre.

(4) Voir, pour les détails sur le combat : *P. V. du C. G. C,* 31 août 1790, A. M. — *P.-V. du Directoire du département,* 27 au 31 août 1790, L. 73.

Cependant, l'avant-garde de Bouillé, revenue de sa première surprise, enlève la porte Stainville, puis suivie par une partie du gros de la colonne, parvient assez facilement à l'extrémité de la place de Grève. Quand elle veut pénétrer au contraire dans les rues des Michottes, de la Monnaie et de la Pépinière, elle est accueillie par un feu très vif qui part des fenêtres des maisons et des soupiraux des caves; par le palais du Gouvernement, puis par la Carrière, on arrive pourtant Place royale, et dès lors, le Conseil général de la commune et le Directoire du département, réunis à l'Hôtel de ville, se trouvent dégagés ; leur situation n'avait pas été sans danger au début de l'action. Dès que les compagnies de la garde nationale de Nancy avaient eu évacué la Place royale, les insurgés avaient tiré sur les fenêtres de la salle des séances, et avaient voulu en forcer l'entrée; leur tentative avait échoué devant l'attitude énergique du capitaine Charlot, de la garde nationale, qui avait conservé à l'Hôtel de ville un petit détachement de sa compagnie; dix hommes de la garde nationale de Metz, venus demander des logements pour leur troupe, au moment où tout paraissait rentrer dans l'ordre, avaient contribué également à la défense des corps administratifs (1).

L'arrivée des troupes de Bouillé sur la Place royale n'assurait pas leur victoire; les Suisses, les plus acharnés des combattants, tenaient encore dans le quartier Notre-Dame et un de leurs groupes, posté dans la rue du Haut-Bourgeois, se fusillait avec l'arrière-garde de Bouillé, établie sur la place de Grève; il occupait ainsi une position extrêmement dangereuse, puisque si le gros du régiment, maintenu par ses officiers au quartier de la Citadelle, venait le rejoindre, les troupes assaillantes se trouveraient prises complètement à revers. Or ces troupes n'étaient nullement maîtresses du quartier compris entre la rue Saint-Dizier, la place de Grève et les portes Saint-Nicolas et Stanislas; deux escadrons de hussards, imprudemment lancés, dans la rue Saint-Dizier, avaient été très éprouvés, et bien qu'attaqués par une colonne,

(1) — *Précis des principaux événements.. Compte rendu à leurs souverains.. Mémoire pour la garde nationale de Nancy.., op. cit.* B. M. — *Compte rendu à leurs souverains par les officiers du régiment de Castella-Suisse.* B. M. — *Bouillé, Mémoires, p. 195 et sq.* — *Récit des principaux faits arrivés à Nancy le 31 août 1790 et auxquels la garde nationale de Metz a eu part.* B. M. — En outre, nous renvoyons pour le récit détaillé de ce combat, aux ouvrages déjà cités de Léonard et de Maue.

(1) *Délibération de la compagnie Charlot, 27 septembre 1790.* B. M.

envoyée dès le début de l'action par l'extérieur de la ville, vers la porte Stanislas, les insurgés, embusqués dans les maisons et dans les caves, opposaient une résistance meurtrière; la garde nationale de Metz, engagée de ce côté, et secondant bravement les troupes de ligne, subissait des pertes cruelles. Peu à peu cependant, on réussissait à progresser vers l'Université et la place du Marché; la fusillade se ralentissait; à sept heures et demie, elle s'éteignait tout à fait. Déjà, avant cette heure, le régiment du Roi avait fait sa soumission à Bouillé, accouru au quartier Sainte-Catherine; à huit heures, il sortait de la ville et se dirigeait sur Verdun; un peu plus tard, le gros des bataillons suisses quittait le quartier de la Citadelle et, prenant la route d'Essey, se dirigeait sur Sarrelouis; Mestre de Camp ne partait que le lendemain pour Toul. Les troupes victorieuses assuraient l'ordre en multipliant les patrouilles qui fouillaient les maisons d'où les insurgés avaient tiré; elles recueillaient les prisonniers (1), ramassaient les morts et les blessés. Leurs pertes étaient élevées : on peut les estimer à 229 hommes tués ou blessés, dont 10 officiers tués, 27 blessés, 55 soldats tués, 137 blessés (2); dans ce total, les gardes nationales de Metz et de Toul figuraient pour 4 officiers tués, 3 officiers blessés, 27 gardes tués ou blessés; parmi les officiers des gardes nationales tués, se trouvaient M. de Vigneulle, commandant la garde de Metz, et M. de Gouvion, commandant la garde nationale de Toul; les pertes des émeutiers ne nous sont pas connues.

L'action, énergiquement menée par Bouillé contre les insurgés de Nancy, allait soulever non seulement dans la région lorraine, mais encore dans toute la France, une émotion profonde. Dans cette journée du 31 août, les royalistes virent l'aube d'une ère où l'autorité royale, appuyée sur des troupes fidèles, commencerait à se rétablir. Les constitutionnels estimèrent que cet acte énergique pouvait terrasser pour longtemps l'anarchie dans un moment où naissait l'ordre nouveau; par contre, le parti avancé proclama qu'on avait fait simplement « une Saint-Barthélemy de patriotes ». Il considéra comme un crime que des gardes nationales eussent été employées contre des soldats et armées les unes

(1) « Environ 500 prisonniers de la garnison ou du peuple », d'après les *Mémoires* de Bouillé, se décomposant en 180 soldats du régiment du Roi, 300 hommes du peuple, 80 soldats suisses. Nous n'avons trouvé aucun document officiel donnant quelque indication à ce sujet.

(2) D'après les états non signés figurant au dossier Affaire de Nancy. 1² A. M.

contre les autres; il flétrit l'occasion de triomphe offerte ainsi aux ennemis de ces gardes qui avaient prédit qu'on les verrait en proie aux luttes intestines et déplora le démenti si vite infligé à l'union célébrée solennellement, deux mois auparavant, lors de la fédération (1).

Dans la région lorraine, les pertes cruelles des gardes nationales de Toul et de Metz, qui avaient combattu avec Bouillé, allaient entraîner une animosité profonde et durable contre la population de Nancy. La garde nationale de cette ville fut accusée d'avoir pris part à l'insurrection, d'avoir fait preuve de faiblesse, d'avoir manqué de courage; la garde nationale de Lunéville dut se défendre de son côté contre les accusations portées sur sa conduite, pendant les journées du 27 au 30 août. Certes, Nancy et Lunéville protestèrent, les gardes nationales expliquèrent les raisons de leur impuissance, mais il n'en resta pas moins des ferments de haine, particulièrement entre la garde de Nancy et celle de Metz (2).

En réalité, la garde nationale de Nancy était-elle en mesure de prévenir ou d'empêcher à elle seule l'émeute du 31 août ? Evidemment non; elle a donné ce qu'on pouvait attendre d'une troupe composée et commandée comme elle l'était : il est même juste de reconnaître qu'elle a rendu des services importants.

Il est fort probable qu'on lui doit l'ordre relatif qui a régné à Nancy jusqu'à la crise du 27 au 30 août, la protection des personnes et des biens. On peut se demander en effet ce que fut devenue la ville si elle avait été livrée sans défense à la merci d'une horde de soldats, excités par le vin, et mêlés à la plus basse populace. En bien des occasions, le service de la garde nationale n'a pas été sans danger; c'est la garde qui a sauvé les deux généraux de Noue et Malseigne, et il faut se souvenir qu'elle ne comptait pas plus de 2.000 hommes quand l'effectif des trois régiments révoltés dépassait 3.000.

On lui reprochera de ne pas avoir facilité, le 31 août, l'entrée dans la ville des troupes de Bouillé, mais elle était tellement

(1) Cf. Bouillé, *Mémoires*, op. cit., p. 202 et sq. Bouillé reproduit notamment les lettres qui lui furent adressées par le Roi et par Lafayette après le combat du 31 août. — *La municipalité et la garde nationale de Nancy*, op. cit. B. M. — *Discours prononcé par Robespierre le 21 juin 1791 (Discours et rapports*, op. cit. p. 75.).

(2) *Mémoire justificatif pour la garde de Nancy*, op. cit., B. M. — *La municipalité et la garde de Metz à la garde nationale de Nancy, 30 sept. 1790*, B. M. — *Adresse de la garde nationale de Lunéville*, op. cit. B. M.

mêlée à la populace et aux soldats qu'une pareille manœuvre était à peu près impossible, à peine réalisable pour une troupe solide, bien encadrée. Peut-on d'ailleurs blâmer des gardes nationaux, soldats par occasion, d'avoir déféré à l'ordre du Conseil général de la commune leur enjoignant formellement de rentrer chez eux ? Ils n'ont fait ainsi qu'obéir à la loi, comme ils l'avaient fait jusqu'à ce moment.

Car, c'est une justice à rendre à ces gardes nationaux du début de la Révolution que de reconnaître leur profond respect pour la loi; pendant tout ce mois d'août, la garde nationale de Nancy obéit, sans hésitation, à toutes les réquisitions des corps administratifs, assurant un service souvent dangereux, toujours long et fastidieux. Ce trait n'est pas moins frappant chez les gardes nationales appelées à se rendre à Nancy; l'obéissance était méritoire puisqu'on appelait à lutter contre des soldats de carrière des citoyens, sans instruction, dont beaucoup insuffisamment armés. Or, nous ne voyons pas qu'il y ait eu d'hésitation chez les gardes touchés par l'ordre ; citadins, cultivateurs, célibataires ou pères de famille s'arrachent brusquement à leurs affaires ou à leurs travaux à l'appel de la loi; c'est un signe manifeste qu'on peut attendre beaucoup du dévouement des gardes nationales à la chose publique.

Certes, l'accumulation de ces gardes à Nancy n'a fait qu'y augmenter le désordre; mais, il ne pouvait en être autrement à considérer l'incohérence des mesures qui ont présidé à leur convocation, la faiblesse et la maladresse des corps administratifs qui ont laissé pénétrer de pareilles troupes au milieu d'une population en pleine effervescence, puis n'ont point osé leur indiquer d'une main ferme la voie de la légalité. Enfin, on ne saurait oublier non plus que les gardes nationales de l'époque sont absolument impropres de par leur organisation complètement municipale à une action coordonnée dès qu'elles sont en nombre. Du moins, les détachements de Toul et de Metz avaient fait la preuve que des fractions de gardes nationales bien commandées et appuyées par des troupes régulières pouvaient rendre d'excellents services ; c'était une indication précieuse pour l'avenir.

CHAPITRE VII

La réorganisation de la garde nationale de Nancy
Répercussion de l'affaire du 31 août dans le département

I. La réaction à Nancy. — II. Réorganisation de la garde par les commissaires du Roi. Triomphe des patriotes. — III. Election de Mollevaut. Alliance de la nouvelle municipalité et de la garde. — IV. Malaise général dans le département à la fin de 1790.

La journée du 31 août est suivie à Nancy d'une répression sévère des autorités militaires contre les soldats insurgés; les habitants sont sommés de livrer les rebelles cachés chez eux, sous peine d'être eux-mêmes regardés comme complices (1). Les Suisses, pris les armes à la main, sont déférés, conformément aux règlements spéciaux à ces régiments étrangers, à un tribunal établi par les corps de même nationalité de l'armée de Bouillé; le 4 septembre, à 6 heures du matin, 20 Suisses du régiment de Châteauvieux sont pendus sur le cours Léopold, un autre est roué vif, 41 sont condamnés à 30 ans de galère, 74 remis entre les mains de leurs officiers pour subir une punition disciplinaire (2).

En même temps, commence une période de réaction violente contre les patriotes; elle est menée par le parti contre-révolutionnaire et par le parti modéré, celui-ci tout puissant aux Directoires du département et du district ainsi qu'au Conseil général de la commune et tous deux enhardis par la présence des troupes de

(1) *Registre des P. V. du C. G. C.*, 1ᵉʳ septembre 1790, A. M. — *Affiche du 2 septembre 1790. I². A. M.*
(2) *Pièce relative à l'exécution*, 3 septembre 1790. I². A. M. — *Relation du régiment suisse de Castella.* B. M.

Bouillé. Le parti patriote, accusé d'avoir pactisé avec les rebelles, est momentanément réduit à l'impuissance. Suivant l'expression du marquis de Bouillé, « Nancy était donc devenue royaliste » (1); la ville était, « dans cet état avilissant où elle eût été au moment d'une contre-révolution opérée » (2).

La coalition réactionnaire en profite pour prendre une série de mesures destinées à assurer son triomphe; le 7 septembre, les corps administratifs demandent que le bailliage de Nancy soit chargé de juger en dernier ressort et sans appel les prévenus des crimes et attentats commis le 31, que les condamnés soient exécutés sur le champ, sans attendre l'instruction du procès de leurs complices; le 3 septembre, à la demande de M. de Noue, le club des Jacobins est fermé, ses papiers saisis sous prétexte « ... qu'on attire au club... les soldats de la nouvelle garnison... » (3). On condamne à l'avance les patriotes, on les insulte; aux obsèques de Vigneulle, commandant de la garde nationale de Metz, et de Gouvion, commandant de la garde de Toul, Mollevaut, membre du Directoire du département, Contaux, son beau-frère, aide-major de la garde, tous deux patriotes notoires, sont priés de se retirer parce que les modérés considèrent leur présence comme un scandale (4).

La garde nationale, jusqu'ici l'appui le plus ferme du parti patriote, est particulièrement visée; le 1ᵉʳ septembre, le corps municipal « autorise », autorisation qui, dans les circonstances, équivaut à un ordre, les capitaines à rassembler chez eux les fusils et les munitions de leurs compagnies (5). Dès lors, la garde ne fait plus aucun service (6). Puis, le parti réactionnaire exploite habilement la situation; comme toutes les compagnies ont tenu à adresser aux corps administratifs des procès-verbaux de délibération attestant que leurs membres réguliers n'ont pris aucune part à l'affaire du 31 août dans les rangs des insurgés, il exagère la portée de ce mouvement d'opinion; appuyé par un certain nombre de compagnies à tendances modérées, il prétend que « ... le

(1) Bouillé, *Mémoires...* op. cit. p. 206.
(2) *Rapport des Comités réunis*, op. cit. p. 69. B. M
(3) *Registre des P.-V. du C. G. C.*, 2, 3 septembre 1790. A. M.
(4) *Rapport des commissaires du Roi*, op. cit... Léonard, *Relation*, p. 154, op. cit. B. M.
(5) *Réquisition du corps municipal aux capitaines de la garde*, 1ᵉʳ septembre, I. A. M.
(6) *Rapport des commissaires du Roi*, op. cit.

corps entier de la garde est souillé, flétri, déshonoré. », un capitaine demande que « ... les drapeaux soient brûlés en place publique », la garde réformée et M. de Noue prié d'en accepter le commandement... » (1) Le but de la campagne n'est d'ailleurs pas dissimulé : il s'agit d'exclure de la garde les patriotes, de la composer d'hommes sûrs, dévoués au parti modéré.

Cette période de réaction violente est de courte durée, dès le septembre, en effet, jour où arrivent à Nancy, Duveyrier et Cahier de Gerville, membres de l'Assemblée nationale, le parti patriote se sent soutenu. Les deux députés, revêtus du titre de commissaires du Roi, étaient chargés de rétablir l'ordre à Nancy. L'Assemblée les avait investis de cette mission, le 31 août, après avoir entendu les deux envoyés de la garde nationale de Nancy, André et Blaise, venus solliciter en faveur des soldats insurgés un adoucissement aux décrets du 16 août. André s'était exprimé en termes violents contre les officiers de la garnison, il avait été appuyé par Salle, député de Vézelise, à l'Assemblée, qui avait accusé la municipalité de Nancy « ... de professer les sentiments les plus contraires à l'ordre public... » et déclaré « ... les bons citoyens... peu nombreux dans cette ville... » (2) Les commissaires du Roi n'étaient donc pas sans renseignements sur l'esprit public à Nancy ; tous deux, « hommes fort honnêtes » (3) entendaient bien que le parti patriote ne supportât pas la responsabilité de l'affaire du 31 août. Aussi, dès leur arrivée, au grand scandale du plan modéré, ils s'entourent de patriotes connus. Poirson, Poincaré, Nicolas, Desbourbes, surtout ils s'inspirent des M. de Mollevaut, administrateur du département et président du club ; le 9 septembre, le club proteste « contre la saisie « arbitraire et illégale de ses archives... » (4) et il reprend ses séances dans un nouveau local de la rue Saint-Nicolas (5).

Il apparaît immédiatement aux commissaires, ainsi éclairés par les patriotes de la ville, qu'un des moyens les plus efficaces

(1) *Délibération des compagnies.* B. M. — *Pétition des compagnies au directoire du département.* L. 73. A. D. L.
(2) *Décret du 31 août envoyant deux commissaires à Nancy pour y ramener le calme.* — *Moniteur* du 1er septembre 1790. — *Journal de Paris*, septembre 1790. — *Lettres de MM. Prugnon fils et Régnier, députés de l'Assemblée nationale, 30 août, 1er septembre.* A. M.
(3) *Lettre de La Fayette à Bouillé.* Bouillé, *Mémoires*, op. cit. p. 203.
(4) *Réclamation du 9 septembre.* — Doss. de la Société des amis de la Constitution A. M. — *Journal de la Meurthe*, 30 septembre, B. M.
(5) *Avis du 11 septembre.* B. M.

de hâter la reconstitution du parti révolutionnaire est de réorganiser la garde nationale. Le lendemain de leur arrivée, ils posent la question dans leurs entrevues avec les corps administratifs et malgré l'opposition latente du Directoire du département et du Conseil général de la commune, ils obtiennent que les capitaines seront réunis le 8 septembre. Cette première réunion ne donne aucun résultat; alors que les capitaines patriotes veulent simplement reconstituer la garde telle qu'elle était avant l'affaire du 31 août, les modérés, au contraire, veulent une réorganisation complète (1); ainsi, on n'admettra que des citoyens tout à fait sûrs «... également connus pour leur attachement à la constitution, leur zèle pour le bon ordre et par une conduite digne de ces sentiments (2) »; surtout, on se débarrassera du commandant de la garde, Poincaré, du major, de Jobart, ainsi que des officiers de l'état-major qui sont de tendances nettement avancées et dont on calomnie un certain nombre, Poincaré, Jobart, Thouvenin, notamment, en les accusant d'avoir pactisé avec les émeutiers (3).

L'intervention des commissaires du Roi permet de sortir de cette situation d'une façon à la fois légale et avantageuse pour le parti patriote; le 11, dans une nouvelle réunion (4), tenue cette fois en leur présence, les commissaires font décider que conformément au décret du 12 juin, seuls, les citoyens actifs, seront admis dans la garde; on écartait ainsi des citoyens qui avaient servi jusqu'à ce moment et qui, pour la plupart, étaient des patriotes, mais c'était là, d'autre part, l'observation stricte de la loi et le parti modéré ne pouvait plus refuser d'admettre dans les compagnies des citoyens actifs; or, la majorité de ces citoyens est nettement patriote. Aussi, Léonard constate que la garde a été réorganisée «... avec beaucoup de mauvais sujets, le tout parce qu'ils étaient citoyens actifs et qu'on n'a pu, aux termes des décrets de l'Assemblée nationale, refuser leur admission dans ce corps... » (5).

(1) *P.-V. du C. G. C.*, 7 et 8 septembre. — *P.-V. de la réunion du 8 septembre.* H³ A. M. — *P.-V. du Directoire du département*, 6 septembre. L. 73. A. D.

(2) *Registre du Directoire du département*, 6 septembre. L. 73. A. D.

(3) *Protestation de Thouvenin.* — *Certificat délivré à Poincaré par le C. G. C.*, 28 septembre. L. 211. A. D. — *Observations sur un petit article*, par Jobart... op. cit. B M.

(4) *P.-V. du corps municipal*, 11 septembre 1790. A. M.

(5) Léonard, *Relation...*, op. cit. p. 175.

L'adoption, dans cette même réunion, d'une seconde mesure, également prise à l'instigation des commissaires, allait empêcher davantage encore le parti modéré d'arriver à ses fins ; on décidait, en effet, que la garde se recruterait désormais par section, deux sections de la ville formant un bataillon, et que les gardes nationaux seraient inscrits dans les compagnies d'après les numéros des maisons. Le garde comprendrait ainsi quatre bataillons de huit compagnies au lieu de deux bataillons de quatorze compagnies; l'effectif de la compagnie était ramené à 68 hommes, officiers compris. Cette réorganisation changeait peu l'effectif de la garde; il passait de 2.260 hommes dans l'ancien système à 2.240 dans le nouveau ; par contre, elle supprimait la division en compagnies modérées et compagnies patriotes ; dans toutes les compagnies, les patriotes se trouveraient désormais en majorité. Le fait fut manifeste dès les élections pour nommer les gradés et les officiers; l'état-major était réélu à peu près entièrement, les deux officiers les plus attaqués par le parti modéré, Poincaré et de Jobart, redevenaient l'un commandant en chef, l'autre commandant en second. Plus que jamais la garde était donc patriote : l'échec du parti modéré était complet.

Aussi, le Conseil général de la commune ne met aucune bonne volonté à hâter la réorganisation, malgré les sommations répétées des commissaires du Roi; au moment de quitter la ville, le 29 septembre, ceux-ci n'ont pas encore pu obtenir que le Conseil réunisse la garde en une cérémonie solennelle où ils liront les décrets rendus au sujet de l'affaire de Nancy; il leur faut menacer de rendre compte à l'Assemblée nationale de cette attitude pour que la cérémonie ait lieu effectivement le 30 septembre, veille de leur départ (1).

L'autorité militaire n'est pas mieux disposée pour la garde; et cependant, celle-ci s'attache bien à démontrer qu'elle n'a eu aucune part dans l'affaire du 31 août; elle demande à assister solennellement aux obsèques de Désilles, elle réclame pour le père de cet officier la croix de Saint-Louis (2); pourtant de Noue estime que l'ère des désordres n'est pas finie « ...vu les disposi-

---

(1) *Lettre des commissaires du Roi*, 15 et 29 septembre. — *Lettre du C. M. aux commissaires*, 29 septembre. — *P.-V. du C. M.*, 16, 23, 28 septembre. A. M. — *P. V. de la compagnie Noël*, 28 septembre. — *Rapport des commissaires*, op. cit., p. 100. B. M.

(2) *P. V. du C. M.*, 16 octobre, 5 novembre. A. M.

tions du peuple et d'une partie de la garde nationale (qui a repris
les armes étant composée à peu près de même, sans changement
jusqu'à présent et toujours un conseil d'administration mons-
trueux pour le nombre de 68) n'y ayant eu personne de jugé ni
d'exemple... » (1). Le Directoire du département lui, aussi est
d'avis que la garde nationale n'est pas suffisante à elle seule pour
assurer l'ordre à Nancy (2).

Il y a une véritable coalition du parti modéré pour jeter le discrédit sur la garde et si possible l'empêcher de fonctionner. Tous
les moyens sont bons, s'il faut en croire le *Journal de la Meurthe*, qui raconte à l'appui de cette assertion l'anecdote ci-après :
un ex-jésuite confesse une femme dont le mari est garde national
et après lui avoir « déprécié » ce corps, il ne lui promet l'absolu-
tion « que sous condition qu'elle emploiera tous ses charmes et
son crédit pour engager son époux à s'en retirer... » (3). Effectivement, la grande arme du parti modéré c'est l'abstention :
parmi les modérés qui n'ont pas encore quitté la ville, nombre de
citoyens actifs ne se font pas inscrire ou bien démissionnent ;
il est vrai que par le fait même ils perdent la qualité de citoyens
actifs et dès lors ne peuvent plus prendre part aux élections,
mais ceci leur est égal car, ici aussi, ils jouent le même jeu.

Le système leur réussit mal; le 16 novembre, Mollevaut est élu
maire par 646 voix sur 967 votants, alors que son concurrent le
plus heureux, de Lattier, n'en a que 85 : en décembre, à la suite
d'élections partielles, le Conseil général est désormais en majorité patriote (4). Le *Journal de la Meurthe* triomphe « .... M. Mollevaut, connu par ses talents et surtout par ses vertus civiques
qui lui ont valu plus d'un genre de persécutions, est élu maire :
c'est un triomphe pour le patriotisme... l'on a dit que les honnêtes gens n'avaient pas voulu prendre part à de pareilles élections
mais c'est qu'une classe s'arroge excluvivement ce titre... » (5).

Les bénéfices de cette victoire profitent aussitôt à la garde ; le
20 décembre, la nouvelle municipalité, conformément au décret
du 6 décembre de l'Assemblée nationale, décide que les citoyens

(1) *Lettre de de Noue au Ministre de la guerre*, 11 octobre. B. M.
(2) *Correspondance du Directoire du département*, 13 décembre 1790.
L. 125. A. D.
(3) *Journal de la Meurthe*, 4 novembre 1790. B. M.
(4) *P.-V. du C. M.*, 16 novembre 1790; du C. G. C., 30 novembre 1790.
A. M.
(5) *Journal de la Meurthe*, 18 novembre, 2 décembre 1790. B. M.

non actifs ayant déjà servi dans la garde y pourront rentrer sous réserve de l'acceptation de la majorité de leur compagnie et du commandant; c'est tout un élément patriote qui renforce les rangs (1). D'autre part, elle frappe les modérés qui refusent le service; depuis longtemps, les patriotes réclamaient qu'on obligeât les citoyens actifs, inscrits ou non inscrits, à servir effectivement ou du moins à payer une taxe chaque fois qu'ils refuseraient de marcher à leur tour. L'ancienne municipalité avait refusé d'édicter cette peine (2) d'ailleurs illégale, puisque le décret du 12 juin ne punissait le défaut d'inscription sur les registres de la garde que par la perte de la qualité de citoyen actif. Le 11 janvier, prenant prétexte du service très chargé qui incombe à la garde, la mesure est prise par la municipalité Mollevaut, de concert avec Poincaré : la taxe est fixée à 20 sous (3). Aussitôt les modérés réclament près du Directoire du département où ils ont toujours la majorité; le 17 janvier, ce corps décide que si le service de la garde est trop lourd on peut d'abord supprimer les postes d'honneur « ... pour lesquels des citoyens libres ne devraient pas se morfondre devant la porte des citoyens leurs frères... » et après cette attaque contre Mollevaut pour la sentinelle que la garde placé devant sa porte, le Directoire se déclare décidé à lever toutes les taxes que prononcera la muncipalité (4). Seulement il est suspect : par décret du 7 décembre, l'Assemblée nationale a révoqué « l'approbation » précédemment donnée à la conduite de ce corps pendant l'affaire de Nancy (5). La municipalité ne s'effraie donc nullement de voir le Directoire du département écrire à l'Assemblée et elle maintient son arrêté, chaudement félicitée de son attitude par les sections. C'est pour la garde de Nancy le début d'une période nouvelle; désormais, elle est tout entière patriote, révolutionnaire, complètement dévouée à la municipalité qui représente ses opinions et ses tendances; en janvier 1791, elle est sortie de la phase de désorganisation qui a été la conséquence des événements du mois d'août.

(1) P.-V. du C. M., 20 décembre 1790. A. M.

(2) P. V. du C. M., 11 novembre 1790. A. M.

(3) P. V. du C. M., 11 janvier 1791. — *Proclamation du C. M. sur le service de la garde nationale,* 13 janvier 1791. B. M.

(4) P.-V. du Directoire du département, 17 janvier 1791. L. 74. A. D. *Extrait du registre de la garde nationale de Nancy,* 17 décembre 1790. H³. A. M.

(5) Décret du 7 septembre 1790.

Ils n'avaient pas eu leur contre-coup qu'à Nancy; leurs effets persistaient aussi dans tout le département jusqu'au commencement de l'année 1791. Les populations, surtout les populations rurales, sont inquiètes; les patriotes craignent la contre-révolution, une répression sanglante comme celle de Nancy opérée par les troupes autrichiennes et par celles que réunit le marquis de Bouillé. Dans les campagnes, les paysans terrorisés enfouissent leurs objets précieux ; à la fin de septembre et au commencement d'octobre, ils arrachent les pommes de terre et le maïs avant maturité pour soustraire ces denrées aux ennemis qu'ils redoutent. Des bandes de malfaiteurs parcourent le département; elles pillent les églises de Varangéville, Rosières, Tonnoy; l'émigration commence à dépeupler les villes (1). Les gardes nationales partagent l'énervement général; elles gardent soigneusement les portes de leurs villes, surveillent avec méfiance les étrangers et les voyageurs toujours plus nombreux en route pour la frontière. Le bruit court à Nancy qu'on enrôle des citoyens pour la contre-révolution, que ces volontaires ont un uniforme vert et rouge; Poincaré demande qu'on arrête les individus qu'on trouvera ainsi vêtus.

Le 11 novembre, le *Journal de la Meurthe* s'écrie : « ... Gardes nationales, veillez plus que jamais... défiez-vous de tous les complots dont la mine n'est ni en Allemagne, ni en Savoie... mais en France, dans votre sein, mais au milieu de vos foyers. Ce n'est point des puissances étrangères que vous devez craindre... » (2).

(1) *P. V. du Directoire du département*, 21, 28 septembre. L. 73. A. D. — *Journal de la Meurthe*, 30 septembre. B. M.

(2) *Registre des P. V. du C. M.*, 30 octobre 1790. — *Lettre de la Société des amis de la constitution au C. M.*, 18 novembre 1790. Doss. amis de la constitution. A. M. — *Journal de la Meurthe*, 11 novembre 1790. B. M.

CHAPITRE VIII

Les gardes nationales de la Meurthe et la levée des volontaires de 1791

I. Évolution des idées sur le rôle de la garde nationale. — Fuite du Roi. — III. Décret du 21 juin. L'organisation des gardes nationales en 1791 se prête mal à la levée des volontaires. Première levée dans le département sous l'empire de l'émotion causée par la fuite du Roi. — IV. La levée de 1791 s'est faite uniquement parmi les gardes nationales. — V. L'armement. — VI. Conclusion.

Avec l'année 1791, la garde nationale entre dans une époque de transformation profonde. Sans doute, en 1790, elle est devenue foncièrement patriote, elle a fraternisé avec les gardes voisines : elle n'en est pas moins restée, pour les contemporains, uniquement destinée au maintien de l'ordre intérieur ; elle conserve son caractère municipal. Dès le début de 1791, au contraire, l'Assemblée nationale commence la discussion de la loi qui a précisément pour but d'ôter à la garde nationale ce caractère de force locale ; au mois de juin, devant l'imminence du péril extérieur, elle fait appel à la garde nationale pour fournir les bataillons de volontaires. La levée des volontaires, l'organisation réalisée par la loi du 29 septembre, sont ainsi les deux grands faits de l'histoire de la garde nationale en 1791.

Depuis la fin de l'année 1790, l'Assemblée nationale a dû reconnaître que le péril extérieur devient chaque jour plus grand : en même temps, l'émigration des officiers, la désertion, la fonte des effectifs dans des régiments qu'un recrutement régulier ne vient plus alimenter, l'indiscipline dans tous les corps de troupe, affaiblissent l'armée. A cette désorganisation, toujours croissante, l'Assemblée essaie de remédier, au début de 1791, en votant la levée de 100.000 « auxiliaires » ; on désignait sous ce nom des hommes qui signaient un engagement de trois ans, moyennant une solde de trois sous par jour, mais qui restaient librement dans leurs foyers, à condition de rejoindre à la première réquisition les corps qui leur seraient désignés. Les départements étaient diversement imposés ; on demandait à la Meurthe, comme à d'autres départements de l'est, où l'on comptait sur l'esprit guerrier des populations, de fournir 3.600 auxiliaires. Toutefois, les différentes mesures, nécessitées par la levée, furent arrêtées si lentement par l'Assemblée et par le Ministre de la guerre, que les opérations ne purent commencer effectivemnt dans les départements avant le mois de juin 1791 ; c'était précisément le moment où s'opérait la première levée des volontaires qui devait ainsi forcément ralentir et même arrêter celle des auxiliaires. Celle-ci se poursuivit cependant dans la Meurthe jusqu'au mois de janvier 1792, mais elle ne donna que des résultats tout à fait insignifiants (1).

A cette même époque, janvier 1791, où l'Assemblée cherchait à pallier au moyen des « auxiliaires » à l'insuffisance de l'armée, on commençait à entrevoir un second expédient. Les idées avaient, dès lors, assez évolué pour qu'il parût naturel de demander aux gardes nationales leur concours pour combattre à côté de l'armée régulière, et le Comité militaire de l'Assemblée s'exprimait en ces termes dans l'*Instruction pour les gardes nationales* : « Le Comité militaire a dû considérer les gardes nationales dans leur état habituel qui a pour but la police intérieure du royaume et dans leur situation accidentelle qui a pour intérêt la défense de l'Empire. Le service des gardes nationales deviendra moins pénible dès que le nombre des ennemis de la liberté et de la constitution diminuera, et leur assistance à la guerre ne sera point réclamée, quand la France aura repris en Europe l'ascendant que doivent lui donner, dans l'étendue de son territoire, la richesse de son sol et les principes d'égalité et de liberté qui sont la base de la constitution... » (2). Le 28 janvier 1791, Alexandre de Lameth, au nom du Comité militaire, du Comité des recherches et du Comité diplomatique, proposait à l'Assemblée d'utiliser

(1) *Lettre du Procureur général syndic aux Directoires de district*, 9 juillet 1791, L. 1488 IX D. — Cf. Poulet, *Les volontaires*, op. cit., p. 39 et sq.

(2) *Instruction pour les gardes nationales*, du... janvier 1791...

pour renforcer l'armée « ... les gardes nationales, parmi lesquel-les la volonté libre et dans le cas de concours, le choix des cama-rades doivent désigner un nombre d'hommes toujours prêts à prendre les armes pour la défense de la patrie... » (1) et l'orateur proposait déjà des mesures qu'édictera, cinq mois plus tard, le décret du 21 juin.

C'était là des propositions profondément nouvelles puisqu'on envisageait officiellement l'utilisation d'un nombre considéra-ble (2) de gardes nationales : on était loin, par la force même des choses, des théories exprimées par l'Assemblée alors que dans son décret du 6 décembre 1790, elle distinguait la garde natio-nale « ... essentiellement destinée à agir contre les perturbateurs de l'ordre et de la paix... » de l'armée « ... destinée essentielle-ment à agir contre les ennemis du dehors... »

A mesure que l'inquiétude du péril extérieur s'accroît, que les patriotes exagèrent peut-être leurs alarmes, l'idée d'employer les gardes nationales à un service actif se précise. Il paraît même aux députés qui siègent à l'extrême gauche de l'Assemblée qu'on pro-gresse trop vite dans cette voie : pour eux, l'emploi de la garde nationale aux armées est une faute : c'est donner au pouvoir exécutif un instrument qu'il est dangereux de placer dans ses mains. Le 28 avril, comme on discute le projet du Comité de constitution sur l'organisation des gardes nationales, Robespierre déclare... « Avant tout, il faut rechercher le véritable objet de l'organisation de la garde nationale. Est-elle établie pour repous-ser les ennemis du dehors ? Non. Vous avez pour cela une armée formidable... » puis il continue « ... on dirait que les gardes nationales ne doivent être employées que pour faire la guerre aux ennemis du dehors, tandis que les principes veulent qu'elles ne soient employées que dans les cas extrêmes... » (3).

En même temps, dans les milieux militaires, on se demandait avec un certain scepticisme quels services il serait possible de demander aux gardes nationales invitées à marcher : le 27 mai, le Ministre de la guerre, Duportail, écrivait au commandant de la 5ᵉ division (Haut-Rhin et Bas-Rhin) « ... nos départements frontières pourront facilement fournir 3o.ooo à 4o.ooo gardes nationaux, qui répandus dans nos places, y seront toujours d'un

(1) *Moniteur*, 3o janvier 1791.
(2) Lameth envisageait la levée de 3oo.ooo gardes nationaux.
(3) *Moniteur*, 28 et 29 avril 1791.

service utile et donnerait la facilité de n'y laisser que très peu de troupes de ligne... » (1).

« Le ... jour, l'Assemblée nationale délibérait sur les mesures à proposer contre le prince de Condé dont les agissements à proximité de la frontière inquiétaient et irritaient les patriotes, lorsqu'un député, Fréteau, au nom des Comités militaires, de constitution et diplomatique, présenta un projet de décret relatif à une levée de volontaires, en fait, il s'agissait surtout d'une mesure préparatoire à la levée... il sera fait nécessairement dans chaque département, une conscription libre de gardes nationales de bonne volonté, dans la proportion de... à l'effet de quoi les Directoires de chaque district inscriront tous ceux qui se présenteront... les Directoires du département... en cas de concurrence, feront un choix parmi ceux qui se seront fait inscrire... » Le décret proposé par Fréteau fut immédiatement voté, et les journaux de l'époque ne mentionnent pas qu'il ait fait l'objet d'aucune discussion, au milieu de la vive émotion provoquée par le débat à propos du prince de Condé il fut simplement joint incorporé au décret du 18 juin relatif « au serment à prêter par les officiers de tous grades et soldats des troupes françaises et contenant en outre des dispositions particulières... devant prince de Condé » (2). La mesure qui venait d'être prise était cependant de première importance, puisqu'elle comportait l'appel à la garde nationale, en pleine paix, pour renforcer l'armée régulière, en cas d'un péril éventuel... » (...).

On peut se demander si la conscription libre, édictée en termes vagues, par le décret du 13 juin, aurait eu un résultat sans l'émotion violente, provoquée dans toute la France par la fuite du Roi, avant cet événement, en effet, si l'Assemblée n'ignore pas le danger extérieur et la faiblesse des moyens dont elle dispose pour lui faire face (3), la masse de la nation perçoit beaucoup moins distinctement la gravité de la situation, la fuite du Roi allait précipiter singulièrement la levée des volontaires.

« le bruit... répandu à Nancy que le roi... suivant l'expression employée par l'Assemblée nationale...

(1) Rouget, *Les Volontaires*, op. cit., p. 6...

(2) *Moniteur*, 21 et 22 juin. — *Procès-verbal de l'Assemblée nationale*, 21 juin 1791. Décret du 13 au 18 juin 1791. — Poullet, *Les Volontaires*, op. cit., p. 6 et...

(3) Cf. *Moniteur*, 15 et 16 mars, ... le Mémoire du Ministre de la guerre que le *Moniteur* reproduit in extenso dans son n°... du 1er avril...

ville. Presque au même instant, la nouvelle est connue dans tout le département où elle soulève une véritable panique : dans l'esprit des populations, la fuite du Roi doit coïncider avec l'invasion étrangère, l'arrivée des troupes de Condé, une nouvelle tentative de contre-révolution, analogue à celle du mois d'août 1790 ; dans les villages, on sonne le tocsin ; les gardes nationaux s'assemblent, on envoie aux renseignements dans les communes voisines. L'émotion n'est pas moindre dans les villes ; à Nancy, le Corps municipal fait renforcer les postes, surveiller par des gardes nationaux ceux qu'occupent les troupes de ligne ; il défend de sortir de la ville ; à l'Hôtel de ville, on maintient en permanence un piquet de 100 gardes nationaux et l'on requiert Painat (1), commandant militaire dans le département, de faire remettre 40.000 cartouches pour la garde nationale. Dans toutes les villes, on prend des mesures analogues et des gardes nationaux vont de village en village prescrire l'exécution du décret de l'Assemblée qui ordonne d'arrêter toute personne voulant sortir du royaume (2).

L'émotion devait être d'assez courte durée ; à 8 h. ½ du soir, en effet, le 22, c'est-à-dire le jour même où la nouvelle de la fuite était parvenue à Nancy, le Corps municipal apprenait par la municipalité de Metz que le Roi, arrêté à Varennes, était en route sous bonne escorte, pour Paris. L'effervescence causée par le bruit de l'entrée en France des troupes étrangères et contre-révolutionnaires ne pouvait s'éteindre aussi vite. Le 23 juin, à 10 heures du soir, Thouvenin, capitaine de la garde nationale, envoyé aux renseignements dans la région de Bar-le-Duc, prévenait « que dans ce pays chacun se tenait sur ses gardes et qu'on l'avait chargé de prévenir le département de ne pas omettre les mêmes précautions ». Le 24 juin, dans la soirée, le Directoire du département et le Directoire du district de Nancy recevaient encore des lettres alarmantes du Directoire du district de Commercy...

(1) Le commandement de la 4e division militaire, formée par les départements de la Meurthe et des Vosges, est exercé depuis le 18 mai 1791, par le lieutenant général baron de Wittinghof, qui réside à Nancy. Cet officier général a comme subordonnés, dans le département de la Meurthe, deux maréchaux de camp, de Franc et Paignat, entre lesquels sont répartis les districts (G. Poulet, *Les Volontaires*, op. cit. p. 23 et 24).

(2) *P.-V. du Directoire du département*, 22 juin 1791, A. M. — *P.-V. du Directoire du district de Nancy*, même date. — Lettre de l'administration du district de Lunéville à la municipalité de cette ville, — Archives de Lunéville, Directoire de district L. 1339, A. D. — *P.-V. du C. G.*, 22 juin 1791, A. M. — Poulet, *Les Volontaires*, op. cit. p. 25.

mercy et de celui de Clermont, annonçant tous deux que l'ennemi avait pénétré en France et qu'ils tenaient leurs gardes nationales prêtes à marcher. Les Corps administratifs de la Meurthe n'ajoutaient que peu de foi à ces nouvelles, mais elles n'en contribuaient pas moins à maintenir l'agitation; en tous cas, elles attiraient l'attention de tous les citoyens sur le péril d'une intervention extérieure (1).

Il est certain que la crainte de l'invasion a été plus vive dans les départements de l'est que partout ailleurs; elle s'était cependant fait sentir dans toute la France et l'Assemblée nationale elle-même avait été profondément émue devant l'imminence du danger brusquement apparu. Aussi, le 21 juin, dans la séance même où est officiellement annoncée la fuite du Roi (2), elle s'empresse de voter un décret, prescrivant de procéder immédiatement à la levée des gardes nationaux, prévue par le décret du 13 juin. La garde nationale était mise « en activité »; un certain nombre de départements - frontières, dont la Meurthe, devaient fournir « ... le nombre de gardes nationales que leur situation exige et que leur population pourra leur permettre... »; les autres départements de l'intérieur lèveraient 2 à 3.000 hommes. L'article 4 portait « ... en conséquence, tout citoyen ou fils de citoyen, en état de porter les armes, et qui voudra les prendre pour la défense de l'Etat et le maintien de la constitution se fera inscrire immédiatement... » Les gardes nationaux seraient répartis en bataillons qui éliraient eux-mêmes leurs cadres (3). Une série de décrets fixa ultérieurement à 101.000 le nombre des volontaires à lever; la Meurthe devait fournir 4 bataillons à 574 hommes (4).

Ainsi, on était conduit peu à peu à abandonner l'idée que la garde nationale n'était qu'une troupe destinée à maintenir l'ordre intérieur : on lui demandait de constituer volontairement une armée distincte, il est vrai, de l'armée régulière, mais appelée, comme celle-ci, à combattre en première ligne sous les ordres des généraux. Les circonstances paraissaient même si impérieuses à l'Assemblée qu'elle n'hésitait pas à prévoir le cas où il fau-

(1) P.-V. du Directoire du département, L. 74 ; du Directoire du district de Nancy, 23 et 24 juin. L. 1468. — Lettre du Directoire du district de Commercy, 24 juin. L. 1679. A. D. — P.-V. du C. G. C., 23 juin 1791. A. M. — Cf. Poulet, Les Volontaires, op. cit. p. 76 et sq.

(2) Le Roi a quitté Paris dans la nuit du lundi 20 au mardi 21 juin; il a été arrêté à Varennes, le 21 juin, au soir.

(3) Décret du 21-22 juin 1791.

(4) Décrets du 3-9 juillet, du 22-29 juillet, du 17-28 août, du 4-12 août

drait imposer aux gardes nationales l'obligation de marcher : le 24 juin, elle décidait que les gardes nationaux pourraient être requis « ...pour concourir à un service militaire. Les gardes nationales, désignées à cet effet par les Corps administratifs et municipaux, passeront sous les ordres des généraux et ils serviront de la même manière que les troupes de ligne... » (1).

Certes, le mode le plus pratique de parer à l'insuffisance de nos forces militaires eût été de compléter les unités de l'armée régulière en y incorporant les gardes nationaux volontaires; il n'y fallait pas songer. Un tel système était en contradiction absolue avec les idées de la majorité de l'Assemblée, qui considérait toujours l'armée régulière comme l'armée du Roi et ne tenait nullement à l'augmenter; le 27 avril, la proposition ayant été faite à l'Assemblée de renforcer l'armée par l'incorporation directe dans les rangs d'un certain nombre de gardes nationaux, un député, Desmeusniers, au nom du Comité militaire, s'était élevé violemment contre cette proposition « ... qui les rendrait ennemis nés de leur pays... » (2). Puis, la levée n'aurait eu certainement aucun succès; il eût paru que c'était un retour déguisé à cette milice si redoutée des paysans auxquels l'Assemblée venait de donner satisfaction en faisant disparaître, par décret du 4 mai, les 80 bataillons, les 14 régiments provinciaux et les 13 régiments de grenadiers royaux, formés de miliciens. Au contraire, l'incorporation dans des bataillons où ils restaient gardes nationaux, groupés par districts, et le plus souvent par villes ou par villages, où ils échappaient à la promiscuité avec la classe peu considérée des soldats, était séduisante pour des patriotes; la perspective d'être élu à un grade souriait aux ambitieux, celle d'une discipline moins rude que dans l'armée régulière n'était faite pour déplaire à personne. La formation en corps autonomes des gardes nationaux volontaires était donc seule réalisable : toutefois, l'organisation de la garde nationale se prêtait mal à l'effort qui lui était demandé par le décret du 21 juin.

A la fin du xviii° siècle, il est de règle déjà que tout corps de troupe soit organisé en temps de paix pour se prêter facilement et rapidement au passage sur le pied de guerre par simple accroissement de l'effectif de chacune de ses unités. Rien n'est plus éloigné de cette conception que l'organisation de la garde

(1) Décret du 24 juin.
(2) Moniteur, 28 août 1791.

nationale en 1791. Formée par commune, avec des hommes de
tous âges, célibataires ou mariés, répartis dans toutes les unités,
elle est dans l'impossibilité de faire partir pour l'armée une fraction constituée, si minime soit-elle. Tout ce qu'on peut demander à la garde nationale en 1791, ce sont des hommes animés
d'un esprit militaire meilleur, plus exercés, plus instruits que les
citoyens non incorporés; on pourrait comparer son utilité, au
point de vue de la levée des volontaires, la question d'âge étant
mise à part, à celle qu'auraient aujourd'hui, dans des circonstances analogues, nos sociétés de préparation militaire; en un mot
les gardes nationales allaient fournir des hommes, les uns exercés, ceux des villes, les autres, ceux des campagnes, à peu près
sans instruction. L'Assemblée nationale comprenait d'ailleurs
fort bien la nature de l'effort que pouvait fournir la garde nationale; le 28 janvier 1791, Alexandre de Lameth, dans le discours
où il prévoyait les mesures à prendre pour le cas où il faudrait
faire appel à la garde nationale, disait : « ... il n'est pas possible que des corps entiers puissent servir et sortir de leurs foyers;
ils ne peuvent, si je puis m'exprimer ainsi, marcher que par
extrait... » (1) Effectivement, l'Assemblée nationale, par le décret
du 21 juin, se contentait de demander à la garde nationale des
hommes qui formeraient des unités entièrement nouvelles;
encore fallait-il que la garde nationale fît preuve de patriotisme
et pour fournir les hommes, qui tous devaient être de bonne
volonté, et pour les fournir rapidement, alors que le péril extérieur paraissait imminent.

Dans le département de la Meurthe, la garde nationale répon-
dit pleinement à l'attente de l'Assemblée nationale; on lui avait
demandé quatre bataillons, elle en donna cinq; 4.000 gardes s'é-
taient fait inscrire, 3.870 partirent pour la frontière (2). A la fin
d'août, les quatre premiers bataillons du département étaient formés (3).

L'activité déployée par les autorités administratives, influa
très heureusement sur la rapidité avec laquelle s'exécuta la levée
dès le 23 juin, en présence des bruits de danger extérieur, de

(1) Moniteur, 30 janvier 1791.
(2) Cf. Poulet, Les Volontaires, op. cit. p. 100 et sq.
(3) La différence entre le nombre des inscrits et celui des partants provient
de l'élimination qu'il fallut faire au moment de la formation des bataillons.
Beaucoup de citoyens trop âgés ou trop jeunes, ou physiquement inaptes
s'étaient fait inscrire; on les élimina.

motion populaire et bien qu'il eût la nouvelle de l'arrestation
du Roi, le Directoire du département poursuivait l'exécution
immédiate des mesures prévues par le décret du 2 juin de l'Assemblée. » ... En vue de prévenir tous les dangers possibles, ...
les Directoires de districts étaient invités ... à procéder sans délai
à l'inscription libre des gardes nationaux de bonne volonté
dans la proportion de un vingtième ... » ... En même temps,
pour ne pas augmenter les craintes déjà vives des populations, le
procureur général syndic Leborgne écrivait aux Directoires de
district que l'arrêté du 23 n'était nullement motivé par des bruits
d'invasion du territoire français, mais uniquement par le désir
d'être prêt à toutes éventualités (2). De leur côté, les administrations de district et les municipalités firent preuve du plus grand
... À Nancy, dès le 24, la garde nationale fournissait des citoyens qui se déclarèrent prêts à partir (3) ; dans beaucoup de
communes du département, un grand nombre de gardes nationaux, convoqués par les maires pour le dimanche 26 juin, se
firent également inscrire sur les registres. Seulement, comme le
décret du 2 juin ne précisait ni la durée, ni la nature du service
qu'il demandait, bien des gardes nationaux s'engagèrent sans
apprécier exactement l'étendue des obligations qu'ils contrac-
taient ; dans certaines communes, la garde nationale tout entière
se déclara prête à partir, croyant qu'il s'agissait simplement d'un
service de quelques jours (4).

Aussi, était-il prématuré de rendre compte à l'Assemblée nationale, comme le fit le Directoire du département en recevant le
décret du 2 juin ... que les mesures étaient déjà prises et que
... cette opération ... s'était faite pour le district de
... (5). En réalité, la levée des gardes nationaux dans le
département ne devait prendre un cours régulier et donner des
résultats qu'à partir de la mise en exécution du décret du 2 juin.
Dès lors, les gardes nationaux ne pouvaient plus douter qu'il
s'agissait d'un service à longue échéance ; malgré que la durée de
l'engagement ne fût toujours point spécifiée, ceux déjà inscrits

(1) ... du Directoire du département, 23 juin 1791. L. ... A. D.
(2) Lettre du Procureur général syndic, 2? juin. L. 1230. A. D.
(3) P.-V. du C. M., 25 juin. — P.-V. de la compagnie Noël, 24 juin. A. M.
(4) Le fait se reproduit particulièrement dans le district de Pont-à-Mousson ;
on relève également des exemples dans le district de Lunéville et dans
environs de Baccarat. (Registre de la garde nationale. A. M. de Baccarat.)
(5) P.-V. du Directoire du département, 25 juin. L. 97. A. D.

purent ainsi maintenir leur inscription et d'autres, encore non inscrits, se présenter à l'enrôlement. Mais surtout, la désignation par le Directoire du département, dans sa séance du 27 juin, des Commissaires à la levée, allait donner aux opérations une impulsion tout à fait énergique (1). Les Commissaires furent au nombre de dix, soit un pour chaque district, deux pour celui de Nancy; neuf étaient d'anciens officiers, cinq nous sont connus comme officiers de la garde nationale ; parmi ceux-ci figure Poincaré, commandant de la garde nationale de Nancy.

Les opérations des Commissaires commencent dans les premiers jours de juillet et se poursuivent dès lors avec activité : ils centralisent les inscriptions reçues par les municipalités, eux-mêmes réunissent parfois les gardes nationales au chef-lieu du canton pour faire appel à leur patriotisme : enfin, ils passent en revue les volontaires. Ceux-ci sont alors dirigés sur Nancy où ils sont casernés au quartier Sainte-Catherine : c'est là qu'eut lieu la formation des bataillons, la répartition par compagnies, puis l'élection des cadres (2). Le premier bataillon officiellement prêt, le 2e bataillon de la Meurthe, formé par les gardes nationaux du district de Nancy, entra en solde le 17 août; le 19 août, le 1er bataillon de la Meurthe, formé par le district de Pont-à-Mousson, entrait en solde à son tour (3); en réalité, la levée des gardes nationaux volontaires avait été si facile et si rapide dans les districts de Nancy et de Pont-à-Mousson que les 1er et 2e bataillons de la Meurthe étaient déjà formés à la fin de juillet et s'exerçaient depuis ce moment (4). Dès le 31 juillet, les volontaires du district de Nancy avaient adressé à l'Assemblée nationale la lettre connue où se manifestait en termes émouvants leur zèle patriotique « ... Nous vous assurons, augustes représentants, que pour répondre à notre amour pour la patrie, à notre courage et au serment que nous avons fait de vivre libres ou de mourir, l'on ne pourra trop tôt nous employer et que le poste qui nous convient le mieux est là où le péril est ou sera le plus imminent; et nous le demandons.

Quels que soient les ressources et l'espoir de nos ennemis, il nous importe seulement d'être en situation de les atteindre, de

---

(1) P.-V. du Directoire du département, 27 juin. L. 74. A. D.
(2) Poulet, Les Volontaires, op. cit. p. 100 et sq.
(3) Sandt, Les Volontaires, Mss. passim.
(4) P.-V. du Directoire du département, 26 juillet. L. 75. A. D.

les attaquer même s'il le faut et vaincre ou mourir est notre partage... » (1).

Les deux autres bataillons de la Meurthe, le 4ᵐᵉ, formé par les districts de Toul et de Vézelise, le 3ᵐᵉ, formé par les districts de Lunéville, Château-Salins, Blamont, Dieuze, Sarrebourg, entrèrent respectivement en solde les 18 et 28 août ; le 5ᵐᵉ bataillon, formé avec l'excédent des districts dont les volontaires figuraient dans le 3ᵐᵉ bataillon, ne fut constitué que le 1ᵉʳ octobre (2).

Ces résultats sont d'autant plus remarquables que les circonstances étaient peu propices en ce mois de juillet pour la levée de volontaires. L'émotion causée par la fuite du roi a cessé; l'invasion étrangère ne s'est pas produite; le péril paraît écarté; la population est redevenue calme; elle n'a même pas paru s'émouvoir de la lettre menaçante adressée, le 26 juin, de Luxembourg par le marquis de Bouillé aux maires et procureurs syndics de Metz, Nancy, Toul, etc... Par ailleurs, il n'y a pas non plus dans le département un enthousiasme comparable à celui qui se produira en 1792; on se préoccupe de la question religieuse, dissolution des congrégations, établissement du nouveau clergé, antagonisme entre prêtres réfractaires et curés constitutionnels; on s'intéresse à la vente des biens nationaux. Dans les campagnes, on est en pleine période de travaux agricoles et l'on a besoin de tous les bras; la solde de 15 sous par jour n'est pas en cette saison un appât suffisant pour attirer les gardes nationaux ruraux; d'ailleurs, le souvenir de la milice n'a pas disparu et ne contribue pas à pousser les paysans à s'enrôler; enfin, depuis le mois de janvier, les départements lorrains ont été exploités par les recruteurs de l'armée régulière, et un certain nombre de jeunes gens qui auraient été vraisemblablement les premiers à s'enrôler dans les bataillons de volontaires ont déjà quitté leurs foyers (3).

On conçoit donc facilement que malgré toute leur activité et leur zèle, les Commissaires du département aient rencontré des difficultés, parfois dans les villes, mais surtout dans les campagnes. Dans le district de Vézelise, 22 communes importantes ne présentent pas de volontaires, d'autres n'en présentent qu'un

(1) L'original figure au Musée des archives nationales sous le n° 1233.
(2) Sandt, *Les Volontaires*, op. cit. Mss. passim.
(3) Poulet, *Les Volontaires*, op. cit. p. 88 et sq. — Pauly, *Le 4ᵉ Bataillon de la Meurthe*, Mss. passim.

20 communes n'en fournissent aucun. Dans les districts de Château-Salins et Blamont, alors que les petites villes donnent de nombreux volontaires, que Château-Salins (population 1.833 habitants, garde nationale 380) en fournit 35, Vic (2.706 habitants, 455 gardes nationaux), 60, Moyenvic (1.331 habitants, 200 gardes nationaux) 42, on a beaucoup de peine à trouver des volontaires dans les communes rurales (1) ; dans le district de Château-Salins, 25 communes n'en donnent aucun tout d'abord. Dans le district de Dieuze, où les communes sont très petites, la levée fut tout à fait pénible. Au contraire, dans les districts où se trouvent de grosses agglomérations, ceux de Nancy, Lunéville, Pont-à-Mousson, la levée s'opère aisément, bien que les gardes nationaux des petites communes ne montrent pas plus d'empressement que ceux des districts purement ruraux; ce résultat est dû aux nombreuses inscriptions des gardes nationaux des grandes villes (2).

Certes, les raisons exposées précédemment permettent déjà de s'expliquer que la levée provoque un enthousiasme moindre dans les campagnes que dans les villes, mais il semble bien aussi que les différences sensibles d'organisation existant à cette époque entre les gardes nationales rurales et urbaines aient singulièrement influé sur le recrutement des volontaires. Les gardes nationales des villes et des bourgs existent depuis juillet et août 1789, soit depuis deux ans; elles sont armées, servent, s'instruisent dans une certaine mesure; elles forment de véritables troupes. Les citoyens de ces gardes ont pris confiance en eux-mêmes; ils se sentent capables de se transformer aisément en soldats; on constate chez eux un esprit militaire et surtout patriote. Toutes ces conditions ne se trouvent pas réunies chez les gardes nationales rurales qui ont été créées seulement de juin à septembre 1790, qui ne sont pas armées, pas instruites, ne font aucun service. Il n'y a donc rien d'étonnant qu'une demande de volontaires soit aussi différemment accueillie par des organisations aussi dissemblables.

L'affluence des gardes citadins dans les volontaires allait accentuer encore, tout au moins pour la Meurthe, le caractère de corps

---

(1) Les chiffres de la population des villes sont donnés d'après les états établis, lors du recensement de 1791, par Breton, secrétaire du Directoire du département, L. 233 *bis.* A. D.

(2) Cf. Poulet, *Les Volontaires,* op. cit. p. 93 et sq.

privilégiés que l'Assemblée nationale avait entendu donner à
ces premiers bataillons. Il est essentiel de remarquer en effet
qu'aux termes des décrets qui règlent la levée de 1791, seuls les
gardes nationaux peuvent s'engager dans les bataillons de volontaires, alors que depuis le début de l'année, on fait appel à la
nation entière, sans distinction de classe, pour recruter l'armée
régulière. Or, l'accès de la garde nationale est réservé, en vertu
du décret du 12 juin 1790, aux citoyens actifs et à leurs fils seulement, c'est-à-dire à la classe aisée; on n'a admis qu'une exception à cette règle en faveur des citoyens qui ont fait continuellement le service dans ces troupes depuis leur organisation : encore
cette admission est-elle soumise à certaines restrictions (1); nous
avons vu qu'à Nancy, il faut l'assentiment de la compagnie du
quartier où est domicilié le citoyen passif et le consentement du
commandant en chef de la garde. Dès lors, les bataillons de
volontaires, recrutés dans la garde nationale et dans la garde
nationale seule, seront des bataillons à recrutement sélectionné,
des corps de citoyens aisés, de bourgeois.

Les volontaires du département furent-ils choisis uniquement
parmi les gardes nationaux ? M. Poulet ne doute pas que les dispositions légales n'aient été appliquées dans la Meurthe (2). Au
contraire, des officiers, chargés de l'étude de la levée dans le
département, sont d'avis que les volontaires ne furent pas uniquement pris parmi les gardes nationaux et qu'on admit tous les
citoyens, gardes nationaux ou non, qui se présentèrent. Pour
nous, après examen des documents, nous estimons, comme
M. Poulet que la levée s'est faite uniquement, dans son ensemble,
parmi les gardes nationaux de la Meurthe (3).

Une preuve en est fournie par le mode employé pour obtenir
les inscriptions : à Nancy, l'opération se fait dans la garde nationale à laquelle Poincaré demande par compagnie « une souscription volontaire de un sergent, un caporal, huit gardes par com-

(1) Décret du 6-12 décembre 1790.
(2) Poulet, *Les Volontaires*, op. cit. p. 112.
(3) Il faut remarquer cependant que le décret du 21 juin donnait la
faculté de s'enrôler à tous les citoyens actifs et à leurs fils et que, dans
cette catégorie, des citoyens qui, légalement, auraient dû figurer sur les
registres de la garde nationale ne s'étaient pas fait inscrire. A Nancy, par
exemple, où le nombre des citoyens actifs est de 3.100, on ne compte
guère que 2.200 gardes nationaux; encore ce chiffre comprend-il des
citoyens passifs. Il est douteux, cependant, que des citoyens ayant fait
preuve de peu d'ardeur pour le service de la garde nationale en aient
montré soudainement pour celui des volontaires.

pagnie, qui se tiendront prêts au premier ordre si les besoins de la Patrie l'exigent... »; c'était demander une levée de 320 hommes, on en obtient immédiatement 400. Dans la compagnie Noël, 2 sergents, 2 caporaux, 7 gardes, 1 tambour se firent inscrire (1). Dans les campagnes, c'est à la garde nationale que s'adressent les maires ou les commissaires du département, c'est elle qu'ils convoquent, qu'ils exhortent.

L'examen des listes d'inscription confirme dans l'idée que les volontaires proviennent à peu près uniquement des gardes nationaux; elles renferment « ... beaucoup d'anciens soldats, des nobles,... des prêtres... beaucoup de bourgeois également, rentiers, hommes de lois, commerçants et étudiants, quelques ouvriers et artisans, des vignerons, mais peu de cultivateurs qui répugnaient au service militaire. Si l'on dressait une statistique, on remarquerait que c'est surtout la petite bourgeoisie qui a fourni le plus fort contingent de volontaires... les anciens soldats mirent plus d'ardeur encore à s'inscrire : ils étaient heureux d'avoir une occasion de se retrouver sous les drapeaux, et pour beaucoup de compléter leur modeste pension... » (2). Ces éléments sont bien ceux qui constituent essentiellement les gardes nationales; les anciens soldats, les anciens officiers se sont enrôlés dans les gardes, lors de la constitution, en 1789 et 1790; ils y ont été accueillis avec empressement, ils y sont demeurés après le décret de juin 1790, soit comme citoyens actifs, soit comme citoyens passifs. L'autre catégorie de citoyens, signalée par M. Poulet, comme l'élément prépondérant des volontaires, est celle même des citoyens actifs et fils de citoyens actifs. Ainsi, dans les deux corps, garde nationale et volontaires, la composition se révèle identique.

La garde nationale fournit encore aux volontaires des cadres expérimentés; la plupart des officiers des bataillons de volontaires furent des officiers de la garde nationale, dont les uns avaient servi antérieurement dans l'armée, les autres simplement dans la garde. Le commandant de la garde nationale de Nancy, Poincaré, fut élu commandant du 4ᵉ bataillon de la Meurthe; le major Coliny, commandant du 2ᵉ bataillon de la Meurthe. Le 3ᵉ bataillon de la Meurthe nommait comme chef Tricotel, commandant

(1) *P.-V. du C. M.*, 25 juin. A. M. — *P.-V. de la compagnie Noël*, 24 juin. B. M.

(2) Poulet, *Les Volontaires*, op. cit. p. 112.

de la garde de Château-Salins, et comme commandant en second, Dauphin, commandant de la garde nationale de Lunéville, de nombreux officiers ou gradés de toutes les gardes nationales passèrent ainsi aux bataillons de volontaires (1).

L'enrôlement de ces officiers, le départ de 2.870 volontaires, ne désorganisent pas la garde nationale du département dont l'effectif était trop considérable pour se ressentir de ces pertes; elle n'eut à constituer ni l'habillement, ni l'équipement, qui furent fournis, soit par les volontaires eux-mêmes, soit par les municipalités, soit par des dons. Elle fut même assez heureuse pour éviter d'avoir à livrer les armes qu'elle avait reçues.

Par différents décrets (2), l'Assemblée nationale avait décidé de délivrer aux gardes nationales du royaume d'abord 50.000 fusils, puis 97.000; la Meurthe devait recevoir 2.033 de ces armes; mais l'état, annexé au décret du 28 janvier 1791, établit que le département, ayant déjà reçu 3.587 fusils, les conserverait, mais n'en recevrait plus aucun. Au moment de la fuite du Roi (3), le Directoire du département, se préoccupant de l'insuffisance de cet armement, enjoint à M. de Noue de distribuer 300 fusils à la garde de Dieuze et 40 à celle de Château-Salins; il fait délivrer aux administrations de district des balles et de la poudre pour armer les gardes nationales en cas de besoin tout en recommandant expressément de ne pas disséminer ces munitions dans les municipalités (4). Mais, l'émotion passée, le Directoire du département ne répond plus que par des refus formels aux nombreuses demandes d'armes des municipalités et des gardes nationales (5). Bientôt même, sur l'invitation du Ministre de la guerre, devant le manque de ressource des arsenaux, il décide de prélever l'armement des volontaires sur celui antérieurement distribué aux gardes nationaux; en outre, l'arrêté porte que dans toutes

(1) Poulet, *Les Volontaires*, op. cit. p. 133.

(2) Décret du 18-25 décembre 1790 ; du 28 janvier-4 février 1791. — P.-V. de l'Assemblée du 18 décembre 1790, du 28 janvier 1791. — *Journal militaire* du 13 février 1791, n° 7.

(3) Quelques jours après cet événement, le décret du 24-25 juin 1791 autorisait les officiers généraux commandant aux frontières à faire délivrer aux gardes nationaux, placés sous leurs ordres, des armes, munitions, effets.

(4) P.-V. du Directoire du département, 23-24 juin 1791. L. 74. — Le procureur syndic aux Directoires de district, 27 juin. L. 903. A. D.

(5) Le Directoire du département au Directoire du district de Château-Salins, 2 juillet ; au Directoire du district de Lunéville, 30 juillet. L. 903 A. D.

lès communes n'ayant pas fourni de volontaires, ou ayant fourni moins de un vingtième de leurs gardes nationaux, il sera restitué la moitié des armes délivrées par l'Etat (1). La réprobation, soulevée par l'arrêté fut si violente qu'il semble bien n'avoir jamais pu être mis à exécution; en fait, une partie seulement des volontaires qui avaient des armes, les emportèrent, encore provoquèrent-ils les récriminations des municipalités et des gardes nationaux; nous n'avons trouvé trace nulle part qu'il y ait eu des versements faits par les municipalités. Les volontaires furent armés pour la plupart avec des fusils pris dans les arsenaux de Nancy, Toul, Marsal, Phalsbourg (2) et ici encore la garde nationale ne subit aucune désorganisation du fait de la levée.

L'expérience était concluante : si la levée des volontaires de 1791 s'était effectuée facilement et rapidement dans le département de la Meurthe, le succès de l'opération devait être attribué à l'existence de la garde nationale. En formant des hommes instruits, en développant l'esprit militaire, en contribuant pour sa part à surexciter le patriotisme, la garde nationale avait permis de trouver les éléments qui lui étaient demandés. Comme l'Assemblée nationale l'avait voulu, elle les fournit seule ; la classe sociale, qui seule était appelée aux droits politiques, à qui profitaient plus qu'aux autres les premières conquêtes de la Révolution, se montrait prête aussi à remplir à elle seule la plus lourde des charges sociales. Enfin, la garde nationale fit cet effort, sans se désorganiser, et ceci n'était pas à dédaigner alors que l'institution venait de révéler toute l'importance qu'elle pouvait avoir pour contribuer à la défense nationale.

(1) *P.-V. du Directoire du département*, 16 août 1791. L. 75. A. D.
(2) *P.-V. du C. G. C., Pont-à-Mousson*, 19 août. — *Lettre du C. G. C. de Pont-à-Mousson au Directoire du département*, 19 août. A. M. Pont-à-Mousson. — *Le Directoire du département au C. G. C. de Pont-à-Mousson*, 19 août. A. D. — *P.-V. du C. M.*, 31 août A. M.

CHAPITRE IX

La loi du 29 septembre 1791
et ses effets dans le département de la Meurthe

I. Vote de la loi du 29 septembre 1791. — II. Principales dispositions de la loi. La question des citoyens actifs. Discussions dans l'Assemblée nationale. Organisation des unités. Prescriptions relatives au service. Les peines disciplinaires. — III. Réorganisation de la garde nationale du département. La légion de Nancy. Ses canonniers. Organisation dans les districts.

Les décrets, votés à partir du 21 juin 1791, pour la levée des volontaires, ne sont que des expédients, des mesures de circonstance, prises en période de crise, pour faire face à un péril extérieur grave et imminent ; la loi du 29 septembre 1791 est au contraire une expression plus mûrie, plus réfléchie des idées de l'Assemblée nationale ou tout au moins de son Comité de constitution, en matière d'organisation de la garde nationale.

Le projet en avait été présenté le 27 avril 1791 par Rabaud Saint-Etienne, au nom du Comité de constitution ; le 28 avril, l'Assemblée en votait l'article premier (1), mais elle ne reprenait la discussion que le 27 juillet après le vote de la loi sur la réquisition de la force publique (2). Le 28 juillet, la loi sur l'organisation de la garde nationale, attendue depuis si longtemps et avec tant d'impatience dans les départements, était enfin votée (3) ; toutefois, le 29 septembre, veille de la dissolution de l'Assemblée, Rabaud Saint-Etienne faisait adopter quelques articles additionnels qui modifiaient les premières dispositions prévues pour l'organisation des unités ; l'Assemblée votait donc à nouveau l'en

(1) *Moniteur*, 28 avril. — *Archives parl.*, I. 25, 364.
(2) Décret du 26 juillet-3 août 1791, concernant la réquisition et l'action de la force publique contre les attroupements.
(3) *P.-V. de l'Assemblée nationale*, 28 juillet 1791. — *Moniteur*, 28 juillet 1791. — *Archives parl.*, I. 28, 701.

semble du projet que le Roi sanctionnait le 14 octobre. La loi du 29 septembre-14 octobre 1791 devenait ainsi la charte de la garde nationale; ses dispositions allaient régir le fonctionnement de l'institution, sans modifications importantes, pendant toute la période révolutionnaire et même longtemps après.

Le texte de la loi avait été divisé en quatre sections; aux termes des articles de la première section, les citoyens actifs et leurs fils, à partir de 18 ans, étaient seuls admis à servir dans la garde; cependant, la loi maintenait dans les rangs les citoyens passifs qui avaient servi sans interruption depuis la Révolution (1). Le service était obligatoire. Tout citoyen actif qui ne se faisait pas inscrire sur les registres de la garde nationale perdait par ce fait même les droits attachés à sa qualité; les fils de citoyens actifs qui négligeaient de s'inscrire à 18 ans ne pouvaient prendre leur inscription civique que trois ans après l'époque où ils se décidaient à servir dans la garde. Tous les fonctionnaires ayant le droit de réquérir la force publique, et par suite dans les départements, les juges, les administrateurs de département et de district, les officiers municipaux, étaient exempts du service; les prêtres l'étaient également.

Les dispositions qui réservaient aux seuls citoyens actifs et à leurs fils le droit de servir dans la garde nationale, avaient été l'objet d'une discussion très vive dans les séances du 27 et du 28 avril; les députés de l'extrême gauche, Buzot, Pétion et surtout Robespierre, avaient protesté violemment contre cette distinction. Robespierre s'écriait : « Ceux qui ne paient pas certaines contributions sont-ils esclaves ?... Voulez-vous jouir seuls du droit de vous défendre et de les défendre ?... Reconnaissez donc et décrétez que tous les citoyens domiciliés ont le droit d'être inscrits sur les registres des gardes nationales. Ne calomniez pas le peuple... le peuple est bon... cette distinction est insultante... » Un député, d'André, s'éleva contre la proposition de Robespierre : c'était, dit-il, une manœuvre pour amoindrir la différence, établie par l'Assemblée, entre les citoyens actifs et les citoyens non actifs, un premier pas vers l'admission dans les Assemblées primaires de tous les citoyens sans distinction. Finalement, au milieu d'un violent tumulte et des clameurs de l'Assemblée, qui étouffèrent la voix de Robespierre, les dispositions de la sec-

---

(1) C'était, avec quelques modifications, le maintien des dispositions des décrets du 12-18 juin et du 6 décembre 1790.

tion première de la loi furent votées le 28 avril (1); elles furent maintenues, le 29 septembre, dans le texte définitif.

Les dispositions suivantes de la loi ne furent pas l'objet d'une discussion aussi passionnée ; celles de la section II furent approuvées à peu près unanimement; elles traitaient de l'organisation des unités de la garde nationale et sur ce point l'expérience de deux années avait permis d'aboutir à certaines conclusions. On était d'accord que l'organisation nouvelle devait grouper par cantons et districts les gardes, formées jusqu'alors par communes ; dès le 28 janvier 1791, Alexandre de Lameth disait : « ... ces divisions... ne présentent ni le chaos d'une organisation par petites municipalités, ni les dangers politiques, ni les inconvénients, attachés à l'éloignement des lieux, qui résulteraient d'une formation par département... » (2). Ce fut en effet cette organisation par district et canton que réalisa la loi du 29 septembre, en défendant formellement toute organisation par commune, sauf dans les grandes villes, et par département. Les cantons ou les districts formaient autant de bataillons que la population le permettait; chacun d'eux comprenait quatre compagnies de fusiliers et une compagnie de grenadiers, prélevée sur les quatre autres (3). Les compagnies de fusiliers étaient formées par les citoyens des communes voisines, des quartiers dans les villes. Enfin les bataillons, réunis par huit ou dix, formaient une ou plusieurs « légions » par district; la légion était placée sous le commandement d'un chef de légion, d'un adjudant général et d'un sous-adjudant général. Tous les officiers et sous-officiers étaient nommés annuellement à l'élection; ils ne pouvaient être réélus qu'après avoir été soldats pendant un an (4). L'uniforme, réglementé par décret du 13 juillet 1791, était le même pour toutes les gardes

(1) *Moniteur*, 28 avril.

(2) *Moniteur*, 30 janvier.

(3) D'après les dispositions du premier texte de la loi en juillet (articles 40) les bataillons devaient comprendre de 6 à 10 compagnies « au taux commun de 53 hommes chacune, y compris les officiers... » Cette disposition disparut dans la loi définitive du 29 septembre, mais, vraisemblablement, par inadvertance, l'article 18 de la section II fit mention de bataillons comprenant de 6 à 10 compagnies. Il en résulta, au moment de l'application de la loi dans le département de la Meurthe, que certains districts formèrent leurs bataillons uniformément à 5 compagnies, tandis que dans d'autres districts, le nombre des compagnies fut beaucoup plus considérable.

(4) Par décret du 28 avril-1er mai 1792, l'Assemblée législative décréta qu'en raison de la mise en exécution tardive de la loi du 29 septembre 1791, les premières réélections n'auraient lieu que le 2 mai 1793.

avec les mêmes insignes de grade que dans les troupes de ligne, on ne pouvait l'exiger dans les campagnes. Les drapeaux, aux trois couleurs, portaient les mots « Le peuple français » et « La liberté ou la mort ». Il pouvait être formé, par canton, avec les citoyens âgés de plus de 60 ans, une compagnie de vétérans (1), « ... armés d'espontons et distingués par un chapeau à la Henri IV et une écharpe blanche », et, en outre, une compagnie de jeunes gens au-dessous de 18 ans.

Chaque district était autorisé à constituer deux compagnies de cavalerie; on passa, en considération des services que ces unités pouvaient rendre, sur l'atteinte portée à l'égalité, puisque, seuls, les citoyens riches pourraient se procurer un cheval. Les villes avaient la faculté de former, par bataillon, une section de canonniers servant deux pièces. L'article 37 de la section II réglait l'uniforme des canonniers (2). En mars 1792, l'Assemblée législative, trouvant la section de canonniers trop faible pour le service des deux pièces, décrétera la formation par bataillon d'une compagnie de canonniers à l'effectif de 3 officiers, 44 hommes, 6 ouvriers, 4 sapeurs; elle modifiera l'uniforme qui deviendra à peu près semblable à celui des gardes nationaux (3). Les villes pouvaient entretenir pour l'instruction des canonniers un artificier, un instructeur et créer un polygone pour les exercices à feu (4).

La section III de la loi traitait « des fonctions des citoyens servant en qualité de gardes nationaux »; elle prescrivait l'obéissance aux réquisitions, interdisait aux gardes nationales toute délibération sur les « affaires de l'Etat, du département, du district, de la commune »; toute fédération particulière. En cas d'invasion du territoire et sous réserves de passer « par l'intermédiaire des Procureurs généraux syndics », le Roi pouvait

(1) Par décret du 9 mai-6 juin 1792, l'Assemblée législative décida que les citoyens au-dessus de 50 ans, incorporés dans les bataillons de vétérans antérieurement à la loi du 29 septembre 1791, pourraient y continuer leur service.

(2) Il différait sensiblement de l'uniforme des gardes nationaux. Chez ceux-ci la doublure de l'habit était blanche ; elle était rouge chez les canonniers. Les gardes nationaux avaient la veste et la culotte blanches ; les canonniers, la veste et la culotte bleues de roi ; les retroussis portaient un canon et une grenade.

(3) Les canonniers durent, comme les gardes nationaux, porter la veste et la culotte blanches.

(4) Décret du 13-18 mars 1792. — P.-V. de l'Assemblée législative, 13 mars 1792.

requérir un certain nombre de gardes nationaux; ils étaient alors mis sous ses ordres, mais sans jamais pouvoir être incorporés dans les troupes de ligne. Des exercices devaient avoir lieu tous les dimanches en avril, mai, juin, septembre et octobre, par communes ; les premiers dimanches de ces mêmes mois, les exercices s'effectuaient par bataillon au chef-lieu de canton pour évoluer ensemble et « tirer à la cible » ; un prix d'honneur serait donné à chaque séance au meilleur tireur.

La section IV déterminait minutieusement la façon de commander le service dans les conditions ordinaires et dans les circonstances exceptionnelles ; l'escouade constituait l'unité qui marchait réunie ; on formait les unités nécessaires pour le service requis avec le nombre d'escouades voulu ; un tirage au sort annuel déterminait le rang d'après lequel les escouades seraient appelées à marcher. Cependant, « en cas d'invasion ou d'alarme subite », et sur réquisition du Corps municipal, la garde nationale marchait telle qu'elle était habituellement constituée. L'obéissance aux réquisitions, l'assiduité aux séances d'instruction, la régularité du service étaient assurées par des mesures disciplinaires ; les citoyens inscrits qui manquaient au service étaient déférés aux officiers municipaux pour être condamnés au paiement d'une taxe de remplacement fixée à la valeur de deux journées de travail ; en outre, une série de peines variant des arrêts à un maximum de huit jours de prison punissaient les fautes commises dans le service. Un conseil de discipline, organisé par bataillon, composé du commandant et d'un certain nombre des doyens d'âge de chaque grade, statuait en dernier ressort sur les peines disciplinaires et délibérait sur les questions intéressant le bataillon. Deux « articles généraux », insérés en fin de texte, rendaient les officiers responsables des abus qui pourraient être faits de la force publique et chargeaient les administrations du département de veiller à l'exécution scrupuleuse de la loi.

Dans l'ensemble de ses dispositions, la loi du 29 septembre 1791 entendait satisfaire une double nécessité, assurer à l'intérieur le maintien de l'ordre et celui des conquêtes déjà réalisées par la Révolution, constituer, en cas de péril extérieur, une immense réserve de citoyens exercés (1). Toutefois, l'Assemblée

(1) D'après M. Aulard (*Histoire politique de la Révolution française*, op. cit. p. 66 à 79), le nombre des citoyens actifs s'élevait, en France, à 4.298.000 et celui des citoyens passifs à 3 millions environ. Théorique-

nationale n'avait pu se dégager complètement de préoccupations qui devaient influer de façon sensible sur la réalisation de son œuvre. Tout d'abord, elle n'avait pas voulu revenir sur les dispositions qu'elle avait déjà arrêtées et qui réservaient aux seuls citoyens actifs et à leurs fils l'accès dans les rangs de la garde nationale ; celle-ci restait donc, en guerre comme en paix, une armée bourgeoise, privilégiée. Cette armée, l'Assemblée entendait même la soustraire complètement à l'influence du pouvoir exécutif ; aussi le Roi n'a aucune action ni sur l'emploi de la garde nationale, ni sur le recrutement ou l'avancement des officiers ; en temps habituel, la garde nationale existe en dehors du pouvoir exécutif. D'autres précautions sont prises pour des éventualités d'ordre différent ; l'Assemblée a voulu éviter que la garde nationale pût devenir l'armée d'un parti ou d'une région, qu'elle pût se retourner un jour contre la Révolution ; elle n'a donc pas voulu lui donner une organisation d'ensemble, la réunir par département, elle l'a groupée par district. Pour ces mêmes motifs, elle a refusé aux corps administratifs toute influence dans l'élection des officiers et limité à un an l'exercice des différents grades (1).

Après que l'Assemblée avait ainsi pris à son égard toute espèce de sûreté, la garde nationale répondait-elle encore aux rôles qu'avaient cependant entendu lui confier les législateurs ? A l'intérieur, on peut estimer qu'elle était à même, à moins de circonstances tout à fait graves, d'assurer dans les districts l'ordre et la sécurité ; elle l'était d'autant plus que l'Assemblée avait eu la sagesse de maintenir les prudentes dispositions adoptées dans toute la France, dès juillet 1789, pour l'admission dans les rangs ; elle n'avait appelé que des gens sûrs dans un corps destiné au maintien de la tranquillité publique. Dans la région lorraine, l'affaire de Nancy avait surabondamment prouvé les dangers qui pouvaient résulter, en période troublée, de l'armement de tous les citoyens sans distinction.

Au contraire, la garde nationale était-elle en état de constituer une réserve puissante soit pour le cas d'une invasion étrangère,

<hr>

ment, la garde comprend à peu près les 4.298.000 citoyens actifs, mais il faut encore ajouter à ce chiffre celui des fils de citoyens actifs à partir de 18 ans et celui des citoyens passifs légalement maintenus dans la garde.

(1) Cf. *Moniteur*, 28, 29 avril, 28 juillet 1791. — *Archives parl.*, 27 avril. L. 25, 364 ; 27 juillet 1791, I 23, 701. — *P.-V. de l'Assemblée nationale* du 28 juillet 1791.

soit dans l'éventualité de troubles intérieurs graves, nécessitant la levée de forces considérables? Il importe, à cet égard, de faire quelques distinctions. Évidemment, il devenait alors impossible, et surtout en cas de guerre, de mettre en activité, les unités habituelles de la garde : les compagnies, formées par communes voisines, par quartiers dans les villes, avec des citoyens de tous les âges, des pères de famille de 50 ans et des jeunes gens de 18 ans ne se prêtaient aucunement au passage sur le pied de guerre, nous l'avons déjà dit. C'était là le grave inconvénient de la loi du 29 septembre 1791 qui, à ce point de vue, ne réalisait aucun progrès; par contre, c'en était un considérable que d'instituer des exercices d'ensemble obligatoires; si ces prescriptions légales étaient appliquées, la France allait se constituer une solide réserve d'hommes instruits et exercés; seulement, il était essentiel, en raison de la situation extérieure, que les gardes nationales fussent rapidement organisées sur le type prévu et que leur instruction commençât aussitôt que possible.

Dans la Meurthe, la nouvelle organisation fut longue à effectuer : tout d'abord, on ne se contenta pas de grouper les gardes nationales déjà existantes; conformément à la loi, on ouvrit dans toutes les communes de nouveaux registres pour l'inscription des citoyens actifs et de leurs fils et il fallut deux ou trois mois pour remplir cette première formalité. On procéda ensuite, dans les chefs-lieux de canton, à la formation des compagnies et des bataillons, aux élections des grades de ces unités; enfin, dans les chefs-lieux de district, on forma les légions et on nomma les états-majors. Or, il était extrêmement difficile de rassembler aussi fréquemment tous les intéressés; les municipalités ou les diverses assemblées, prévues par la loi, étaient inexpérimentées; les administrations de district se virent contraintes de faire recommencer ou d'exécuter elles-mêmes des opérations mal faites. Les élections interminables décourageaient les citoyens de meilleure volonté; comme le chef de la légion était, en général, choisi parmi les chefs de bataillon du canton et les officiers de l'état-major de la légion parmi ceux des bataillons, leur élection traînait forcément toute une série de réélections.

On s'explique ainsi facilement que du seul fait de la complication et du nombre de ces opérations, il ait fallu un temps considérable pour les mener à bonne fin. La légion de Nancy ne fut organisée qu'en mars 1792; l'organisation ne se termine qu'en mai dans les districts de Toul, de Pont-à-Mousson, de Sarrebourg. Les districts de Nancy, de Blamont, de Vézelise, ne sont prêts qu'en juin, ceux de Château-Salins et de Lunéville, en juillet et en août (1).

A Nancy, les registres d'inscription furent ouverts dès le 3 décembre 1791 et Duquesnoy, alors membre du Corps municipal, se chargea d'effectuer rapidement la nouvelle organisation (2) ; deux mois et demi cependant s'écoulèrent avant qu'on pût procéder à l'élection des commissaires, prévus par la loi pour procéder à la formation des compagnies (3). Le 26 février, ces commissaires décidaient qu'il y aurait à Nancy une légion de huit bataillons et ils commençaient à procéder à la répartition entre les compagnies des citoyens inscrits ; chaque compagnie comptait 70 hommes, soit pour l'effectif de la légion (non compris les vétérans et les jeunes gens au-dessous de 18 ans) 2.800 hommes environ dont une cinquantaine légalement dispensés du service (4).

Au début de mars, les compagnies et les bataillons se formaient, le 9 mars, avaient lieu les élections pour la nomination de l'état-major de la légion de Nancy, d'Humbert (5), Maré

(1) Cf. pour l'organisation de la garde nationale dans le département, outre les registres de délibération des corps administratifs, les dossiers ci-après : Districts de Nancy, L. 1489, 1677, 1678, 1679, 3027, de Vézelise, L. 2555, 2718, 2850 ; de Château-Salins, L. 903 ; de Sarrebourg, L. 327 (en outre F⁷5, dossier 1641 A. N.) ; de Lunéville, L. 1995, 1996, 1997 A. D. — En outre, pour la garde nationale à Nancy, les registres du C. G. C. et du C. M. A. M.

(2) *Registre des P.-V. du C. M.*, 3, 19 décembre 1791, 6 février 1792, A. M.

(3) *Registre des P.-V. du C. M.*, 20 et 23 février 1792, A. M. ; *P.-V. du Directoire du district*, 22 février 1792, L. 1489, A. D.

(4) Le nombre des citoyens actifs était à Nancy en 1789, de 3100 (*Lettre du C. M. en date du 18 octobre 1790 au Directoire du district*, L. 1677, A. D.)

(5) Humbert (François-Louis d'), né à Puttelange, le 21 octobre 1722, cornette au régiment de Cavalerie étrangère de Nassau en 1744, lieutenant en 1745, capitaine en 1758, major en 1760. Réformé avec tout le régiment le 13 avril 1763, major au régiment de Berchény Hussards en 1764, lieutenant-colonel en 1767, brigadier en 1780, maréchal de camp en 1784, chevalier de Saint-Louis en 1758. Campagnes de 1745 à 1748 en Flandre, de 1757 à 1762 en Allemagne. Blessé à Sondershausen en 1758.

Humbert était venu s'établir à Nancy en 1791 ; ses deux fils s'étaient enrôlés au moment de la levée des volontaires en juin et servaient depuis cette époque au 1ᵉʳ Bataillon de la Meurthe ; lui-même est élu commandant du 6ᵉ Bataillon de la Meurthe en juillet 1792, après avoir demandé auparavant, mais en vain, à être réintégré dans l'armée avec son grade. Il sert d'abord à l'Armée de la Moselle sous Kellermann, puis sous Beurnonville ; l'affaire de Waweru, le 14 décembre 1792, l'obligea à quitter cette armée. On le tint en effet pour responsable de l'échec, à ce combat, de la colonne

[...] de camp, était élu, à la presque unanimité des suffrages,
[...] de légion, Friant, adjudant-général, et Marin, sous-adju-
[...] général. A cette date, la garde nationale de Nancy était donc
[...] constituée; elle comprenait huit bataillons à cinq compagnies,
[...] quatre de fusiliers et de grenadiers, avec une section de
[...] canonniers. Il avait été créé en outre une compagnie de vieil-
[...] lards et un bataillon de jeunes citoyens au-dessous de 18 ans à
[...] cinq compagnies, comme les bataillons de la légion (1).
[...] Le 18 mars, eut lieu, sur la Place royale, la proclamation des
[...] officiers, sous-officiers, caporaux; le corps municipal remit à
[...] Humbert huit drapeaux « brodés par des citoyennes, recomman-
[...] dables par leurs vertus et leur civisme », puis, entourée par la
[...] population, la garde nationale se rendit à la Cathédrale où les
[...] drapeaux furent bénis par Lalande, l'évêque constitutionnel du
[...] département. Un défilé sur la Place royale termina la cérémonie
[...] et l'on se sépara aux cris de « Vive la nation ! » (2).
[...] Les 200 fusils supplémentaires, nécessités par le léger accrois-
[...] sement d'effectif de la garde nationale, les 35 espontons, destinés
[...] à l'armement de la compagnie des vieillards, furent facilement
[...] accordés par Chazot, le commandant de place. Il fut, par contre,
[...] beaucoup plus malaisé de procurer des canons aux canonniers.
[...] La garde en avait eu cependant, car elle s'était appropriée, en
[...] 1790, quatre petites pièces enlevées à l'hôtel de Choiseul, mais
[...] ensuite de l'affaire de Nancy, Bouillé lui avait fait restituer cette
[...] artillerie en même temps qu'il retirait de la ville les canons de
[...] l'arsenal.

[...] qu'il commandait et Beurnonville le dénonça au Ministre comme « incapable, nonchalant, prétentieux »; en attendant les ordres de Paris, il
ordonna « à ce méchant vieillard » de garder les arrêts à Thionville.
Dans une lettre non datée, mais vraisemblablement de cette même époque,
Beurnonville signale encore « l'incapacité et aussi la lâcheté » du maréchal
de camp Humbert « fou, lâche imposteur ». En août 1793, Humbert
se trouvait encore à Thionville qu'il quittait enfin, au mois de septembre,
pour venir se fixer au château de Morey (près Nancy). Mallarmé, alors
représentant du peuple à l'Armée du Rhin, s'intéresse à son sort; il le
recommande à Audoin, adjoint au Ministre de la guerre, comme ayant « la
réputation d'un honnête homme et d'un bon patriote » et sollicite pour le
général l'autorisation d'aller à Paris se disculper des accusations qui ont
motivé son arrestation. A partir de cette époque, on manque de renseignements sur Humbert ; on sait seulement qu'il mourut à Morey en juin 1796.
(1) Dossier Humbert, A. A. G., L. 2615. A. D.; Cl. Hennet, op. cit. T. 3, p. 76
sq. Chuquet, L'expédition de Custine, p. 66 et sq. Poullet, op. cit. p. 298.
(2) P. V. du Directoire du district, 7 mars 1792, L. 1489. Dossier garde
nationale du district de Nancy, L. 1678. A. D. P. V. du C. M., 15 mars 1792.
A. M. Consigne pour la garde nationale de Nancy, 10 mars 1792. B. M.
(3) P. V. du C. M., 18 mars 1792. A. M.

L'enlèvement de leur artillerie avait profondément blessé les Nancéiens : ils attachaient donc un véritable point d'honneur à se faire rendre du canon par les pouvoirs publics. En janvier 1791, six sections avaient déjà réclamé à ce sujet et adressé une pétition à l'Assemblée nationale; elle était restée sans résultat; en août 1791, une demande du Conseil d'administration de la garde au commandant de la 4ᵉ division, Wittinghof, n'a pas plus de succès (1).

Un an plus tard, la municipalité saisit Lafayette, de passage à Nancy, pour aller prendre le commandement de l'armée du Centre, du désir des citoyens de posséder des canons; ordre fut donné par le général à l'arsenal de Toul de délivrer deux canons de 4, mais la compagnie d'artillerie de la garde nationale de Toul s'opposa si violemment à la délivrance de ces pièces qu'il fallut renoncer à les faire prendre. Sans se décourager, le Corps municipal continue ses efforts à la fois près du Ministre et près de Lafayette; en avril enfin, ce général accorde huit pièces à prendre à Metz. Aussitôt, un officier de la garde nationale est commandé pour aller les recevoir en due forme; on ne lui remet que six canons sans affûts. De nouveau, le Corps municipal réclame au Ministre; en juillet, il a enfin ses huit canons, mais toujours pas d'affûts; il fallut en arriver à les faire construire à Nancy (2).

Entre temps, la composition des unités de canonniers avait été modifiée ; la légion de Nancy, à huit bataillons, aurait dû légalement comprendre huit compagnies, servant chacune deux pièces; mais comme on ne possédait que huit pièces, on se contenta de former quatre compagnies. Les nouveaux canonniers furent désignés par tirage au sort ; en juillet, la formation des quatre compagnies était terminée. (3).

L'organisation sur ce pied de la légion nancéienne était en contradiction absolue avec les prescriptions de la loi de 1791 qui refusaient aux villes de moins de 50.000 habitants la faculté de former une légion autonome ; les communes rurales du canton furent réduites, de ce fait, à s'organiser séparément en un bataillon, qui eut toujours une vie entièrement distincte de celle de la

---

(1) *Pétition des sections*, janvier 1791. *P.-V. du C. M.*, 26 août 1791. A. M.

(2) *P. V. du C. M.*, 30 janvier, 6 février, 2, 12, 16, 23, 26 avril, 3, 5 mai, 18 juin, 13 juillet, 6, 13 août 1792. A. M.

(3) *P.-V. du C. M.*, 16, 19 avril, 7 mai. A. M. — *Humbert aux chefs de bataillons*, 11 mai 1792. B. M. — *Le C. M. au Ministre de l'intérieur*, 12 juillet 1792. L. 1679. A. D.

garde nationale de Nancy. Ce même particularisme se retrouve dans l'élection par la seule garde nationale de la ville des officiers de la légion, alors que légalement tous les officiers des bataillons du district eussent dû être appelés à voter. Le Directoire du district essaye bien d'intervenir en cassant, le 11 juin 1792, les élections des officiers de la légion ; il fut obligé de revenir sur cette décision devant les protestations du Corps municipal (1).

Il est juste de remarquer que la garde nationale de Nancy faisait montre de beaucoup plus d'ardeur pour procéder à son organisation que celle des autres communes du district. Non seulement, celles-ci ne commencèrent pas leurs opérations avant le mois de janvier 1792, mais elles les menèrent avec une telle lenteur que le Directoire du district dut intervenir ; il menaça certaines municipalités, chefs-lieux de cantons, d'envoyer à leurs frais des commissaires organiser leurs bataillons. Le 3 juin 1792 enfin, les officiers des bataillons du district se réunirent pour former les légions des cantons autres que celui de Nancy ; il fut décidé qu'il y aurait deux légions, l'une à huit, l'autre à six bataillons (2).

Dans le district de Pont-à-Mousson, les 6.711 gardes nationaux furent groupés en une légion forte de neuf bataillons, soit un bataillon par canton et un bataillon pour la ville de Pont-à-Mousson. Le district de Lunéville forma une légion de onze bataillons ; la ville de Lunéville eut ainsi un bataillon de 1.152 hommes, divisé en seize compagnies, dont deux de grenadiers. Le district de Toul eut deux légions : la 1re légion, à huit bataillons, commandée par Ganaux, Maréchal de camp, la 2me légion, à dix bataillons avec un corps de vétérans et une compagnie de jeunes citoyens ; chacun de ces deux bataillons eut une compagnie de canonniers. Ce fut, avec Nancy, la seule ville du département où ces compagnies furent constituées et armées. Le district de Sarrebourg constitua une légion de six bataillons dont l'effectif varia entre 3.000 et 3.500 hommes ; celui de Blâmont, une légion de neuf bataillons, celui de Vézelise, une légion de deux bataillons (3).

(1) *Arrêtés du Directoire du district*, 11, 19 juin 1792. L. 1678. A. D.
(2) *Registre d'inscription des municipalités*. L. 1677, 3027. *P. V. d'organisation*. L. 1678-79. *P. V. du Directoire du district*, 14 mai, 25 juillet 1792. L. 1489. A. D.
(3) *Registre d'inscription des municipalités*. L. 1994, 1995. *P. V. d'organisation*. L. 1995, 1996, 1412, 2429, 728. *P. V. du Directoire du district de*

A la fin de 1792, le Directoire du département n'avait guère sur l'organisation de la garde nationale, son effectif, ses chefs, des renseignements plus complets que ceux qui viennent d'être reproduits ; pour certains districts, il n'en avait aucun ; vainement, il avait essayé de se procurer plus de précisions. En novembre, il était toujours sans informations plus exactes et le Ministre de l'intérieur, aussi mal renseigné, s'étonnait « ...la République ne peut connaître le nombre de bataillons de citoyens soldats prêts à la défendre. Il est impossible que la Convention nationale ignore ces détails... ». En février 1793, le Directoire du département n'avait toujours pas obtenu des Directoires de district des renseignements lui permettant de connaître exactement l'organisation et la force des gardes nationales (1).

En réalité, les Directoires de district se heurtaient à cette même tiédeur de leurs administrés pour le service de la garde nationale que nous avons constatée depuis 1789. Si les populations des campagnes avaient compris certains avantages de l'organisation simpliste par commune, réalisée en 1790, elles s'expliquaient beaucoup moins les raisons des modifications prescrites par la loi de 1791, le groupement en bataillons par canton, en légion par district ; elles furent vite excédées des élections, des réélections, entraînant des déplacements continuels, des pertes de temps considérables. La levée des volontaires, survenue à partir du mois d'août 1792, précisément au moment où les administrations de district venaient de terminer ou allaient terminer le groupement en bataillons et légions, contribua, pour une large part encore, à retarder l'organisation. Pour remplacer ceux des volontaires qui étaient officiers ou gradés, il aurait fallu convoquer les populations à de nouvelles élections ; c'était, en pratique, à peu près impossible ; il fallut y renoncer.

A considérer les choses de près, la loi de 1791 avait eu, du moins, l'effet heureux de constituer plus solidement les gardes nationales des villes ; même dans les campagnes, elle avait renforcé l'organisation par commune ; c'est en effet, sur la forma-

Pont-à-Mousson, 3 mai 1791. L. 103, du district de Lunéville, 13 octobre 1791. L. 103. Le Directoire du district de Sarrebourg aux Directoires du département, 27 août 1791. L. 1271. A. D.

(1) Le Ministre de l'Intérieur aux Directoires des départements. 14 novembre 1792, au Directoire du département de la Meurthe, 23 janvier 1793, Le Directoire du département aux Directoires de district, 6 février 1793. L. 2429. P. V. du C. G. du département, 31 août 1792. L. 70. A. D.

tion des bataillons et des légions que porteront principalement les retards des cantons ruraux. Mais surtout l'obligation des séances d'instruction était l'innovation la plus heureuse, la plus pratique, peut-être même la seule pratique, de la loi ; nous allons voir qu'elle eut dans le département des effets immédiats et fructueux.

tion des bataillons et des légions que porteront principalement les retards des cantons ruraux. Mais surtout l'obligation des séances d'instruction était l'innovation la plus heureuse, la plus pratique, peut-être même la seule pratique, de la loi ; nous allons voir qu'elle eut dans le département des effets immédiats et fructueux.

CHAPITRE X

Situation de la garde nationale dans le département en 1791 et en 1792

I. Esprit patriote des gardes nationales de la Meurthe. Leur attitude dans la question religieuse. Attitude vis-à-vis de l'armée régulière. — II. Le service d'ordre dans les villes. Lourdes charges qu'il impose. Apparition du remplacement. — III. La préparation des gardes nationales des villes à leur rôle militaire. Séances d'instruction. Exercices de la légion de Nancy. — IV. Les gardes nationales des campagnes ne font pas de service ; elles n'ont pas de séances d'instruction. — V. La valeur militaire des gardes nationales en 1792.

Le seul examen de son texte montre la loi de 1791 impuissante à créer une armée utilisable dans les conditions de rapidité voulues pour le cas d'une guerre extérieure, mais valable du moins pour constituer, sauf dans les circonstances exceptionnelles, une force de police suffisante à l'intérieur. En réalité, si l'on examine la situation effective du département en 1791 et 1792, on constate que, même au point de vue du maintien de l'ordre intérieur, la loi est loin de répondre aux intentions du législateur. Et, cependant, il était difficile de trouver des circonstances aussi favorables à l'essor d'une organisation nouvelle que celles de cette époque où le département est tranquille, les autorités déjà assises dans leurs fonctions et les gardes nationales acquises à la Révolution.

Le dévouement de la garde au nouvel ordre de choses est incontestable ; c'est un sentiment commun aux villes comme aux campagnes ; il existait en 1789 et 1790, il n'a fait que croître depuis lors. Les aristocrates, les modérés ont quitté la garde ; les uns ont émigré, les autres s'abstiennent ou de se faire inscrire ou de faire effectivement leur service. La garde apparaît véritablement aux contemporains comme l'incarnation même de la Révolution ; en 1792, le *Journal des Frontières*, parlant des menées des aristocrates, déclare « ...il a été très facile de remarquer dans les premiers jours que les premiers mouvements sont toujours dirigés contre la garde nationale : or, qui peut dire du mal de la garde nationale? Les aristocrates, c'est-à-dire les ennemis du peuple, car la garde nationale, c'est le peuple... » Quelques jours plus tard, le journal, attaquant les prêtres réfractaires, déclare « ...Dans le département de la Meurthe, les brillants succès de ces bons prêtres se bornent à tourner les têtes de leurs dévotes et à leur procurer le plaisir de voir le diable dans tous ceux qui portent l'uniforme national et le ruban tricolore... » (1).

Les sentiments patriotes de la garde nationale se marquent bien dans son attitude à propos de la plus brûlante des questions qui passionnent alors le département, la question religieuse : les patriotes sont pour les prêtres constitutionnels, leurs adversaires pour les prêtres réfractaires ; or, presque partout, et dès 1791, la garde nationale prend nettement parti contre ceux-ci.

A Nancy, le 17 mars, la garde nationale, qui fait la haie sur le passage du premier évêque constitutionnel, Chatelain, membre du Directoire du département, acclame le prélat (2). En mai, à la suite de la démission de Chatelain, le Conseil d'administration de la garde nationale demande que Poincaré fasse partie de la députation qui ira solliciter l'acceptation de Lalande, grand vicaire de Paris, élu évêque (3). Le 1er juin, Lalande est reçu à la limite du département, à Foug, par le Directoire du district de Toul : il fait son entrée dans cette ville entouré par la garde nationale qui lui fournit jusqu'à Nancy une escorte formée par un escadron de volontaires. Il est également à Nancy l'objet d'une ovation enthousiaste de la part de la garde nationale.

Le dimanche suivant, 5 juin, jour de l'installation solennelle de l'évêque, la garde nationale offre, en signe de réjouissance, un banquet de 400 couverts à tous les délégués, envoyés à la cérémonie par les villes et villages du département (4).

A Dieuze, le 17 avril, un détachement de la garde nationale empêche un vicaire de Nancy, Joffroi, de prêcher le carême, parce qu'il n'a pas prêté le serment exigé par la loi. Sur l'avis du Direc-

---

(1) *Journal des Frontières*, 28 juin, 5 juillet. B. M.

(2) *Journal de la Meurthe*, 19 mars 1791. B. M.

(3) P. V. du C. G. C., 16 mai 1791. A. M. *Journal de la Meurthe*, 19 mai 1791. B. M.

(4) P. V. du C. M., 31 mai 1791. A. M. — A. Denis. *Toul pendant la Révolution*. op. cit., p. 191. — Febvé. *Réception à Nancy de M. Lalande*. B. M.

toire du district; le Directoire du département blâme ce détachement, suspend un de ses officiers pour quatre mois, un autre pour deux mois. Aussitôt, la garde nationale de Dieuze déclare se solidariser avec le détachement qui a empêché Joffroi de prêcher, et le Directoire du département doit retirer l'arrêté qu'il vient de prendre (1). A Pulligny, en juillet 1791, la garde appuie le curé constitutionnel contre un moine qui excite les habitants contre son confrère (2). A Saint-Rémy-aux-Bois, à Laxou, à Bayon, à Lixheim, à Haraucourt, à Saint-Nicolas (3), dans maints autres endroits, la garde nationale prend énergiquement parti contre les réfractaires en faveur du clergé constitutionnel.

Son zèle la porte parfois, dans cette voie, à des excès regrettables. A Nancy, en novembre 1791, les gardes nationaux du poste de la Place royale maltraitent les personnes qui se rendent à l'église (4). A Pulligny, en 1792, le curé réfractaire, assailli par une foule qui veut lui « trancher la tête », se plaint de la mauvaise volonté de la garde nationale à son égard (5). Ailleurs, la garde nationale menace de pendre les réfractaires. D'une façon générale, elle proteste véhémentement contre leurs agissements ; dans le canton de Saint-Nicolas, Jeandel, commandant de la légion, dépeint les efforts des insermentés « …pour faire tomber en désuétude la garde nationale. A Vandœuvre, 29 citoyens ne veulent plus être inscrits dans la garde nationale… » (6). A Nancy, le *Journal des Frontières* ne cesse, en 1792, de signaler les tentatives faites par les réfractaires pour jeter le discrédit sur la garde nationale : l'un d'eux est dénoncé au Corps municipal pour avoir dit que la garde nationale « ne comptait que des canailles et des brigands » (7).

La garde nationale ne partage pas moins les sentiments de méfiance des patriotes contre les officiers des troupes régulières, contre les troupes étrangères, et même contre certains régiments

(1) *Dossier relatif à des troubles survenus à Dieuze en avril et mai* 1791. L. 145. A. D.

(2) *Lettre du maire de Pulligny,* 21 juillet 1791. L. 2555. A. D.

(3) *Requête du vicaire de Saint-Rémy-aux-Bois,* 29 juillet 1791. L. 1345. — *Plainte de la garde de Laxou,* 25 octobre 1791. L. 1679. — *Dossier relatif à des troubles à Haraucourt, Saint-Nicolas,* août 1792. L. 1679. A. D.

(4) *P. V. du C. M.,* 9 septembre 1791. A. M.

(5) *Plainte de Arnould,* 20 (mai ou juin) 1792. L. 2555. A. D.

(6) *Lettre de Jeandel au Conseil général du district,* 14 août 1792. L. 1679. A. D.

(7) *P. V. du C. M.,* 3 mars 1792. A. M.

français. Ces préventions ne sont pas sans quelques motifs. Un mémoire, adressé le 4 janvier 1792, à La Fayette par le Directoire du département, signale le mauvais esprit des régiments en garnison à cette époque sur la frontière : à Bitche, le régiment suisse Chateauvieux est complètement hostile à la Révolution, à Sarreguemines, le régiment ci-devant Saxe-hussards ne cache pas ses « dispositions anti-civiques » ; les garnisons de Saint-Avold, Forbach, Sarrebourg, sont des plus suspectes (1). Aussi, les gardes nationales sont pleines de préventions à l'égard des régiments qu'elles ne connaissent pas. A Pont-à-Mousson, en juillet 1791, l'arrivée du régiment de Nassau soulève des difficultés sérieuses (2). Le 16 mars 1791, le régiment de Vigier, de passage à Nancy, défile Place royale au moment précis où la population et la garde nationale sont réunies pour assister à la réception de l'évêque Chatelain; or, ce régiment, qui a marché, sous les ordres de Bouillé, dans l'affaire du 31 août 1790, traîne, au milieu de ses rangs, deux petits canons enlevés à ce moment à la garde nationale de Nancy ; aussitôt, celle-ci crie à la provocation, la populace l'appuie ; il faut l'énergique attitude de Mollevaut et de Poincaré pour empêcher une échauffourée ; encore est-on obligé de faire quitter Nancy, le jour même, au régiment, en lui donnant une escorte de 50 gardes nationaux et 100 hussards de Chamborant (3).

Cependant, les gardes nationales ne sont systématiquement hostiles ni aux officiers ni aux troupes réglées ; gardes nationales et régiments vivent en bonne harmonie si ceux-ci sont réputés patriotes. A Nancy, en 1791, la garde nationale, qui a de très bonnes relations avec les sous-officiers et les cavaliers des hussards Chamborant, suspecte les officiers ; elle les invite, cependant, au grand repas de famille qu'elle donne pour la fédération à l'Hôtel du gouvernement. A neuf heures, hussards et gardes nationaux dansent dans les jardins de l'Hôtel « avec les jeunes citoyennes pour qui l'on a eu tous les égards dus à leur sexe... » (4). En 1792, au moment de la déclaration de guerre,

(1) *P. V. du Directoire du département*, 4 janvier 1792. L. 76. — *Lettre du Directoire*, 4 janvier 1792. L. 144. A. D.
(2) Cf. Poulet, op. cit., p. 37 et sq.
(3) *P. V. du C. M.*, 15, 24 mars 1791. A. M. — *Lettre du Directoire du département à Bouillé*, 24 mars 1791, L. 211. A. D. *Journal de la Meurthe*, 25 mars 1791, B. M.
(4) *P. V. du C. G. C.*, 14 juillet 1791. A. M.

la garde nationale de Nancy est en excellents termes avec les deux
régiments de la garnison, 7me dragons, 34me régiment d'infanterie;
lors de la proclamation de la guerre, le 24 avril, elle fraternise
avec les troupes de ligne dans une imposante cérémonie en
criant : « Vive les troupes de ligne », tandis que celles-ci crient :
« Vive la garde nationale », et toutes ensemble : « Vive la Nation,
vive le Roi, vive la Liberté !... » (1).

A Toul, la garde nationale s'entend parfaitement avec le régiment patriote des Chasseurs de Champagne (2), comme plus tard
avec le 96me (3), puis avec le 58me ; par contre, elle se méfie du
13me régiment de dragons (4). En 1791, la garde nationale de
Pont-à-Mousson est en mauvais termes avec les cavaliers du régiment de Saxe ; à Phalsbourg, le 101me est tenu pour très suspect (5). Ainsi, l'attitude de la garde nationale vis-à-vis des troupes réglées n'a rien d'uniforme, ni en 1791, ni en 1792 ; elle
varie essentiellement avec l'attitude des régiments; si ceux-ci
sont patriotes, les relations sont bonnes, elles sont mauvaises là
où la garde nationale accuse les corps d'incivisme.

L'esprit patriote des gardes nationales pouvait faire craindre
de leur part des excès contre les personnes ou les propriétés des
suspects ; rien de pareil ne se produit dans la Meurthe, pas plus
à la fin de 1791, qu'en 1792. Sans doute des gardes nationales se
livrent à quelques perquisitions arbitraires, d'autres entrent en
conflit avec leurs municipalités, mais ce sont là des incidents
sans gravité (6).

La formation des gardes nationales rurales, si rudimentaires
qu'elles soient, et aussi la multiplication des fusils de chasse, a
même mis fin aux expéditions des gardes urbaines dans les campagnes pour y chercher des subsistances ; des opérations de cette
nature eussent fatalement amené des conflits graves en 1791 et
1792 ; on y renonce complètement. Au moment où la crise des
subsistances prend une tournure sérieuse dans le département en

(1) *P. V. du C. G. C.*, 24 avril 1792. A. M.
(2) *P. V. du C. G. C.*, 26 juin 1792 A. M. Toul.
(3) *P. V. du C. G. C.*, 15 juillet 1792. A. M. Toul. — *P. V. du C. G. C.*
Toul, 15 juillet 1792. F^1 c 111 Meurthe. A. N.
(4) A. Denis, op. cit., p. 234 et sq.
(5) Poulet, op. cit., p. 43 et sq.
(6) Cf. L. 2555. A. D. — *Dossier des différends survenus à Vézélise entre
la garde nationale et la municipalité. Difficultés entre la garde nationale et
la Verrerie de Baccarat. Difficultés de la garde avec le prince de Nassau
dans le district de Sarrebourg*, 1er août 1792. L. 145. A. D.

1792, le *Journal des Frontières* signale « ...l'erreur des personnes qui avaient pensé qu'il était possible que le Directoire du département autorisât la garde nationale de Nancy à aller chercher du blé chez les laboureurs, propriétaires ou fermiers qui en ont dans les campagnes et de les forcer ainsi à l'amener aux halles où il serait vendu... ». Le journal estime que les campagnards défendraient leur blé les armes à la main et qu'alors ce serait la guerre (1).

En fait, bien loin qu'elle soit maintenant un instrument de désordre, la garde nationale contribue, pour une large part, à assurer l'ordre et la sécurité qui règnent de façon générale, à l'époque, dans les villes et dans les campagnes du département. Aux termes de la loi du 26 juillet 1791 (2) sur la réquisition et l'action de la force publique, elle peut être employée contre les brigands, les voleurs, les attroupements séditieux ; elle peut être utilisée pour assurer la protection du travail et de l'industrie, la perception des impôts, la circulation des subsistances ; en 1792 (3), on l'autorise même à se faire présenter tous les passeports pour vérification. Sans doute, le recours à la garde nationale n'est autorisé que si la gendarmerie et les troupes de ligne sont insuffisantes, mais c'est précisément le cas dans la Meurthe en 1792. La garde, nombreuse, facile à réunir, constitue d'ailleurs un instrument commode entre les mains des différentes autorités départementales ou municipales ; elle assume ainsi un rôle de police important.

Dans les villes, le service est très lourd. A Nancy, la garde nationale occupe de jour et de nuit trois postes : l'un à l'Hôtel de ville, l'autre à l'Arc de triomphe de la place Carrière, le troisième sur la place de la Constitution ; chacun comprend un officier et une douzaine d'hommes. Il est fourni journellement un officier pour les rondes, douze hommes pour les patrouilles ; les jours de spectacle à la Comédie, il faut compter une dizaine d'hommes en plus ; chaque garde est ainsi commandé pour 24 heures tous les dix-huit jours (4). Encore ne s'agit-il là que du service lorsque

(1) *Journal des frontières*, 21 juin 1792. B. M.
(2) Loi du 26 juillet, 3 août 1791.
(3) Loi du 1er février, 28 mars 1792.
(4) *État donnant le service à fournir*, 13 novembre 1792. — *Règlement du Conseil d'administration de la garde*, 6 septembre 1791. *Règlement fait par le C. M. sur le service de la garde*, 10 mars 1792. B. M. — P. V. du C. M., 15 décembre 1791, 12 mars et 18 mai 1792. A. M.

la ville est occupée par des troupes de ligne ; mais, dans le cas
où la garnison est réduite, la garde nationale assume seule le
service de place et il faut alors doubler le nombre des gradés
et des hommes. Après la formation des bataillons de volontaires
de 1792, le tour de garde revient si fréquemment qu'on doit
faire fournir un poste par les vétérans et les jeunes gens de 15 à
18 ans du bataillon des jeunes citoyens (1). Enfin, la garde nationale participe à bien d'autres services : elle assure l'ordre aux
marchés ; elle figure dans les fêtes, proclamations des lois et des
élections, cérémonies à la cathédrale (2) ; elle escorte les convois
de poudre ou d'armes qui quittent Nancy ou traversent la ville
pour se rendre à Strasbourg ou à Metz ; elle fournit les gardes
d'honneur, 5o hommes pour La Fayette, lors de son passage à
Nancy, le 15 janvier 1792 (3) ; ses officiers assurent le service de
ronde et de visite à l'hôpital militaire ; parfois, lors d'incidents
graves, il faut commander des détachements importants.

L'extension prise par le service d'ordre diminue forcément pour
les titulaires de certains emplois le temps qu'ils peuvent consacrer à leurs occupations habituelles ; on les en dédommage par
un traitement ou une indemnité. A Nancy, Humbert, le commandant de la légion n'est pas payé, mais le Corps municipal
lui loue, pour une somme très modique, 6oo livres par an, un
logement meublé au rez-de-chaussée de l'Hôtel de ville. Pinon et
Jobart, les deux adjudants de la légion, reçoivent 3oo livres par
an, en dédommagement des occupations qui leur incombent ;
ces deux officiers transmettent aux chefs de bataillon les ordres
du chef de légion, ils commandent le service, instruisent le bataillon des jeunes citoyens ; ils doivent assister à tous les exercices
de la légion qui ont lieu sous leur haute direction. D'anciens
soldats, qui servent d'instructeurs, perçoivent aussi une indemnité ; le tambour-major touche douze livres, il est habillé aux
frais de la ville ; les tambours n'ont que six livres ; ils s'habillent
à leurs frais (4).

Dans les campagnes, le nombre des gardes nationaux pourvus

(1) *P. V. du C. G. C.*, 23 juillet 1792. A. M.
(2) *Ordre pour la cérémonie funèbre de Guillaume Simoneau, Maire
d'Étampes, 2 juin 1792*. B. M. — *Proclamation de la loi sur la suspension
du pouvoir exécutif.* — *P. V. du C. G. C.*, 16 août 1792. A. M. — etc.
(3) *P. V. du C. M.*, 11, 15 janvier 1792. A. M. — *P. V. du Directoire du
département*, 15 janvier 1792. L. 76. A. D.
(4) *P. V. du C. M.*, 19, 20 avril, 3o août 1792. A. M.

d'un uniforme reste très faible ; il augmente dans les villes. Dès le mois de mars 1792, à Nancy, le Corps municipal recommande d'exiger que les citoyens aient des uniformes pour la garde et pour les exercices ; ses membres eux-mêmes, bien que dispensés du service, se font reconnaître le droit de porter l'uniforme ; en avril, le Conseil arrête que tout garde national devra se pourvoir d'un uniforme avant le 14 juillet 1792 (1).

Les charges, qui incombent à la garde nationale, ne sont pas supportées par tous les citoyens avec le même enthousiasme ; en 1792, bon nombre cherchent à s'en dispenser, malgré les efforts des municipalités et des commandants pour maintenir l'obligation du service personnel, formellement prescrit par la loi ; à Nancy, les gardes nationaux qui ne font pas le service sont punis d'une amende de 40 sous (2) ; le maire Duquesnoy, qui s'occupe avec beaucoup de zèle de la légion, déclare que le service doit être rigoureusement personnel, et qu'il faut apporter à l'exécution de cette règle « une impitoyable sévérité » (3). Peu à peu cependant le remplacement devient un véritable métier dont vivent des gardes nationaux peu fortunés ; on en arrive à le réglementer ; dans chaque compagnie, on établit un contrôle « des citoyens qui moyennant salaire acceptent de remplacer les citoyens ne faisant pas de service ». « C'est avec peine, écrit Duquesnoy, que nous avons pris un parti qui peut, en quelque chose, paraître favoriser le remplacement, car nous le croyons très funeste et destructif du principe d'égalité sur lequel repose l'institution de la garde nationale, mais nous avons été frappés de la crainte de rebuter par la fatigue les bons citoyens qui font le service... » (4).

Mais, alors que les municipalités des villes s'efforcent d'obtenir un service personnel et d'une façon générale d'établir une véritable discipline, les Directoires des districts et celui du département ne secondent pas leurs efforts avec l'énergie qui serait nécessaire. Le Corps municipal de Nancy, ayant décidé d'impo-

---

(1) *Lettre de Duquesnoy aux chefs de bataillon*, 28 mars 1792. B. M. — *P. V. du C. M.*, 10 janvier, 19 avril 1792. A. M. — *Ordre aux chefs de bataillons par l'adjudant général*, 17 mars 1792. B. M.

(2) *P. V. du C. M.*, 19 mars 1792. A. M.

(3) *Lettre de Duquesnoy*, 28 mars 1792. B. M.

(4) *Lettre du Directoire du département à l'Assemblée nationale*, 22 janvier 1792, D. IV. 43. A. N. — *Lettre de la Municipalité de Nancy au Directoire du district*, 26 avril 1792. L. 1679. — *Le Directoire du district au C. M. de Nancy*, 24 avril 1792. L. 1679 A. D. — *P. V. du C. M.*, 8 octobre 1792. A. M.

ser une garde supplémentaire aux gardes nationaux qui manque-
raient aux exercices, le Directoire du département casse l'arrêté
comme illégal; il fixe à 20 sous le prix du remplacement pour les
fonctionnaires publics, alors que l'état-major de la garde nationale veut l'élever à 40 sous (1). Ce n'est pas que les Directoires
de district ou le Directoire du département veuillent délibérément entrer en conflit avec les municipalités, ou entraver le bon
fonctionnement des gardes nationales, mais ils sont peu habitués
aux difficultés administratives; ils s'embarrassent dans l'application des lois, d'ailleurs souvent confuses et mal rédigées; ils se
perdent à la recherche de solutions pour des affaires sans intérêt;
ils transmettent au Ministre de l'intérieur les questions les plus
simples, posées par les administrations subordonnées, sans oser
les résoudre eux-mêmes (2); le 25 juillet 1792, le Directoire du
département, consulté pour savoir si les frais de fournitures de
drapeaux et tambours de la garde nationale incombent aux districts ou aux communes, déclare n'avoir « pas été peu embarrassé
pour résoudre ce problème » (3).

A côté du rôle de police qu'elles remplissent dans les villes, en
1791 et 1792, les gardes nationales urbaines se préparent à leur
rôle militaire par les exercices et les manœuvres, prévus par la
loi du 29 septembre 1791. A Lunéville, à Pont-à-Mousson, à Toul,
on ne se borne pas à de simples exercices individuels, on instruit
les compagnies et les bataillons; à Nancy, le programme prend
encore plus d'ampleur et de variété. La loi avait prescrit des exercices tous les dimanches à partir du mois d'avril; ils commencent
effectivement à cette date; le commandant de la légion, Humbert,
estime même insuffisant cet exercice hebdomadaire, et il écrit
aux commandants de bataillon : « Les bons citoyens ne se borne-
ront pas là… exhortez, je vous prie, MM. les capitaines à réunir
souvent, et principalement le matin, les hommes de bonne
volonté de leur compagnie. Engagez-les à se former à la manœuvre, soit tous ensemble, soit par classes; ces leçons fréquentes
seront utiles. Pensez, Messieurs, que dans un moment de crise où

(1) *P. V. du C. M.*, 19 avril, 8 octobre 1792. A. M. — *Lettre du C. M. au
Directoire du district*. 6 mai 1792. L. 1679. A. D.

(2) *Dossier relatif à une pétition de la garde de Dieuze contre la démission de membres du Directoire du district*, 30 mars 1792. F⁹ 5, doss.
1241. A. N.

(3) *Le Directoire du département au Directoire du district de Lunéville*,
25 juillet 1792. L. 1412. A. D.

nous aurions besoin de repousser nos ennemis, il faudrait bien charger de l'honneur de les combattre les hommes les plus habitués à la manœuvre et au maniement des armes… », et quelques jours plus tard, le 15 mai, il recommande encore les exercices par compagnie « … car ce ne sera pas pendant les grandes chaleurs que nous pourrons exercer… » (1).

Pour les exercices généraux du dimanche, on suit une progression méthodique; au premier rassemblement, il s'agit « … de donner provisoirement aux citoyens les moyens de se présenter militairement sous les armes… à cet effet, l'on s'occupera : 1° que les citoyens sachent se tenir sous les armes, les porter, les présenter et faire tout ce qui se rapporte au maniement; 2° qu'ils connaissent l'ensemble de la marche; 3° qu'ils sachent se rompre par pelotons; 4° se mettre en bataille; 5° que MM. les officiers connaissent leurs places respectives dans ces deux derniers mouvements… ». En juillet, on passe à des manœuvres à double action et Humbert prescrit : « … On recommandera aux citoyens de respecter et de faire respecter les terres ensemencées devant être regardées comme inaccessibles… ». La légion exécute aussi des évolutions avec ses huit bataillons dans la prairie de Tomblaine; elle complète son instruction en tirant à la cible, tandis que les canonniers s'exercent fréquemment à la manœuvre du canon (2).

Le maire Duquesnoy et Humbert, déploient un zèle très vif pour obtenir que les citoyens assistent assidûment aux exercices. Humbert écrit à ses chefs de bataillon : « … Ne perdez pas un jour, une heure, une minute pour connaître tous les hommes que vous commandez et pour les instruire; assurons d'abord la liberté et l'ordre et nous penserons ensuite à nous reposer. » (3)

Duquesnoy ne cesse de rappeler à ses concitoyens l'importance du service, celle de l'instruction; les motifs qu'il invoque sont caractéristiques des idées du temps sur le rôle éventuel de la garde nationale : « … la garde nationale est le plus sûr rempart de la constitution. Si le service est négligé, nous retomberons bientôt sous le joug du despotisme, principalement à la suite d'une guerre où l'armée de ligne ne peut manquer d'obtenir des

(1) *Circulaire de Humbert aux chefs de bataillon*, 11, 15 mai 1792. B. M.
(2) *Circulaire de Humbert aux chefs de bataillon*, 27 mars, 30 juin, 21 juillet 1792. — *Circulaire de Martin*, 13 octobre 1792. — B. M.
(3) *Circulaire de Humbert aux chefs de bataillon*, 11 mai 1792. B. M.

succès. Qui sait quel usage peut en faire alors le gouvernement ?... » (1). Le 26 juin, pour entretenir l'ardeur, Duquesnoy décide que seuls les gardes nationaux assez instruits recevront des munitions pour tirer à la cible et il ajoute dans une circulaire aux commandants de bataillons : « ... Je ne puis vous dissimuler, Monsieur, l'extrême peine que j'ai ressentie en apprenant la négligence vraiment très affligeante avec laquelle on s'est porté hier à l'exercice... je vous prie, Monsieur, d'appeler chez vous MM. les capitaines de votre bataillon et de leur témoigner combien cette conduite est douloureuse... nous sommes en guerre, et vous n'appreniez pas à combattre... » Puis, à partir du moment où le danger s'accroît aux frontières, les recommandations de Duquesnoy deviennent encore plus pressantes « ... il ne faut pas qu'un seul jour se passe sans que quelque compagnie prenne des leçons et s'habitue au maniement des armes et aux évolutions militaires... les meilleurs et les plus braves des citoyens sont ceux qui iront le plus à l'exercice... » (2). Enfin, à cette même époque, indépendamment de l'exercice général du dimanche, il est prescrit aux chefs de bataillon de faire au moins un exercice par semaine (3).

Il est donc indéniable que la garde nationale des villes fait preuve dans l'ensemble d'une véritable bonne volonté pour se conformer aux dispositions de la loi; elle constitue une force de police, très appréciable à l'intérieur, elle s'efforce d'acquérir une instruction militaire; elle assume ainsi une lourde charge. Il en est tout autrement en ce qui concerne les gardes nationales des campagnes; celles-ci continuent, comme en 1790, à ne faire à peu près aucun service ; si elles font parfois quelques patrouilles nocturnes pour la protection des cultures, si elles fournissent de temps en temps quelques renforts à la gendarmerie pour des arrestations ou des perquisitions, ce sont là des manifestations d'activité qui restent exceptionnelles. A partir du mois de février 1792, un service particulièrement lourd et pénible incombe à la garde nationale du département, celui d'arrêter les nombreux volontaires de la levée de 1791 qui désertent et de les reconduire aux armées de gîte d'étapes en gîte d'étapes ; or, la charge pèse uniquement sur les gardes nationales des villes ou des gros bourgs,

<hr>

(1) *Lettre du C. M. au Directoire du district,* 26 avril 1792. L. 1679. A. D.
(2) *Circulaire de Duquesnoy,* 26 juin, 17 juillet — B. M.
(3) *Circulaire de Marin,* 16 août 1792, B. M.

tandis que celles des communes rurales n'y prennent aucune part (1).

Et cependant, les gardes nationales rurales sont loin de remplir leur service, si réduit qu'il soit, avec la bonne volonté dont font preuve les gardes nationales des villes; les plaintes ne sont pas rares à cet égard contre les gardes des campagnes; à Baccarat, sept gardes refusent tout service et l'un d'eux donne simplement pour excuse « que c'est son plaisir »; à Marainvillers, les gardes nationaux ne consentent pas à aller en patrouilles; à Champigneulles, ils refusent systématiquement de déférer aux ordres de la municipalité (2).

Dans ces conditions, il va de soi que les gardes nationales rurales n'ont à peu près aucune séance d'instruction; on trouve certaines communes où il semble y avoir eu, en 1792, quelques tentatives dans ce sens; partout ailleurs, il n'y a eu dans les campagnes ni exercices individuels ou d'ensemble, ni tir à la cible. Les dispositions de la loi de 1791 ont été complètement inopérantes à cet égard (3).

L'excuse des campagnes, c'est ici comme en 1790, le manque absolu de fusils. Quel intérêt peut-il y avoir à rassembler un bataillon de 500 ou 600 hommes quand 40 ou 50 à peine des citoyens qui le composent sont armés ? A ce point de vue, la situation n'a pas changé; le nombre des armes possédées par les communes rurales n'a que très faiblement augmenté; encore cet accroissement est-il dû surtout à l'achat de fusils de chasse par les particuliers; à Ludres, sur 21 fusils, il y a 15 fusils de chasse; à Pont-Saint-Vincent, sur 65 fusils, 40 fusils de chasse (4). Les demandes d'armes des communes sont reproduites constamment et toujours avec aussi peu de succès; le 23 juin 1792, le Directoire du département fait avertir les municipalités que leurs réclamations demeureront « infructeuses » et « sans réponse », car il

<hr>

(1) *Lettre du Directoire du district de Nancy,* 6 février 1792. L. 1489. — *Arrêté du Directoire du district de Vézélise,* 26 août 1792. L. 2555. — *Lettre du Procureur syndic du district de Lunéville,* 20 décembre 1792. L. 1412. A. D.

(2) *P. V. du Conseil d'administration de la garde,* 7 juin 1792. A. M. Baccarat. — *P. V. du Directoire du district de Lunéville,* 20 octobre 1792. L. 1345. — *P. V. du Directoire du district de Nancy,* 16 juillet 1792. L. 1589. A. D.

(3) Cf. notamment L. 2555, 1345, 2718, 903, 1489, 2271. — *Pièces et Procès-verbaux d'avril à décembre* 1792. A. D.

(4) *Etats envoyés par les communes en septembre* 1792. L. 1625. A. D.

faut pourvoir avant tout à l'armement des troupes et des bataillons de volontaires (1).

Ainsi la loi de 1791 reste à peu près sans effet sur les gardes nationales des campagnes; elle en a un réel, indéniable sur les gardes nationales des villes. Celles-ci, animées d'un esprit nettement patriote, assument un service d'ordre grâce auquel on supplée à l'absence ou à la faiblesse de la gendarmerie, de la police, ou des corps de troupes réguliers; elles s'instruisent avec une véritable bonne volonté. Est-ce à dire qu'elles ont dès lors quelque valeur militaire ? qu'on pourrait les utiliser en cas de guerre extérieure contre des troupes régulières ? Les contemporains n'y comptent guère.

En août 1792, Lelorrain, procureur général syndic, notoirement favorable à l'instruction des gardes nationales, remercie le procureur syndic du district de Lunéville qui lui a signalé le projet du régiment suisse de Sonnenberg, alors en garnison à Marsal, de passer à l'ennemi ; toutefois, il se refuse à faire marcher les gardes nationales sédentaires « ... contre ces deux bataillons aguerris qui ne se feraient qu'un jeu d'immoler nos braves citoyens que leur zèle aurait conduits à traverser la marche de ces Suisses... » (2). On ne saurait être d'un avis opposé : une unité de garde nationale, même si elle a quelque instruction comme celle des villes, reste en 1792 de valeur militaire minime du fait de son organisation défectueuse; elle manque d'homogénéité, de discipline, d'esprit de corps, d'un encadrement solide. Il est incontestable cependant que la loi de 1791 a réalisé un progrès très sensible en décrétant l'obligation de l'instruction. Dans les villes, les exercices, les séances d'instruction d'ensemble, les habitudes de discipline, contractées dans le service de place, préparent un certain nombre de citoyens à entrer facilement dans les rangs des volontaires de 1792 ou des réquisitionnaires de 1793; ils y arriveront déjà très dégrossis par leur passage dans la garde nationale; c'est là un sérieux avantage.

(1) *Le Directoire du département au Directoire du district de Lunéville*, 23 juin 1792. L. 1412. *Demande des communes d'Einville, de Gerbeviller*, juillet 1792. L. 77, *de Baccarat*, septembre 1792. L. 1345. A. D.
(2) *Lettre au Procureur syndic du district de Lunéville*, 30 août 1792. L. 1361. A. D.

CHAPITRE XI

La levée des volontaires
et la garde nationale du département en juillet 1792

I. Rôle militaire joué par les gardes nationales du département
à partir de juillet 1792. — II. Recrutement des troupes de ligne
et des auxiliaires. Levée des volontaires à partir du mois de mai.
Levée pour le camp de Soissons. — III. La levée des volontaires
en juillet. Les décrets. La réquisition des généraux de l'Armée
du Rhin. Mesures prises par le Conseil général du département.
— IV. Enthousiasme des gardes nationales dans les villes. La
levée à Nancy. Levée dans les campagnes. — V. Importance de
la garde nationale dans la levée de 1792.

De juillet à novembre 1792, deux grands événements, la levée
des volontaires d'abord, l'invasion prussienne ensuite, ont un
contre-coup sensible sur l'état des gardes nationales de la Meurthe.

Moins d'un an après l'apparition du décret qui l'avait organisée, la garde nationale était mise en demeure de faire ses
preuves dans les deux rôles militaires que lui avait réservés les
législateurs de l'Assemblée nationale : on lui demandait de renforcer par l'envoi de gardes nationaux exercés l'armée régulière; elle serait appelée ensuite par les autorités départementales à un service actif, sur place, en face d'un ennemi redou-
table.

Les demandes d'hommes pour l'armée n'avaient guère cessé
pendant les premiers mois de l'année 1792 : on avait invité les
gardes nationaux, comme les autres citoyens, à s'engager tant
dans les troupes de ligne que dans les auxiliaires ; le prix de
l'engagement, 80 francs pour l'infanterie, 120 francs pour la
cavalerie, sa faible durée, trois ans dans l'infanterie, quatre ans
dans les autres armes, la faculté de le faire cesser à la fin de la

guerre, avaient déterminé un nombre assez élevé d'enrôlements, dans les troupes régulières ; la levée des auxiliaires échoua au contraire à peu près complètement. (1)

En mai (2), à la suite des revers dans le Nord, l'Assemblée nationale avait décrété la levée de nouveaux bataillons par un certain nombre de départements de l'intérieur ; elle décidait en outre que les bataillons, formés en 1791, seraient renforcés de 226 hommes par leurs départements d'origine de façon à porter théoriquement (3) leur effectif à 800 hommes. On prévoyait que la levée s'exécuterait, conformément aux dispositions du décret du 4 août 1791 (4), parmi les seuls gardes nationaux. Il y eut très peu d'inscriptions sur les registres ouverts en juin et en juillet : on était à l'époque des travaux urgents dans les campagnes et le danger ne paraissait nullement imminent aux populations ; les administrations elles-mêmes ne faisaient pas des efforts très sérieux pour obtenir des engagements dans leurs circonscriptions (5); au début de juillet, le Directoire du district de Nancy invitait ses administrés à s'inscrire « à moins que la nécessité de pourvoir à la subsistance de leurs familles ou de suivre leur commerce ou leurs affaires ne les retiennent à Nancy... » (6).

La levée pour le camp de Soissons ne paraît pas avoir excité plus d'enthousiasme. Le décret du 8 juin demandant 20.000 gardes nationaux pour veiller à la sûreté de l'Assemblée et du Roi (7) après le licenciement de la garde constitutionnelle (8), n'exigeait cependant qu'un faible contingent des départements, 243 hommes pour la Meurthe. Le Roi avait d'abord refusé sa sanction à la mesure (9); il ne revint sur sa décision qu'après

---

(1) Cf. Poulet. op. cit. p. 59 et sq. De Sandi. Mass. passim.

(2) Décret du 5-6 mai 1792.

(3) Effectivement à cette date, l'effectif des bataillons de volontaires se trouvant en général très inférieur au chiffre légal de 674, ne pourrait remonter à 800, après incorporation de 226 hommes.

(4) Décret du 4-12 août 1791.

(5) Cf. p. ex. les rapports des municipalités du district de Lunéville en juin 1792. L. 1412, et celles du district de Sarrebourg. L. 2271. AD. — P.-V. du Directoire du district de Nancy. 7 juillet 1792. L. 1489.AD.

(6) P.-V. du Directoire du district de Nancy, 5 juillet 1792. L. 1489. AD.

(7) Décret du 8 juin 1792. P. V. de l'Assemblée législative des 6 et 8 juin 1792.

(8) Décret du 29-31 mai 1792. P. V. de l'Assemblée législative des 6 et 8 juin 1792.

(9) En même temps qu'au décret du 27 mai relatif aux prêtres insermentés.

l'émeute du 20 juin; l'Assemblée vota alors, le 2 juillet, un nouveau décret (1), sanctionné immédiatement, convoquant cette fois les gardes nationaux à Soissons. L'appel resta à peu près sans effet (2) ; on ne constate que quelques rares départs de Nancy, de Lunéville, de Vezelise (3).

Ainsi, dans cette première partie de l'année 1792, les mesures prises par l'Assemblée législative, tant pour compléter les troupes de ligne ou recruter des auxiliaires, que pour augmenter l'effectif des bataillons de volontaires, donnent des résultats très faibles, dans la Meurthe. Le département a envoyé aux frontières en 1791 un nombre considérable, près de 3.000 de ses concitoyens, ceux qui comptaient parmi les plus patriotes, les plus enthousiastes; puis, il n'apparaît aucunement aux populations que le danger nécessite un nouvel effort : on s'explique donc qu'elles soient assez peu disposées à s'enrôler ; au contraire, à partir du mois de juillet, la levée des volontaires va s'effectuer au milieu d'un véritable enthousiasme.

Dans les premiers jours de juillet, la situation de la France paraît extrêmement grave, la sécurité de l'État menacée, la Révolution en danger en face de l'invasion étrangère et de l'anarchie intérieure. Le 3 juillet, Vergniaud accuse Louis XVI de conspiration avec l'ennemi pour le démembrement de la France ; le 4, l'Assemblée commence la discussion du décret « fixant les mesures à prendre quand la Patrie est en danger » : il est promulgué le 8 (4). Déjà, le 7 juillet, le Directoire du département, dans une adresse, provoquée par le retentissement des discussions à l'Assemblée, invitait ses concitoyens à compléter l'effectif des bataillons levés en 1791 (5).

A Paris, les événements se précipitent : le 11 juillet, la Patrie est déclarée en danger (6), par suite, les prescriptions du décret des 5 et 6 juillet entrant en vigueur, toute la garde nationale était mise en état d'activité et elle était prévenue qu'on allait

(1) Décret du 2-3 juillet 1792.
(2) Les archives départementales et municipales ne renferment qu'un petit nombre de pièces relatives au départ de gardes nationaux pour le camp de Soissons.
(3) *Lettre du Procureur général syndic*, 5 juillet 1792. L. 903 AD. — *P.-V. du C. M.*, 5, 7 juillet 1792. AM.
(4) Décret des 4, 5, 8 juillet.
(5) *P.-V. du Directoire du département*, 7 juillet 1792. L. 102. AD.
(6) Décret du 11-12 juillet 1792.

lui demander incessamment de nouveaux bataillons. Toutefois
il est essentiel de remarquer qu'aux termes du décret des 5 et
6 juillet, les volontaires ne peuvent provenir encore que de
la garde nationale. Les 17, 19, 20 juillet, l'Assemblée complète
une série de mesures prises les jours précédents, en votant un
décret (1)   sanctionné le 22 : elle proclamait la nécessité d'un
effort considérable et décidait de porter l'armée à l'effectif de
450.000 hommes tant des troupes de ligne que des volontaires.
Non seulement tous les bataillons de volontaires déjà formés
seraient complétés à 800 hommes, mais il serait organisé
42 nouveaux bataillons dits de réserve : la Meurthe fournirait
2.400 hommes aux troupes de ligne et une compagnie de
100 volontaires aux bataillons de réserve. Mais cette fois, déro-
geant aux règles observées jusqu'alors, l'Assemblée décidait de
faire appel à tous les citoyens pour les bataillons de volontaires
quels qu'ils fussent : le choix des volontaires pouvait se faire
« indifféremment parmi tous les citoyens, soient qu'ils fassent
ou non partie de la garde nationale ». L'annonce de ces mesures prises par l'Assemblée, l'émotion de Paris, causaient dans
tout le département une vive agitation ; depuis le 16 juillet,
tous les citoyens portaient obligatoirement la cocarde, le 19
le Directoire du département avait proclamé la Patrie en danger, les corps administratifs siégeaient en permanence (2).

Le 21 juillet, arrivait à Nancy, le lieutenant-colonel Haxo,
commandant un bataillon de volontaires des Vosges, porteur
d'une réquisition, en date du 19 juillet, adressée par le général
Lamorlière, commandant l'Armée du Rhin, aux Conseils généraux des départements, situés à proximité de cette armée. Fort
inquiet de l'imminence d'une invasion ennemie dans le Bas-
Rhin et la Sarre, le général demandait aux administrations départementales un certain nombre de mesures par application des
lois des 8 et 11 juillet (3). Il prescrivait de lever le plus rapidement possible un effectif de gardes nationaux égal au 1/6 du
nombre des citoyens actifs. On les grouperait en compagnies
dont chacune recevrait des généraux les ordres voulus pour

(1) Décret des 17, 19, 20, 22 juillet 1792
(2) P. V. du C. G. du département, 19 juillet 1792. L. 69 A. D. — P. V. du
C. G. C., 16 juillet 1792. A. M.
(3) Décret du 4, 5, 8 juillet « fixant les mesures à prendre quand la Patrie
est en danger ». Décret du 11-12 juillet déclarant la Patrie en danger.

marcher dès qu'elle serait formée. Les gardes nationales qui resteraient dans le département seraient « organisées de manière à contribuer à la défense du territoire de la manière la plus utile; elle sera indiquée pour chacune d'elles par une instruction particulière.. » (1). Quelques jours plus tard, l'Assemblée législative ratifiait les mesures prises par le général Lamorlière ; elle décrétait même, le 23 juillet, que tous les généraux étaient autorisés à prendre des mesures analogues et en outre à réquérir le quart ou moins de la moitié des compagnies de grenadiers, de chasseurs ou de canonniers des bataillons de la garde nationale (2).

Ces deux faits, la discussion par l'Assemblée législative, dès le 17 juillet, des dispositions, insérées dans le décret du 17, 19, 20 juillet, l'arrivée à Nancy, le 21 juillet, du lieutenant-colonel Haxo, porteur de la réquisition du général Lamorlière, déterminent le Conseil général du département à prendre, sans plus attendre, les mesures voulues pour procéder à la nouvelle levée de volontaires. Le 22 juillet, le Conseil se réunissait : on faisait tout d'abord remarquer que rien n'autorisait légalement les Corps administratifs ou les généraux à lever les gardes nationaux puisqu'aucun décret n'était encore intervenu ; en effet, le décret du 17, fixant le contingent à fournir à l'armée par chaque département était bien connu à Nancy, mais il n'était pas encore officiellement arrivé aux Corps administratifs ; le Conseil décidait cependant de passer outre à cette formalité, estimant que les circonstances étaient pressantes et qu'on pouvait toujours commencer à exécuter le décret. L'arrêté, pris en séance, détermina aussitôt les conditions de la levée dans le département ; on posa tout d'abord qu'il était impossible de lever le 1/6 des citoyens actifs comme le demandait le général Lamorlière et qu'il fallait se borner à fournir les 2.400 volontaires demandés à la Meurthe par le décret du 17 juillet (3) ; le Con-

<hr>

(1) *Réquisition du Général La Morlière,* 19 juillet 1792. *Lettre de Victor Broglie, chef de l'état-major de l'Armée du Rhin aux Administrateurs de la Meurthe,* 20 juillet 1792. *Lettre du Général Biron aux Administrateurs de la Meurthe,* 20 juillet 1792. *Lettre de Victor Broglie à Haxo,* 20 juillet. *Instruction pour Haxo,* 20 juillet 1792, L. 410 A. D.

(2) Décret du 23-25 juillet, 24-25 juillet 1792.

(3) Le Conseil général se trompait : la Meurthe devait fournir 2.400 hommes aux troupes de ligne et 100 volontaires (voir plus haut) ; en fait, on ne fournit aucun contingent de troupes de ligne, et on se contenta de lever des volontaires qui furent tous incorporés dans de nouveaux bataillons.

seil fixait alors le chiffre des hommes à réclamer de chaque district proportionnellement à sa population ; « sous 3 jours, tous les gardes nationaux et autres citoyens » s'inscriraient aux chefs-lieux de leurs cantons, se formeraient ensuite en compagnies, éliraient leurs officiers et se grouperaient en bataillons de 800 hommes ; avec l'excédent des inscrits au-delà de 2.400 on constituerait des bataillons supplémentaires ; il n'était plus nullement question de renforcer d'abord les bataillons de 1791. L'arrêté fut aussitôt adressé à tous les districts (1).

Ce même jour, 22 juillet, l'annonce de la réquisition du général Lamorlière, la nouvelle des décrets, rendus par l'Assemblée législative en vue de nouvelles levées de volontaires, suscitent une vive émotion parmi la population de Nancy. Le maire, Duquesnoy, fait rassembler la légion et invite le Conseil général de la commune, à « exciter l'émulation » des gardes nationaux ; les officiers de la légion sont introduits dans la salle des séances du Conseil et Duquesnoy les exhorte : « Citoyens, la Patrie est en danger… elle a besoin de votre secours; elle le demande, vous avez fait des serments, voulez-vous les tenir ? C'est pour connaître votre résolution que le Conseil général vous a assemblés. Il sait assez comment avec des phrases on peut inspirer à toutes les têtes un enthousiasme passager et faire sortir de toutes les bouches un nouveau serment… Nous ne voulons pas vous inspirer de la terreur ni même de l'inquiétude, mais nous ne voulons pas que vous vous aveugliez sur le danger. Il est grand ; l'ennemi est sur les bords du Rhin : il est à votre porte. Voulez-vous l'attendre lâchement dans vos murs? Qu'il vienne vous dicter la loi? Voulez-vous le chercher, le combattre, le vaincre et rester libres? Choisissez entre la liberté et l'esclavage, entre l'honneur et l'infâmie, entre la fidélité à vos serments et le parjure? Je vais vous donner lecture d'un décret de l'Assemblée nationale (ici a été donnée lecture du décret). Vous l'avez entendu? Voulez-vous partir? Voulez-vous renforcer notre armée?… Citoyens, il ne s'agit pas de combattre un parti, il ne s'agit plus d'accuser de lâches et faibles aristocrates sans armes, de persécuter des prêtres sans défense : les armées de Prusse et d'Autriche sont là, allez les combattre et montrez que vous êtes dignes de la Constitution que vous

(1) P. V. du C. G. du département, 22 juillet 1792, L. 69 A. D.

vous êtes donnée ! Je n'ignore pas les infâmes manœuvres employées depuis ce matin pour vous empêcher de partir... il n'y a de danger que pour les lâches, la gloire attend les gens de cœur... Que des pères de famille, âgés ou faibles, restent près de leur femme et de leurs enfants, tous les hommes forts et robustes doivent partir, à moins qu'ils n'aiment mieux prendre avec nos femmes la quenouille et le fuseau. Mais ne vous trompez pas, ce que nous vous demandons ce ne sont pas des promesses ; incessamment, aujourd'hui, dans trois jours, vous êtes en marche... En partant vous donnerez un grand exemple à toute la France, en partant en grand nombre vous formerez un bataillon de frères... ; bientôt, vous reviendrez triomphants, nous ceindrons de lauriers vos têtes victorieuses, nous vous pré senterons à nos femmes, à nos enfants, nous leur dirons, voyez, voilà nos libérateurs, voilà les soutiens de la Patrie, voilà ceux à qui vous devez ce que vous avez de plus cher au monde : la liberté ; sans eux vous seriez esclaves... Citoyens, songez à Nancy et partez. » (1).

Le discours de Duquesnoy provoque un vif enthousiasme parmi les officiers de la légion et les citoyens qui ont maintenant rempli la salle : Humbert, maréchal de camp, commandant de la légion, âgé de 67 ans, signe « l'engagement de simple volontaire » ; Friant, l'adjudant général, l'imite ; Marc, capitaine d'une compagnie de canonniers, père de sept enfants, signe à son tour ; un grand nombre d'officiers de la garde se déclarent prêts à partir ; des citoyens, des femmes se pressent vers le bureau du conseil pour faire des offrandes patriotiques. Les uns après les autres, les bataillons de la légion sont introduits « Voulez-vous sauver la Patrie, leur disait-on... Vos serments sont-ils vains ? En est-il parmi vous qui préfèrent l'esclavage à la mort ? Que ceux-là restent ; qu'ils prennent la quenouille : la Patrie n'appelle que des hommes à l'honneur de la défendre... » L'enthousiasme s'accroît ; les dons en argent ou en nature affluent ; entre cinq et dix heures du soir, 250 citoyens sont inscrits comme volontaires et demandent à partir le plus tôt possible à la frontière ; les inscriptions continuent dans les jours qui suivent le 22 juillet, leur nombre atteint bientôt

(1) P. V. du C. G. C. 22 juillet 1792. A. M.

55o pour la ville de Nancy (1) ; le 27 juillet, les volontaires de la ville sont déjà groupés en quatre compagnies (2).

L'attitude patriotique de Nancy allait avoir un retentissement considérable dans le département et même dans la France entière; le 28 juillet, l'Assemblée législative décrétait « mention honorable de la garde nationale, du Conseil général de la commune de Nancy, des administrateurs du département »; le 31, elle décidait que le récit officiel de la séance du Conseil général de la commune de Nancy serait inséré dans son procès-verbal, imprimé et envoyé à tous les départements, qui devraient eux-mêmes l'adresser à toutes leurs municipalités (3). A partir de ce moment, de tous les points de la France arrivèrent en foule au Conseil général de la commune de Nancy des adresses de félicitations pour l'exemple de patriotisme donné par ses administrés (4).

L'enthousiasme fut également considérable dans le district de Nancy : son contingent avait été fixé à 43g hommes par le Conseil général du département, il en fournit 1.200 provenant tant de la garde nationale que des citoyens non inscrits sur les contrôles de ce corps ; comme il faut même tenir compte des volontaires reconnus inaptes au service, le chiffre des inscriptions dépasse très sensiblement 1.200 ; la petite commune de Jarville déclare avec orgueil qu'elle a fourni 27 soldats ou volontaires, et que les 24 citoyens restés dans leurs foyers, se tiennent prêts à partir à la première réquisition (5).

La garde nationale avait joué un rôle singuliérement important dans la levée : non seulement, l'exemple, donné par la légion de Nancy, avait été entraînant pour le district et le département, mais encore, si l'on s'en rapporte aux documents, il semble bien que les 250 inscriptions, obtenues à Nancy, le 22 juillet, proviennent uniquement des gardes nationaux. Le 27 juillet, sur la réquisition du Directoire du district, Brugnon, commandant provisoirement la légion en remplacement de Humbert, adressait une circulaire à ses commandants de batail-

<hr>

(1) *P.-V. du C. G. C.*, 22 juillet 1792. A. M.

(2) *P.-V. du C. G. du département*, 27 juillet 1792, L. 69, A. D.

(3) *Extrait du P.-V. de l'Assemblée législative*, 28, 31 juillet 1792. H. 3. A. M.

(4) *P. V. du C. G. C.*, 5, 6 août, A. M. — *P. V. du C. G. du département*, 18 août 1792. L. 70. A. D.

(5) *P. V. du C. G. du département*, 7, 16 août 1792. L. 70. A. D.

on pour les engager à exhorter leurs hommes à s'engager lors
de la réunion des gardes nationales du canton, convoquées pour
le dimanche suivant à Nancy (1).

L'importance du rôle, joué par la garde nationale pour la
levée des volontaires, est tout à fait apparente dans les villes :
on la constate à Vezelise, à Pont-à-Mousson, à Lunéville, à Toul;
dans cette ville, le 27 juillet, devant les deux bataillons de la
garde nationale, placés sous le commandement de Gérard, chef
de la 1re légion du district, le maire, Jacob, donnait lecture de
la loi proclamant la Patrie en danger, et de l'arrêté, pris, le 22,
par le Conseil général du département pour la levée des volontaires ; il engageait ensuite à s'inscrire les gardes nationaux
« qui désireraient marcher au secours de la Patrie » ; séance
tenante, 59 s'inscrivaient et une souscription populaire produisait 2.100 livres. Le lendemain, 28 juillet, le chiffre des enrôlements pour la ville atteignait 77 ; le chef de la légion, Gérard,
s'était inscrit en tête : « ... je me suis inscrit le premier et ai
prêché l'exemple, croyant servir plus utilement ma Patrie qu'en
restant dans mes foyers... » (2). L'enthousiasme de la garde
de Toul allait aussi provoquer celui des citoyens du district et
l'exemple de ses premiers inscrits faciliter la levée du contingent.

L'influence, exercée par la garde nationale sur la levée, fut
beaucoup moins considérable dans les campagnes. Les opérations y sont plus régulières ; elles se passent avec un calme plus
grand. En général, les Commissaires nommés par le Conseil
général du district, officiers de la garde nationale pour la plupart, convoquent au chef-lieu du canton, non seulement les
gardes nationaux, mais aussi tous les garçons au-dessus de
18 ans ; ils lisent l'arrêté du 22 juillet du Conseil général du
département et invitent les citoyens à s'enrôler ; si le chiffre,
fixé par le Conseil général du district pour le contingent du
canton, n'est pas atteint sur le champ, les Commissaires lais-
sent aux municipalités le soin de se procurer comme elles l'entendent, au besoin à prix d'argent, les volontaires qu'elles doi-

(1) *Arrêté du C. G. du district de Nancy*, 25 juillet 1792. L. 1478, A. D.
Circulaire de Brugnon, B. M.
(2) *Registre de correspondance du C. G. C.*, 28 juillet 1792. — *Arrêté du
C. M.*, 28 juillet 1792. A. M. Toul. — *Lettre de Gérard*, 2 août 1792. L.
412, A. D.

vent fournir (1). Les résultats obtenus montrent combien la levée s'opéra facilement et rapidement dans l'ensemble du département ; on avait demandé 2.500 hommes à la Meurthe, or, au milieu d'août, on avait formé 5 bataillons, comptant 4.000 volontaires, ce qui représente un chiffre d'inscriptions notablement supérieur ; certains districts avaient particulièrement contribué à la levée ; le district de Nancy avait fourni 12 compagnies, le district de Pont-à-Mousson, 5 (2).

Une large part du succès de la levée revient sans contredit à la garde nationale ; dans les villes, c'est elle qui donne le signal de l'enthousiasme, c'est elle qu'on convoque tout d'abord, c'est elle qui fournit les premières inscriptions, celles qui entraînent les autres; et l'exemple porte sur toutes les populations du département. En outre, la garde nationale fournissait des hommes qui, pour avoir reçu une certaine instruction, étaient plus prêts que d'autres à entrer en campagne. Dans la Meurthe, la garde nationale avait donc répondu, au-delà de ce qu'on pouvait espérer, aux demandes de l'Assemblée législative.

Mais le mode suivant lequel l'Assemblée a formulé ces demandes marque aussi l'avortement des espoirs fondés sur la garde nationale telle que l'avait établie la loi du 29 septembre 1791. Les législateurs avaient rêvé de fonder deux armées : l'une, l'armée de ligne, se recruterait, en temps de paix, comme en temps de guerre, parmi les citoyens actifs ou non actifs, l'autre, la garde nationale ne comprendrait en tout temps que des citoyens actifs, gens riches ou tout au moins aisés ; en cas de guerre, elle contribuerait à la défense nationale en constituant volontairement des unités spéciales, destinées à combattre aux côtés de l'armée de ligne mais complètement distinctes de cette armée. Si le système fonctionnait normalement, il devait se produire que l'armée de ligne serait formée presque unique-

(1) *Pièces relatives à la levée des volontaires.* L. 884, 2271, 1343, 1365. — Cf. *P.-V. du Directoire du département*, 6 août 1792. L. 77. A. D.
(2) Les 5 bataillons de la levée de 1792, formés par la Meurthe, prirent les numéros de 6 à 10 (ceux de 1791 portaient déjà les numéros de 1 à 5) ils furent fournis : le 6°, par le district de Nancy, le 7°, par les districts de Toul (4 compagnies) et Vézélise (4 compagnies), le 8° par les districts de Pont-à-Mousson (5 compagnies), et Nancy (3 compagnies), le 9° par les districts de Lunéville et Château-Salins, le 10° par les districts de Nancy (1 compagnie) et les districts de Sarrebourg, Blamont, Dieuze (Sandt, op. c. t.). — Le département forma en outre une compagnie franche sur laquelle les renseignements sont tout à fait imprécis.

ment de citoyens passifs, tandis que les bataillons de volontaires ne comprendraient que des citoyens actifs. L'Assemblée reste fidèle à cette conception jusqu'en juillet 1792 ; elle ne l'abandonne que devant la gravité du péril extérieur, la nécessité d'un effort considérable, et peut-être aussi sous la pression d'un sentiment politique ; elle déclare alors, le 17 juillet (1), que tous les citoyens actifs ou non pourront être incorporés dans les bataillons de volontaires. C'est l'aveu qu'elle ne croit plus la garde nationale, telle que l'a organisée la loi de 1791, suffisante pour fournir les volontaires que réclame la patrie en danger.

(1) Décret du 17, 19, 20, 22 juillet 1792.

CHAPITRE XII

L'invasion prussienne et les gardes nationales du département de la Meurthe en 1792

La garde nationale de la Meurthe qui venait de rendre en juillet des services si incontestablement précieux pour la levée des volontaires, allait se trouver appelée à jouer un rôle actif à partir de l'époque où l'armée prussienne entre en France. En effet jusqu'au milieu d'octobre, avec des alternatives plus ou moins menaçantes, le département de la Meurthe peut craindre d'être envahi soit par un corps considérable, soit par quelques partis. Le moment semble venu pour la garde nationale d'assurer, dans la mesure de ses moyens, la défense de ses concitoyens contre l'envahisseur ; la mission rentre pleinement dans le rôle que lui ont défini les législateurs de 1791.

Les principaux documents des archives locales qui ont trait aux mesures prises pour la protection du département dans cette période ont été publiés par le capitaine de Sandt (1) ; or, l'im-

(1) Sandt. *La défense de Nancy en 1792*, op. cit.

pression qui ressort de la présentation des pièces telle qu'elle a été faite par cet officier, serait de nature à faire croire, qu'à tout moment, corps constitués et gardes nationales du département de la Meurthe ont été partisans d'une énergique résistance. Le capitaine de Sandt ne dissimule pas d'ailleurs son admiration pour la « défense de Nancy en 1792 ». « Des documents exposés il ressort principalement qu'une opération militaire telle que la défense de Nancy a été dirigée et exécutée par des civils. Ce ne sont pas des généraux qui ont organisé la défense, mais les administrateurs ; ce ne sont pas les troupes de ligne qui ont assuré la défense, mais les gardes nationales. » (1).

À regarder les choses de près, on ne saurait souscrire au jugement du capitaine de Sandt ; en ce qui concerne la défense de Nancy, ou plutôt du département, il importe de rappeler tout d'abord qu'à aucun moment, en 1792, la Meurthe n'a été attaquée ; la constatation réduit singulièrement déjà le mérite des autorités ; nous verrons qu'en fait il a été assez mince. Quant à l'énergie des gardes nationales, il est regrettable que par un de ces hasards qui n'épargnent pas les plus scrupuleux travailleurs, certains dossiers des archives municipales de Nancy aient échappé au capitaine de Sandt ; or, ce sont ceux qui mettent en évidence les résistances rencontrées pour organiser la défense.

Le problème est donc à reprendre, mais il ne s'éclaire que si on étudie l'attitude du département dans le cadre des événements militaires ; on s'aperçoit alors qu'elle fut essentiellement variable du mois d'août au mois d'octobre, sous l'influence du cours suivi par l'invasion prussienne ; de ce point de vue, on peut y distinguer un certain nombre de phases dont chacune correspond à un changement dans la situation de l'armée ennemie ; la première irait à peu près du 25 juillet au 20 ou 21 août.

Depuis le 19 juillet, l'armée prussienne, sous le commandement de Brunswick, est à Coblentz ; le 5 août, elle est à Trèves ; du 12 au 18 août à Montfort, dans le Luxembourg. Son gros comprend 42.000 Prussiens, 15.000 Autrichiens sous Clerfayt, 5.352 Hessois et 4.500 émigrés ; il est flanqué au sud par le corps de Hohenlohe-Kirchberg, fort de 14.000 Autrichiens, qui

(1) Sandt : *La défense de Nancy*, op. cit., p. 162.

doivent marcher sur Thionville. (1) Au total, c'est une armée de 80.000 hommes qui se trouve, le 18 août, à 85 kilomètres de Nancy, à 50 kilomètres de la limite nord du département.

Les intentions du commandant en chef de cette armée avaient été précisées depuis le 25 juillet dans un manifeste fameux. Les habitants qui « oseraient se défendre » seraient punis sur le champ comme rebelles, leurs maisons brûlées ou démolies; par contre, ceux qui se soumettraient au roi seraient protégés. Les gardes nationaux qui essayeraient de résister seraient traités en ennemis et punis également comme rebelles. Les administrateurs répondraient, sur leurs têtes et sur leurs biens, des délits et crimes qu'ils laisseraient commettre. (2)

Le manifeste de Brunswick, connu le 31 juillet dans le département, ne parait avoir excité ni émotion patriotique, ni terreur ; les préoccupations, l'attention vont d'abord à la levée des volontaires, alors en pleine exécution, bientôt aux événements, survenus le 10 août à Paris, à leur répercussion sur la situation politique. D'ailleurs, on se croit en sûreté : l'invasion peut encore ne pas se produire; en tous cas, on est couvert par l'armée de Luckner qui est à 20 kilomètres au nord de Metz.

Dès le 14 août, cependant, il y a un moment de stupeur à la réception d'une lettre du Directoire du district de Dieuze annonçant que 20.000 Autrichiens seront le 13 à Hombourg, d'où ils continueront, dit-on, sur Sarreguemines, Nancy et Paris; l'ennemi apparaissait à 70 kilomètres de Dieuze ; il pouvait entrer le 16 dans la Meurthe. Sur le champ, le Conseil général du département, très ému, se réunit avec le Conseil général du district et le Conseil général de la commune de Nancy ; on prend un arrêté, adressé aux communes et aux gardes nationales ; le Conseil général du département se déclare « ranimé par le courage et le zèle des gardes nationales, par leurs dispositions non équivoques, convaincu qu'elles sont prêtes à résister, pour éviter le pillage et le massacre auquel on doit s'attendre si l'ennemi pénètre à l'intérieur... de façon à donner aux armées le temps d'accourir... » En conséquence, il ordonne à toutes les gardes nationales du département « armées, ou qui pourront l'être, de se tenir prêtes à marcher au moment où elles en recevront l'or-

<hr>

(1). Chuquet, *La première invasion prussienne*, op. cit. p. 145.
(2) *Moniteur*, 3 août 1792.

dre... » partout, on devait fabriquer des piques, on demandera aux départements voisins « de tenir leurs gardes nationales armées et prêtes à partir aux premières réquisitions... » (1).

C'est un appel à la bonne volonté des gardes nationales, mais ce n'est rien de plus ; c'est peu, si la nouvelle, annoncée par le Directoire du district de Dieuze, est vraie et si l'on veut protéger le département. Duquesnoy seul, le maire patriote de Nancy, avait proposé énergiquement d'assembler la légion de la ville, de former un corps de citoyens aptes à marcher et de l'envoyer au devant de l'ennemi. On lui fit observer que rien n'était prêt matériellement pour une pareille expédition, que cet envoi de troupes pourrait « gêner le plan des généraux » et l'assemblée se trouva satisfaite par la rédaction de son arrêté. (2).

Il s'exécute dès le 14 août à Nancy où la garde nationale fut avertie d'avoir à tirer au sort le rang des escouades qui marcheraient les premières (3), le 15 à Lunéville (4), quelques jours plus tard à Toul (5) provoquant partout une très vive émotion ; il est vrai qu'elle fut brève. Le 16 août, le Conseil général du département était rassuré par une lettre de Luckner où le maréchal faisait connaître que les nouvelles venues de Dieuze étaient fausses ; deux membres du Conseil, envoyés à Metz, recevaient aussi de Beauharnais, adjudant-général à l'Armée du centre, les renseignements les plus rassurants : l'armée « prendrait si bien ses mesures que partout où l'ennemi voudrait passer, il se trouverait des hommes prêts à le repousser ». (6) Et Luckner répétait ces assurances au Conseil général du district de Toul qui l'avait averti des bonnes intentions de sa garde nationale. Le maréchal déclarait les deux bataillons de la garde nationale de la ville tout à fait suffisants comme garnison, il jugeait les ennemis peu disposés à l'invasion et même dans ce cas, ajoutait-il, « j'ai à leur opposer des troupes pleines de valeur qui brûlent de combattre et avec lesquelles on ne peut douter du succès. Voilà, Messieurs, ce que je pense, et je ne crois pas me tromper. » (7).

---

(1) *P. V. du C. G. du département.* 14 août 1792. L. 70. A. D.

(2) *P. V. du C. G. du département.* 14 août. L. 70. A. D. ; et *P. V. du C. G. C.*, 14 août 1792. A. M.

(3) Conformément aux prescriptions de la loi du 29 septembre 1791.

(4) *P. V. du C. G. C. du département*, 16 août 1792. L. 70. A. D.

(5) *Arrêtés du C. G. C.* 15, 19 août. *Lettre du C. G. C. à Carez*, 18 août 1792. A. M. Toul.

(6) *P. V. du C. G. du département*, 16 août 1792. L. 70. A. D.

(7) *Lettre du Maréchal Luckner.* Richemont. 15 août 1792. L. 2412. A. D.

Devant de tels témoignages de confiance, les autorités constituées du département reviennent rapidement de leur émotion; aussi, le 18 août, à l'arrivée d'une nouvelle lettre du Conseil général du district de Dieuze annonçant que 30.000 Autrichiens sont autour de Bliescastel (60 kilomètres de Dieuze), le Conseil général du département se contente de déclarer que ce renseignement est vraisemblablement erroné. (1) L'arrêté du 14 août ne fut donc pas complété ; il n'y eut pas d'autres dispositions prises pour la défense éventuelle du département ; ce n'est là, à cette époque, ni mauvais vouloir, ni crainte des représailles de l'ennemi ; c'est simplement l'effet de la confiance qui règne. La Meurthe ne se croit pas menacée et si l'ennemi attaque, on compte que l'Armée du centre suffira à le repousser ; on se contente donc d'avertir les gardes nationaux qu'ils pourraient avoir à marcher, mais seulement dans le cas fort improbable d'une incursion se produisant à l'improviste et pour donner le temps d'arriver à des troupes de l'armée régulière. C'est à ce simple avis que se bornent les mesures envisagées dans le département ; du moins, les termes de l'arrêté du 14 août donnent à penser d'une part que les autorités sont décidées à faire jouer à la garde nationale un rôle, si restreint qu'il soit, et, d'autre part, qu'elles comptent effectivement sur sa bonne volonté. Dans la période suivante, l'attitude des autorités allait se modifier.

Du 21 au 31 août, les événements se précipitent. Le 19 août, près de Redange, les Prussiens entrent en France ; le 20, les villages de Tiercelet, de Bréhain-la-Ville (2) sont pillés ; les déprédations et les exécutions commencent ; à Cutry, un garde national est pendu ; ainsi, les menaces du manifeste du 25 juillet ne sont pas vaines. Puis, les revers arrivent : le jour où l'ennemi franchit la frontière, l'avant-garde de l'Armée du centre est battue à Fontoy, (3) le 23 août, Longwy capitule. Luckner, suspect depuis ses relations avec La Fayette, considéré comme incapable par Servan, le Ministre de la guerre, est relevé de ses fonctions et remplacé par Kellerman qui arrive à Metz le 27 août ; le commandement change à l'Armée du centre précisément au moment où il a le plus besoin de stabilité. (4)

(1) P. V. du C. G. du département. 18 août 1792. L. 70. A. D.
(2) Ces deux villages sont à 30 kilomètres de la limite nord du département.
(3) Fontoy est à 40 kilomètres de la limite nord du département.
(4) Cf Chuquet. La première invasion prussienne. op. cit. p. 157 et sq.

La situation devenait grave pour le département de la Meurthe. Conformément aux idées stratégiques du temps, on pouvait estimer que Brunswick, à cette époque tardive de l'année, ne pousserait pas au-delà de la Meuse et prendrait ses quartiers entre cette rivière et la Moselle ; dès lors, les mois de septembre et d'octobre seraient vraisemblablement employés par l'armée prussienne, soutenue par les corps autrichiens, au siège des places de la région, Verdun, Montmédy, vers le nord et l'ouest, Thionville Metz, vers le sud. C'était bien d'ailleurs le plan que Brunswick espérait encore pouvoir suivre à cette date, si le roi de Prusse n'exigeait pas la marche immédiate sur Paris (1) ; telles étaient aussi les intentions prêtées par les contemporains au général prussien : le 7 septembre encore, Dumouriez écrivait à Servan : « ...je crois que leur projet actuel n'est pas de marcher sur Paris, mais bien de prendre Metz et Nancy, et d'hiverner dans la Lorraine et les Evêchés... » (2). Dans ce cas, que ferait l'Armée du centre? Sans préjuger des instructions qu'elle recevrait, on pouvait prévoir qu'elle essaierait alors de se maintenir au sud de la zone occupée par l'ennemi, soit dans la région entre Rupt de Mad et Moselle, soit au sud de la ligne Nancy, Toul, Commercy, si l'ennemi s'avançait davantage. Les gardes nationales armées du département de la Meurthe pouvaient alors lui être d'un secours précieux ; celles du district de Pont-à-Mousson disposaient d'environ 2.600 fusils, tant fusils de munitions que fusils de chasse ; le district de Nancy en comptait certainement davantage; la garde nationale de Nancy avait plus de 2.200 fusils et les gardes nationales de Rosière, de Saint-Nicolas, de Pont-Saint-Vincent avaient bon nombre d'armes. A Toul, les deux bataillons de la ville étaient armés ; l'armement du district était comparable à celui de Pont-à-Mousson. On pouvait donc rassembler facilement dans ces trois districts, les plus immédiatement menacées, au moins 6.000 gardes nationaux armés, secours précieux pour les 17.000 hommes que comptait l'Armée du centre ; seulement, il eût fallu les réunir de suite, tout au moins par district, sous peine d'être surpris par la brusque irruption d'un adversaire signalé à moins de 50 kilomètres au nord du département. A partir du moment où Longwy était pris (23 août), on

(1) Cf. Chuquet. *La première invasion prussienne.* op. cit. p. 284 et sq.
(2) *Dumouriez à Servan,* 7 septembre 1792. A. H.

devait s'attendre à tout instant à voir paraître l'ennemi. Si l'on voulait donc contribuer à la défense nationale, figurer aux côtés de l'Armée du centre, ou même protéger le département contre les incursions de colonnes légères, le moment était venu.

Or, dans les dix jours qui s'écoulent du 21 au 30 août inclus, il n'est pris aucune mesure de défense dans le département ; le 28 août cependant, le Conseil général de la Meuse avertit celui de la Meurthe qu'il a ordonné à ses chefs de légion de conduire à Verdun les plus aptes des gardes nationaux armés pour les mettre aux ordres des généraux ; il demande, dans ce même but, le concours des citoyens de la Meurthe. On délibère aussitôt « qu'il sera répondu que les citoyens de la Meurthe sont prêts à voler à leur secours et n'attendent que les réquisitions des généraux qui doivent les diriger... » mais le Conseil général se borne à prier de se hâter les districts qui n'ont pas terminé l'organisation de leur garde nationale, il demande l'état d'effectif de ces gardes, et renouvelle l'ordre de faire tirer au sort les fractions qui doivent marcher. (1) Dans les districts les plus menacés, Pont-à-Mousson, Toul, même inaction : à Toul, où les fortifications sont en mauvais état, les fossés encombrés, l'armement insuffisant, le Conseil général de la commune se contente de signaler cette situation au Ministre de la guerre (2) ; nul ne pense à employer à la réparation des défenses de la place les 600 hommes de la garde nationale, aidés par des travailleurs, requis ou payés pris parmi le reste de la population ; à Nancy, le Conseil municipal se borne à délivrer quelques munitions à la garde et à lui faire prêter serment de maintenir la liberté, l'égalité ou de mourir à son poste (3).

Il est certes difficile de définir les raisons exactes qui motivent pendant cette période encore l'inaction des autorités dans le département ; on comprend que ni Luckner, ni Kellerman ne soient tentés de faire appel aux gardes nationales des départements quand ils n'osent même pas utiliser les bataillons de volontaires de 1792 ; l'emploi des gardes nationaux ne leur paraît évidemment pas de nature à faciliter leurs efforts ; ils redoutent bien plutôt leur contact pour les troupes peu disciplinées et peu

(1) *P. V. du C. G. du département.* 28 août 1792. L. 70. A. D
(2) *Lettre du C. M. à Carez député.* 30 août. — *Lettre du C. G. C. au Ministre de la guerre.* 13 septembre 1792. A. M. Toul.
(3) *P. V. du C. M.* 27 août. A. M. — *P. V. du C. G. C.* 21 août 1792. A. M.

solides qui forment l'Armée du centre (1). Faut-il expliquer par un manque de confiance analogue l'inaction des autorités constituées du département? Ont-elles été déterminées aussi à ne pas se compromettre par l'influence des premiers succès prussiens, par les menaces du manifeste de Brunswick? On ne sait ; il faut bien dire à leur décharge cependant qu'elles ont une excuse sérieuse dans l'absence de tous ordres émanant des généraux commandant en chef de l'Armée du centre.

Elles font preuve, au contraire dans la période qui suit, d'une certaine volonté de préserver le département des incursions de l'ennemi ; mais, les gardes nationales ne répondent pas à ce désir et ne manifestent aucun enthousiasme pour se préparer à la résistance? Cette phase très courte, du 31 août inclus au 5 ou 6 septembre, est une véritable période de crise; les événement les plus graves se passent aux armées ; ils provoquent une émotion profonde dans le département.

Le 31 août, l'armée prussienne marche sur Verdun ; le 2 septembre, cette place, à 80 kilomètres de Nancy, à 40 kilomètres de la limite nord du département, capitule ; Thionville est investi, depuis le 29 août, par un corps autrichien, commandé par Hohenlohe-Kirchberg. Le 3 septembre, un détachement prussien arrive à Saint-Mihiel pour enlever Sauce, l'ancien procureur de Varenne, coupable d'avoir contribué à l'arrestation de Louis XVI en 1791 (2) ; or, St-Mihiel n'est qu'à 52 kilomètres de Nancy, à 16 kilomètres des limites nord-ouest du département. Si le plan qu'on peut raisonnablement prêter à Brunswick et qui est effectivement le sien, s'arrêter à la Meuse se réalise, la situation est des plus graves, le département de la Meurthe, Toul, Nancy, sont très menacés. Il ne faut plus compter sur l'armée française ; l'Armée du centre, commandée par Kellermann, a quitté Metz, le 4 septembre ; le 5, le général est à Toul, dont il part, le 6, pour marcher dans la direction de Châlons (3). Le moment est donc venu de se mettre en état, soit d'opposer une résistance sérieuse à un corps ennemi, détaché vers le sud pour s'emparer de Toul et de Nancy, soit plus simplement de mettre le dépar-

(1) Cf Chuquet. *La première invasion prusienne* op. cit. p. 206.
(2) Cf Chuquet. *La première invasion prussienne.* op. cit. p. 212 et sq. *La retraite de Brunswick* op. cit. p. 237. Cf égal Poulet *Saint Mihiel en 1792* op. cit. p. 216.
(3) Sandt. *La défense de Nancy.* op. cit. p. 104.

tement à l'abri des insultes et des déprédations que peuvent commettre quelques fractions légères venues réquisitionner dans la
région comprise entre Toul, Nancy et Pont-à-Mousson ; il est
même déjà tard pour prendre des mesures préservatrices.

Le 31, le Conseil général du département reçut une lettre de
Roland, ministre de l'intérieur, écrite probablement sous l'empire de l'émotion, causée par la capitulation de Longwy, le
23 août ; cette lettre encourageait le département à résister énergiquement à l'ennemi ; il fallait évacuer les approvisionnements
en vivres et en fourrages, « que chaque ville, chaque hameau,
ferme son enceinte, s'environne de fossés, de retranchements, se
prépare à une vive résistance ; veillez aux passages des rivières,
disposez-vous à couper les ponts et les chaussées... que tout soit
préparé pour qu'il (l'ennemi) ait à la fois à combattre et les obstacles et la valeur des habitants et de nos armées... » (1).

La lettre de Roland détermina un certain nombre de mesures
prises dans une séance, tenue à 6 heures du soir, par le Conseil
général : on décidait d'envoyer trois commissaires étudier les
travaux qui pourraient être exécutés en vue d'une résistance dans
les districts qui forment la partie nord du département, districts
de Toul, Pont-à-Mousson, Nancy ; Lecreulx, ingénieur, Sau-
nier, arpenteur, et Valory, furent chargés de cette mission. On
adressa les réquisitions nécessaires pour se procurer des munitions à l'officier qui avait sous sa direction les arsenaux de Toul,
Marsal et Nancy. Enfin, le Conseil général encourageait ses concitoyens à se tenir prêts à la résistance, à envoyer aux renseignements des gens sûrs et il prenait soin d'ajouter : « ... au reste,
le Conseil aime à pouvoir les prévenir qu'il a toujours plus d'espérance que le gros de l'armée ne dirigera pas sa marche du côté
du département de la Meurthe et que l'on ne peut avoir à craindre que quelques soldats fourrageurs que la nécessité de vaincre
ou de périr doit engager à repousser courageusement... » (2).
C'était encourager à la résistance en donnant espoir qu'on aurait
le mérite de l'avoir organisée, sans avoir effectivement à combattre. Or, le soir même, le Conseil général était averti que la
situation s'aggravait sérieusement : à 10 heures, il se réunissait
en séance extraordinaire pour prendre connaissance d'une lettre

(1) *Le Ministre de l'Intérieur aux Administrateurs de la Meurthe.* 27 août
1792. L. 411. A. D.
(2) *P. V. du C. G. du département.* 31 août. L. 70. A. D.

du Conseil général du département de la Meuse qui avertissait de l'investissement de Verdun et annonçait la marche sur cette ville de troupes levées par l'Assemblée législative : « ...c'est à ces défenseurs que les gardes nationales citoyennes de votre département doivent toujours s'unir, en prenant la route de Paris, par Châlons et Sainte-Menehould que nous pensons qu'elles doivent tenir.... » (1)

Dès le début de la séance, un membre proposa de requérir effectivement un certain nombre de gardes nationaux et de les diriger immédiatement sur Ste-Menehould, comme le demandait le Conseil général de la Meuse; on lui fit observer que des difficultés matérielles de tout genre s'opposaient à cette mesure, et que, puisque Luckner était à proximité de Nancy, il fallait s'adresser tout d'abord à lui pour savoir ce qu'il convenait de faire ; c'était en effet logique, du moment où il ne s'agissait plus de la défense même du département, mais d'un concours à apporter aux opérations des armées régulières. En effet, le soir même, le Conseil général écrivait au maréchal Luckner, à Metz, pour lui faire part des nouvelles reçues, lui demander le nombre des gardes nationaux qu'il convenait de faire marcher et le point sur lequel on devrait les diriger ; en même temps, les districts étaient avertis que leurs gardes nationaux pourraient être requis à tout instant ; les citoyens appelés à marcher, devraient prendre les armes des citoyens non désignés (2).

La journée du 31 août marque ainsi une évolution très nette dans l'attitude jusque-là assez passive du Conseil général du département ; sous l'influence de la lettre de Roland, ce corps prend quelques mesures préparatoires à la défense éventuelle du département, envoie des commissaires chargés d'étudier cette défense et invite les gardes nationales à la résistance locale. Certes, ces mesures sont timides, à échéance lointaine, alors qu'il faudrait agir vite et avec décision, mais elles dénotent cependant un sursaut d'énergie qui contraste avec l'inertie observée jusque là par le Conseil général. Sous l'influence de la lettre du Conseil général de la Meuse, le Conseil général de la Meurthe s'enhardit même davantage, et si Luckner lui en donne l'ordre, il est prêt à envoyer les gardes nationales du département concourir à la

(1) *Lettre du C. G. du département de la Meuse.* 31 août 1792. L. 903. A. D.

(2) *P. V. du C. G. du département.* 31 août 1792. L. 70. A. D.

défense contre l'armée prussienne : cette fois, il témoigne d'un
véritable sentiment patriotique en n'hésitant pas à dégarnir le
département de ses gardes nationales armées, pour les envoyer
arrêter l'envahisseur qui menace les départements voisins. Comment les gardes nationales allaient-elles répondre à cet appel?

A Nancy, l'arrêté était communiqué, le 1er septembre, au chef
de la légion, imprimé et affiché dans toute la ville ; il y provo-
quait une vive émotion, presque une panique ; aucun garde
national ne se présentait pour partir volontairement ; le maire
Duquesnoy, pourtant patriote très sincère, s'élevait violemment,
le 2 septembre, au Conseil général de la commune contre l'arrêté du Conseil général du département : « ... on pouvait prévoir d'avance qu'il arriverait deux choses également fâcheuses,
la première que les citoyens refuseraient de quitter le département, la deuxième qu'ils s'effrayeraient de nouvelles qui semblaient si alarmantes, de dangers qui semblaient si instants.
C'est ce qui est arrivé en effet : aucun citoyen ne s'est présenté
pour partir et l'on ne doit pas en être surpris : cette commune
est épuisée d'hommes ; elle a fait les sacrifices les plus étendus
et les plus multipliés ; l'armée ennemie peut nous approcher par
divers points et nous avons dans notre sein des ennemis des lois
et de l'ordre qu'il est nécessaire de contenir... » et, continue
Duquesnoy, comment le Conseil général du département avait-il
pu prendre quelques heures seulement auparavant un arrêté où
il était simplement question de résister à un parti « vous le
voyez, cet arrêté est conforme à notre véritable situation, il nous
peint comme devant repousser un parti, et non comme devant
résister à un corps d'armée. Cependant l'impression fâcheuse de
l'arrêté de 11 h. $\frac{1}{2}$ (1) existe. Les citoyens sont inquiets, ils se
plaignent de ce qu'on a promis plus qu'on ne peut tenir, ils se
plaignent de ce qu'on semble vouloir dégarnir la ville dans un
temps où il serait dangereux de l'abandonner, ils se plaignent
de ce qu'on propose à des pères de famille de marcher contre
l'ennemi tandis que d'une part le maréchal Luckner renvoie ici,
à Lunéville et à Pont-à-Mousson, des bataillons de volontaires et
que d'une autre nos hôpitaux sont peuplés de soldats, attaqués
pour la plupart de honteuses maladies, qu'un bon citoyen ne

(1) Il s'agit de l'arrêté du 31 août qui prévoit l'emploi des gardes nationaux hors du département.

doit pas avoir devant l'ennemi et qui jamais n'empêchent un brave homme de se battre... » et Duquesnoy conclut : il faut exposer à la population qu'elle a pris inconsidérément l'alarme, prévenir les citoyens « qu'ils ne doivent pas marcher' et que, dans tous les cas, la défense de leurs foyers est leur premier devoir comme leur premier intérêt... », celui auquel il faut pourvoir tout d'abord, enfin il est essentiel d'établir avec Metz et les villes voisines une correspondance active « ... l'incertitude dans laquelle nous vivons est désespérante... » Le Conseil général de la commune se rallie à l'avis du maire et décide qu'on priera le Conseil général du département de retirer son arrêté relatif à l'envoi des gardes nationaux hors du département; les citoyens seront avertis que leur secours ne sera vraisemblablement pas nécessaire ; on charge le chef de la légion d'organiser le service de correspondance avec les villes voisines (1). Ainsi, la garde nationale de Nancy refusait nettement toute participation à une expédition hors du département et, si elle consentait à faire quelque résistance, c'était à condition d'être attaquée par un simple parti.

Dans le district de Pont-à-Mousson, en exécution de l'arrêté du 31 août du Conseil général du département, le 1er septembre, le chef de la légion désignait un officier de la garde nationale chargé de réunir le bataillon de chaque canton; cet officier devait faire tirer au sort le rang des escouades ; celles désignées pour marcher recevraient de bonnes armes de munitions, prélevées sur les autres unités (2).

Dès le 2 septembre, les commissaires opèrent dans les cantons ; dans le canton rural, sur 456 citoyens, 158 seulement se présentent pour tirer au sort (3) ; à Thiaucourt, le commandant du bataillon du canton, rend compte : « J'avais fait assembler notre bataillon; j'avais commencé à leur donner lecture de votre ordre, mais l'impatience s'étant emparée d'eux... ils se sont dispersés, au point qu'il m'a été impossible de les réunir à nouveau... » et le commandant ajoute qu'il va envoyer des commissaires dans chaque commune, mais qu'il ne faut pas compter sur la réussite « ...vu le peu de zèle des gens du canton... ». (4).

(1) *P. V. du C. G. C.* 2 septembre 1792. A. M.
(2) *Ordre du Commandant en chef.* 1er septembre 1792. L. 1996. A. D.
(3) *P. V. de Parisot.* 2 septembre 1792. L. 1996. A. D.
(4) *Rapport* du 2 septembre 1792. L. 1996. A. D.

à Dieulouard, l'officier de la garde nationale de Pont-à-Mousson, délégué pour le tirage au sort, écrit : « Le rassemblement fait, j'ai interrogé le peu de monde qui s'y trouvait. Il m'a été répondu que le canton avait fourni plus d'hommes que la population ne le permettait... malgré l'invitation faite à toutes les communes qui ont des armes de les apporter, aucune d'elles n'a déféré à cet ordre... » (1) et il ne semble pas qu'on ait pu procéder à la désignation des unités. Dans le canton de Flirey, l'opération est « tumultueuse » et les gardes nationaux font toutes sortes de difficultés (2). Dans le canton de Pagny, le citoyen Micque, commandant en second du bataillon de Pont-à-Mousson, ne trouve que les hommes de trois communes présents au rendez-vous fixé; les autres communes ont refusé de venir; « voyant donc l'impossibilité de faire l'opération pour laquelle nous étions commis, nous nous sommes retirés avec protestation... » (3) Dans le district de Blamont, à Blamont même, l'opération du tirage au sort n'a pas lieu : le commandant de la garde se contente de dresser un contrôle des hommes libres et garçons qu'on invitera à marcher les premiers, s'il le faut, mais le bataillon proteste en disant qu'il faut s'adresser maintenant aux bataillons ruraux de la légion qui ont très peu fourni de volontaires, car « on déssècherait visiblement les ressources que peut fournir la ville de Blamont » (4).

Il est heureux pour le Conseil général du département que le maréchal Luckner n'ait jamais répondu à sa proposition, car visiblement les gardes nationaux de la Meurthe étaient bien décidés tout au moins à ne pas quitter leur département. Cette résolution leur était-elle inspirée par la répugnance, jusqu'à un certain point compréhensible, d'abandonner leurs propres foyers menacés, pour aller au secours du voisin ? Ne témoignait-elle pas plus simplement d'une volonté arrêtée de ne présenter aucune résistance à l'ennemi, même s'il venait attaquer les districts ou les villes du département? L'attitude des gardes nationaux dans les jours qui suivent va nous éclairer à cet égard.

A partir du 3 septembre, la panique est à son comble dans le département : le 3, on reçoit dans l'après-midi à Toul et à Nancy

(1) *Rapport* du 2 septembre 1792. L. 1996. A. D.
(2) *Rapport* du 3 septembre 1792. L. 1996. A. D.
(3) *Rapport* du 3 septembre 1792. L. 1996. A. D.
(4) *P. V.* du 2 septembre 1792. L. 728. A. D.

la nouvelle que Verdun a capitulé le 2 (1) ; ce même jour, le
Conseil général du district de Commercy confirme ce renseignement au Conseil général du département; il ajoute : « ... à 4 heures du matin, aujourd'hui, l'ennemi est entré à Saint-Mihiel...
En ce moment (il est 7 heures du soir) un courrier nous annonce
qu'un détachement de Prussiens s'empare du parc de vivres de
Sampigny... à chaque instant nous nous attendons à être réduits
à les recevoir... » (2). Le 4 septembre, l'Armée du centre est en
retraite, Kellermann est à Pont-à-Mousson qu'il quitte dans la
soirée pour gagner Toul; dès le 2 septembre, les trois commissaires envoyés par les Conseils généraux du département, du district et de la commune ont décidé que la ville de Pont-
à-Mousson ne serait pas défendue « sinon contre une troupe
légère » et que la garnison « en cas de force supérieure... se
replierait avec ses armes sur Nancy... » ; à Foug, gros village du
district de Toul, à l'endroit où la route Paris-Nancy pénètre dans
le département, il est convenu « que si la garde armée se trouve
en force insuffisante, elle se repliera sur Toul » (3). On sent ce
que valent ces promesses de résistance sous condition. Le 4 dans
la matinée, une panique se produit à Toul sur la rumeur fausse
de l'approche de l'ennemi ; on sonne le tocsin, on bat la générale, on ferme les portes de la ville (4).

Le village de Menil-la-Tour, sur la route de Commercy à Toul,
refuse de se défendre. Pour le district de Toul, comme pour
celui de Pont-à-Mousson, les commissaires envoyés pour l'étude
des travaux de défense constatent : « ... il ne faut pas se le dissimuler, la présence de l'ennemi intimide les esprits et jette la
terreur dans toutes les campagnes, et la crainte du pillage et du
feu fait préférer la fuite à la résistance... celles des communes
qui montrent des dispositions guerrières sont bientôt arrêtées par
les réflexions froides et pusillanimes de leurs voisines... » (5). Le
4 septembre, le Conseil général de Thiaucourt délibère qu'il ne
sera fait aucune résistance « à un nombre quelconque d'ennemis,
vu que les détachements qu'ils envoient journellement dans les

---

(1) *Premier rapport des Commissaires.* 3 septembre 1792. L. 411. A. D.
(2) *Lettre du C. G. du district de Commercy*, 3 septembre 1792. L. 2370.
A. D.
(3) *Premier rapport des Commissaires*, 3 septembre 1792. L. 411. AD.
(4) *Lettre du C. G. du département aux administrateurs du district de
Vézélise*, 5 septembre 1792. L. 2539. A. D.
(5) *Plan de défense du département.* 9 septembre 1792. L. 411. A. D.

environs pour faire contribuer les habitants sont toujours soutenus et suivis par des pelotons considérables, de manière que la résistance, loin de produire un effet utile, ne ferait que rendre inévitable la ruine de la commune qui tenterait de s'y opposer... » (1), et cependant disent les commissaires du département « ... ils ont au moins 100 fusils, ils montent la garde nuit et jour, font des patrouilles à pied et à cheval... et pourquoi? à moins que ce ne soit pour être instruits à quelle heure ils se rendront... » (2).

A Nancy, le 4 septembre, le maire convoque les sections pour délibérer « si la ville de Nancy peut opposer des moyens de résistance à l'ennemi, dans le cas où il se présenterait devant les murs. » La première section consent à résister si le corps ennemi « n'est pas trop considérable », mais s'il est important on « battra en retraite avec armes et bagages... »; la deuxième section décide que Nancy, étant ville ouverte, dominée de toute part « la résistance serait le comble de la démence et de la témérité », on ne résistera qu'à des corps légers, « à des uhlans et pandours... »; les troisième et cinquième sections, craignant probablement de se compromettre, refusent à peu près complètement de donner leur avis ; à la quatrième section, la résolution est prise à l'unanimité de ne résister qu'au cas où l'on serait secouru « de manière à rendre possible le succès de la résistance... ». Les citoyens de la sixième section ne veulent pas résister et c'est aussi l'avis de ceux de la septième « à la réserve seulement de quatre citoyens » ; ces deux sections estiment cependant que les citoyens armés devront se retirer vers l'armée la plus proche en cas d'attaque de l'ennemi. Seule, la huitième section décrète qu'on doit se défendre par tous les moyens possibles, élire un chef « dont les talents militaires et le patriotisme soient connus », délivrer des cartouches, demander des secours aux légions des gardes nationales voisines ; elle constitue ainsi une honorable exception. A cette date, l'opinion générale à Nancy n'est pas en faveur de la résistance ; en prévision de l'entrée de l'ennemi dans la ville, la première section demande qu'on brûle les papiers relatifs à l'insurrection du 31 août 1790, et qu'on enlève les numéros des maisons « afin d'éviter les persécutions

(1) *Arrêté du C. G. de Thiaucourt*, 4 septembre 1792. L. 411. A. D.
(2) *Plan de défense*, 9 septembre 1792. L. 411. A. D.

que les émigrés feront aux patriotes... » (1). Effectivement, le
Tribunal du district fait remettre à la municipalité les pièces de
procédure relatives à la journée du 31 août et il est décidé
qu'elles seront brûlées, le 5 septembre, sur la place publique (2).

Dans tout le département, d'ailleurs, pendant ces cinq journées, du 1er au 5 septembre, les autorités constituées, Conseils
généraux des communes, Conseils généraux des districts, semblent se désintéresser complètement de la défense et de l'appel
aux armes des gardes nationales. Elles ne reprendront leur courage, comme les populations, que progressivement à partir du
6 septembre, sous l'impression des nouvelles, de jour en jour
plus rassurantes pour le département, sinon pour la France ;
elles le retrouveront tout à fait après Valmy, quand apparaîtra
toute l'étendue des résultats, procurés par la victoire.

Tout d'abord, dans les jours qui suivent le 5 septembre, on
ne signale nulle part dans le département ni incursion de troupes légères, ni approche d'un parti ennemi ; la situation n'en
reste pas moins très grave : l'armée prussienne est toujours
autour de Verdun, Thionville resté investi ; il semble de plus
en plus que le plan de Brunswick consiste à ne pas dépasser sensiblement la Meuse et à prendre ses quartiers d'hiver en Lorraine (3). c'est l'opinion des généraux français, de Dumouriez
comme de Kellermann qui écrit le 6 septembre : « ... je suis
sûr que leur dessein est de s'emparer des Evêchés, de la Lorraine,
de l'Alsace, Comté et Bourgogne. Les trahisons d'une part, la
lâcheté de l'autre, leur fera tout oser, particulièrement sur le
pays messin et l'Alsace... » et dans le *Moniteur* du 3 septembre
on peut lire cet extrait d'une lettre de La Haye : « ... il n'y a

(1) *P. V. des Assemblées des sections.* 4 septembre 1792. H° A. M.
(2) *P. V. du C. G. C.*, 5 septembre 1792. A. M. — S'il faut même ajouter
à des accusations, portées il est vrai longtemps après ces événements,
certains officiers de la garde nationale auraient conseillé dans les Assemblées
des Sections de ne pas résister à l'ennemi. Le 1er novembre 1794, lors de
l'épuration de la garde par le représentant Faure, on adressera publiquement ce reproche à quelques uns des officiers : l'adjudant général Deloupy
sera destitué pour avoir dit « que ses expériences militaires le portaient à
oter pour mettre bas les armes lorsque l'ennemi était à Toul » ; le Capitaine
Bourquin sera soumis à une enquête afin de vérifier s'il a effectivement
voté pour mettre bas les armes lorsque les Prussiens étaient à Toul... »
(P. V. du C. G. C., 2 brumaire an III — 1er novembre 1794. A. M.)
(3) Le duc de Brunswick exposa cette intention, le 1er septembre, devant
Verdun, dans un Conseil, tenu hors de la présence du Roi. (Cf. Chuquet,
Valmy, op. cit., p. 81).

plus à douter que la Lorraine et l'Alsace ne soient prêts à subir le joug... » (1). A tout moment, on peut donc s'attendre dans le département de la Meurthe à voir apparaître des colonnes ennemies, ou bien chargées de réquisitionner, ou bien de couvrir vers le sud la zone de cantonnements de l'armée de Brunswick. Aussi, les autorités et les populations ne sont pas encore rassurées et si l'on se décide à prendre quelques mesures, elles sont timides.

Le 7 septembre, le Conseil général du département arrête que les gardes nationales assureront un service de courriers de Nancy à Epinal, à Strasbourg, à Bar, analogue à celui déjà organisé avec Metz; il ne se propose d'ailleurs nullement de mettre ainsi les gardes nationales en état de se réunir pour résister; il veut seulement tirer les citoyens « des inquiétudes les plus cruelles » provoquées par les nouvelles alarmantes et les prémunir « contre les faux bruits répandus pour les inquiéter » (2). Le 10 septembre, le Conseil examine le plan de défense proposé par les trois commissaires, nommés dans la séance du 31 août. Le projet consistait à organiser quatre « postes » suivant le mot de l'époque; un poste à Foug défendrait tout d'abord la route de Châlons, Toul, Nancy à son entrée ouest dans le département; l'envahisseur se heurterait ensuite à la place de Toul; la défense de Nancy serait assurée par un ouvrage organisé sur la route de Nancy à Toul au lieu dit Les Fonds de Toul (3), au cœur de la forêt de Haye. Contre un ennemi s'avançant par la route Thionville, Metz, Nancy, on organiserait deux ouvrages, l'un sommaire à Marbache, l'autre plus considérable à Frouard, afin d'interdire en ce point le passage de la Moselle. Comme l'ennemi pouvait aussi envahir le département par la zone située entre les deux routes Nancy, Paris, et Nancy, Metz, le Rupt de Mad constituait une ligne de défense tout indiquée; le passage sur ce ruisseau de la route de Verdun à Nancy serait défendu par un ouvrage à Thiaucourt, celui de la route de Verdun à Toul par un ouvrage à Essey; la route Saint-Mihiel, Toul, serait interdite par une série de travaux depuis le Rupt de Mad jusque vers Bernécourt où elle rejoint la route de Verdun à Toul (4).

(1) Chuquet, *Valmy*, op. cit. p. 163 et 170

(2) *P.-V. du C. G. du département*, 7 septembre 1792. L. 70. A. D.

(3) Le lieu s'appelait encore à l'époque « Les ponts de Toul », bien qu'il n'y eut plus de ponts : le remblai actuel existait depuis 1762. (Cf. sur la question. — P. Boyé. *Les travaux publics et le régime des corvées en Lorraine au XVIIIe siècle*. Annales du Nord et de l'Est, 1899, p. 406).

(4) *Plan de défense*, 9 septembre 1792. L. 411. A. D.

Dès le début de la séance du 10, Lelorrain, le procureur général syndic, exposa qu'on ne pouvait adopter un projet aussi important sans l'avoir fait examiner par des administrateurs du département « qui présenteraient ensuite au Conseil le résultat de leurs réflexions » (1). Il se trouva heureusement un membre du Conseil pour protester énergiquement contre ce nouveau retard et l'on décida que le Comité des rapports du Conseil, les trois commissaires, les commandants des bataillons de volontaires (2) et les commandants des gardes nationaux se concerteraient pour passer le plus tôt possible à l'exécution. Le soir même, cette Assemblée faisait approuver par le Conseil un programme très complet de « mesures de sûreté générale » ; dans les cantons menacés, on formerait immédiatement les « compagnies, bataillons, légions » ; on élirait des officiers « en état de commander » ; il y aurait « un exercice forcé, trois fois par semaine, pour tous les citoyens qui ne seront pas instruits ». On engagerait en outre les communes à se garder, à entrer en liaison. Les travaux prévus pour la défense du département seraient exécutés par les hommes de garde et « on ne requerra d'autres ouvriers que dans le cas où le nombre ne serait pas suffisant ». Le Conseil général répartissait ensuite, entre les trois commissaires, auteurs du plan, la surveillance des travaux ; il décidait qu'il serait nommé « un commandant général des postes de défense » ; il y eut une discussion assez vive au sujet de cette mesure ; un membre estima que la désignation d'un chef unique n'était pas sans inconvénients « que peut être même il serait dangereux de laisser à la disposition d'un chef toutes les forces puisqu'il serait à craindre qu'il voulût les réunir pour s'opposer à des détachements trop considérables et qu'il exposât sans utilité de braves citoyens... » ; on ne s'arrêta cependant pas à cette observation (3) ; toutefois l'exécution du plan d'ensemble ainsi arrêté, allait se trouver encore différée pour longtemps.

Le 12 septembre, Rasquinet, chef de la légion à Pont-à-Mousson, est élu « commandant général des postes de défense » par quelques officiers de gardes nationaux du département et par les commandants des trois bataillons de volontaires en garnison à

---

(1) P. V. du C. G. du département, 10 septembre 1792. L. 70. A. D.
(2) Les 8e et 9e Bataillons de la Meurthe se trouvaient à Nancy ; le 10e Bataillon était à Lunéville.
(3) P. V. du C. G. du département, 10 septembre 1792. L. 70. A. D.

Nancy et à Lunéville (1). On lui adjoint trois adjudants généraux, Valory pour le district de Toul, Fromental pour le district de Nancy, Humbert pour le district de Pont-à-Mousson.

Ce sont là des officiers sans troupes ; Rasquinet s'empresse de décider que les postes ne seront gardés par les gardes nationaux qu'après leur mise en état de défense, il obtient du Conseil général que les ouvrages seront construits par des ouvriers payés (2). On n'ose toujours pas rassembler un corps, si faible soit-il ; le 13 septembre, les travaux défensifs ne sont pas encore commencés. Les villes, les campagnes, ne font pas preuve d'un désir plus vif de prendre des mesures vraiment sérieuses ; on est revenu à Nancy de la panique du 4, mais on se contente surtout de délibérer. Le 7 septembre, le Conseil général de la commune déclare qu'en cas d'attaque, toute la population doit marcher au devant de l'ennemi, que pour être averti de son approche on formera une compagnie d'éclaireurs à cheval, mais cette unité n'est jamais créée ; on décide en outre que la légion sera exercée fréquemment, que les compagnies de canonniers devront l'être plusieurs fois par jour (3). A Toul, le 13 septembre, le Conseil général de la commune prenait ses précautions en écrivant au Ministre de la guerre, qu'en cas d'attaque de l'ennemi, la ville, insuffisamment protégée, ne pourrait se conformer aux dispositions de la loi rendue après la prise de Longwy (4) contre les places qui capituleraient sans défense sérieuse (5). Nulle part, dans le département, on ne constate à cette date encore un revirement de l'attitude passive adoptée dès le début de l'invasion.

A partir du 13 septembre, les autorités et les populations reprennent peu à peu une humeur plus guerrière ; on s'en explique le développement en le comparant aux mouvements de l'armée prussienne. Le 11 septembre, Brunswick quitte Verdun et se met en marche vers Paris par Ste-Menehould ; il force, le 14, le défilé de la Croix-aux-Bois, et oblige ainsi l'armée française à abandonner la défense de l'Argonne. Certes, les succès prussiens sont menaçants pour la capitale, mais du moins, la marche victorieuse de l'armée ennemie éloigne le danger immédiat

(1) P. V. du C. G. du département. 11, 12 septembre 1792. L. 70. A. D.
(2) Ibidem. 13 septembre 1792. L. 70. A. D.
(3) P. V. du C. G. C., 7 septembre 1792. A. M.
(4) Loi du 31 août. 5 septembre 1792.
(5) Lettre du C. G. C. Toul. 13 septembre 1792. A. M. Toul.

pour le département de la Meurthe ; il est évident en effet que Brunswick ne bornera pas désormais son offensive à la Meuse et à l'occupation de la Lorraine, il est visible aussi qu'il a besoin de toutes ses troupes, car il rappelle à lui le corps de Hohenlohe qui lève, le 20 septembre, le siège de Thionville, ne laissant que de faibles forces pour observer la place (1).

Les nouvelles plus rassurantes, eu égard à la direction de marche prise par l'armée prussienne, déterminent dans la période du 15 au 25 septembre, des velléités plus marquées de résistance ; elles sont cependant bien timides encore ; dans une proclamation à ses administrés pour rassembler quelques gardes nationaux à proximité des postes établis pour la défense du Rupt de Mad, le Directoire du district de Pont-à-Mousson prévoit que ces forces auront pour mission « non pas de résister à une armée entière, parce que les généraux en sont chargés et s'en occupent, mais de mettre nos administrés à l'abri des incursions ennemies... » (2)

Les travaux défensifs ne commencent qu'à partir du 17 septembre à Foug, le 20 aux Fonds de Toul, le 25 à Frouard et Marbache. Les ouvrages n'ont d'ailleurs aucune garnison malgré l'arrêté du Conseil général du département ; seules les gardes nationales des communes situées à proximité des retranchements consentent à fournir quelques hommes pour empêcher le vol des outils et du matériel. Une tentative faite pour lever une troupe de cavalerie, forte de 25 à 50 hommes, reste sans résultats (3).

A partir de la fin de septembre, la situation se modifie du tout au tout ; et en effet, le 20 septembre, la victoire de Valmy a changé la face des choses. Elle a eu comme premier résultat d'enrayer la marche triomphale de l'armée de Brunswick ; bientôt, toutes les nouvelles représentent cette armée comme démoralisée, dénuée de ressources, en proie à la désertion, tandis que l'armée française est pleine de confiance et d'enthousiasme ; une semaine après Valmy, on peut tenir pour certain que les Prussiens ne continueront plus sur Paris ; effectivement, le 30 septembre, ils commencement leur retraite sur Verdun par Grand-

---

(1) Chuquet *Valmy.* op. cit. p. 105.

(2) *P.-V. du C. G. du district de Pont-à-Mousson,* 16 septembre 1792. L. 1769. A. D.

(3) *Pièces diverses de comptabilité concernant les postes de défense. État de ces postes.* L. 411. A. D.

pré et Buzancy, s'éloignant ainsi tout à fait de la Meurthe ; Verdun est délivré le 12 octobre, Longwy le 22 ; le 23 octobre, l'ennemi repasse la frontière.

Certes, au moment où l'on apprend dans la Meurthe la retraite prussienne, on peut encore se demander si l'ennemi ne cherchera pas à se maintenir entre Meuse et Moselle, conformément à son plan primitf ; l'hypothèse est peu vraisemblable ; d'ailleurs, à mesure que les renseignements arrivent, ils apportent l'assurance que les Prussiens sont absolument hors d'état de s'arrêter en territoire français ; il est certain aussi que de toutes façons on va être secouru à bref délai par l'armée victorieuse de Dumouriez. Tout au plus, peut-on redouter, et encore est-ce peu probable avec les habitudes militaires de l'époque, l'incursion de quelque colonne légère ou de quelques fourrageurs opérant dans la région au sud de la zone de retraite prussienne. Ainsi, le danger apparaît très diminué à la fin du mois, il est passé au début d'octobre ; le département s'éveille de sa torpeur, les gardes nationales se trouvent pleines d'énergie, on pousse avec activité les travaux de défense. Ils se poursuivent à Foug, sur le Rupt de Mad, à Marbache et Frouard, aux Fonds de Toul ; sur le Rupt de Mad, 150 gardes nationaux fournis alternativement par les bataillons de la légion du district de Pont-à-Mousson, assurent, à partir du 28 septembre, la défense du ruisseau : l'effectif des postes varie de 25 à 11 hommes ; aux Fonds de Toul et à Frouard, les postes restent comme dans la période précédente à l'effectif de 13 hommes (1). Il y a donc cette fois mieux qu'un projet ; on constate des dispositions réellement prises, mais surtout l'esprit change, autorités et gardes nationaux sont maintenant décidés à agir et donnent des preuves de leur bonne volonté.

Le 2 octobre, le Conseil général de la Meurthe reçoit une lettre du maréchal de camp de la Barolière, commandant l'avant-garde de l'armée de Kellermann, alors à Bar-le-Duc. La Barolière avertissait le Conseil général que, d'après des renseignements reçus, l'ennemi s'avançait vers Saint-Mihiel, Woel et Doncourt-aux-Templiers ; ainsi Thiaucourt et Pont-à-Mousson pouvaient se trouver menacés : « ... il est possible que ce ne soit que des troupes légères qui viennent piller les villages, mais il pourrait se faire aussi que ce soit une colonne de cinq ou six mille

(1) *État des postes et pièces diverses de comptabilité.* L. 411. A. D.

hommes qui se dirigerait sur Nancy... (1). En prévision de cette dernière éventualité, la Barolière conseillait de défendre la Moselle, de Frouard à Toul, d'occuper la route de Metz à Nancy vers Marbache et la route de Toul à Nancy dans la forêt de Haye. Cette fois, le Conseil général prenait des mesures énergiques et l'on passait aux actes ; immédiatement, il avertissait Rasquinet, il envoyait à Bar-le-Duc remercier la Barolière et à Saint-Mihiel, avertir le Conseil général du district et celui de la commune que les gardes nationaux de la Meurthe étaient prêts « à voler au secours de leurs frères de la Meuse ». (2). Le 3, dans la nuit, Rasquinet donnait les ordres nécessaires pour l'occupation des postes de défense ; l'adjudant général, Valory, ferait occuper ceux de Foug ; l'adjudant général Fromental, ceux des Fonds de Toul, Frouard et Marbache ; l'adjudant général Humbert, ceux du Rupt de Mad. Tout devait être préparé pour une résistance effective ; Rasquinet le précisait : l'occupation est faite « pour opposer une vigoureuse résistance aux incursions que les ennemis pourraient tenter. Vous requerrez les membres du district et de la municipalité de vous donner du canon et les munitions de guerre qui vous sont nécessaires... » (3).

Ces ordres sont immédiatement exécutés à Toul : le 4, Valory requiert le Conseil général du district et celui de la commune de lui fournir pour la défense de Foug 300 gardes nationaux, six pièces de canon et les munitions nécessaires ; des canonniers de la garde nationale de Toul serviront l'artillerie. Sur le champ, 322 gardes nationaux « tant de la ville que des campagnes... » et 23 canonniers de Toul sont placés par Boulligny, commandant de la légion du district, sous les ordres de Valory (4) ; ils occupent le poste de Foug pendant les journées des 4 et 5 octobre ; les canonniers et 50 grenadiers y restèrent jusqu'au 7 octobre ; à cette date, l'ennemi ne s'était pas présenté ; tout danger avait complètement disparu et le détachement rentra à Toul.

Dans le district de Nancy, grâce aux mesures prises par l'adjudant général Fromental, les 4 et 5 octobre, 92 gardes nationaux dont 13 canonniers, occupent les postes des Fonds de Toul,

(1) Lettre de la Barolière, 1er octobre 1792. L. 411. A. D.
(2) P.-V. du C. G. du département, 2 oct. 1792. L. 70. A. D.
(3) Lettre de Rasquinet à Valory, 3 oct. 1792. L. 411. A. D.
(4) P.-V. du C. G. du district de Toul, 4 oct. 1792. L. 2343. A. D.

155 gardes nationaux dont 14 canonniers occupent Frouard et Marbache ; dès le 6 octobre, les effectifs sont réduits à 72 hommes aux postes de Frouard et Marbache, à 57 hommes aux Fonds de Toul. La garde nationale de Nancy assura seule l'occupation des Fonds de Toul ; elle le fit volontiers : le 5 octobre, Duquesnoy, après avoir visité les postes des Fonds de Toul, Frouard et Marbache, en compagnie de Marin, commandant provisoirement la légion de Nancy, et de Rasquinet, déclarait « qu'il ne pouvait donner assez d'éloges à la garde nationale de Nancy... que chaque garde était disposé à rester à ce poste tant qu'on voudrait... » (1). A Frouard et Marbache, on renforça la garde nationale par des volontaires des 8ᵉ et 9ᵉ bataillons de la Meurthe toujours en garnison à Nancy ; ils reçurent, indépendamment de leur solde, une allocation journalière de 3 sous, 9 deniers, payée par le département. (2)

A Pont-à-Mousson, l'adjudant général, Humbert, avait cru prudent, au reçu de l'ordre du 3 octobre de Rasquinet, d'attendre pour augmenter l'effectif déjà sérieux, 150 hommes environ, qui occupaient les postes du Rupt de Mad, d'avoir les renseignements plus précis qu'on envoyait demander au Conseil général du district de Saint-Mihiel ; le soir même, ce corps faisait connaître « que l'ennemi s'était en effet porté et avait pillé dans les communes des environs de Saint-Mihiel, mais qu'il en avait été repoussé par l'arrivée d'un nombre considérable de gardes nationales armées », on décida en conséquence « qu'il n'y avait lieu, quant à présent, à aucune mesure extraordinaire » (3), et l'on n'augmenta pas l'effectif des postes du Rupt de Mad (4).

A peine est-on revenu de cette émotion, qu'une nouvelle alerte survient dans la partie nord du département ; le 8 octobre, le Directoire du district de Pont-à-Mousson est informé que l'ennemi s'avance sur Thiaucourt ; aussitôt, il requiert les citoyens armés des bataillons de la légion de « marcher à l'ennemi » (5).

(1) P.-V. du C. G. C., 5 oct. 1792. A. M.
(2) P.-V. du C. G. du département, 3 oct. 1792. L. 70. A. D.
(3) P.-V. du C. G. du district de Pont-à-Mousson, 3 oct. 1792. L. 1775. A. D.
(4) L'ennemi s'était-il effectivement présenté aux environs de Saint-Mihiel ? On ne trouve aucune mention de ce fait dans les récits de la campagne que nous avons pu consulter.
(5) Réquisition du C. G. du district de Pont-à-Mousson, 8 oct. 1792. L. 1872. A. D.

Cette réquisition est exécutée sans perte de temps ; le 9 et le 10 cinq des bataillons de la légion, indépendamment du bataillon de Thiaucourt, envoyaient des détachements plus ou moins forts; le bataillon du canton de Pagny fit marcher près de 1.000 hommes, celui de Pont-à-Mousson (ville) 433, celui du canton rural de Pont-à-Mousson, 211 hommes (1) ; au total, près de 2.000 gardes nationaux du district se portèrent sur Thiaucourt. On avait été prévenu à Nancy, à 9 heures du soir, du danger que courait Thiaucourt ; aussitôt Rasquinet, Marin et Duquesnoy, décidaient de faire marcher les deux bataillons de volontaires et d'envoyer 10.000 cartouches ; on n'eut pas besoin de faire exécuter ces ordres ; dans la nuit, en effet, la municipalité de Pont-à-Mousson prévenait qu'on avait donné l'alarme sans raison (2). Les volontaires ne partirent donc pas et le soir même ou le lendemain, 10 octobre, les gardes nationaux du district de Pont-à-Mousson rentraient dans leurs cantons respectifs.

En ces deux occasions, les gardes nationaux s'étaient montrés prêts à marcher et à combattre; leur attitude contraste ainsi singulièrement avec celle qu'ils avaient eu en août et dans les premiers jours de septembre; mais aussi l'ennemi est battu, il se replie, il est loin du département et l'on ne peut guère avoir devant soi que de petits partis. D'ailleurs, autorités et officiers prennent grand soin de préciser cette situation dans les réquisitions adressées aux gardes nationales. Quand Valory requiert les gardes nationaux de Toul, il déclare que « ces ordres ne tendent qu'à prévenir l'invasion d'un ennemi dispersé et lui ôter les moyens de se rallier et de nuire aux propriétés des citoyens... » (3) Quand le Directoire du district de Pont-à-Mousson requiert les gardes nationaux de se porter à Thiaucourt, il déclare que l'ennemi « est fatigué et hors d'état de se défendre avec succès ; ainsi le courage et l'activité des gardes nationaux suffira (sic) pour le mettre en déroute » (4). Cette attitude résolue va désormais s'accentuer chaque jour, grâce à l'impression produite par la pénible retraite de l'armée prussienne et bientôt les gardes nationales de la Meurthe n'hésiteront pas à quitter leur département pour coopérer à la poursuite de l'ennemi.

(1) *États de dépense et d'effectifs.* L. 1872. A. D.
(2) *P.-V. du C. M.*, 10 oct. 1792. A. M. — *Journal de Nancy et des frontières*, 14 oct. 1792: N° 14. B. M.
(3) *Valory au C. G. du district de Toul*, 4 oct. 1792. L. 2412. A. D.
(4) *Réquisition du C. G. du district*, 8 oct. 1792. L. 1872. A. D.

Le 15 octobre, de Verdun, Kellermann écrivant à Rasquinet qui lui avait adressé le plan de défense de la Meurthe, s'exprimait en ces termes : « ... je l'ai trouvé parfaitement bien fait... mais, comme dans ce moment, les mêmes motifs de son exécution ne subsistent plus, parce que les ennemis fuient de tous côtés, depuis qu'ils m'ont rendu Verdun, ..., ce plan devient absolument inutile. Cependant, désirant faire valoir vos talents militaires, en vous employant utilement pour le bien de la chose publique, il faut tâcher de rassembler des citoyens de bonne volonté et vous porter avec eux sur Briey où je désirerais que vous fussiez rendu le 18 de ce mois et y attendre de nouveaux ordres que je vous ferai parvenir... » (1). Le général était en effet entré à Verdun le 13 septembre ; le 15, date à laquelle il écrivait à Rasquinet, l'armée ennemie, épuisée et démoralisée, après avoir abandonné Verdun le 12, se dirigeait sur Longwy par Azanne et Mangiennes : elle s'éloignait donc encore du département de la Meurthe ; tout danger était définitivement écarté.

La marche sur Briey de gardes nationaux n'avait, dans ces conditions, aucune utilité pour la défense même du département devait-elle du moins être d'un grand secours à l'armée française? Depuis le commencement de la retraite des Prussiens, c'est-à-dire depuis le 1er octobre, soit depuis quinze jours, il n'y avait pas eu un engagement, nos troupes se contentant de suivre à quelque distance l'armée ennemie en retraite. Kellermann n'indiquait nullement dans sa lettre que cette attitude dut changer. Les mesures qu'il demandait avaient-elles pour but, comme le croit le Conseil général de la Meurthe « d'empêcher les incursions que l'ennemi serait tenté de faire sur notre territoire au moment de sa retraite... (2) ? « C'était bien peu vraisemblable si l'on envisage l'éloignement de la Meurthe. S'agissait-il simplement, comme le disait Kellermann, « de faire valoir les talents militaires » de Rasquinet? Toutes ces raisons apparaissent insuffisantes pour justifier à pareille date l'emploi de gardes nationaux hors du département. Ni les autorités, ni les gardes nationaux n'hésitèrent cependant à répondre à l'appel de Kellermann ; on était sorti de la période de dépression traversée en août et en

(1) *P.-V. du C. G. du département*, 16 oct. 1792. L. 70. A. D.

(2) *Le C. G. du département aux C. G. des districts*, 16 octobre 1792. L. 2370. A. D.

septembre, et l'on retrouvait maintenant du courage et de la résolution : on se mit donc en mesure de marcher sur Briey.

Tout d'abord, il devenait inutile de continuer les travaux des postes de défense et de maintenir leurs garnisons ; dès le 16, Rasquinet donnait ordre de faire rentrer les gardes nationaux détachés dans ces postes; en même temps, il écrivait au Conseil général du département pour demander la réunion à Pont-à-Mousson de gardes nationaux qu'il conduirait à Briey (1). Le jour même, le Conseil général du département décidait qu'il serait fait appel pour cette expédition aux seules gardes nationales des districts de Nancy, Toul et Pont-à-Mousson, car les autres, trop éloignées, ne pourraient être réunies en temps utile. Les gardes nationaux armés des trois districts étaient invités à se rassembler par compagnie de 100 hommes, à Pont-à-Mousson, le 17 avant midi ; on leur donnerait des cartouches, des munitions d'artillerie, si les compagnies de canonniers fournissaient des détachements, des chevaux et des voitures pour le transport des bagages et l'attelage des pièces ; les Conseil généraux de districts pourvoieraient à ces divers besoins ; 12.000 livres étaient mises à la disposition de Rasquinet pour la solde jusqu'à l'arrivée à l'armée (2).

Le district de Toul fit partir 262 hommes, dont 93 fournis par la ville même de Toul. Le 19, tout le détachement était rendu à Briey et certaines de ses fractions avaient fait preuve d'une énergie remarquable pour s'y trouver à cette date ; 90 gardes nationaux de Foug avaient quitté Toul, le 17 octobre, à 5 heures du soir : avant minuit, ils atteignaient Pont-à-Mousson, à 30 kilomètres; ils repartaient de ce point, à 5 h. du matin, le 18, pour gagner Metz ; ils avaient parcouru 58 kilomètres dont 30 pendant la nuit, avec un seul repos de 5 heures ; le lendemain 19, ils étaient à Briey, à 24 kilomètres de Metz (3). Les gardes nationaux du département étaient donc capables, le cas échéant, de fournir des efforts tout à fait sérieux.

Dans le district de Pont-à-Mousson, le bataillon du canton de Thiaucourt fit marcher 115 gardes nationaux ; il est bien pro-

<hr>

(1) *P.-V. du C. G. du département*, 16 oct. 1792. L. 70. A. D.

(2) *P.-V. du C. G. du département. — Lettre de ce Conseil aux C. G. des districts*, 16 oct. 1792. L. 2370. A. D.

(3) *Mouvement des gardes nationaux de Toul sur Briey*, 17 au 25 octobre 1792. L. 2536 et 411. A. D.

bable que le bataillon de Pont-à-Mousson même en envoya un certain nombre, comme aussi les bataillons du canton rural et le bataillon de Pagny, mais nous n'en connaissons pas l'effectif (1).

Rasquinet avait écrit directement au maire de Nancy pour lui faire part de la demande de Kellermann ; la lettre parvint à Duquesnoy le 16, à 5 heures du soir, pendant une séance du Conseil général de la commune ; l'on convoquait aussitôt Marin, le commandant de la légion, et le Conseil général du département prévenu déclarait approuver d'avance toutes les mesures que prendrait la municipalité. Sur le champ, celle-ci décidait de faire partir un détachement de 400 gardes nationaux, tirés au sort (2). Ce mode de désignation souleva immédiatement des réclamations et des refus formels de marcher ; le maire Duquesnoy dut admettre, tout en le déplorant, qu'on pourrait se faire remplacer à prix d'argent ; « les citoyens peu aisés étaient sous les armes, tandis que ceux qui ont beaucoup à défendre restaient tranquillement chez eux. On a vu des hommes, pères d'une nombreuse famille, que nourrit avec peine le produit incertain et faible d'un travail pénible, sacrifier encore leurs journées, tandis que des hommes riches, richement payés par la nation, dédaignaient orgueilleusement de paraître sous les armes et de partager l'honneur de repousser l'ennemi ». Il fut décidé de pourvoir d'office au remplacement des citoyens désignés qui ne voulaient pas marcher ; on les avertit que le prix de ce service leur serait réclamé « par toute voie, même par celle d'emprisonnement s'il est nécessaire » et qu'en outre on les désarmerait ; toutefois, Duquesnoy se déclarait prêt à accueillir les réclamations fondées ; il décidait que les célibataires devraient marcher avant les pères de famille (3) que les infirmes et certains fonctionnaires publics

(1) *Pièces diverses de dépenses.* L. 411. — *P.-V. du Directoire du département,* 18 décembre 1792. L. 77. A. D.

(2) À désignation par voie de tirage au sort des gardes nationaux destinés à marcher sur Briey donna lieu, après le départ du détachement, à de vives discussions entre le C. G. du département et le C. G. de la commune. Le premier prétendait que cette façon de procéder était illégale, le service devant rester volontaire; le second objectait que le cas était prévu par la loi du 29 septembre 1791. Finalement, le C. G. du département s'opposa à ce que le C. G. de la commune fit recouvrer les taxes que les gardes nationaux refusaient de payer pour avoir été remplacés d'office au détachement de Briey. (*P.-V. du C. G. du département,* 30 oct. 1792. L. 70. A. D. — *P.-V. du C. G. C.,* 17, 25, 26 oct. A. M.)

(3) Dans l'état, fort incomplet, des gardes nationaux du 3e Bataillon qui, étant requis, n'ont pas voulu marcher, on relève : Louis, juif, pauvre, et ayant dix enfants; Courtau, bonnetier, âgé de 57 ans, étant pauvre et ayant famille; Hennequin, maçon, âgé d'environ 58 ans, étant mal à son aise. (*P.-V. de la compagnie Noël.* B. M.)

seraient exempts de ce service contre paiement d'une taxe dont le prix serait fixé par les commandants des bataillons. Grâce à ces mesures énergiques, le 17, le détachement était prêt ; placé sous les ordres de Marin, il comprenait cinq compagnies dont une de grenadiers et vraisemblablement un petit groupe de canonniers ; il fut accompagné par un détachement de même force fourni par les 8ᵉ et 9ᵉ bataillons de la Meurthe et par une fraction d'une compagnie franche stationnée à Nancy ; en outre, le village de Bouxières envoya 50 gardes nationaux. Huit cavaliers avaient été enrôlés, à prix d'argent, pour servir d'éclaireurs à cette petite colonne. Le 17, elle quitta Nancy pour Pont-à-Mousson ; le 19, elle atteignait Briey (1). Le 21 octobre, Rasquinet n'ayant pas encore reçu d'ordre de Kellermann, lui envoyait Fromental ; cet officier, après avoir « remarqué sur sa route une quantité énorme d'hommes et de chevaux des ennemis morts... » rejoignait l'armée française à Longuyon où il apprenait la capitulation de Longwy ; il rapportait à Rasquinet l'ordre de marcher « sur Xivry-Circourt, près Longwy, afin de repousser et arrêter les fuyards des ennemis qui voudraient refluer en France et pour participer au plaisir que tout bon citoyen doit avoir de chasser ces coquins hors de la République... » (2). Le mouvement sur Xivry-Circourt eut-il lieu ? Ce n'est pas probable : dès le 23, en effet, le lendemain même du jour où Rasquinet avait reçu l'ordre de se porter sur Xivry, Kellermann invitait son détachement à rentrer dans ses foyers « comme bien convaincu, par la retraite à laquelle j'ai forcé les ennemis, qu'il n'y a plus de risques à courir pour notre patrie ; en conséquence, je ne puis qu'inviter tous les braves citoyens, dont vous êtes du nombre, à retourner dans leurs foyers... » (3).

Aussi, à partir du 24, les troupes placées sous les ordres de Rasquinet commencent à évacuer Briey ; le détachement de Nancy fit une rentrée solennelle, le 27 octobre, attendu par toute la garde nationale, précédé par la musique, et harangué par le

(1) *P.-V. du C. G. du département*, 16 oct. 1792. L. 70. *Pièces de dépenses*. L. 411. A. D. — *Ordre du maire au commandant de la légion*, 17 oct. 1792. — *P.-V. de la compagnie Noël*, B. M. — *P.-V. du C. G. C.*, 24, 25, 26 oct. 1792. A. M. — Cf. Sandt, *La Défense de Nancy*, op. cit. p. 137 et sq.
(2) *Lettre de Fromental au C. G. du département*, Briey, 22 oct. 1792. L. 411. A. D.
(3) *Kellermann au général Rasquinet*, 23 oct. 1792. L. 411. A. D.

Conseil général de la commune à la porte de la Liberté (1). La période critique, traversée par le département de la Meurthe en août, septembre et octobre 1792, était terminée.

Le 20 novembre, le Conseil général de la Meurthe exposait dans un rapport les résultats obtenus pendant l'invasion par les autorités grâce aux mesures qu'elles avaient prises, par les populations, grâce à l'attitude qu'elles avaient conservé : « quoique les détachements ennemis aient rôdé fort près de nous, ils n'ont pas osé mettre le pied sur le territoire du département de la Meurthe ; nos communes n'ont pas été pillées comme celles de Saint-Mihiel et des environs ; les subsistances, les caisses publiques n'ont pas été enlevées. Il est permis de croire que les mesures que vous avez prises, les obstacles que vous avez semés sur la route des ennemis et la certitude de trouver des citoyens bien retranchés et prêts à combattre, et derrière ceux-ci d'autres n'attendant qu'un signal ont détourné de nos cantons les troupes légères qui ont commis des brigandages dans le département de la Meuse... Enfin, d'après les dangers qui vous environnaient, les atrocités commises à vos portes et d'après la lettre du ministre Roland, il ne vous était pas permis de ne pas préparer tous les moyens de résistance qui dépendaient de vous » (2). Ces éloges accordés aux populations du département étaient-ils complètement mérités ?

Dans l'attitude des autorités, des gardes nationales et des populations du département depuis le début de l'invasion prussienne jusqu'à l'évacuation du territoire français, il y a des différences tout à fait sensibles, nous l'avons constaté; au début et au milieu du mois d'août, on croit peu à l'invasion, on croit que si elle vient à se produire, l'Armée du centre suffira à protéger le département, on se borne à des mesures insignifiantes, on avertit la garde nationale qu'elle peut avoir à marcher, mais on ne croit guère à l'éventualité. A la fin d'août, cette inertie persiste, et cependant le danger se précise ; l'armée prussienne a pris Longwy et marche sur Verdun; cette fois, la crainte de l'ennemi n'est pas étrangère à l'attitude du département. Puis, c'est la période de dépression des premiers jours de septembre, où une véritable panique sévit dans les trois districts les plus menacés, les autorités sont inertes, ou parfois même elles sont les premières

(1) Porte Désilles actuellement.
(2) *P.-V. du C. G. du département*, 20 nov. 1792. L. 70. A. D.

à encourager leurs administrés à ne pas résister; les gardes nationales déclarent qu'elles ne se battront pas ou qu'elles ne veulent s'armer que contre un ennemi très faible. Les effets de cette frayeur seront longs à atténuer; c'est seulement vers le 17 septembre qu'on commence les premiers travaux de défense; c'est après le 25 septembre que les ouvrages sont occupés par des garnisons sérieuses. La bataille de Valmy d'abord, puis surtout la retraite des Prussiens raniment les courages; autorités et gardes nationales désormais sont prêtes à agir; aux alertes du 3 octobre, la garde nationale de Toul se porte à Foug; à la nouvelle que Thiaucourt est menacé, 2.000 gardes nationaux se hâtent d'y accourir; en quelques heures, le département fournit la colonne de Briey, destinée cependant à opérer très loin de ses limites.

Il est donc impossible de se dissimuler qu'il y a eu un moment de défaillance chez les autorités, les gardes nationaux et les populations de la Meurthe dans la période qui s'étend à peu près du 20 août au 27 septembre; et cependant, le département n'a jamais été envahi, pas une commune n'a reçu la visite du moindre parti ennemi. Cette attitude est significative : elle montre l'impression profonde produite par l'invasion de 1792, même dans un département qui n'a jamais vu l'ennemi, et qui venait de fournir en juillet, avec tant de patriotisme, cinq bataillons de volontaires. Elle montre aussi combien on devait peu compter encore sur la garde nationale sédentaire au cas d'un péril sérieux.

Certes, la conduite des autorités du département comme aussi celle des gardes nationales a des excuses : les gardes nationales notamment n'ont pas compris l'inaction des trois bataillons de volontaires de la levée de 1792, laissés en garnison à Nancy et Lunéville; pourquoi faisait-on appel à la garde nationale sédentaire alors que les généraux n'employaient pas ces volontaires? La levée même de juillet 1792, particulièrement fructueuse dans les trois districts de Nancy, Pont-à-Mousson et Toul a fait disparaitre de la garde ses meilleurs éléments; la garde nationale rachétera cet instant de défaillance : un an plus tard, en octobre 1793, quand l'invasion autrichienne menacera la Lorraine, « les gardes nationales sans-culottes » n'hésiteront pas à courir aux gorges de Saverne pour contribuer aux côtés de l'armée régulière à la défense de la patrie envahie.

CHAPITRE XIII

La garde nationale dans le département de la Meurthe de la fin de septembre 1792 au 9 thermidor an II (27 juillet 1794.

I. La garde nationale cesse tout service dans les campagnes. — II. Son importance dans les villes diminue. Elle ne prend aucune part au mouvement fédéraliste. Abus du remplacement. — III. Le service dans la garde de Nancy. Fêtes décadaires. Garde des détenus. — IV. Réélections de mai 1793. Epurations successives de la garde nationale de Nancy. — V. Conclusion.

A partir du moment où l'armée prussienne est rejetée hors de nos frontières, et jusqu'au 9 thermidor, la garde nationale entre dans une période où elle perd de plus en plus de son importance. Elle ne reprend un rôle de premier plan dans la vie publique que momentanément, du mois d'août au mois de décembre 1793, alors que sous l'empire des dangers extérieurs, elle est requise de marcher aux frontières. Ce n'est là qu'un moment de crise ; on l'étudiera dans le chapitre suivant. Avant comme après cette phase, la garde nationale occupe dans la vie intérieure du département une place chaque jour plus effacée ; dans les villes, elle se transforme en une police rétribuée; elle disparaît dans les communes rurales.

La disparition des gardes nationales dans les campagnes est provoquée, en premier lieu, par la pénurie de travailleurs due aux nombreuses levées d'hommes faites pour l'armée. A la fin de 1792, sans tenir compte des recrues pour les troupes de ligne, la Meurthe a organisé 10 bataillons de volontaires ; en mars et avril 1793, elle fournit 3.000 hommes (1), 300 hommes un peu plus tard pour la cavalerie (2), 1.200 hommes au début du

____

(1) Décret du 24 février 1793 qui fixe le mode de recrutement de l'armée.
(2) Décret du 27 juin-3 juillet 1793.

mois d'août (1) ; enfin, à partir du fameux décret du 23 août, elle fera partir tous les jeunes gens non mariés de 18 à 25 ans (2). En 1791, 1792, les gardes nationales rurales ont perdu leurs éléments les plus enthousiastes ; en 1793, elles perdent leurs citoyens les plus jeunes, les plus vigoureux, les plus aptes aux travaux de la culture ; les paysans, restés dans les villages sont surchargés de besogne, ils n'ont plus de loisirs pour se livrer au service de la garde. D'ailleurs, de lourdes charges pèsent sur eux ; on requiert des grains, des fourrages pour l'armée, des chevaux et des voitures pour le transport des denrées ; le temps des cultivateurs est pris par les convois ; ils manquent pour leurs propres travaux de voitures et de chevaux. Dans ces conditions, les autorités locales n'exigent plus ni service, ni assiduité aux exercices ; on ne constate plus ni patrouilles nocturnes, ni perquisitions, ni arrestations ; on ne relève aucune trace d'une activité quelconque. Au début de 1793, on essaie timidement dans quelques districts, tels ceux de Pont-à-Mousson, de Nancy, de rappeler à l'obligation des exercices ; des chefs de légion dénoncent aux autorités le désintéressement complet des populations rurales pour le service de la garde nationale ; ces efforts n'obtiennent aucun résultat (3).

La disparition des fusils de guerre, à partir du mois de mars 1793, contribue aussi à la cessation de toute activité chez les gardes nationales rurales, mais il ne faut cependant pas exagérer la valeur de cette excuse souvent invoquée par des autorités qui veulent justifier leurs concitoyens. Des districts ont conservé des armes en 1793, jusqu'à une époque où depuis longtemps leurs gardes nationales ne faisaient plus aucun service.

La pénurie d'armes de calibre ne fut réellement générale qu'à partir d'août 1793, à la suite des réquisitions, prescrites dans ce mois par les représentants Lacoste et Guyardin, puis de celles effectuées en exécution du décret du 23 ; la mesure ne donna à peu près rien dans les districts de Blamont, Dieuze, Lunéville, Vezelise, où il n'y avait plus d'armes de guerre depuis le mois d'avril. Dans chacun des autres districts au contraire, on réus-

(1) *Réquisition des représentants Lacoste et Guyardin*, 6 et 9 août 1793 L. 79. A. D.

(2) *Décret des 23-24 août 1793*.

(3) *Décision du Directoire du district de Pont-à-Mousson*, 10 et 15 mai 1793. L. 1996. — *Lettre du chef de la deuxième légion du district de Nancy*, 24 juin 1793. L. 1679. A. D.

sit à constituer un magasin destiné à armer les bataillons de réquisition. Le 26 octobre, le Directoire du district de Nancy, après avoir pourvu d'armes tous ses réquisitionnaires et même des unités de passage, disposait encore de 674 fusils de guerre avec baïonnettes et de 4.226 piques (1). Par contre, la garde nationale de Nancy, forte d'environ 4.000 hommes, n'avait plus que 113 fusils de toutes sortes et 500 piques (2).

A défaut de fusils, les gardes nationales disposent maintenant de piques; mais elles sont loin d'en avoir un nombre suffisant bien que le Conseil général du département s'efforce d'en faire fabriquer en grande quantité. En général d'ailleurs, les gardes nationaux montrent peu d'enthousiasme pour employer cette arme dans le service et en apprendre le maniement.

Dans les villes, la garde nationale n'en est pas encore comme dans les campagnes, à la disparition complète, mais elle ne ressemble plus que de très loin à celle des années précédentes ; sa composition, son esprit se modifient, elle ne joue plus aucun rôle politique ; on ne s'inquiète plus de son opinion. Les plus graves événements se passent sans qu'on songe à lui demander son avis ; les tentatives fédéralistes, faites dans le département de décembre 1792 à juin 1793, se produisent sans qu'on puisse relever trace d'une émotion quelconque chez les gardes nationales ou d'un appel à leur concours.

Dès le 4 décembre 1792, le Conseil général du département, lors d'une réception des Commissaires de la Convention, Riche, Couturier et Dentzel, avait manifesté nettement ses opinions girondines (3) ; le 12 janvier 1793, il allait plus loin et pour délivrer la Convention opprimée, il décidait la levée d'un « secours » de 500 hommes, qui contribuerait « à dissiper au premier signal... les agitateurs et les anarchistes... » En même temps, le Conseil général faisait connaître cette levée aux 83 départements et proposait au département des Vosges « de réunir tout d'abord son contingent à celui de la Meurthe à

(1) *P.-V. du C. G. C.*, 7-18 octobre 1793. L. 70. — *Pièces relatives à la réquisition des armes dans le district de Nancy*, 6, 10, 26 octobre 1793, etc. L. 1634. — *dans le district de Blamont*, 29 octobre 1793. L. 903, 12 ventôse an II (2 mars 1794), L. 707. — *Compte décadaire du district de Pont-à-Mousson*, germinal an II (21 mars 1794). L. 1779. A. D.

(2) *P.-V. du C. M.*, 14 frimaire an II (4 décembre 1793). A. M.

(3) *Lettre de Sonnini, Président de l'Administration centrale de la Meurthe*, 6 germinal an II (26 mars 1794). L. 1634. A. D.

Nancy pour le porter ensuite où leur secours serait nécessaire... » (1). Ce ne sont pas là de simples paroles ; l'inscription des citoyens disposés à marcher au secours de la Convention s'effectue en janvier 1793 dans les districts, elle n'est arrêtée qu'en février à la réception d'un arrêté du Conseil exécutif provisoire qui déclare inutile cette levée et invite les départements « à envoyer aux frontières les citoyens ainsi enrôlés... » (2). Aux approches du coup d'état du 2 juin, l'agitation fédéraliste reparaît dans la Meurthe et de nouveau le Conseil général prend l'initiative et la direction du mouvement pro-
testataire contre les menées montagnardes ; le 21 mai, à son
instigation, une assemblée, composée des corps administratifs
siégeant à Nancy et d'un grand nombre de membres de la
Société populaire décide l'envoi de Commissaires aux départements voisins; on demandera à la Convention « de ne faire ni
paix ni trève aux anarchistes... » Enfin, à la nouvelle du 2 juin,
le Conseil général proteste et demande la convocation des assemblées primaires pour le renouvellement de la Convention. Il
avait trouvé quelques résistances; le 15 juin, le Directoire du
district de Sarrebourg avait marqué qu'il ne partageait nullement l'avis du Conseil général du département ; il y avait eu
aussi quelques opposants à la Société populaire de Nancy, si
girondine cependant dans son ensemble (3). Ainsi, de décembre 1792 à la fin de juin 1793, le mouvement fédéraliste constitue une occasion pour les partis, de prendre position : or,
on ne voit aucune garde nationale s'immiscer dans le débat ;
les corps administratifs ne songent pas davantage à s'appuyer
sur leurs gardes nationales contre la faction montagnarde et ne
leur demandent même pas les 500 volontaires, levés au mois de
janvier. Une pareille attitude diffère donc complètement de celle
tenue par la garde nationale de 1789 à 1792 : elle est désormais
définitive ; la garde nationale assistera à Nancy aux troubles

(1) *P.-V. du C. G. du département*, 12 janvier 1793. L. 2412. — *Circu-
laires du Procureur général syndic aux districts*, 14 et 25 janvier 1793.
L. 78. — *Circulaire du Directoire du district de Pont-à-Mousson*, 18 janvier
1793. — *Registre d'enrôlement Dieuze*, 19 janvier 1793. L. 1996. A. D.
(2) *Copie de la délibération du Conseil*, 30 janvier 1793. L. 1343. —
Arrêté du Directoire du département, 14 février 1793. L. 78. A. D. —
Circulaire du Directoire, 20 février 1793. L. 159 A. D.
(3) *P.-V. du C. G. du département*, 7 et 30 juin, L. 70. — *Décret de la
Convention nationale suspendant de ses fonctions le Directoire du département*, 27 juin 1793. L. 1230. A. D. — *P.-V. du C. G. C.*, 23 mai 1793. A. M.

politiques les plus violents, tels ceux provoqués, à partir du mois d'août 1793, par Mauger, en spectatrice indifférente : elle n'est plus, dans la capitale lorraine, l'élément important et agissant qu'elle était au début de la Révolution.

Cet effacement tient à des causes multiples. Tout d'abord, à partir des événements survenus en juin 1793 à Paris, il ne serait pas sans danger de contrevenir à la défense de délibérer faite aux gardes nationales par la loi du 29 septembre 1791, et surtout s'il s'agissait d'exprimer des opinions contraires à celles du parti montagnard. La crainte des représentants en mission, celle des comités révolutionnaires, terrorise la masse des citoyens, tandis que les meneurs, ont toute facilité pour exposer leurs programmes à la tribune des sociétés populaires ; celles-ci sont l'organe essentiel de l'opinion publique, elles prennent chaque jour plus de développement et plus d'autorité. D'autre part, la garde nationale s'est complètement transformée en août 1792, au moment où elle a dû ouvrir ses rangs à tous les citoyens sans distinction ; elle a subi de ce fait un bouleversement profond qui explique aussi comment elle a pu perdre dès ce moment son importance et son activité du début. On n'avait pas été cependant sans envisager auparavant la nécessité d'une pareille mesure et des modérés l'avaient préconisée déjà lors de la discussion de la loi du 29 septembre 1791 ; toutefois, à partir du début du mois d'août 1792, on la réclame de façon plus vive, on exige qu'elle soit effectuée sur le champ. Le 1ᵉʳ août, Carnot le jeune, soutenu par de nombreux députés, s'élève à l'Assemblée législative contre l'exclusion d'une partie des citoyens de la force armée (1) ; le même jour, l'Assemblée législative décide de donner des armes « ... à tous les citoyens indistinctement, excepté les vagabonds, gens sans aveu et personnes notoirement connues pour leur incivisme ou pour une conduite qui pourrait rendre dangereuse cette arme entre leurs mains... » (2) ; enfin, le décret du 11 août supprime la distinction entre citoyens actifs et citoyens non actifs ; cette dernière classe ne comprend plus que les Français en état de domesticité, « attachés au service habituel des personnes » (3).

____

(1) *Discours de Carnot, à propos de la loi du 1ᵉʳ-3 août 1792* (*Moniteur*, 2 août 1792.)

(2) Décret du 1ᵉʳ-3 août 1792.

(3) Décret du 11-12 août 1792. — Décret du 27 août-2 septembre 1792. — Cf. Aulard, *Histoire politique*, op. cit. p. 221.

Dès lors, tout Français, à l'exception des domestiques, peut figurer dans les rangs de la garde nationale; la petite distinction qu'impliquait l'inscription dans ce corps disparaît. Comme d'ailleurs les charges sont lourdes, comme le service des gardes, postes, rondes et patrouilles devient toujours plus pénible, on s'empresse de faire figurer sur les contrôles les nouveaux citoyens ; il faut même bientôt réagir contre la facilité trop grande avec laquelle parfois on procède à l'inscription. A Nancy, Marin, commandant provisoire de la légion, écrit qu'il est bon sans doute de recruter le plus grand nombre de citoyens possible « mais qu'on fasse bien attention de ne pas engager des domestiques ou des gens sans aveu, ni les particuliers tarés, qui pourraient faire répugner les bons citoyens de se trouver avec eux... » (1).

Et cependant les bons citoyens se lassent ; les meilleurs ont disparu, comme dans les campagnes, en 1791 et 1792. A partir du mois d'août 1793, la réquisition ayant enlevé tous les célibataires ou veufs sans enfants de 18 à 25 ans, seuls restent inscrits sur les contrôles les citoyens mariés, pères de famille, occupés par leurs affaires, leurs intérêts, leur métier ; chez eux a disparu l'enthousiasme du début. L'obligation de coudoyer dans le rang des individus des classes les plus basses, écarte les bourgeois, les gens aisés qui s'efforcent dès lors de ne plus faire aucun service.

Les municipalités réagissent cependant : elles rappellent très fréquemment que le service doit être personnel (2) : leurs efforts restent infructueux, l'abus du remplacement prend chaque jour plus d'extension; dès lors les gardes urbaines se transforment complètement.

A Nancy, les menaces faites par la municipalité, celles de la Société populaire, sont absolument sans effet ; (3) il y a un véritable tarif pour le remplacement et le prix en augmente avec

(1) *Circulaire de Marin*, 18 août 1792. B. M.
(2) La loi du 29 septembre 1791 ne faisait pas du service dans la garde nationale une obligation stricte puisqu'il suffisait de renoncer au titre de citoyen actif, pour être rayé des contrôles. A partir du décret du 11 août 1792, au contraire, les municipalités des villes du département semblent avoir établi que tout français, sauf les domestiques, étant citoyen actif de droit, ne pouvait plus se soustraire par l'abandon de cette qualité au service dans la garde nationale.
(3) Cf. Par exemple : *P.-V. du C. G.*, 28 septembre 1793, 3 novembre 1793. A. M.

celui de la vie ; il est de 5o sols par jour en novembre 1793 (1).
Alors, commence à s'établir, vers le milieu de 1793, un corps
constitué, composé de gardes nationaux, peu fortunés, qui
moyennant salaire, remplacent les citoyens aisés ; peu à peu,
les remplaçants arrivent à faire à peu près seuls le service de
la garde. Déjà en avril 1793, le procureur de la commune
signale la gravité du mal ; en 1794, il est à son apogée et un
membre du Conseil général de la commune déclare « qu'il y
avait beaucoup d'insouciance dans le service de la garde nationale, que les riches ne le faisaient plus et qu'ils se faisaient remplacer par des individus qui alors montaient tous les jours la
garde... » (2). C'est qu'en fait les rappels adressés par la municipalité aux délinquants pour les contraindre a l'obligation du
service ne sont jamais suivis de sanctions, car le système du
remplacement arrange tout le monde : il permet à la classe aisée
de ne faire aucun service, à la classe pauvre, aux ouvriers et
artisans, de gagner facilement un salaire élevé, à la municipalité d'avoir une garde nationale composée de citoyens incapables de lui faire la moindre opposition.

Il faut dire pour l'excuse de la classe aisée que le service dans
la garde nationale devient chaque jour plus pénible ; et cependant les séances d'exercice sont complètement supprimées. En
mai 1793, le procureur de la commune rappelle que la garde
nationale « a envoyé aux bataillons de volontaires la majeure
partie... l'élite des hommes exercés au maniement des armes de
sorte que ceux qui composent aujourd'hui la légion de Nancy
ont besoin de prendre des leçons pour être employés utilement
à la défense de l'intérieur... » (3) mais ces exhortations restent
sans effet ; il n'y a plus ni exercice ni manœuvres et la constatation n'est pas spéciale à Nancy (4). D'ailleurs, le décret du
3o mai (5) qui prescrit aux citoyens de la première réquisition
de s'exercer tous les dimanches, par commune, reste également
lettre morte dans les villes comme dans les campagnes (6). En

<hr>

(1) *P.-V. du C. G. C.*, 28 brumaire an II (18 novembre 1793). A. M.
(2) *P.-V. du C. G. C.*, 9 thermidor an II (27 juillet 1794). A. M.
(3) *Extrait des P.-V. du C. M.*, 4 avril 1793. B. M.
(4) Cf. *P.-V. du Directoire du district de Pont-à-Mousson*, 10 mai 1793.
L. 1996. — *Réclamation de Lamarque, commandant la 2ᵉ légion du district
de Nancy*, 24 juin 1793. L. 1679. A. D.
(5) *Décret du 3o mai-4 juin 1793*.
(6) Il faut constater, par contre, qu'à cette époque, un grand nombre
de collèges et d'écoles des villes du département font exécuter à leurs

revanche, le service de place, demandé à la garde, prend toujours plus d'ampleur, du moins dans les villes ; à Nancy, la municipalité et même le commandant de place sont unanimes à constater quelle lourde charge il constitue pour la garde nationale. Le service ordinaire, postes, rondes, patrouilles, est devenu considérable, dès la fin de 1792, par suite du départ des troupes pour l'armée ; il ne comprend pas moins d'une centaine d'hommes tous les jours et dans ce chiffre ne sont pas comptés ceux qui sont nécessaires pour les cas « extraordinaires », perquisitions, arrestations, jugements, « incursions révolutionnaires », surveillance des marchés. A partir du mois de novembre 1793, les gardes nationaux doivent assister en outre aux fêtes décadaires, sous peine d'être dénoncés au Comité révolutionnaire ou à la Société populaire. Un arrêté du représentant Michaud décide même que la garde est tenue d'assister au complet à ces fêtes ; les absents doivent être traduits devant le corps municipal qui « dans le cas de négligence ou de mauvaise volonté fera prononcer contre eux les peines correctionnelles établies par les décrets sur l'organisation des gardes nationales ». La musique de la garde figure régulièrement aux cérémonies (1).

Au lourd service de la garde des prisonniers de guerre s'ajoute, en septembre 1793, celui des nombreux détenus politiques, incarcérés dans la ville ; toutefois, une décision de la municipalité Brisse diminue sensiblement, à partir du mois de février 1794, le poids de cette charge nouvelle. Seuls sont admis désormais à la garde des détenus des gardes nationaux de bonne volonté « choisis parmi les bons citoyens et pères de famille », qui reçoivent, en rémunération, aux frais des pri-

élèves des exercices militaires. A Nancy, cette instruction est donnée dans certaines écoles par les professeurs eux-mêmes. En outre, Jobart, l'adjudant général de la garde, dirige les exercices « de la petite garde nationale », composée de jeunes gens, âgés de moins de 18 ans. A Lunéville, Toul, Pont-à-Mousson, on relève également des traces de cette instruction scolaire. Le Conseil général du département spécifie, dans une circulaire du 23 ventôse an II (18 mars 1794), que tous les enfants de bonne volonté, même ceux qui ne fréquentent pas les collèges, pourront assister gratuitement aux leçons données par l'instructeur militaire de chacun de ces établissements ; le traitement de l'instructeur est fixé à 1200 livres par an. (*Circulaire du C. G. du département*, 23 ventôse an II, (13 mars 1794), L. 1412. A. D. Cf. égal. *P.-V. du C. G. C.*, 14 pluviose an II (2 février 1794), A. M.).

(1) *P.-V. du C. G. C.*, 18 brumaire an II (8 novembre 1793) ; 19 prairial an II (7 juin 1794) ; 8-9-11 thermidor an II (26-27-29 juillet 1794), A. M. — *Arrêté du représentant Michaud*, 27 brumaire an II (17 novembre 1793). L. 121, A. D.

sonniers, 3 livres par jour et la nourriture. Le procédé avait en outre l'avantage de constituer une troupe sur la fidélité de laquelle la municipalité montagnarde pensait pouvoir compter. La garde des détenus forma ainsi une compagnie de 120 hommes, placée sous le commandement de Jobart, adjudant général de la garde nationale. En mai 1794, le service des détenus prenant toujours plus d'importance, l'effectif de la compagnie fut porté à 250 hommes. Les frais devenaient considérables ; les prisonniers étaient hors d'état d'y subvenir ; la municipalité fut donc obligée de faire les avances nécessaires pour le paiement de la compagnie. En thermidor an II, les quatre maisons de détention, Refuges, Cordeliers, Précheresses, Tiercelins, devaient au Conseil général de la commune la somme de 15.319 livres et leur dette s'augmentait tous les 10 jours de 1.800 livres. Après le 9 thermidor, les détenus refusèrent catégoriquement tout paiement et il semble que la municipalité n'ait jamais pu faire effectuer le recouvrement des sommes qu'elle avait déboursées (1).

L'habitude nouvelle de rémunérer certains services n'est pas spéciale à Nancy ; on en trouve des exemples à Toul, à Pont-à-Mousson et pour des cas qui paraissent cependant rentrer dans les attributions normales de la garde. A Pont-à-Mousson, le commandant de la garde nationale, relevant à l'hôpital, un poste jusqu'alors fourni par les dragons, demande le paiement de ses hommes et la municipalité l'appuie en déclarant « qu'à Nancy et à Metz, les gardes nationales sont payées lorsqu'elles font un service à la décharge des troupes soldées... » ; à son tour, le Directoire du district déclare fondée la réclamation (2).

Ainsi l'appât d'une rémunération, qu'elle provienne du prix payé pour le remplacement ou d'une véritable solde, attire maintenant dans les rangs des gardes nationales une catégorie de citoyens qui se recrute parmi les classes sociales les moins élevées ; des ouvriers, des artisans, parce qu'ils sont sans travail, ou parce qu'ils préfèrent par paresse un gain facile, vivent des

(1) *P. V. du C. G. C.* 16 septembre, 17 octobre 1793, 5 frimaire an II (25 novembre 1793), 5 nivôse an II (25 décembre 1793), 25 pluviôse an II (13 février 1794), 3-8 prairial an II (22-27 mai 1794), 17-19-25 thermidor an II (4-6-8-12 août 1794), 18-21 fructidor an II (4-7 septembre 1794), 5 vendémiaire an III (26 septembre 1794). — *Lettre du C. G. C. au Commandant de la garde,* 11 prairial an II (30 mai 1794) A. M.

(2) *P. V. du Directoire du district de Pont-à-Mousson,* 7 frimaire an II (7 décembre 1793) L. 1920. A. D.

5o sols du remplacement ou des 3 francs de la garde des détenus ; par contre, leur présence a éloigné du service les citoyens
aisés.

L'innovation que constitue dans l'histoire de la garde nationale l'appât d'une rémunération est ainsi d'une importance considérable ; on la voit d'ailleurs apparaître à cette même époque
de 1792 non pas seulement à Nancy et dans la Meurthe, mais
dans toute la France; elle a des conséquences particulièrement
intéressantes à Paris. Comte, dont l'aperçu (1) est souvent extrêmement intéressant et qui écrivait à une date relativement proche encore des événements, voit dans l'attribution d'une solde
aux sectionnaires après le 10 août 1792, la cause principale des
transformations subies par la garde nationale de Paris ; il juge
que ce principe nouveau a beaucoup plus fait pour la disparition de la garde nationale du type de 1789 que les mesures
adoptées au même moment, organisation en sections, admission sans distinction dans les rangs, expulsion des modérés. Il
reviendra sur cette idée dans sa conclusion en expliquant comment la garde nationale s'est ainsi trouvée « anéantie » au
10 août (2).

La répugnance de la classe aisée pour le service dans la garde
ne laisse pas de s'augmenter aussi dans cette période du fait
qu'on lui retire les grades qu'elle avait détenus jusqu'alors. En
mai 1793, on procède en effet, conformément aux dispositions
de la loi du 29 septembre 1791, à la réélection des cadres dans
tout le département ; or, comme les officiers ou gradés en fonctions ne peuvent être réélus, c'est un personnel entièrement
nouveau qui apparaît ; il est en général moins expérimenté que
l'ancien et d'une classe sociale très inférieure. Beaucoup de gardes cependant ont encore choisi des nobles pour officiers, mais
partout ces nominations sont cassées par les administrations de
district en exécution de la loi du 26 mars 1793 (3), qui exclut
des cadres les ex-nobles et les prêtres; on procède alors à des
élections complémentaires ; en réalité la réorganisation des gardes nationales s'effectue au milieu de l'indifférence générale ;
les procès-verbaux montrent le peu d'intérêt que les populations

(1) Ch. Comte. *Histoire de la garde nationale de Paris*. op. cit.
(2) Comte, op. cit. p. 281 et sq.
(3) Décret du 26-3o mars 1793 qui ordonne le désarmement des personnes
reconnues suspectes.

rurales prennent à l'opération ; des communes, des cantons n'envoient personne aux réunions et le plus souvent quelques citoyens seuls procèdent au renouvellement des cadres des bataillons. Dans les villes, les élections sont un peu plus suivies (1) ; à Nancy, elles sont terminées le 25 mai 1793 et un ordre du commandant de la légion, Brugnon, fixe le mode suivant lequel s'effectuera la transmission des pouvoirs sur la Place du peuple. « Les compagnies seront conduites et commandées par leurs anciens officiers... les nouveaux officiers resteront à leurs rangs... de même les bataillons seront conduits par les anciens chefs de bataillon. L'échange des armes devra être prévu de telle sorte que les anciens officiers puissent rentrer dans le rang immédiatement sur la Place du peuple comme fusiliers. Au commandement de « nouveaux officiers à vos postes », l'officier sortant reprendra l'armement de son successeur, lui donnera l'accolade et prendra place dans le rang » (2). Malgré les retards cependant, à la fin du mois de juin, le remplacement des cadres est terminé à peu près entièrement dans tout le département.

Si les gradés élus en mai et juin 1793 ont moins de valeur et d'expérience que ceux dont ils prennent la place, ils n'en sont pas moins pour la plupart des hommes honorablement connus. Les commandants de bataillon sont des personnages importants, Duquesnoy, maintenant directeur des postes, Vinot, avoué, Grandjean, juge au tribunal, Haener, imprimeur. Ils sont girondins, modérés, membres de la Société populaire, gens d'ordre ; un seul chef de bataillon, Febvé, président du tribunal criminel, est un montagnard avancé qui jouera bientôt un rôle important aux côtés de Philip, Glasson-Brisse et Mauger (3). Tous ces cadres ont d'ailleurs été légalement nommés ; à partir de la fin de 1793 et surtout au début de 1794 au contraire, Sociétés populaires, Comités révolutionnaires, Conseils généraux des communes, s'arrogent le droit de prononcer la révocation des officiers et des gradés qui leur déplaisent, parfois

(1) *Pièces relatives aux élections dans le district de Nancy, mai-juin 1793* L. 1678-1679 ; *dans le district de Lunéville.* L. 1412 ; *Pont-à-Mousson,* L. 1996 ; *Toul* 2429. A. D.

(2) *Ordre pour le 25 mai 1793,* B. M.

(3) Cf. sur ces personnages : H. Poulet, *Le sans-culotte Philip (Annales de l'Est et du Nord,* 1906, p. 248 et sq) ; G. Jardin, *Pierre-Auguste Mauger (Annales de l'Est et du Nord,* 1899 p. 282) ; A. Mansuy, *Les sociétés populaires à Nancy (Annales de l'Est et du Nord.* 1899 p.432).

pour les motifs les plus futiles. Les représentants en mission dans le département procèdent de leur côté à des épurations ; ils remplacent les gradés destitués par des citoyens que leur désignent les montagnards sûrs de la ville (1). Ces opérations sont conduites dans un esprit tel que peu à peu on élimine des cadres des gardes nationales, les gens modérés et de classe aisée : à Nancy, le résultat est obtenu à la fin de l'année 1794 où la réaction thermidorienne n'a pas encore fait sentir tous ses effets en Lorraine.

Le cadre de modérés, élu en mai 1793, à Nancy, ne subit pas de changements importants jusqu'au début de 1794, grâce à la présence dans la ville du représentant Faure qui expulse de la Société populaire les agitateurs, amis de Philip, Mauger et Brisse, et même le 13 frimaire (3 décembre 1793), envoie un certain nombre d'entre eux devant le Tribunal révolutionnaire de Paris. La situation se transforme au départ de Faure, qui le 17 frimaire (7 décembre 1793) quitte Nancy ; presque aussitôt, deux représentants, Lacoste et Baudot, prévenus contre l'œuvre de Faure par une correspondance très active avec les amis de Philip et de Brisse, arrivent dans la ville pour recevoir les plaintes des patriotes persécutés ; ceux-ci se rassurent d'autant plus que l'acquittement de leurs amis et de leurs chefs par le Tribunal révolutionnaire rend leur succès définitif. Dès lors, Lacoste et Baudot, rejoints maintenant par le représentant Bar, n'hésitent plus ; le 26 pluviose an II (14 février 1794), ils arrêtent que toutes les autorités constituées seront épurées et Brisse nommé maire de Nancy (2). L'article XIV de l'arrêté porte « Thouvenin-Fafet fera provisoirement les fonctions de chef de légion de la garde nationale de Nancy. Le Conseil général de la commune fera passer aux représentants du peuple, le tableau de l'état-major et des officiers de la garde nationale avec les indications des qualités morales et politiques des individus, afin qu'ils puissent juger ceux susceptibles de conserver le commandement : ils indiqueront de même ceux qu'il conviendra de nommer en remplacement, s'il y a lieu... » (3). Il fut établi en

---

(1) *P.-V. du C. G. C.* 1er vendémiaire an IV (22 septembre 1795). A. M.
(2) H. Poulet, *op. cit* (*Annales de l'Est*, 1906, p. 248 et sq., p. 321 et sq).
(3) *Arrêté des représentants Lacoste, Baudot et Bar*, 26 pluviose an II (14 février 1794). L. 1230. A. D.

effet, par les soins d'une commission du Conseil général de la commune un tableau des nouveaux cadres de la garde nationale. Le 17 mars, en présence des membres de la Société populaire « régénérée » par les représentants et composée exclusivement désormais de patriotes, il fut procédé à la lecture du tableau et, après un certain nombre d'observations des clubistes et des citoyens des tribunes, la liste définitive des officiers de la garde nationale fut adressée aux représentants du peuple (1).

Quelques jours auparavant, Philip, incarcéré à Metz, avait été mis en liberté et triomphalement accueilli à Nancy ; le 17 ventôse (7 mars 1794), il était nommé président de la Société populaire (2) ; dès lors le succès des patriotes montagnards est complet ; ils règnent en maîtres absolus à Nancy où ils tiennent le Conseil général de la commune, la Société populaire et la garde nationale. Il est remarquable, cependant que les patriotes n'aient même pas jugé utile, lors de l'épuration, d'occuper toutes les places importantes de la légion ; l'adjudant général Deloupy, Jobart, l'adjudant général en second, des commandants de bataillon comme Puyproux, Brugnon, Grignon, sont des modérés, qui ne figurent nullement parmi les amis de Philip et de Brisse. Il semble que la garde nationale soit réduite à cette époque à un rôle tellement insignifiant que les patriotes aient jugé suffisant de nommer chef de la légion Thouvenin-Fafet, leur partisan dévoué.

La disparition de Philip, incarcéré à Paris en messidor, la chute de Robespierre ne déterminent pas une réaction immédiate à Nancy contre la tyrannie montagnarde ; on note au contraire à cette époque une recrudescence du jacobinisme, soutenu par les représentants Lacoste, Baudot et surtout par le représentant Michaud. Le clan des patriotes, avec Brisse, Febvé, Wulliez reste tout puissant ; non seulement Thouvenin-Fafet est toujours à la tête de la légion, mais il commande aussi la gendarmerie du département (3). Les officiers de la garde nationale paraissent cette fois beaucoup trop modérés ; d'accord avec Thouvenin-Fafet, le Conseil général de la commune dresse un

(1) P. V. du C. G. C., 21-22-24-30 ventôse an II (11-12-14-20 mars 1794), 6 messidor an II (20 juin 1794), A. M. — *Tableau de la composition de la légion de Nancy*, 6 messidor an II (24 juin 1794), L. 1678 A. D.
(2) H. Poulet. *Les volontaires*, op. cit. p. 326.
(3) P. V. du C. G. C., 29 messidor an III (17 juillet 1795), A. M.

nouveau tableau des cadres et expulse tous ceux qui peuvent paraître suspects ; on destitue Puyproux qui a conduit à l'Armée du Rhin, en 1793, le bataillon des gardes nationales sans-culottes de Nancy, Deloupy l'adjudant-général, Mourquin, capitaine, qui ont commandé dans ce même bataillon, le premier une compagnie, le second les canonniers (1). L'accusation est à peu près la même pour tous ceux qu'on écarte; l'un est remplacé « parce qu'il a toujours signé les mauvaises pétitions et jamais les bonnes... » cet autre, parce qu'il est « signataire de la pétition faite pour la conservation de la statue du tyran » (2). Cependant comme les gradés ne peuvent être tous remplacés par des montagnards à la fois sûrs et populaires, on s'efforce de combler les vacances par des gens insignifiants, dépourvus d'influence, et choisis dans une classe sociale inférieure à celle de leurs prédécesseurs (3). En fait, à partir de cette date, la légion ne comprend plus, dans ses cadres comme dans ses rangs, que la classe la moins élevée de la population.

Quelque temps après le 9 thermidor, à Nancy, la garde nationale a donc entièrement perdu l'importance qu'elle avait eue jusqu'en 1792; seuls les habitants qui ne peuvent payer un remplaçant participent encore au service, dont la charge est supportée à peu près uniquement par une catégorie de citoyens pour qui le remplacement est devenu un métier. La classe aisée ne figure plus dans les rangs ; on l'a chassée des cadres qui sont sans valeur, sans influence, recrutés dans les derniers rangs de la population et arbitrairement nommés par la faction au pouvoir. La situation est identique dans les autres villes du département ; du moins la garde nationale y existe-t-elle encore ; elle assure un service d'ordre et de police. Dans les campagnes au contraire, la garde nationale n'a plus aucune activité ; elle ne figure plus que sur les contrôles des communes.

(1) Cf. Chapitre XIV.
(2) Cf. sur la pétition faite pour préserver de la destruction la statue de Louis XV qui ornait la Place royale (actuellement place Stanislas), Pfister. *Histoire de Nancy.* op. cit. III. p. 517.
(3) P.-V. du C. G. C. 4-6-9-12-18-30 brumaire an III (25-27-30 octobre 1794, 2-8-20 novembre 1794). A. M — *Arrêté du représentant Michaud sur la réorganisation de la garde nationale,* 14 brumaire an III (4 novembre 1794). L. 1678. A. D.

CHAPITRE XIV

Les bataillons de réquisition
et les gardes nationales sans-culottes à l'Armée du Rhin

I. Modification dans les idées sur le recrutement. Importance
du décret du 30 mai. — II. La levée en masse. Le décret du
23 août. — III. Le désordre de la levée des bataillons de réquisition dans le département. — IV. La levée en masse dans le
district de Sarrebourg. Formation des bataillons à Nancy et
dans les districts. — V. Les « agricoles » à l'Armée du Rhin.
La désertion. — VI. Levée des gardes nationaux volontaires dans
les villes. Levée du « Bataillon sans-culotte » formé par la garde
nationale de Nancy. — VII. Le Bataillon des gardes nationales
sans culottes de la Meurthe à l'Armée du Rhin. Son désir de
rester bataillon de garde nationale. — VIII. Belle attitude du
bataillon à son arrivée à l'armée. Son découragement. — IX. Le
Bataillon des sans-culottes est très supérieur aux bataillons de
réquisition. Conclusion.

A partir du mois de février 1793, les mesures prises par la
Convention pour assurer le renforcement des armées marquent
une transformation profonde dans le mode de recrutement. Jusqu'à cette époque, le principe que nul ne peut être forcé au service militaire a été conservé à peu près dans son intégrité ;
désormais, il disparaît, et le système de la réquisition contraint
à partir tous les citoyens placés dans des conditions déterminées
d'âge et de famille. Cette importante évolution a été signalée
par tous les historiens ; il est inutile d'y insister.

Elle est accompagnée d'une modification qu'on a peut-être
moins remarquée dans le rôle joué jusqu'alors par la garde
nationale pour le recrutement de l'armée. Ce rôle avait été considérable : c'est à la garde nationale seule qu'on avait demandé
les volontaires de 1791 ; elle avait eu une influence prépondérante sur le succès de la levée des volontaires de 1792 ; en 1793,

son nom même disparaît des décrets sur le recrutement (1), et
si parfois on s'adresse encore à elle, il semble que ce soit à
regret, quand on ne peut faire autrement. Dès ses débuts, en
effet, la Convention paraît prévenue contre la garde nationale;
la Gironde la considère comme le plus puissant appui de la Commune, tandis que le parti montagnard ne regarde pas d'un œil
favorable une institution qui date de la monarchie constitutionnelle, et qui, même après avoir perdu son caractère censitaire,
lui semble encore peu démocratique. La Convention adresse ses
appels à la masse des citoyens ; elle semble oublier que tous font
partie maintenant de cette institution de la garde nationale qui
pourrait rendre de si précieux services pour le dressage militaire
et la formation morale des futurs soldats de la République.

Le premier décret de 1793, relatif au recrutement de l'armée,
fut voté le 24 février (2) ; il mettait en état de réquisition permanente jusqu'au moment où auraient été levés 300.000 hommes, tous les Français de 18 à 40 ans, non mariés ou veufs sans
enfants; le contingent à fournir par le département de la Meurthe était fixé au chiffre de 2.957 hommes qui iraient renforcer
les unités déjà existantes à l'Armée de la Moselle. On ne s'adressait à la garde nationale que pour lui réclamer ses fusils et ses
uniformes, surtout ceux des citoyens aisés (3). La garde nationale du département n'eut effectivement aucune part à la levée ;
en mai, le contingent de la Meurthe était fourni et rendu à Metz,
ville désignée pour la réunion des recrues de l'Armée de la
Moselle (4).

En avril cependant, la Convention décide que les représen-

(1) La constitution de 1793 ne fait plus aucune mention de la garde
nationale ; le titre « Des forces de la République » contient simplement l s
dispositions ci-après :
  Art. 107. — La force générale de la République est composée du peup e
entier. — Art. 108. — La République entretient à sa solde, même en temps
de paix, une force armée de terre et de mer. — Art. 109. — Tous les
français sont soldat; ils sont tous exercés au maniement des armes. —
Art. 110. — Il n'y a point de généralissime... — Art. 114. — Nul corps
armé ne peut délibérer...
(2) Décret du 24 février 1793 qui fixe le mode de recrutement de l'armée.
Il fut complété par une « Instruction pour les Commissaires supérieurs du
Conseil exécutif préposés pour le recrutement des armées ». L. 413. A. D.
(3) Titre II, art. V, XV, XVIII, XXII, du décret.
(4) Lettres du Procureur général syndic, 23-28 avril 1793. L. 158. — État
des noms fournis, 10 mai 1793. L. 413. A. D. — P.-V. du C. M. et du C. G. C.
9, 18 mars 1793, A. M. — Circulaire de Marin le jeune, adjudant général
de la Légion, 2 mars 1793. B. M.

tants du peuple aux armées pourront « ... en cas d'insuffisance
des forces décrétées.... requérir les gardes nationaux des départements qu'ils feront organiser en bataillons.... ils pourront aussi
requérir des gardes nationaux à cheval pour compléter les cadres
existants et lorsque les cadres seront au complet, ils pourront en
former de nouveaux escadrons... » (1). C'est un moyen de fortune dans un moment où les circonstances sont graves ; la Ven-
dée est en pleine insurrection, Dumouriez vient de trahir, la frontière du nord est envahie et Custine rejeté sur Landau ; or, la
levée de 300,000 hommes est loin d'être achevée et il faut encore
instruire les recrues envoyées aux armées. Dans la Meurthe, le
danger a paru si grand, dès le début d'avril, que les autorités du
département n'attendent pas les décrets de la Convention pour
faire appel à la garde nationale ; la retraite de Custine sur Landau, la marche en avant de Hohenloe-Ingelfingen dans le pays
des Deux-Ponts, font craindre l'invasion de l'Alsace et de la
Lorraine (2) ; le Directoire du département décide donc, le 8 avril,
que les districts de Château-Salins, Dieuze, Sarrebourg, Blamont,
tiendront leurs gardes nationales « en état de réquisition permanente « afin, écrit-il,... que si les généraux requièrent quelques
hommes, vous puissiez en faire, sur le champ, la répartition... » (3) ; le 10 avril, ces prescriptions sont étendues à tous
les districts du département (4). Le 11 avril, au reçu d'une lettre
du général d'Aboville, commandant l'Armée de la Moselle
« ... d'où il ressort les dangers pressants des armées... », le
Directoire du département arrête « ... que les dispositions des
généraux, et notamment les réquisitions qu'ils feront aux gardes nationaux seront exécutées... » ; ce même jour, il se
décide à procéder à la mise en état de défense des districts menacés ; on reprendra le plan préparé en octobre 1792, lors de l'invasion prussienne, pour mettre les districts de Château-Salins et

(1) Décret du 30 avril, 1er mai 1793. Le 7 mai, la Convention décrétait
« la mise en état de réquisition immédiate des gardes nationaux des départements de l'ouest révoltés et de ceux des départements jusqu'à Paris. »
(P.-V. de la Convention). Il y eut effectivement dans cette première partie
de l'année 1793 un certain nombre de gardes nationaux sédentaires employés aux armées ; ainsi, en avril, des gardes nationaux du Haut-Rhin et
du Bas-Rhin, requis par Custine, occupent la rive gauche du Rhin (Cf.
Chuquet Wissembourg. op. cit. p. 4).
(2) Chuquet, Wissembourg op. cit. p. 3.
(3) Circulaire du Directoire du département aux districts, 8 avril 1793.
L. 1487. A. D.
(4) Arrêté du Directoire du département, 10 avril 1793. L. 78. A. D.

de Dieuze en état de résister, non pas à une grosse colonne, mais de simples partis. Les gardes nationales assureront la défense à cet effet on tirera au sort les unités qui devront marcher les premières ; elles s'exerceront tous les dimanches. (1).

L'arrêt du mouvement offensif des Austro-Prussiens, l'établissement de l'Armée de la Moselle à Sarrelouis, Sarrebrück, Sarreguemines et Bitche, rassurent bientôt le Conseil général du département ; le 27 avril, on n'a encore exécuté aucun travail de défense, rassemblé aucune garde nationale ; puis le danger diminuant chaque jour, il n'est plus donné suite aux projets de mise en état de défense des deux districts (2).

Cependant, la Convention se préoccupait de définir plus nettement que dans son décret du 30 avril les règles suivant lesquelles s'exercerait la réquisition des citoyens pour le renforcement de l'armée ; cette réglementation faciliterait l'opération d'une levée générale et uniformiserait aussi les demandes que les représentants en mission croiraient devoir adresser aux gardes nationales (3). Elle fut effectuée par le décret du 30 mai qui répartissait les Français en quatre classes, la première comprenant tous les citoyens de 16 à 25 ans et les célibataires et veufs sans enfants jusqu'à 40, la deuxième les citoyens de 25 à 35 ans, la troisième les citoyens de 35 à 45 ans, la quatrième les citoyens âgés de 45 ans et plus ; cette quatrième classe comprenait encore les pères de quatre enfants au moins, réduits pour vivre au produit de leur travail ; l'article VI du décret portait « Les municipalités choisiront un instructeur et veilleront sous peine de destitution, à ce que tous les dimanches les citoyens compris dans la première réquisition, s'exercent au maniement des armes et aux évolutions militaires… »

Il eût été logique de compléter les dispositions arrêtées pour le renforcement de l'armée par une refonte de l'organisation de la garde nationale, comportant la formation des compagnies et des bataillons avec des réquisitionnaires de même classe. On aurait eu dès lors, et très facilement dans les villes, des unités homogènes, aptes à une mobilisation rapide, faciles à soumettre à l'obligation d'une instruction suivie ; elles auraient pu être

(1) Arrêtés du Directoire du département, 11, 12 avril 1793. L. 78 A. D.
(2) Arrêtés du C. G. du département, 27 avril, 3 mai 1793. L. 70. A. D. Chuquet, Wissembourg op. cit. p. 4.
(3) Décret du 30 mai, 4 juin 1793.

employées soit comme unités de dépôt, soit au besoin comme
unités constituées ; mais la Convention, pas plus que les Assemblées précédentes ne devait avoir la conception d'une organisation rationnelle des réserves pour les armées nationales.

En juin, l'Assemblée décide d'organiser dans chaque département une compagnie de canonniers nationaux soldés (1) qui
sera mise à la disposition du Ministre de la guerre ; elle ne se
préoccupe nullement de l'utilisation des compagnies de canonniers déjà existantes dans certaines gardes nationales ; cependant, ces compagnies sont nombreuses : dans la Meurthe, on en
compte quatre à Nancy, deux à Toul ; composées de patriotes et
des meilleurs parmi les gardes nationaux, elles pourraient fournir d'excellents éléments à la compagnie soldée. En juillet pourtant, la Convention semble faire état de la garde nationale ; elle
prescrit de diriger sur les armées toutes les compagnies de cavalerie, constituées dans les légions des départements ; la mesure
répond à un besoin, mais elle est provoquée surtout par le désir
de se débarrasser de ces compagnies, composées de citoyens riches
et aisés ; le rapport présenté à la Convention dit « ... Il existe
dans un grand nombre de localités des compagnies de gardes
nationaux à cheval ; elles sont composées d'aristocrates qui se
sont organisés ainsi pour se distinguer des prolétaires. Ceux qui
ont assez d'argent pour acheter des chevaux ont plus d'intérêt
encore que les pauvres citoyens à ce que leurs foyers soient pré-
servés de l'invasion. Il convient donc de leur indiquer des lieux
de rassemblement et de les forcer à s'y rendre... » Le décret établit en effet que ces cavaliers doivent partir « sur le champ, sans
qu'aucun d'eux puisse donner sa démission ou refuser de se
rendre au poste qui leur sera indiqué... ». La Convention supprime donc pour cette catégorie de gardes nationaux les bénéfices du décret du 30 mai qui prescrit de réquisitionner d'abord
les citoyens de la première classe (2).

(1) Décret du 3 juin 1793. Le 15 juillet 1793, un nouveau décret établissait
dans chaque département une école particulière d'instruction pour les
canonniers. Il n'a pas été possible de savoir si la compagnie de canonniers nationaux avait été effectivement constituée dans le département.

(2) *Décret du 25-26 juillet 1793, qui met en état de réquisition les gardes
nationales à cheval.* Journal militaire, 11 août 1793, p. 554. Moniteur du
27 juillet. Il n'y avait pas de compagnies à cheval dans la Meurthe. — Cf.
sur les attaques dirigées par les montagnards, et particulièrement par
Marat, contre la garde nationale à cheval de Paris, Poisson, *L'Armée et
la garde nationale,* op. c. t II. p. 37.

Par une conséquence logique de cette attitude de la Convention, par suite aussi du calme qui règne en Alsace et en Lorraine jusqu'au mois d'août 1793, les autorités du département de la Meurthe n'ont pas à faire appel à la garde nationale. Celle-ci n'intervient donc pas dans la levée des réquisitionnaires de février; elle ne joue aucun rôle, ni dans la formation de la compagnie des canonniers soldés, ni dans la levée des hommes demandés au département pour la cavalerie (1), ni dans celle des 1200 hommes réquisitionnés pour les armées par les représentants Lacoste et Guyardin (2); on observa strictement pour cette dernière levée les règles édictées par le décret du 30 mai. Ainsi, aussi bien dans le système adopté par la Convention que dans celui employé par les représentants, le renforcement de l'armée ne se produisait plus par la création d'unités nouvelles, mais par l'incorporation des réquisitionnaires dans les unités déjà formées.

A partir du mois d'août, les événements extérieurs, peut-être aussi l'influence de membres nouvellement entrés au Comité de salut public (3), modifient profondément le système suivi par la Convention depuis le début de l'année pour renforcer l'armée (4). Les désastres commencent dans le nord : les villes de Condé et de Valenciennes sont prises, l'armée française se replie devant les armées du prince de Cobourg et du duc d'York; puis, la situation s'aggrave sur la frontière de l'est où, du 13 au 20 août, l'Armée de la Moselle recule en désordre devant Brunswick ; les Prussiens menacent Bitche et Bliescastel ; ils sont en situation de prendre à revers l'Armée du Rhin; à partir du 20 août, celle-ci bat en retraite, et le 23 elle est rejetée par l'armée autrichienne sur les lignes de Wissembourg et derrière la Lauter (5).

Le 16 août, sur la proposition faite par Barère, au nom du Comité de salut public, la Convention vote un décret, conçu en termes assez vagues, portant que le peuple français va se lever

(1) Décret du 27 juin, 3 juillet 1793.
(2) *Réquisition des représentants Lacoste et Guyardin*, 6, 9 août 1793. L. 79. — Cf. pour les opérations relatives à ce recrutement. L. 1365, 1366, 1491. A. D. — *P.-V. du C. G. C. et du C. M.*, 11, 12, 17 août 1793. A. M. — Ces 1200 hommes furent dirigés sur Metz les 2, 3, 4 septembre.
(3) Robespierre élu le 27 juillet. Carnot et Prieur (de la Côte-d'Or) élus le 14 août.
(4) Au nom du Comité de salut public, Barrère représente, le 1er août, à la Convention toute la gravité des périls extérieurs et intérieurs qui menacent la République (*Moniteur*, 7 août 1793).
(5) Chuquet. *Wissembourg*, op. cit. p. 92 et sq.

tout entier pour la défense de sa liberté (1). On renonçait donc aux procédés, employés jusqu'alors pour recruter l'armée, afin de leur substituer « la levée en masse ». Le 20 août encore, Barrère annonçait nettement la suppression de tout recrutement : « ... on a proposé des recrutements, mais les aristocrates eux-mêmes provoquent cette mesure... Aussi, il faut un effort d'enthousiasme et que ce grand effort populaire soit régularisé. Voilà ce que le Comité veut faire et ce qu'il vous propose (on applaudit)... » (2). Il n'y aurait donc plus de recrutement, mais on renonçait à la « levée en masse », décrétée en principe le 16 août ; déjà Barère était forcé d'avouer qu'on se préparait à la « régulariser » ; toutefois, il n'apportait pas de précisions sur le système qui serait employé dans ce but. Les premières furent données le 23 août ; à cette date, Barère reparaît à la tribune ; il expose que les circonstances ne permettent plus ni de demander un contingent à chaque département « ... le contingent n'est qu'une contribution, levée sur les hommes comme sur de vils troupeaux... », ni d'employer le système du recrutement ; ce procédé fait le jeu des aristocrates ; ils se font remplacer par des citoyens sans honneur qui, une fois payés, désertent. L'orateur en vient alors à la levée en masse, dont il énumère les adversaires : ce sont ou bien les aristocrates qui la tournent en ridicule, ou bien « des auxiliaires de Pitt et de Cobourg » qui veulent faire lever la nation tout entière, au même instant, alors que le danger n'est pas assez imminent pour déterminer une mesure aussi désespérée ; et Barère conclut : « La réquisition de toutes les forces est nécessaire sans doute, mais leur marche progressive et leur emploi graduels sont suffisants... » (3).

La Convention votait aussitôt la mise en état de réquisition permanente de tous les Français pour le service des armées ; aux termes de ce décret (4), complété quelques jours plus tard par une instruction (5), tous les citoyens non mariés ou veufs sans enfants, de 18 à 25 ans, étaient requis sans délai ; ils formeraient

(1) Décret du 16 août.
(2) *Moniteur*, 22 août 1793.
(3) *Moniteur*, 25 août 1793.
(4) Décret du 23-24 août 1793.
(5) *Instruction arrêtée par le Conseil exécutif provisoire*, 1er septembre 1793. Journal militaire, 22 septembre 1793, p. 790. Aux termes de cette instruction, la Meurthe devait diriger ses bataillons sur l'Armée de la Moselle, mais cette répartition ayant été modifiée, les bataillons furent envoyés à l'Armée du Rhin.

un bataillon par district ; la Meurthe enverrait neuf de ces bataillons à l'Armée du Rhin ; ce sont ceux appelés indifféremment « bataillons de 1re réquisition », « bataillons de districts », ou « bataillons agricoles ».

Bien que Barère eût flétri, dans son discours du 23 août, les modes de recrutement employés jusqu'à cette date et exalté le système de la levée en masse, la réquisition organisée par le décret du même jour n'a plus rien de commun avec le projet présenté le 16 août. Elle modifie cependant profondément les procédés utilisés jusqu'alors pour renforcer l'armée aussi bien par la Convention elle-même que par les assemblées précédentes. Alors que la Convention s'est contentée depuis le début de l'année de renforcer les unités déjà existantes par l'incorporation de nouveaux contingents, elle crée cette fois, et en grand nombre, de nouveaux bataillons; alors que les bataillons de volontaires n'ont figuré sur les champs de bataille que longtemps après leur formation, on pousse immédiatement aux armées les bataillons de réquisition. C'est une expérience toute nouvelle. Elle ne sera pas facilitée à son début par les dispositions incohérentes prises dans le département pour l'organisation de la levée. Représentants du peuple, administrations, commissaires nommés par les administrations, prennent les mesures les plus disparates, les uns décrétant la levée en masse, les autres la réquisition des gardes nationales, les plus sensés essayant de réaliser le système prescrit par la Convention. Finalement, la levée des réquisitionnaires s'effectue dans la plus grande confusion.

Elle commence, dans la Meurthe, avant même la publication du décret du 23 août. En effet, dès la nouvelle des revers subis par l'Armée de la Moselle, le Conseil général du département prend une série de mesures préparatoires : le 18 août, il avertit les citoyens de la première classe qu'ils doivent se tenir prêts à marcher, tandis que les citoyens des 2me et 3me classes des villes et des bourgs s'exerceront au maniement de la pique suivant les ordres des chefs des légions ; les Directoires de district sont invités à réunir tous les fusils de guerre de leur circonscription (1). Le 25 août, au reçu de renseignements alarmants sur la situation de l'Armée du Rhin, le Directoire de la Meurthe applique les dispositions qu'il a envisagées : il donne l'ordre de rassembler dans

____

(1) *P.-V. du Directoire du département*, 18 août 1793. L. 79. A.D.

chaque chef-lieu de district les citoyens de la 1re classe et les citoyens de la 2e classe des villes, de les grouper en compagnies et en bataillons. Indépendamment de la compagnie de canonniers nationaux que Charpentier, canonnier instructeur de la légion de Nancy, est chargé d'organiser « ...l'offre généreuse des quatre compagnies de canonniers de Nancy de marcher vers l'ennemi est acceptée... » (1).

Certes, l'intiative prise par le Directoire du département partait de sentiments profondément respectables, mais en procédant sans ordres de la Convention, à la réquisition de ses administrés, en déterminant lui-même les classes qui devaient partir (2), il risquait de provoquer des difficultés graves si ses exigences ne concordaient pas, comme la chose allait se produire, avec les mesures alors en préparation au Comité de salut public. Du moins, l'idée qui présidait à la réquisition du Directoire était-elle conforme aux principes posés par le décret du 23 août, former des unités constituées, militairement organisées par district ; au contraire, les réquisitions que le département allait recevoir des représentants à l'Armée du Rhin devaient procéder d'idées totalement différentes.

Le 27 août, en effet, les administrateurs du département reçoivent une lettre, écrite par les représentants du peuple, Lacoste et Guyardin, près de l'Armée du Rhin, le 24, après la retraite sur Wissembourg et la Lauter ; elle étend à la Meurthe les mesures prises le 22 août, pour la levée en masse dans le département du Bas-Rhin. Les administrateurs doivent se mettre à la tête du peuple « ...à défaut de fusils que le peuple s'arme d'instruments offensifs... qu'il traîne des canons et toute espèce de munitions... que les cloches, les tambours retentissent de toutes parts, qu'un tocsin général fasse pâlir d'effroi les tyrans... que tout citoyen, non de telle ou telle classe... vole au combat, que la terre de la liberté soit couverte de colonnes républicaines et que, par vous dirigées, elles marchent à grands pas vers Haguenau qui est le point désigné de la réunion de nos forces... » (3). Une seconde

---

(1) *P.-V. du Directoire du département*, 25-26 août 1793. L. 79. *État des armes délivrées aux quatre compagnies de canonniers*, 27 août 1793. L. 1634. A. D.

(2) Le 25 août, le Directoire du département n'a pas encore reçu le décret du 23 août qui lui sera officiellement notifié le 30 seulement.

(3) *P.-V. du Directoire du département*, 27 août 1793. L. 79. A. D. L'original est aux A. H. ; il est reproduit par J. Colin. — *La campagne de 1793*, p. 172.

lettre du 26 août, reçue en même temps que la lettre du 24, confirme ces instructions « ... il nous faut du renfort et du renfort sur le champ... au nom de la Patrie que le tocsin sonne... que les citoyens en état de porter les armes s'arment comme ils pourront... qu'ils s'avancent à grands pas : nous soupirons à toute heure après leur arrivée... quittez, administrateurs, en plus grand nombre possible votre poste pour vous mettre à la tête des colonnes patriotiques... ne marchez pas, mais volez, accourez de toutes parts et vous sauvez la Patrie... » (1).

Ainsi, les représentants du peuple qui n'ont pas encore connaissance du décret du 23 août, mais qui ont reçu celui du 16, prescrivent des mesures d'exécution conformes aux vues développées dans ce dernier décret ; il ne s'agit donc plus, d'après leur réquisition, de procéder méthodiquement à la formation, dans chaque district, de bataillons de gardes nationaux, il faut se porter en masse à l'armée, sans s'astreindre à une organisation militaire. La contradiction est dès lors absolue avec les mesures finalement prescrites par la Convention comme aussi avec celles en cours d'exécution dans la Meurthe, conformément à l'arrêté du 25 du Conseil général du département.

Fort heureusement, le Conseil général, certainement renseigné le 27 août sur les dispositions du décret du 23, a la sagesse de ne modifier en aucune façon son arrêté du 25 sur la formation des bataillons de district ; il en presse seulement l'organisation en envoyant des commissaires engager les patriotes à s'enrôler ; il prescrit que dans tout le département on batte la générale et que l'on sonne le tocsin ; à Nancy, on tire le canon et le Procureur général syndic, les membres du Conseil, se rendent dans les sections et à la Société populaire pour provoquer l'enthousiasme des citoyens (2).

Mais si le Conseil général du département décidait le maintien de son arrêté du 25 août, il ne pouvait supprimer la réquisition des représentants ; des commissaires montagnards, envoyés dans les districts, en prendront prétexte pour exercer une pression violente sur les citoyens des 2me, 3me et même de la 4me classe,

(1) *Les représentants du peuple et le Général en chef Landremont.* Wissembourg, 26 août 1793. L. 1412. A. D.

(2) *P.-V. du Directoire du département,* 27-28 août 1793. L. 79. — *Circulaire aux districts,* 27 août. L. 159. — *Registre des lettres du Procureur général,* 27 août. L. 158. A. D.

afin de les forcer à partir ; des districts qui ont reçu directement la réquisition, districts de Sarrebourg et de Blamont, l'exécuteront et se lèveront immédiatement en masse dans la forme indiquée par les représentants. La question se complique encore par la réception officielle, le 30 août, à Nancy, du décret du 23 ; dès lors, les divergences graves entre les dispositions de ce décret et les mesures ordonnées le 25 par le Conseil général, et déjà en cours d'exécution, ne peuvent plus échapper à personne. Le Conseil général se résout donc à retirer son premier arrêté, mais il le remplace aussitôt par un second, en date du 30, dont les prescriptions ne concordent pas encore avec celles du décret du 23 août de la Convention. Tandis que le décret n'appelait que les citoyens de 18 à 25 ans, non mariés ou veufs sans enfants, l'arrêté du Conseil général convoquait : 1° tous les citoyens de 18 à 40 ans célibataires et veufs sans enfants ; 2° tous les citoyens de 18 à 35 ans dans les villes et les bourgs. Il exigeait donc illégalement des populations de la Meurthe un sacrifice beaucoup plus considérable que celui demandé par la Convention (1) ; c'était porter à son comble la confusion déjà grande pour la réglementation de la levée.

Des districts se conformeront à l'arrêté du 30, d'autres au décret du 23 août ; dès lors, il y eut de nombreuses et violentes réclamations. Les citoyens des 3me et 4me classes, ou les citoyens mariés des villes, forcés au départ par des Commissaires montagnards, protestèrent et réclamèrent ; peu de temps après leur arrivée à l'armée, il fallut libérer ceux d'entre eux qui déjà n'avaient pas déserté. Enfin, le décret de la Convention arrive trop tard dans les deux districts de Sarrebourg et Blamont qui procèdent à la levée en masse conformément à la réquisition des représentants du peuple.

Depuis que l'armée prussienne avait pris l'offensive, les administrateurs du district de Sarrebourg étaient en correspondance suivie avec le Général Schauenbourg, commandant l'Armée de la Moselle ; déjà, avant le 20 août, ils offraient d'effectuer la levée en masse et Schauenbourg les encourageait, promettant de leur envoyer comme chefs « ...les lieutenants-colonels en second des ci-devant bataillons de volontaires et d'autres officiers... » (2)

(1) *Circulaire du Directoire du département*, 30 août 1793 L. 79. A. D
(2) *Schauenbourg aux Administrateurs du district*, 24 août 1793. A. H
cité par J. Colin. op. cit. p. 215.

le 25 août, sous la pression de Wulliez (1), commissaire pour le
département, montagnard ardent, le district se lève en masse et
se dirige sur Sarrebourg, lorsque Schauenbourg lui-même prie
de suspendre le mouvement (2). Tous les citoyens n'avaient cependant pas marché avec le même enthousiasme ; en 1795, après que
Wulliez aura été suspendu de ses fonctions d'agent du district,
la municipalité de Sarrebourg rappellera, en ces termes, son
rôle, lors de la levée en masse « ...ce despote avéré, principal
meneur de la Société... a occasionné une dépense énorme aux
citoyens de ce district en les faisant marcher, irrégulièrement et
sans distinction d'âge, en masse, aux frontières, sur son offre,
quoiqu'il ne les ait pas consultés et que la motion n'en ait été
soutenue à la Société que par lui ; il a refusé d'y marcher lui-
même... » (3).

Le district de Blamont se lève également en masse le 1ᵉʳ septembre, ou du moins il fait marcher sur Sarrebourg sans les
organiser en bataillons, tous les citoyens de 16 à 40 ans, célibataires ou veufs sans enfants « ...nous courons, écrivait le Commissaire à la levée, vers les frontières, ou plutôt nous volons, non
pas dans cet ordre gênant que faisaient autrefois observer les officiers ci-devant nobles des troupes de ligne, mais en masse et toujours avec régularité... »; toutefois, le 4, à Hochfelden (12 kilomètres est de Saverne), le contingent du district s'organise en un
bataillon de 435 hommes (4), après avoir libéré les cultivateurs
et les citoyens autres que les célibataires de 16 à 40 ans. Par suite,
la levée en masse, sous la forme prescrite par les représentants
du peuple, ne reçut en définitive un commencement d'exécution que dans le district de Sarrebourg ; ses seuls résultats furent

(1) Wulliez Joseph-François, né à Colmar, ancien conseiller au Conseil
supérieur de l'Inde, à Pondichéry, membre du Club des Jacobins de Nancy,
fondateur de la Société populaire de Sarrebourg, administrateur du départ-
ment, élu maire de Nancy, le 17 vendémiaire an III (8 octobre 1794). Cf.
sur ce personnage. P. Denis, *Les Municipalités de Nancy*, op. cit. p. 18 et
15.

(2) *Schauenbourg aux Administrateurs du district*. 25 août 1793. A. H.
cité par J. Colin, op. cit. p. 215. — *Le Commissaire général du district au
Q. G. du département*, 26 août 1793. L. 412. — *Le Procureur général au
Procureur syndic*, 28 août 1793. L. 166. — *Circulaire aux districts*, 26 août
1793. L. 159. A. D.

(3) *Les officiers municipaux de Sarrebourg à l'agent national du district*,
10 germinal an III (30 mars 1795). L. 2152. A. D.

(4) *Lettres des Commissaires du district de Sarrebourg*, 1ᵉʳ, 2, 4 septembre
1793. — *Etats relatifs au recrutement*, 5 mai 1794. L. 706. A. D

d'envoyer quelques détachements insignifiants à l'armée ; partout ailleurs les districts allaient former des bataillons.

A Nancy, le mouvement est dirigé par une commission militaire provisoire, établie par le Conseil général du département. Le 28 août, le tocsin sonne, la générale bat; tandis que retentit le canon d'alarme; la légion se rassemble sur la Place du peuple et on lui annonce qu'on va former tout d'abord avec les gardes nationaux de la 1re classe, telle qu'elle est définie dans l'arrêté du 25 août, un bataillon qui sera dirigé immédiatement sur l'Armée du Rhin. Cette formation paraît inutile à la garde nationale tant son enthousiasme est grand ; elle déclare qu'elle partira tout entière, par unités constituées, et elle se contente de faire régler par le sort l'ordre dans lequel ses huit bataillons devront marcher. On revenait le lendemain sur cette décision et on formait un bataillon de 777 hommes; on y incorporait avec les gardes nationaux, les « domestiques » malgré les vives réclamations d'un certain nombre d'entre eux pour se soustraire au départ sous prétexte qu'ils n'étaient pas admis dans la garde et qu'ils ne votaient pas. Le 2 septembre, le bataillon organisé et armé, était en route pour Saverne; la garde nationale lui avait fourni un adjudant major, Chatelain, adjudant général de la légion, un adjudant sous-officier, Berson, ancien sergent dans l'armée régulière, instructeur dans la légion, un quartier maître, Anthoinet, ancien secrétaire du Conseil général du département. La compétence de ces trois hommes devait suppléer à l'inexpérience à peu près complète des gradés normalement élus. Une section de 25 canonniers, servant 2 pièces, empruntées à la garde nationale, partait avec le bataillon (1).

Il fut plus difficile de former le 2me bataillon que le chef de légion avait reçu l'ordre de constituer le plus rapidement possible avec les gardes nationaux de 2me réquisition (2) ; le 7 septembre, ces gardes réclamaient contre cette mesure, contraire, disaient-ils, au décret du 23 août; le Directoire du département maintenait cependant son arrêté du 30 et le 10 septembre, le bataillon armé, complété par une compagnie de 2me réquisition, formée à Saint-Nicolas, renforcé par un détachement de canon

(1) *P.-V. du Directoire du département,* 27, 28, 29, 31 août. L. 79. A. D. — *P.-V. de la Commission municipale provisoire,* 27, 28 août 1793. A. M.

(2) Conformément à l'arrêté du 30 août, la 2e réquisition comprit les citoyens de 18 à 35 ans.

niers de la légion de Nancy, partait pour l'Armée du Rhin. Dès les premiers jours d'octobre, à la suite des réclamations soulevées par les habitants, et notamment par les femmes de la ville, contre la mesure illégale du Directoire qui avait provoqué le départ de citoyens mariés et pères de famille, le bataillon était rentré à Nancy; ce fut d'ailleurs le seul bataillon de 2me réquisition, formé dans le département (1).

Les commissaires, nommés par le district de Nancy, levaient sans aucune difficulté, pendant cette même période du 27 août au 6 septembre, quatre compagnies de 1re réquisition (2), dont deux vinrent renforcer le bataillon du district de Vézelise, deux autres le bataillon de Pont-à-Mousson (3).

A Toul, le Conseil général de la commune n'avait fait appel tout d'abord qu'aux gardes nationaux de la ville compris dans la 1re classe ; mais le maire de Nancy, Brisse, commissaire pour le district, procède, le 28 août, à une véritable levée en masse obligatoire de la garde nationale sans tenir compte des classes de réquisition. Il forme avec les gardes nationaux des deux bataillons de Toul, un bataillon de 528 hommes, sous les ordres de Carez (4) ; dès le 31, ce bataillon est en route pour l'Armée du Rhin. Les citoyens de la 1re classe des campagnes du district furent ensuite groupés en un 2me bataillon qui partit le 7 septembre (5).

A Lunéville, la levée prend d'abord la même forme qu'à Toul; comme Brisse l'a fait dans cette ville, Febvé, commissaire du département, un des plus ardents montagnards de Nancy, détermine, le 29 août, l'enrôlement en masse de la garde nationale ; indépendamment des gardes nationaux de 1re et de 2e classe,

---

(1) *P.-V. du Directoire du département*, 2, 7, 21 septembre. L. 79. — *Lettres du Procureur général*, 2, 9, septembre. L. 164. A. D. — *P.-V. du C. M.*, 30 septembre 1793. A. M.

(2) Conformément à l'arrêté du 30 août, cette dernière réquisition comprit tous les citoyens de 18 à 40 ans, célibataires ou veufs sans enfants.

(3) *P.-V. du Directoire du département*, 28 août 1793. L. 79. — *P.-V. des Commissaires*, 30 août 1793. L. 1617. A. D. — de Sandt, Mss. pass.

(4) Carez Joseph, né à Toul en 1752. Acteur à l'Opéra de Nancy, puis imprimeur de l'évêché de Toul, élu, en juillet 1790, administrateur du district, député de la Meurthe à l'Assemblée législative, rentré à Toul en 1792. Après la fusion des deux bataillons de Toul (Voir plus loin), Carez revient à Toul ; il préside la Société populaire. En 1798, il est chef du bureau de l'Instruction au Ministère de l'Intérieur, puis Murat le fait nommer sous-préfet de Toul et il meurt dans ces fonctions, le 6 juillet 1801 (d'après P. Denis, op. cit., p. 368).

(5) *P.-V. du Directoire du département*, 3, 5, 6 septembre 1793. L. 79. A. D.

beaucoup d'hommes de la 3me classe se font inscrire ; les deux compagnies de grenadiers déclarent qu'elles partiront au complet. Seulement, l'enthousiasme se refroidit, le 31, quand on connaît les dispositions du décret du 23 août ; des réclamations se produisent en grand nombre, on proteste à la Société populaire, et les grenadiers eux-mêmes ne veulent plus marcher ; il fallut toute l'influence des commissaires pour décider la garde nationale de la ville à se conformer tout au moins à l'arrêté pris le 30 août par le Directoire du département ; on suivit également les dispositions de cet arrêté pour la réquisition dans les campagnes ; finalement, le 6 septembre, le bataillon, fort de 5 compagnies à l'effectif total de 522 hommes, quitta Lunéville pour gagner Wissembourg (1).

Dans le district de Pont-à-Mousson, le commissaire nommé par le Directoire du département, Brisse, exige la stricte observation de l'arrêté du 25 août, malgré les vives protestations de la municipalité de Pont-à-Mousson ; le bataillon formé par le district comprend donc, avec tous les citoyens de la 1re classe, ceux de la 2e classe des villes ; le 5 septembre, il se complète à l'effectif de 833 hommes par l'adjonction de deux compagnies du district de Nancy ; le 14 septembre, il est présent à l'armée et stationné à Lauterbourg (2).

Les trois districts de Vézelise, Dieuze et Château-Salins ne firent appel qu'aux citoyens de la 1re réquisition ; le bataillon de Vézelise complété par deux compagnies du district de Nancy, quitta cette ville, le 6 septembre, pour se rendre à l'armée ; le bataillon de Dieuze, fort de 586 hommes, ne partit que le 10 septembre ; sa formation avait été pénible et de nombreux citoyens avaient essayé de se soustraire à la réquisition ; le district de Château-Salins fit partir également, au début de septembre, un bataillon à l'effectif de 725 hommes (3).

Ainsi, dans les premiers jours de septembre, la Meurthe avait

(1) *P.-V. des Commissaires*, 29, 30, 31 août, 1er au 6 septembre 1793. L. 1367. — *Lettre du représentant Lacoste*, 31 août 1793. E. 1343. *État des citoyens de la 1re réquisition*, 2 septembre 1793. L. 1343. A. D.

(2) *P.-V. du Directoire du département*, 6, 14 septembre, 12 octobre 1793. L. 79. A. D. — Cf. Darde, *Les réquisitionnaires du district de Lunéville*. Mss. passim.

(3) *Lettres du Directoire du district de Château-Salins*, 10 septembre. L. 412. — *Lettre du C. M. de Marsal*, 31 août 1793. L. 415. — *Lettre du Général Schauenbourg*, 31 août 1793. — *Lettre des Commissaires du district de Dieuze*, 2, 9, 10 septembre, L. 412. A. D.

levé et envoyé à l'Armée du Rhin 10 bataillons, ce chiffre fut bientôt réduit. Au cours même des étapes pour se rendre à l'armée, les deux bataillons de Toul furent fondus en un seul (1) ; enfin, les maladies, la désertion, le renvoi des hommes autres que ceux de la 1re réquisition, les congés accordés aux cultivateurs, reconnus nécessaires aux travaux des champs (2), diminuent dans des proportions considérables les effectifs des bataillons. Le 1er octobre, les trois bataillons de Nancy, Toul, Lunéville, sont amalgamés en un seul qui prend le nom de 11me bataillon de la Meurthe ; quelques jours après, le bataillon de 2me réquisition fourni par Nancy rentre dans ses foyers; en octobre, il ne reste plus à l'Armée du Rhin que le 11e bataillon de la Meurthe, le bataillon de Vézelise ou 12me bataillon, le bataillon de Pont-à-Mousson ou 13me bataillon, les bataillons de Dieuze Blâmont, Château-Salins, soit au total 6 bataillons avec quelques détachements du district de Sarrebourg.

La rapidité de la levée n'avait pas permis de donner aux réquisitionnaires l'uniforme national; seuls quelques gardes nationaux de Nancy, de Toul, de Lunéville, avaient pu en être pourvus; on s'était contenté de recommander aux autres de se munir de vêtements solides et d'une paire de souliers neufs; beaucoup cependant arrivèrent avec des effets et des chaussures usés ou même avec des sabots. A Nancy, les chaussures manquaient et la Commission militaire établie pour la levée rendait compte que le 1er bataillon, fourni par la garde nationale de Nancy, n'arriverait pas à destination, faute de souliers. Et cependant le Directoire du département avait autorisé les Directoires de district, les municipalités et les commissaires nommés pour la levée à exercer toutes les réquisitions qu'ils jugeraient utiles; il avait décidé que les suspects paieraient chacun l'entretien de deux réquisitionnaires, mais souliers, effets et équipements manquaient et l'on n'avait pas le temps d'en faire confectionner. Il fut plus facile de se procurer des armes; si les bataillons de Lunéville, de Blâmont, de Château-Salins durent être pourvus de

(1) Voir plus loin, les motifs de cette fusion.
(2) Dès le 28 août, les représentants du peuple à l'armée du Rhin avaient autorisé le Général en chef à renvoyer les hommes nécessaires à la culture. (*Arrêté du 28 août des représentants Ruamps, Borie, Milhaud*, dans Colin, op. cit. p. 205). Ces autorisations, furent-elles accordées en très grand nombre ? On ne peut préciser.

piques, ceux de Nancy, Toul, Vézelise, Dieuze, Pont-à-Mousson,
furent armés de fusils (1).

Le chef de bataillon Legrand (2) a tracé de la levée dans les
départements frontières un tableau pittoresque : « ... D'après un
ordre des représentants du peuple en mission à l'armée, le tocsin
fut sonné pendant deux fois 24 heures dans toutes les communes des départements frontières; les corps administratifs avaient
ordre de faire marcher tous les citoyens valides, les enfants et
les vieillards seuls exceptés. Tous avaient ordre de se pourvoir
pour quinze jours de vivres et de se rendre sur le champ aux
lieux qui leur étaient indiqués.

Cette mesure s'exécuta avec beaucoup de rigueur et souvent
avec un grand zèle dans la plupart des communes; les exceptions
furent d'autant plus rares pour les particuliers mêmes qui n'é-
taient pas dans le cas de marcher que la majorité disait hautement qu'elle ne partirait pas si tous, sans exceptions, ne par-
taient pas avec eux. Ainsi l'artisan qui n'avait que le travail
journalier de ses bras pour nourrir sa femme et ses enfants fut
obligé de les quitter comme le riche; à peine les juges et les
administrateurs eux-mêmes purent-ils rester à leur poste... Beaucoup de ces agricoles ne savaient pas se servir d'un fusil. Peu en
étaient armés... » (3).

Très probablement exact pour la levée en masse dans les départements du Haut-Rhin et du Bas-Rhin, le récit de Legrand ne
l'est pas pour la Meurthe. On vient de voir que le département,
si l'on excepte le district de Sarrebourg, n'envoya à l'armée que
des unités organisées, des bataillons armés, pour la plupart, quelques-uns même pourvus d'artillerie. Ces bataillons étaient-ils
cependant immédiatement utilisables dans une armée en opérations ? On fut rapidement fixé à cet égard.

Très peu de temps après l'arrivée des bataillons, généraux et
officiers de l'Armée du Rhin sont unanimes à constater l'impossibilité à peu près complète de les employer et la désertion
effroyable qui sévit dans leurs rangs. Bientôt, les plaintes se
multiplient tellement que le général en chef, Landremont, sou-

<hr>

(1) *P. V. du Directoire du département,* 1ᵉʳ septembre 1793. L. 79.
Arrêté du Directoire du département, 3 septembre 1793. L. 1343.
Circulaire aux districts, 31 août 1793, L. 159. A. D.
(2) Cf. sur Legrand et la valeur de ses notes, Hennequin, *Campagne de
1794.* p. XII.
(3) Legrand, *Notes.* D'après Colin. op. cit. p. 181.

cieux de couvrir sa responsabilité, prend la précaution de réunir la copie des lettres relatives à la désertion en un mémoire qu'il adresse à la Convention (1). Sans doute, le dossier ne spécifie pas quels sont ceux des nombreux bataillons de réquisition de l'Armée du Rhin auxquels s'appliquent particulièrement les reproches du commandement, mais on n'y relève pas non plus que l'attitude des bataillons de la Meurthe ait été meilleure que celle des contingents d'autres départements; leurs effectifs diminuent comme ceux des bataillons similaires, et finalement, il faut aussi les renvoyer à l'intérieur.

Il y eut des défaillances, dès le début. Carez écrit, le 13 septembre, au général Landremont : « Le bataillon de garde nationale auxiliaire de Toul, composé d'abord de 525 hommes, était principalement composé d'hommes mariés de la 3ᵉ et de la 4ᵉ classe, qui, consultant d'abord leur zèle plutôt que leurs forces, ont suivi l'impulsion des commissaires envoyés par le département de la Meurthe, qui les ont appelés à 40 lieues de leurs foyers, pour y repousser les hordes de leurs ennemis (2). Ils ont vu dans leur route jusqu'à Sarrebourg que la 1ʳᵉ classe seule était requise : leur zèle s'est refroidi et à Blâmont, j'ai vu avec regret la moitié du bataillon se retirer en s'appuyant d'un arrêté du département de la Meurthe qui me permettait de renvoyer les hommes de la 3ᵉ et 4ᵉ classe et ceux de la 2ᵉ ayant trois enfants. Je résistais alors fortement au plus grand nombre qui voulait la dissolution du bataillon et reconduire le drapeau à Toul, sous prétexte qu'on les avait trompés, puisque dans les autres districts, la 1ʳᵉ classe seule avait ordre de marcher à l'ennemi. Je suis arrivé avec grand peine à Steinseltz avec 264 hommes que j'ai conduits hier selon vos ordres à Climbach. Nous en sommes revenus ce matin, après avoir essuyé au bivouac l'orage de la nuit dernière. Deux heures après, nous recevons l'ordre de repartir de Steinseltz pour reprendre la même position; 150 hommes se sont rassemblés : le reste n'a pas paru, mes efforts ont été vains pour les réunir.

(1) *Extrait des différentes lettres relatives à la désertion des citoyens faisant partie de la masse des communes qui se sont levées pour repousser l'armée autrichienne.* Corresp. de l'Armée du Rhin. A. H., reproduit en extrait par Colin, op. cit. p. 186.

(2) Carez n'est pas un montagnard ardent ; implicitement, il blâme la pression exercée par les commissaires du département, et notamment par Brisse, maire de Nancy, pour obtenir le départ en masse de la garde nationale de Toul.

Je me croirais coupable de ne pas vous donner avis de ces événements. Vous comptez sur un bataillon complet et exercé et sur de l'artillerie; la vérité est que les 150 hommes qui me restent sont peu ou point exercés » (1).

En effet, le 3 septembre, le Directoire du département, blâmant le zèle exagéré de Brisse, avait autorisé Carez à renvoyer les citoyens des 3e et 4e classes, et même les citoyens de 2e classe indigents et pères de trois enfants au moins (2); les hommes de la 2e classe invoquèrent ensuite les dispositions du décret du 23 août, qui ne les appelait pas à marcher et rentrèrent également à Toul. Enfin, il y eut aussi de nombreuses désertions. Le 16 septembre, les 150 hommes qui restaient au 1er bataillon de Toul furent versés au 2e bataillon, formé par les compagnies du district (3); il n'exista plus dès lors qu'un bataillon de réquisition pour le district de Toul.

Les accusations formulées dans les lettres de Clarke, chef d'état-major de l'Armée du Rhin, sont encore plus nettes et plus graves que celles de Carez; le 30 septembre, il écrit aux administrateurs des départements du Haut-Rhin, Bas-Rhin, Meurthe et Vosges : « Je suis forcé, citoyens administrateurs, d'appeler votre vigilance sur la désertion de la plus grande partie des volontaires que votre département a fournis à cette armée.... » (4); le 3 octobre, il écrit à nouveau à ces mêmes administrateurs : « Beaucoup de citoyens de première réquisition retournent dans leurs foyers, malgré le danger de la Patrie et les ordres de leurs chefs... », et, le 4 octobre, il reproduit ce reproche (5). Le 12 octobre, le général Sautter écrit à Clarke : « ... J'avais quatre bataillons agricoles, ceux du Bas-Rhin et ceux du département de la Meurthe ; ils désertent en si grand nombre que l'un dans l'autre il ne reste pas 100 hommes par bataillon, je ne peux donc absolument pas compter sur ces agricoles qui n'ont d'ailleurs aucune instruction et point d'armes; il vaudrait infiniment mieux les incorporer dans d'anciens bataillons; ils seraient plus vite instruits et ne

---

(1) *Carez au Général Landremont*. Steinseltz. 13 septembre 1793. — Correspondance générale de l'Armée du Rhin. A. H. — Citée in extenso dans Colin, op. cit. p. 189.

(2) *P.-V. du Directoire du département*, 3 septembre 1793. L. 79., A. D.

(3) *Arrêté des représentants Borie, Ruamps, Mallarmé*. Wissembourg, 16 septembre 1793. (Colin, op. cit. p. 203.)

(4) *Lettre de Clarke*, 30 septembre 1793. L. 3574. A. D.

(5) *Lettres de Clarke*, 3, 4 octobre 1793 (Colin op. cit. p. 191 et sq).

pourraient pas déserter avec la même facilité... » (1). De son côté, dès le 2 octobre, le Directoire du département, après avoir reçu la première lettre de Clarke, déclare qu'il punira effectivement comme déserteurs tous les citoyens de première réquisition « qui ont eu la lâcheté d'abandonner les drapeaux » (2).

Ainsi la désertion sévit sur les agricoles de la Meurthe comme sur ceux des autres départements. Le 1er octobre, les trois bataillons de Nancy, Toul, Lunéville, ont tellement perdu d'hommes qu'ils doivent être fondus en un seul bataillon; il est vrai qu'ils ont renvoyé tous les citoyens de la 2e classe en exécution de l'arrêté du 23 septembre des représentants Ruamps et Borie (3). Le bataillon de Château-Salins, fort de 814 hommes, le 16 septembre, est réduit, le 15 novembre, à 382 hommes. Le bataillon de Pont-à-Mousson a dû être réuni avec un bataillon des Vosges; le bataillon de Vézelise, parti à l'effectif de 774 hommes, n'en comptera plus que 330 en mars 1794 (4). Cependant aucun de ces bataillons ne paraît avoir pris part à un combat; aucun ne semble avoir eu une attitude brillante au cours de la retraite de l'armée, en octobre, après la perte des lignes de Wissembourg; le bataillon de Dieuze rentre même à ce moment en entier dans son district pour n'en repartir que quelque temps après. Les réquisitionnaires s'affirmaient définitivement comme inutilisables; les représentants du peuple et le général en chef décidèrent qu'ils quitteraient l'armée pour être réorganisés dans le Haut-Rhin ou en Franche-Comté (5).

Les résultats de la levée des réquisitionnaires avaient donc été déplorables; malgré la docilité avec laquelle les populations de la Meurthe avaient, en général, répondu à la réquisition, leurs contingents n'avaient rendu aucun service à l'armée; ils n'avaient contribué qu'à en augmenter le désordre déjà effroyable, à grossir le nombre des rationnaires; ils avaient fait preuve d'un esprit assez médiocre. Ces mécomptes se comprennent aisément.

(1) *Lettre de Sautter*, 12 octobre 1793. Corresp. Armée du Rhin. A. H. (citée in extenso par Colin, op. cit. p. 481).

(2) *P.-V. du Directoire du département*, 2 octobre 1793. L. 79. A. D.

(3) *Arrêté des représentants Ruamps et Borie*. Wissembourg, 23 septembre (Colin. op. cit. p. 204).

(4) *Situation* du 16 septembre, 15 novembre. Situations Armée du Rhin. A. H.

(5) Cf. Colin, op. cit. p. 134 et sq. Sandt. *Le Bataillon des gardes nationales*, Mss. cit. — On sait qu'avant l'amalgame de 1794, les bataillons de district furent dissous et leurs hommes incorporés dans les bataillons de volontaires. Décret du 2 frimaire an II (22 novembre 1793).

Les six bataillons de réquisitionnaires de la Meurthe sont formés de jeunes gens dont la plupart auraient pu s'enrôler dans les dix bataillons de volontaires que le département a fournis en 1791 et 1792 : ils ne l'ont pas fait; ni leur esprit, ni leur patriotisme, ne sont comparables à ceux des volontaires. Leur instruction ne l'est pas davantage. Certes, les bataillons de volontaires de 1791 et de 1792 ne pouvaient être considérés comme instruits au moment de leur formation, mais leurs hommes, et surtout ceux de 1792, avaient cependant participé, dans les villes au moins, à quelques séances d'exercices : ils avaient tenu un fusil. Puis, aucun des bataillons de la Meurthe de 1791 et de 1792 n'avait été envoyé directement aux armées. Il en est autrement des bataillons de réquisitionnaires. Composés en majeure partie de jeunes gens des campagnes où la levée des volontaires n'a pas eu grand succès, ils ont dès lors une instruction d'ensemble beaucoup moins développée; car les gardes nationales rurales n'ont à peu près jamais fait d'exercices. Enfin ces bataillons sont dirigés immédiatement sur une armée en pleines opérations.

Mais ce qui fait leur principale infériorité sur les bataillons de volontaires, c'est leur encadrement. Aux volontaires de 1791 et de 1792, la garde nationale a donné comme chefs des hommes d'expérience, anciens soldats, sous-officiers ou officiers. On a complété aisément ce noyau de cadres excellents avec les plus enthousiastes, les plus intelligents et les plus instruits des jeunes gens accourus s'enrôler; il ne manquait pas de jeunes bourgeois très qualifiés pour faire de bons entraîneurs d'hommes. Il en était tout autrement pour les bataillons de réquisition : on ne pouvait trouver parmi ces jeunes gens de 18 à 25 ans des éléments analogues à ceux qui s'étaient rencontrés si facilement parmi les volontaires; la forte proportion de ruraux qu'ils contenaient diminuait sensiblement aussi les ressources qu'on devait attendre du contingent même. Ainsi, cette troupe qui plus que tout autre aurait eu besoin de cadres excellents, n'en avait véritablement aucun. En fait, le système des bataillons de réquisition pouvait être condamné à l'avance; si la réquisition répondait bien à la gravité du danger devant lequel se trouvait le pays, la Convention avait été tout à fait mal inspirée dans les mesures prises pour son application.

L'expérience faite avec les réquisitionnaires pouvait, à bon droit, être considérée comme concluante; cependant, à la fin d'oc-

tobre, au moment précis où l'on renvoie sur l'intérieur les bataillons de réquisition, jugés incapables de rendre des services, on
fait appel à la garde nationale sédentaire du département pour
qu'elle envoie ses unités combattre avec l'Armée du Rhin.

L'exemple est caractéristique de la confusion et du désordre
qui règnent dans les mesures prises par les représentants du peuple aux armées. Du moins, il permet de constater que la garde
nationale des grandes villes du département allait faire preuve en
la circonstance de la meilleure bonne volonté et avoir à l'armée
une attitude très différente de celle des réquisitionnaires.

Dès le 15 octobre, on connaissait à Nancy l'enlèvement des
lignes de Wissembourg, le 13, par l'armée autrichienne et la
retraite de l'Armée du Rhin. Bientôt, les événements se précipi-
taient : le 22, l'aile droite de l'armée n'était plus qu'à 10 kilomètres au nord de Strasbourg, tandis que la gauche était rejetée
sur Saverne (1). Or, le 24 octobre, un officier de l'Armée du Rhin,
destitué par les représentants du peuple, arrivait à Nancy où il
répandait les nouvelles les plus alarmantes; il affirmait aux Conseils généraux de la commune et du département, en présence du
représentant-Faure, que l'ennemi s'était emparé de Saverne et
avait repoussé notre armée à l'ouest de cette ville. Le Conseil
général de la Meurthe envoyait aussitôt un commissaire à Saverne
vérifier l'exactitude de ces nouvelles et demander aux généraux
la conduite à tenir; ce délégué exposerait toutefois que les forces
du département étaient insuffisantes pour les porter sur Saverne,
car si la bonne volonté ne manquait pas, les armes faisaient
défaut; on n'avait, en effet, que 200 fusils et le nombre de piques
strictement suffisant pour armer les citoyens de la 2ᵉ classe (2).

Le 26 octobre, on sort d'inquiétude : le commissaire, envoyé
à Saverne, rend compte que l'ennemi, loin de s'être emparé de
la ville, a été repoussé sur Haguenau et paraît même vouloir
repasser sur la rive droite du Rhin (3). En effet, le 24, grâce à
l'arrivée d'un détachement de l'Armée de la Moselle, les Autrichiens avaient été rejetés sur Bouxwiller; la situation, sans être
aussi brillante qu'on la représentait au Conseil général du dépar-

(1) Chuquet. *Wissembourg*, op. cit. p. 224 et *Hoche*, op. cit. p. 7.
(2) *P.-V. du C. G. du département*, 24 octobre 1793. L. 70. A. D. — *P.-V.
du C. G. C.*, 24 octobre 1793. A. M.
(3) *P.-V. du C. G. du département*, 26 octobre. L. 70. A. D.

tement, s'était donc sensiblement améliorée (1). Cependant, les représentants du peuple à l'Armée du Rhin vont demander de nouveaux sacrifices à la Meurthe.

Le 30 octobre, les représentants Mallarmé et Lacoste, qui ont quitté l'Armée du Rhin pour se rendre à Metz, arrivent dans la matinée à Lunéville, assemblent le peuple à la Société populaire et réclament du renfort « non seulement pour empêcher les progrès de l'ennemi, mais encore pour le repousser promptement »; ils engagent au départ tous les citoyens en état de porter les armes. Ce même jour, les représentants, passant par Nancy, se rendent à la Société populaire et adressent la même demande qu'à Lunéville au Directoire du district; le lendemain, 31 octobre, ils prient le Conseil général du département d'étendre à tous les citoyens des villes de la Meurthe la réquisition faite à ceux de Lunéville et de Nancy; l'arrêté des représentants est ainsi notifié à tous les districts (2).

La réquisition des représentants Mallarmé et Lacoste s'adressait à tous les citoyens de bonne volonté des villes et « ... aux différents dépôts de toutes armes qui s'y trouvent et qui sont en état de marcher à l'ennemi... »; ils devaient « se tenir prêts à partir à l'instant pour Saverne... ». Les représentants autorisaient « ... les autorités constituées et les Sociétés populaires à former un conseil particulier pour la dite opération et à prendre toutes les mesures qu'ils jugeront nécessaires... » (3).

Les Sociétés populaires répondirent avec empressement à l'appel qui leur était adressé; le succès de la levée fut véritablement l'œuvre des comités qu'elles formèrent rapidement. On décida qu'il serait établi une imposition sur les riches pour pourvoir aux dépenses; qu'il serait fait des visites domiciliaires chez les gens aisés et les aristocrates pour réquisitionner des effets d'habillement et d'équipement; on arrêta, en outre, que les gardes nationaux volontaires seraient payés « à titre de secours », et que chacun toucherait 50 livres en sus de la solde qui lui serait normalement payée à l'armée; les femmes des gardes nationaux nécessiteux recevraient, par décade et d'avance, 40 sous par jour et 15 sous

---

(1) Chuquet, *Hoche*, op. cit. p. 8.

(2) *P.-V. du C. G. du département*, 30 octobre. L. 70. — *P.-V. de Séance de la Société populaire*, 30 octobre. L. 122 A. D. — *P.-V. du C. M. de Lunéville*, 30 octobre D. 9. A. M. Lunéville.

(3) *Réquisition des représentants*, 30 octobre. L. 121. A. D.

par enfant (1). Les gardes nationaux étaient prévenus que le service pour lequel on les appelait était tout à fait temporaire: il ne devait durer que « deux ou trois décades au maximum »; il ne s'agissait « que de donner un coup de main ». Cette assurance, l'attrait d'une prime élevée, le secours attribué aux femmes et aux enfants, décidèrent à partir de nombreux citoyens (2).

La crainte aussi détermina des départs; des citoyens aisés, suspects pour ce fait seul ou pour leur conduite antérieure, s'inscrivirent par peur d'être dénoncés aux Comités révolutionnaires ou aux Sociétés populaires comme manquant de civisme; cependant, dans l'ensemble, il y eut peu de contrainte exercée sur les gardes nationaux et l'on peut dire que, réellement, il n'y eut que des volontaires. La grosse majorité partit par enthousiasme patriotique, secourir la Patrie et la Révolution menacées.

A Nancy, les représentants avaient demandé qu'il fût formé un bataillon de 600 gardes nationaux volontaires (3); c'est à la formation de cette unité que s'appliqua le Comité de douze membres, établi par la Société populaire. Le 31, dès le matin, le tocsin sonne, puis les tambours de la garde nationale battent la générale et le rappel. A neuf heures, chacun des bataillons de la légion est rassemblé sur son emplacement habituel; 306 gardes nationaux, dont 80 canonniers, la plupart petits commerçants, âgés de 25 à 40 ans, se font inscrire; le Comité des douze les répartit immédiatement en cinq compagnies de fusiliers et une de canonniers. On adjoin au bataillon une 7me compagnie à l'effectif de 89 officiers et soldats, formée par les hommes valides des dépôts des 18mes dragons, 58me et 67me régiments d'infanterie en garnison à Nancy.

Pendant cette même matinée, les membres du Comité faisaient « des visites domiciliaires chez les riches aristocrates, accompagnés d'un tailleur et d'un cordonnier pour procurer des objets d'équipement et d'habillement nécessaires... » ils devaient se borner « à une simple invitation chez les sans-culottes aisés... »; d'autres visitaient les prisons « pour faire la collecte des habits

---

(1). Un certain nombre de gardes nationaux aisés refusèrent l'indemnité de 50 livres.

(2) *P.-V. du Comité de Nancy*, 30 octobre 1793. L. 1632. — *P.-V. du C. G. du département*, 31 octobre 1793. L. 70. — *Extrait du P. V. du C. G. du district de Pont-à-Mousson*, 31 octobre 1793. L. 1769. — *Lettre de Rollin, suppléant du procureur général*, 31 octobre 1793. L. 2413. — *P.-V. du Comité de Lunéville*, 30 octobre 1793. L. 3259. A. D. — *Arrêté de la Société des Amis de la Constitution*, 30 octobre 1793. A. M.

(3) *P.-V. de la Société populaire*, 30 octobre 1793. A. M.

et fournitures dont les détenus pourront disposer... » (1). Grâce
à ces mesures, on trouvait un certain nombre de chaussures et de
vêtements ; d'ailleurs, quelques-uns des gardes nationaux volon
taires provenaient du bataillon de 2me réquisition, récemment
rentré de l'Armée du Rhin et l'habillement, délivré en septembre
à ces anciens réquisitionnaires, était encore en état suffisant ;
enfin, on expédia au bataillon les objets d'habillement et d'équipement qu'il ne fut pas possible de trouver avant le départ ; dans
ce but, à partir du 2 novembre, on réquisitionnera encore des
chaussures, des sacs, des habits et des ustensiles de campement.
L'armement fut facilement fourni ; le Directoire du district avait
dans le magasin, constitué en août, assez de fusils pour armer
la plus grande partie du bataillon ; ceux qui manquaient purent
être expédiés à Saverne quelques jours plus tard (2).

Le lendemain, 1er novembre, le bataillon procède à l'élection
de ses cadres ; Puyproux, négociant, chef de bataillon dans la
garde nationale de Nancy, est élu commandant ; Briey, capitaine
de l'une des quatre compagnies de canonniers, est élu commandant de la compagnie de canonniers ; presque tous les officiers
sont des négociants ; un seul, un vétéran, est ancien militaire.
Beaucoup d'entre eux ne comptaient pas parmi les montagnards
les plus ardents ; nous avons déjà vu qu'en novembre 1794 Puyproux sera destitué comme trop modéré ; on rappellera « qu'il
avait signé la pétition pour la conservation de la statue du tyran
et qu'il a même invité son bataillon à la signer » Deloupy, capitaine de la 3me compagnie, sera privé de son grade pour le même
motif et Briey, le capitaine des canonniers, pour ses opinions trop
modérées (3).

L'élection des cadres terminée, le bataillon montait sur des voitures requises par le Comité des douze et se mettait en route sur
Saverne ; des relais étaient préparés à Lunéville, Blâmont, Sarrebourg et Phalsbourg, pour lui permettre d'arriver très rapidement
à destination. Ses canonniers emmenaient quatre pièces attelées
par seize chevaux et deux chariots chargés de munitions ; ils

(1) *Arrêté du Comité des douze*, 30 octobre 1793. — *Listes d'inscription.*
— *P.-V. d'élection de la* 5e *compagnie, de la compagnie de canonniers*, 31
octobre 1793. — *Contrôle de la compagnie des dépôts.* 1, 1632, A. D.
(2) *P.-V. du Comité des douze*, 31 octobre, 4 novembre 1793. L. 3286,
A. D.
(3) *P.-V. du C. C. C.* 2 brumaire an III (1er novembre 1794) A. M.

devaient garder tous ces chevaux, provenant de la réquisition,
pour leur service à l'armée (1).

Toutefois, l'effectif du bataillon, 405 hommes, était loin du
chiffre de 600 gardes nationaux, demandés, le 30, à la ville de
Nancy par les représentants du peuple (2) ; en vain, le Comité
des douze avait adressé un nouvel appel à ses concitoyens « ...souf-
frirez-vous que dans votre voisinage seul l'ennemi envahisse le
sol de la liberté? cette idée doit frapper d'effroi tous les amis du
salut public, tous les propriétaires. Levez-vous donc... » et il
terminait ainsi « ...si cependant des lâches restaient sourds aux
cris de la Patrie, la Commission révolutionnaire des douze les
déclare suspects et les fera poursuivre comme tels... » (3). L'appel
n'eut aucun résultat ; la garde nationale de Nancy était à bout de
sacrifices.

A Lunéville, la levée s'effectue plus rapidement encore qu'à
Nancy ; le 30, aussitôt après la clôture de la réunion tenue par
les représentants, le Comité de vingt-et-un membres, formé par
la Société populaire de la ville, se met à l'œuvre, reçoit les inscriptions des gardes nationaux et recueille, en quelques heures, 29.972
livres provenant de dons volontaires ; la réquisition pourvoit à
l'habillement et à l'équipement, l'armement est fourni par le
magasin du district. Les opérations se poursuivent ainsi toute la
nuit, et le 31 octobre, dès le matin, 153 gardes nationaux, répartis
en deux compagnies, se dirigent sur Saverne avec 152 carabiniers
et dragons (4).

(1) *P.-V. du Comité des douze*, 31 octobre au 4 novembre 1793. L. 3286.
— *Pièces de comptabilité.* L. 1634. A. D.

(2) Un certain nombre de jeunes gens de la 1re classe étaient à ce moment
réunis à Nancy ; ils provenaient ou bien des hommes non incorporés en
août 1793, ou bien des campagnards qui avaient formé les quatre compagnies du district (voir plus haut) et qui avaient été renvoyés pour les
travaux des champs. Ces jeunes gens attendaient des ordres pour rejoindre
l'armée. Le Comité des douze imagina de les incorporer dans le bataillon
formé par la garde nationale de Nancy, et après des difficultés nombreuses
réussit effectivement à en grouper quelques uns dans une 6e compagnie
qu'on dirigea sur Saverne. Dès son arrivée à destination, cette compagnie
composée d'hommes de 1re classe, légalement requis pour un service
tout autre que celui des gardes nationaux de Nancy, fut dissoute par les
Généraux Sautter et Burcy ; ses hommes allèrent renforcer des bataillons
incomplets; elle ne figura jamais au bataillon de garde national de
Nancy. (*P.-V. divers*. L. 3286, 1632 A. D. et Sandt. — *Le Bataillon des
gardes*. Mss cit.),

(3) *Proclamation du Comité des douze*, 1er novembre 1793. L. 3286. A. D.

(4) *P.-V. du Comité de la Société populaire*. — *Pièces diverses de comptabilité*, 30-31 octobre 1793. L. 3259. A. D. — *P.-V. du C. M. Lunéville*,
30-31 octobre. — *Registre Société populaire*, 31 octobre 1793. I⁴. A. M.
Lunéville.

La levée est, au contraire, plus lente à Toul et à Pont-à-Mousson, mais non pas faute d'enthousiasme ou de bonne volonté des gardes nationales ; la ville de Pont-à-Mousson ayant reçu, le 31 octobre seulement, la visite des représentants Lacoste et Malarmé, ne procède à la levée que le 1er novembre ; ce même jour, le Conseil général du district rend compte aux représentants « …La garde nationale de cette commune s'est assemblée ce matin, à huit heures… nous n'avons pas eu de peine à stimuler son zèle et son courage… plus de 100 bons et robustes républicains se sont présentés à l'enrôlement, bien décidés à vaincre ou à mourir… beaucoup de citoyens s'enrôlent et nous avons lieu d'espérer que le nombre pourra bien se porter à 130… » Toutefois, le Conseil général du district n'avait plus de fusils pour armer les gardes nationaux volontaires ; il fallut en demander aux représentants du peuple qui firent expédier de Metz le nombre d'armes nécessaires ; le 5 novembre, un détachement de 120 gardes nationaux, avec 150 dragons du dépôt, quittait la ville pour se rendre à Saverne (1). A Toul, le Comité établi par la Société populaire ne commence à fonctionner que le 2 novembre, mais, dès le 4, il a formé trois compagnies de garde nationale, avec un petit détachement de canonniers ; un groupe de 42 soldats, provenant des dépôts ou de l'hôpital de la ville, est adjoint à ces gardes nationaux. Le 4 novembre, le contingent de Toul, monté sur des voitures, quitte la ville « en exprimant sa satisfaction… » (2).

Nous sommes mal renseignés sur la levée dans les villes des autres districts ; elle eut lieu cependant puisqu'on retrouve à l'Armée du Rhin, mêlés aux unités formées par Nancy, Toul, Lunéville et Pont-à-Mousson, des détachements de Vézelise, Dieuze et Château-Salins. A Sarrebourg, le Comité des douze avait décidé, avec l'approbation du Conseil général du district, de requérir « tous les citoyens en état de porter les armes de se réunir dans le délai de trois jours à Sarrebourg… » pour se porter à Saverne ; les autres citoyens devaient se tenir prêts à se lever en

(1) *Le C. G. du district aux représentants*, 1er novembre. — *Lettre des représentants*. Metz, 2 novembre 1793. L. 1769. — *Les commissaires du département au C. G. du département.* sd. (5 novembre 1793). L. 412. A. D.

(2) *P.-V. du Comité des douze de Nancy*, 2 novembre 1793. L. 2413. — *P.-V. du Comité de Toul*, 2 au 4 novembre 1793. L. 3416. — *Contrôles des compagnies de Toul.* L. 3424. A. D. — Il est probable que le détachement de canonniers ne fut pas muni de canons.

masse au premier signal (1). Il est peu probable que les mesures
aient jamais été exécutées. En définitive, seules les gardes nationales de Nancy, Toul, Lunéville, Pont-à-Mousson fournirent un
contingent appréciable à l'Armée du Rhin ; les autres villes du
département n'envoyèrent que de très faibles fractions. Quant
aux gardes nationales des campagnes, elles ne donnèrent aucun
volontaire, bien qu'elles eussent été visées comme celles des villes
dans l'arrêté du Conseil général du département (2).

Le 2 novembre, le détachement de Lunéville (deux compagnies
de gardes nationaux, une de dépôt) arrive à Saverne où il est
est rejoint, le lendemain, par le détachement de Nancy (cinq
compagnies de gardes nationaux, une de canonniers, une de
dépôt).

Les deux détachements marquent, dès leur arrivée, leur désir
de ne pas être confondus avec les volontaires ou les réquisitionnaires ; ils sont gardes nationaux, ils entendent le rester et ne
veulent pas être incorporés dans un corps quelconque ; « ...le
vœu unanime de chaque citoyen de Lunéville est de demeurer
réunis. Ils espèrent tous que leurs citoyens et les autorités constituées approuveront le refus qu'ils sont disposés à faire de toute
espèce d'incorporation, à moins que ce ne soit pour une réunion
des deux compagnies entières à celles qui sont arrivées de Nancy
et à d'autres de la même espèce pour former un bataillon. Dans
ce cas, elles sont déterminées à faire tout le service que le général
demandera d'elles. Les volontaires de Nancy sont dans les mêmes
dispositions... » (3). Aussi, dès le 3 novembre, les gardes nationaux et les soldats des dépôts de Lunéville font une demande
officielle pour ne pas être incorporés dans un bataillon de réquisition, mais pour être groupés avec les gardes nationaux de
Nancy. Leur désir est satisfait ; le lendemain, en effet, les détachements de Nancy et Lunéville sont fondus en un bataillon à
neuf compagnies (dont deux compagnies de dépôt) auquel se rattache la compagnie de canonniers. Le bataillon prend le nom de
« Bataillon des sans-culottes » (4).

Le désir d'être considéré comme bataillon de garde nationale

(1) P. V. du C. G. du district, 1er novembre 1793. L. 2084. A. D.
(2) Lettre du Comité des douze. Réponse des représentants, 5 novembre
1793. L. 1632. A. D.
(3) Lettre de Bailly (4 novembre 1793). Saverne. H 13. A. M. Lunéville.
(4) Lettres de Laguerre et Bourguignon. Saverne. 3-4 novembre 1793. H 13
A. M. Lunéville.

sédentaire ne s'atténue pas chez les sans-culottes après cette organisation ; le bataillon ne veut rien devoir à l'Armée du Rhin et
Puyproux remercie un adjudant général qui s'est enquis des
besoins de son unité, en déclarant : « ...que lorsque le bataillon
avait besoin de quelque chose, il avait ordre de s'adresser à son
département... ». Le 12 novembre, le Conseil d'administration du
bataillon rappelle « ...que tout le bataillon... à l'exception des
dépôts... que l'on y a incorporés, n'était composé que de pères de
famille, qui se sont offerts volontairement à voler à la défense de
la Patrie pour donner un coup de main et surtout qu'aussitôt fait,
ils seraient libres de retourner dans leurs foyers, ce sont les propres expressions qu'ont employées à Nancy et à Lunéville les
représentants Mallarmé et Lacoste... qu'il ne doit pas être traité
comme un bataillon de troupes de ligne ou de volontaires de 1re ou
de 2me réquisition... » et l'on envoie copie de ce procès-verbal à
l'état-major de l'Armée du Rhin (1). Le 14 novembre, dans le but
d'affirmer encore le caractère particulier du bataillon, le Conseil
d'administration décide, à l'unanimité, de changer le nom de
« Bataillon des sans-culottes » en celui de « Bataillon des gardes
nationales sans-culottes de la Meurthe » ; la veille, le commandant
Puyproux a écrit au Général en chef pour le prier de faire disparaître du bataillon les compagnies formées de soldats des dépôts ;
quelques jours plus tard, en effet, ces compagnies quittent les
sans-culottes (2).

De leur côté, les Comités de Lunéville et de Nancy se préoccu-
pent vivement de conserver une liaison étroite avec leurs concitoyens qui sont à l'armée ; le 1er novembre, le Comité de Lunéville détache deux de ses membres, Laguerre et Bourguignon, à
Saverne, et un troisième, Bailly, à Phalsbourg « ...pour être instruit chaque jour et à temps de la situation de nos concitoyens
partis, de leurs besoins, de leur nombre, ainsi que des mouvements des ennemis... » (3). Le Comité de Nancy organise un service postal régulier avec Saverne et, comme le Comité de Lunéville, il aura presque constamment des délégués auprès du bataillon (4). Le Bataillon des sans-culottes reste ainsi en union intime

(1) *P.-V. du Conseil d'administration du Bataillon des sans-culottes,* 12
novembre 1793. L. 1632. A. D.
(2) *P.-V. du Conseil d'administration du Bataillon des sans-culottes,* 14
novembre 1793. L. 1632. A. D.
(3) *P.-V. du Comité des vingt-et-un,* 1er novembre 1793. L. 3259. A. D.
(4) *P.-V. du Comité de Nancy,* 1er novembre 1793. L. 3286. A. D.

avec les deux Comités; c'est à eux qu'il s'adresse pour être pourvu des effets, chevaux et voitures qui lui sont nécessaires (1). La correspondance du commandant Puyproux ou celle des délégués près du bataillon avec les Comités est incessante ; elle montre bien que les Comités aussi tiennent à conserver au bataillon son caractère de garde nationale, momentanément détachée et qu'ils ont charge d'administrer.

Il faut avouer que le bataillon a sujet d'estimer, dès son arrivée à l'armée que sa présence ne doit pas y être très utile et, en tous cas, ne doit pas l'être longtemps, puisqu'on renvoie sur l'arrière, précisément à ce même moment, les bataillons de réquisition ; les gardes nationaux, négociants, commerçants, pères de famille, qui ont abandonné leurs affaires et leurs ménages s'expliquent mal cette anomalie. Elle leur paraît assez étrange pour qu'un de leurs délégués soit chargé d'en demander la raison : il rendait compte de sa mission, le 12 novembre, en ces termes « ... j'ai instruit les représentants de ce qu'on avait envoyé six à huit bataillons de 1re réquisition dans l'intérieur ; ils m'ont répondu qu'on les y avait envoyés pour s'y organiser et armer conformément à la loi du 23 août dernier et pour, l'année prochaine, combattre les ennemis, et que les derniers bataillons qu'on venait de former d'hommes de bonne volonté n'étaient que pour donner un coup de main ; cela fait, ils retourneraient dans leurs foyers, couverts de lauriers, embrasser leurs femmes et leurs enfants... » (2).

Les assurances répétées des généraux et des représentants sur la faible durée du service qui serait demandé aux sans-culottes paraissent effectivement avoir tranquillisé le bataillon : dès lors, il se montre plein de la meilleure volonté et tout prêt à participer à des opérations actives ; il fait preuve de discipline et d'endurance. Le 1er novembre, les compagnies de Lunéville cantonnent à Ottersthal (près Saverne), « tout s'est passé dans le meilleur ordre » (3) ; le 4 novembre, les délégués des Comités rendent compte que le Général Burcy, après avoir passé en revue le bataillon « a été très content de ces compagnies. Il compte beaucoup

(1) *P.-V. du Conseil d'administration du bataillon,* 14 novembre 1793. — *Lettre du Conseil d'administration au Comité des douze,* 15 novembre 1793. L. 1632. A. D.
(2) *Lettre de Jousseaux,* 12 novembre 1793. L. 1673. A. D.
(3) *Lettre de Bailly,* (4 novembre), H. 13. A. M. Lunéville.

sur ce bataillon... » (1)   le 5 novembre, Bailly écrit « que le bataillon est très beau et très bon... ». Le 9 novembre, un délégué du Comité de Nancy voit le bataillon à Saverne « ...là j'ai revu le bataillon de Nancy qui m'a dit qu'il était content et qu'il désirait bientôt se mesurer avec les esclaves des tyrans coalisés et les repousser outre Rhin... » (2).

Il est vrai que, jusqu'à cette date, 9 ou 10 novembre, le service n'est pas pénible ; le bataillon est logé dans Saverne, employé dans la place, et si des compagnies participent parfois au service d'avant-postes, il semble que ce soit dans une zone où l'ennemi ne manifeste aucune activité. A partir du 10 novembre, au contraire, le calme n'est plus aussi grand du côté de Saverne : ce jour même, le bataillon peut croire qu'il va se trouver réellement engagé ; vers trois heures du matin, en effet, Puyproux reçoit l'ordre de faire prendre les armes à sa troupe et de la porter en réserve dans le parc de Saverne; elle y reste jusqu'à cinq heures du soir (3). En réalité, l'ennemi n'avait pas bougé, mais le bruit du canon vers l'est, du côté de Strasbourg, avait fait croire à l'imminence d'une action.

Le 13, le 14, le 15, de nouvelles alertes se produisent, mais les gardes nationaux n'ont toujours pas occasion d'apercevoir l'ennemi (4) ; enfin le 18, l'Armée du Rhin, jusqu'alors immobile, passe à l'offensive et attaque sur toute la ligne ; dans la journée, sa gauche, la Division Burcy, rejette le corps autrichien de Hotze; à partir de cette date, jusque vers le 9 décembre, elle va livrer presque chaque jour une série de petits combats, où elle refoule constamment l'adversaire (5).

L'activité qui règne de ce côté, dès le 10 novembre, bientôt les alertes fréquentes, les fatigues du bivouac, n'altèrent ni la discipline, ni la bonne volonté des sans-culottes. Le 18 novembre, comme le bataillon est resté au bivouac de la scierie de Rose, « au pied des montagnes entre Saverne et la Petite Pierre », son

(1) *Lettre de Laguerre et Bourguignon*, 4 novembre 1793. H. 13 A. M. Lunéville.
(2) *P.-V. du délégué Jousseaux*, 12 novembre 1793. L. 1632. A. D.
(3) *P.-V. du délégué Jousseaux*, 12 novembre 1793. L. 1632. A. D. — *Lettre de Bailly, de Bourguignon et Laguerre*, 11 novembre 1793. H. 13 A. M. Lunéville.
(4) *Lettres de Laguerre et Bourguignon*, 14-16 novembre. H. 13 A. M. Lunéville.
(5) Cf. Chuquet. *Hoche*. op. cit. p. 103 et sq.

commandant écrit : « ... Nous regrettons de n'avoir pas participé à la gloire de cette journée... nous avons reçu aussitôt l'ordre d'aller dans les gorges de la scierie de Rose. Malgré que nous étions tous bien fatigués, nous sommes tous allés à ce nouveau poste en chantant ça ira. Nous y sommes encore et n'y craignons rien, car le terrain est tellement avantageux pour nous que nous pourrions nous défendre contre 10.000 hommes. Nous vous prions de communiquer notre lettre à nos frères et amis de la Société populaire afin qu'ils tranquillisent nos femmes sur notre compte. Nous croyons aussi devoir vous faire part que notre bataillon jouit de la confiance la plus grande du général et que nous sommes généralement très aimés à Saverne... » (1).

Cette attitude change quand, vers le 20 novembre, l'Armée du Rhin commence à pousser victorieusement devant elle les Autrichiens de Wurmser; dès lors, les sans-culottes estiment leur présence inutile; ils veulent rentrer à Lunéville et à Nancy; ils sont d'ailleurs très fatigués et éprouvés par ces premières journées de campagne, par le bivouac continuel, du 17 au 23; beaucoup sont tombés malades. Le 23, leurs délégués demandent le renvoi du bataillon sur l'arrière; effectivement, le 24, sur l'ordre du général Burcy, le bataillon est relevé par un bataillon de première réquisition de Langres et va cantonner à Phalsbourg où il arrive le 26 (2); il laisse cependant à l'armée sa compagnie de canonniers dont une moitié sera affectée au bataillon de Langres et

---

(1) *Lettre de Puyproux*. Saverne, 21 novembre 1793. L. 3290. A. D. Cette lettre de Puyproux raconte la part prise à l'engagement du 18 par la garde nationale de Metz ; nous reproduisons une partie de ce récit qui montre l'attitude au combat d'un bataillon identique à celui de la Meurthe : « ...Nos frères de Metz ont beaucoup souffert dans cette affaire ; dès le commencement, les grenadiers de ce bataillon ont été requis d'aller en tirailleurs, ce qu'ils ont aussitôt fait ; l'on doit leur rendre justice de dire qu'ils se sont bien battus, mais ayant été obligés de se replier pour un instant sur le corps de leur bataillon, ceux-ci les ayant pris, à cause de la fumée du grand feu que l'on avait fait, pour les ennemis, ont tiré sur eux; ils ont beaucoup perdu de monde, de cette manière ainsi que par les pièces de l'ennemi, chargées à mitraille... Nos frères de Metz, le soir même que l'action a été finie, ont voulu s'en retourner chez eux, malgré le général, en disant que le coup de main pour lequel ils étaient venus était fini. Malgré tout ce qu'on a pu leur dire, ils ont persisté à partir, ce qui a décidé le général à faire un exemple sévère en s'emparant du drapeau qui n'a été suivi que d'une centaine de citoyens ; le restant a été désarmé et s'en retourne ainsi dans ses foyers... »

(2) *Lettres de Laguerre et Bourguignon, de Bailly*, 15 novembre 1793. H 13. A. M. Lunéville.

l'autre moitié maintenue à l'artillerie à cheval à laquelle elle se trouve déjà rattachée (1).

Dès lors, le bataillon se décourage; il est désarmé, car il a cédé la plus grande partie de ses fusils au bataillon de Langres qui l'a relevé; le service de garde qu'il assure dans la place lui semble fastidieux et inutile; il juge venu le moment de rentrer dans la Meurthe. Le 5 décembre, Puyproux, après avoir rappelé au Comité de Nancy la bonne conduite tenue par le bataillon jusqu'à cette date, son regret de n'avoir pas été « assez heureux pour en « venir aux mains avec l'ennemi... » ajoute : « ... Nous vous dirons, les larmes aux yeux, que depuis que nous sommes ici, il s'est manifesté une espèce de désorganisation qui deviendra très dangereuse si l'on n'y porte le plus prompt remède. Toutes les compagnies nous ont fait notifier par écrit que le coup de main pour lequel le bataillon a été requis était donné et que même le délai de quinze jours à trois semaines fixé par les représentants du peuple était plus qu'expiré; qu'ainsi elles demandaient que l'on envoyât de suite deux de nos membres auprès des représentants du peuple à l'Armée du Rhin pour solliciter le retour du bataillon dans ses foyers... le Conseil d'administration... a obtempéré à la demande des compagnies. En conséquence, nous avons deux de nos membres qui sont partis depuis cinq jours pour aller porter le vœu du bataillon aux représentants... mais *quelle que puisse être* leur réponse, je dois vous dire, tant en mon nom qu'en celui de l'état-major et de tous les officiers, qu'ils ne peuvent plus rester dans la position où ils sont sans se compromettre... Nous voyons notre position si dangereuse et si délicate que nous avons cru qu'il n'y avait pas de temps à perdre pour vous envoyer la présente... Nous vous prions donc très instamment de faire partir sans délai un de vos membres et de le revêtir des pouvoirs nécessaires pour réclamer... le retour du bataillon dans ses foyers, car si cela n'arrive pas incessamment, nous pouvons vous assurer que sous cinq à six jours il ne restera pas 100 hommes dans le bataillon. Il n'y a pas de jour qu'il n'en déserte de quinze à vingt et cela malgré que la garnison soit consignée. Cependant, il n'y a pas de jour que l'on ne nous ramène des déserteurs qui

(1) Cette compagnie ne rentra vraisemblablement à Nancy qu'à la fin du mois de décembre après avoir pris part aux combats livrés à partir du 18 novembre. Au combat de Mietesheim le 26 novembre, elle eut un canonnier tué ; elle avait déjà eu antérieurement 3 ou 4 blessés. (*Lettre de Puyproux*, 5 décembre 1793. L 3370. A. D., et d'après Saudt. — *Le Bataillon des gardes nationales*. Mss. cit).

sont arrêtés à Sarrebourg et Blâmont... » (1). Les deux compagnies du bataillon formées par Lunéville réclament aussi à la Société populaire de cette ville « ... Les citoyens mariés des deux compagnies de Lunéville rapportent qu'étant partis d'après l'invitation qui leur a été faite par les citoyens Mallarmé et Lacoste, représentants du peuple, pour dégager les gorges de Saverne, dont l'ennemi venait de s'emparer et pour l'arrêter dans la rapidité de sa marche qui menaçait leurs foyers... Il a reculé de huit lieues et depuis cette époque il a été constamment battu et les pertes multipliées qu'il essuie tous les jours, jointes aux rigueurs de la saison, nous assurent qu'il ne peut plus tenir et qu'il faut que, sous peu de jours, il évacue le territoire de la République. Cet exposé... vous prouve que nous avons rempli notre tâche, que nos affaires nous rappellent tous dans nos foyers. Cela ne doit pas vous étonner. Nous vous demandons donc que, sous court délai, nous retournions chez nous. Vous avez tous les moyens d'accorder notre demande. Lunéville reflue de dépôts et de citoyens capables de nous remplacer. En conséquence nous espérons que les députés que nous envoyons vers vous, nous rapporteront les nouvelles les plus satisfaisantes. Sans doute, il est de votre honneur de nous voir rentrer en masse, au lieu de nous voir retourner chez nous comme des déserteurs avec le caractère du mécontentement » (2). La Société populaire s'empresse de donner satisfaction à ses concitoyens et dès la réception de leur lettre, elle écrit aux représentants du peuple à l'Armée du Rhin : « Les pères de famille de notre cité, partis pour voler à la défense de la Patrie, demandent leur retour. Vous avez été témoins de leur patriotisme et de leur zèle... Ils ont quitté leurs foyers. Ils ont été sourds aux cris de leurs enfants, nous ne dirons pas de leurs femmes, elles aiment la liberté et s'ils avaient balancé à courir où le danger les appelait, leurs femmes les auraient forcés de partir... Mais, citoyens, presque tous ceux qui sont partis sont des pères de famille déjà âgés, chargés d'enfants et un grand nombre accablés d'infirmités. Leur mission est remplie puisque les ennemis sont chassés des gorges de Saverne. Leurs femmes et leurs enfants les redemandent. Nous vous invitons à consentir à leur retour... » (3).

Aussi, le 14 décembre, les représentants Lacoste et Lemaire

(1) *Puyproux au Comité de Nancy*, 5 décembre 1793. L. 3370. A. D.
(2) *Pétition des citoyens mariés des deux compagnies de Lunéville*, 6 décembre 1793. H 13. A. M. Lunéville.
(3) *Adresse de la Société aux représentants du peuple*, 8 décembre 1793. H 13. A. M. Lunéville.

autorisaient le bataillon à rentrer à Lunéville et à Nancy; ils lui délivraient un certificat très élogieux où ils exagéraient même sensiblement la part des sans-culottes dans les opérations : « chaque jour, ces braves sans-culottes se sont bien battus et ont concouru au succès de nos armes. Aujourd'hui que l'Armée du Rhin s'est considérablement augmentée, leur présence n'est plus que d'un faible secours, tandis qu'elle est pour leur famille et pour leur commerce d'une nécessité urgente, motifs puissants qui nous déterminent à leur permettre de rentrer dans leurs foyers quand bon leur semblera.

Au nom de la République, nous leur témoignons notre satisfaction et notre reconnaissance pour les services qu'ils lui ont rendus, invitons leurs communes à faire transcrire leurs noms sur leurs registres et à les transmettre à leurs derniers neveux, pour leur rappeler le souvenir de leur courageux dévouement » (1). Le 17 décembre, le bataillon sortait donc de Phalsbourg; le 19, il était à Lunéville, le 20, il rentrait à Nancy où il était reçu par le Conseil général de la commune, entouré d'un détachement de 130 gardes nationaux. Le lendemain, l'état-major du bataillon se présentait successivement aux Conseils généraux du département, du district et de la commune pour déposer entre leurs mains copie du certificat des représentants à l'Armée du Rhin; il fut décidé que les noms des gardes nationaux sans-culottes seraient inscrits sur un registre déposé aux archives de Nancy (2), qu'une copie du certificat délivré au bataillon serait remise à chacun de ses membres et envoyé à chacune des municipalités du district (3).

Les compagnies, formées par la ville de Toul, étaient rentrées de l'armée quelques jours avant celles de Nancy, à la suite des pétitions faites par les femmes de Toul et des réclamations présentées par les délégués du club des Jacobins; comme leurs camarades de Nancy, les sans-culottes toulois rapportaient les certificats les plus flatteurs des représentants du peuple (4).

Sans doute, les sans-culottes n'avaient pas mérité tous les éloges dont on les accablait; leur rôle avait été modeste; ils l'avaient joué cependant avec une bonne volonté à laquelle il faut rendre justice. Les gardes nationaux sans-culottes s'étaient levés volon-

---

(1) *Certificat délivré par Lemaire et Lacoste.* Strasbourg. 14 décembre 1793. L. 2634. A. D.

(2) Ce registre n'existe plus.

(3) *Extrait du registre du C. G. du district,* 21 décembre 1793. B. M. — *P. V. du C. G. C.,* 19-21 décembre 1793. A. M.

(4) D'après Sandt. *Le Bataillon des gardes nationales.* Mss. cit.

lairement; mariés, pères de famille, négociants ou artisans, vivant du produit de leur travail, ils avaient, sans délai, quitté leurs familles et leurs affaires pour courir à la frontière; tous croyaient au moment du départ qu'il leur faudrait combattre. A l'armée, pendant vingt jours, ils se sont montrés disciplinés, désireux de marcher à l'ennemi; leur attitude n'a changé qu'au moment où ils jugent nos troupes définitivement victorieuses, et dès lors que le service pour lequel ils sont venus n'a plus de raison pour être continué. Il est vrai que le bataillon des sans-culottes n'a pas subi l'épreuve du feu et celle-ci seule pourrait permettre de porter sur sa valeur un jugement équitable.

En tous cas, son attitude à l'armée est nettement supérieure à celle des bataillons de réquisition; on ne relève aucune plainte contre les sans-culottes; représentants du peuple et généraux les conservent au moment même où ils renvoient comme inutilisables les réquisitionnaires. Cette supériorité ne saurait surprendre; elle tient essentiellement à l'esprit des sans-culottes et avant tout à leur encadrement.

Le bataillon des sans culottes est encadré par des officiers et des gradés de la garde nationale des villes qui ont, à défaut d'une véritable compétence militaire, quelque pratique, le calme, l'autorité de l'âge; les bataillons de réquisition n'ont comme officiers et gradés que des jeunes gens de 18 à 25 ans, sans instruction, sans expérience. Les sans-culottes sont des volontaires, patriotes, qui viennent défendre la Patrie envahie, la Révolution menacée; les bataillons de première réquisition ne sont composés que de citoyens, contraints par la loi au service militaire. Or, après les prélèvements de 1791 et de 1792, la garde nationale, dans les grandes villes du moins, était encore capable de donner pour un service momentané quelques volontaires; mais elle n'était nullement capable de fournir la grosse masse des réquisitionnaires dans les conditions prescrites par le décret du 23 août. Il eût fallu pour la rendre apte à cet effort, en prévoir longtemps d'avance la possibilité et modifier alors son organisation et son fonctionnement pour en faire véritablement une gigantesque réserve de l'armée.

Mais ni le Comité de salut public, ni la Convention n'ont, à cette époque, une conception pratique de l'organisation des réserves : il suffit pour en être persuadé de considérer la levée des réquisitionnaires qui, dans les conditions où elle s'est effectuée, était vouée à un échec certain.

CHAPITRE XV

La garde nationale dans la Meurthe du 9 thermidor an II (27 juillet 1794) à la fin de la Convention, 4 brumaire an IV (26 octobre 1795).

I. La situation des gardes nationales du département ne se modifie pas du 9 thermidor an II (27 juillet 1794) jusqu'à la réorganisation de prairial an III. — II. Les terroristes sont expulsés des gardes nationales des villes. — III. Réorganisation de la garde nationale parisienne après le 9 thermidor. — IV. Loi du 28 prairial an III (16 juin 1795). Son importance. — V. Réorganisation de la garde nationale dans les campagnes du département. Indifférence des populations. — VI. Réorganisation dans les villes. Formation de la brigade de Nancy. — VII. La garde nationale perd tout caractère militaire ; elle n'a plus qu'un rôle de police et de gendarmerie.

La levée des bataillons de réquisition, suivie de l'envoi à l'armée des sans-culottes, n'est qu'un court épisode dans la vie des gardes nationales de la Meurthe pendant la Convention; il ne leur fait pas recouvrer l'importance qu'elles ont perdue même dans les villes; nous l'avons déjà constaté pour la période qui va jusqu'au 9 thermidor; il n'en est pas autrement pour celle qui s'étend jusqu'à la réorganisation effectuée en prairial an III. A partir de ce moment, au contraire, la garde nationale reconstituée, du moins dans les villes, recommence à rendre quelques services pour le maintien de l'ordre intérieur.

Après comme avant le 9 thermidor, on ne constate aucune modification dans la situation de la garde nationale rurale et sur aucun point du département; en prairial an III, le Procureur syndic du district de Blâmont signale que la garde nationale du dis-

trict ne fait aucun service, même à Blâmont (1); le Procureui
syndíc du district de Château-Salins écrit : « ... Les lois sur l'organisation des gardes nationales sont pour ainsi dire tombées
dans une espèce de désuétude dans le district; il n'y a que dans
les deux villes de Sarrebourg et de Phalsbourg où ce service est
encore un peu soutenu... » (2). A Vézelise, le Procureur du district déclare « ... les gardes nationales .... ne sont en activité
dans aucune commune de ce district; la loi relative à leur organisation n'est plus observée depuis longtemps. Depuis qu'on les a
désarmées, elles sont insouciantes à faire le service, il sera difficile de les mettre en activité si on ne leur procure de nouvelles
armes... » (3). Dans le district de Pont-à-Mousson « ... le service
de la garde nationale n'a d'effet réel que dans la commune de
Pont-à-Mousson; l'amour des épaulettes et des baudriers ne flatte
plus la vanité rurale; ils aiment mieux manier les instruments
de Cérès qui les enrichissent aux dépens des citadins que de
s'exercer avec le fer homicide; les campagnes aiment la paix; elles
soupirent après elle; elles ont cela de commun avec tous les amis
de l'humanité... » (4). Le désir du calme, de la tranquillité, telle
est en effet la note constamment reproduite dans les comptes
décadaires des districts pour cette première partie de l'année
1795 (5). Les populations très occupées par les travaux des
champs ne veulent ni surcroît de fatigues, ni pertes de temps,
ainsi les gardes nationales ne font pas plus de service qu'elles
n'en faisaient avant le 9 thermidor ( ).

La situation des gardes nationales des villes ne subit pas non
plus de modifications importantes; on constate dans cette période,
comme avant le 9 thermidor, leur abstention dans la vie politique de la ville, l'éloignement des classes aisées pour le service

(1) *Compte décadaire du district de Blâmont*, 8 prairial an III (27 mai
1795). L. 171. AD.
(2) *Compte décadaire du district de Château-Salins*, 21 prairial an III
(9 juin 1795). L. 171. A. D.
(3) *Compte décadaire du district de Vézelise*, 27 prairial an III (15 juin
1795). L. 171. AD.
(4) *Compte décadaire de l'Administration du district de Pont-à-Mousson*,
29 prairial an III (17 juin 1795). L. 171. AD.
(5) Cf. notamment les comptes décadaires des agents nationaux du
district de Nancy au Comité révolutionnaire. L. 3382; et les comptes décadaires du même district. L. 1513. A. D.
(6) Notons cependant qu'à Haroué la garde nationale à la charge du dépôt
de prisonniers de guerre établi dans cette localité. L. 2718. AD

toujours lourd et enfin l'abus persistant du remplacement (1).
A Nancy, le 24 brumaire an III (14 novembre 1794), le Conseil
général de la commune déclare dans une proclamation à ses administrés : « ... que beaucoup de citoyens font le service avec négligence ; quelques-uns affectent de se faire remplacer sans aucun
motif par des journaliers... plusieurs entendent battre le rappel
ou l'assemblée sans se rendre à leurs postes respectifs et ont l'air
de ne pas se souvenir qu'ils sont citoyens ; enfin, il y en a qui,
pleins encore des préjugés de l'ancien régime et ennemis par état
des principes de l'égalité, ne se montrent jamais à leur bataillon... il faut surtout que les affectations de s'absenter du service
soient remarquées et que ceux qui en seront coupables soient
signalés comme des hommes qui à juste titre méritent d'être rangés dans la classe des gens suspects... » (2). Les mesures prises par la municipalité Wulliez, composée de terroristes, nommés
par le représentant Michaud, restent sans effet et les modérés
qui leur succèdent (3) s'efforcent à leur tour en vain de lutter
contre l'abus qui s'étend chaque jour (4) ; le 17 floréal an III
(6 mai 1795), le Corps municipal en est réduit à constater que le
service se fait toujours avec plus de négligence (5). Bientôt, la
garde nationale se désintéresse du maintien de l'ordre ; en février,
en avril 1795, il se produit des bagarres au marché au blé, on
enlève du grain sans le payer, on s'empare de l'argent reçu par
les cultivateurs ; le détachement de service est incapable d'empêcher ces violences ; parfois même les fractions requises ne consentent pas à marcher (6). Il faut dire pour la décharge des gardes nationaux, que dépourvus d'uniformes, d'équipement, de
fusils, ils n'ont plus aucun des caractères extérieurs qui distinguent une troupe et facilitent son action.

Et cependant, à cette époque, le parti modéré est au pouvoir ;
il tient la municipalité, il occupe les gradés de la garde nationale.

(1) *P.-V. du C. G. C.*, 11-25 pluviôse an III (30 janvier, 13 février 1795)
28-29 ventôse an III (18-19 mars 1795), 3-4 germinal an III (23-24 mars
1795), 5 fructidor an III (22 août 1795). A. M.

(2) *P.-V. du C. G. C.*, 24 brumaire an III (14 novembre 1794). A. M.

(3) La municipalité Wulliez avait été épurée le 24 frimaire an III (14
décembre 1794), par le représentant Pflieger.

(4) *P.-V. du C. G. C.* — *Arrêtés* du 11 pluviôse an III (30 janvier 1795)
et 28 ventôse an III (18 mars 1795). A. M.

(5) *P.-V. du C. G. C.*, 17 floréal an III (6 mai 1795). A. M.

(6) *P.-V. du C. G. C.*, 13-19-21 pluviôse an III (1er-7-9 février 1795), 1er
ventôse an III (19 février 1795). A. M.

Depuis décembre 1794, en effet, le représentant Génevois, venu pour épurer les corps administratifs des terroristes qui s'y trouvaient, a complètement modifié la composition de la garde nationale; les officiers, cassés par le représentant Michaud, en novembre (1), ont été rétablis, tandis que Thouvenin-Fafet a été destitué. Désormais, trois officiers modérés sont à la tête de la garde, Puyproux est chef de légion, Deloupy adjudant général, Jobart adjudant général en second; les chefs de bataillons, les capitaines ont été choisis avec soin par Génevois et leurs nominations à peu près unanimement approuvées par la garde nationale. Le 20 nivôse an III (9 janvier 1795), la légion a été réunie sur la Place du peuple pour assister à la proclamation de ses nouveaux officiers (2).

La loi du 21 germinal an III (3) (10 avril 1795) qui ordonnait « ... le désarmement des hommes connus dans leur section comme ayant participé aux horreurs commises sous la tyrannie qui a précédé le 9 thermidor... » élimina les terroristes de toutes les gardes nationales encore en activité dans la Meurthe et compléta l'épuration de la légion de Nancy. L'Administration du département, en exécution d'un arrêté du représentant Mazade (4) dressa une liste des citoyens visés par la loi (5); leur expulsion produisait une transformation sérieuse de l'esprit des gardes nationales; la loi de prairial allait en amener de plus profondes encore.

Déjà, depuis le 9 thermidor (27 juillet 1794), en moins d'un an, la Convention avait complètement transformé, puis réorganisé sur de nouvelles bases la garde nationale parisienne, jugeant l'opération indispensable pour sa propre sécurité. Dès le 19 thermidor, elle avait supprimé le poste de commandant en chef de la garde nationale parisienne et organisé un mode de commandement de cette force qui l'empêchât de devenir désormais un instrument passif entre les mains d'un homme (6). En pluviôse

(1) Cf. Chapitre XIII, p. 206.
(2) *P.-V. du C. G. C.*, 14-24 frimaire an III (4-14 décembre 1794), 3-16, 17-19-20 nivôse an III (23 décembre 1794, 5-6-8-9 janvier 1795). A. M.
(3) Décret du 21 germinal an III (10 avril 1795).
(4) *Arrêté du représentant Mazade*, 25 germinal an III (14 avril 1795). L. 122. A. D.
(5) *P.-V. du C. G. C.*, 8 floréal an III (27 avril 1795). A. M. — *Lettre du représentant Mazade au Directoire du département*, 26 floréal an III (15 mai 1795). L. 121. A. D.
(6) Décret du 19 thermidor an II (6 août 1794). Cf. Aulard. *Histoire politique* op. cit. p. 151.

an III, les sections ayant demandé qu'il fût procédé à de nouvelles élections, afin de priver de leurs grades les terroristes restés en fonctions depuis thermidor, un décret (1) leur donna satisfaction; les élections eurent lieu le 10 pluviôse (29 janvier 1795) et dès lors les modérés remplissent les cadres (2) ; ils complètent leur victoire, après l'émeute du 12 germinal an III (1er avril 1795), en provoquant l'expulsion définitive des terroristes par application de la loi du 21 germinal (10 avril 1795); dès lors, on pouvait organiser solidement la garde nationale devenue un instrument docile et sûr entre les mains du parti au pouvoir; ce fut l'objet de la loi du 28 germinal an III (17 avril 1795) (3). Sans doute, la loi admettait encore tous les citoyens sans exception dans les rangs de la garde nationale, mais elle les répartissait par sections, en bataillons, dont les compagnies étaient de composition très différente. Deux compagnies dites de « piquiers » comprenaient tous les individus de la classe populaire qu'on n'appellerait jamais au service; les huit autres compagnies, dites de « fusiliers », se répartissaient en deux groupes, l'un de six compagnies (compagnies de 2 à 7), l'autre de deux compagnies (1re et 8e); mais alors que les six compagnies, numérotées de 2 à 7, seraient armées, suivant les ressources, soit de piques, soit de fusils, les 1re et 8e compagnies devraient être complètement pourvues de fusils. Leurs fusiliers, distingués par une couleur spéciale des épaulettes, étaient tenus de s'habiller à leurs frais. Evidemment les deux compagnies, composées de citoyens aisés, formeraient l'élément essentiel de la garde; elles seraient appuyées par un corps de 2.400 cavaliers qu s'habilleraient, s'armeraient, s'équiperaient et se monteraient à leurs frais. Cette organisation, éminemment réactionnaire et bourgeoise, fut votée sans opposition sérieuse des députés montagnards encore sous le coup de leur échec du 12 germinal (4).

L'émeute du 1er-4 prairial an III (20-24 mai 1795) fournit à la Convention une occasion d'épurer encore davantage la garde nationale des éléments populaires; elle en profita pour décréter sur la proposition de son Comité militaire, « que les moments de cette classe utile de citoyens qui ne vivent que du travail de leurs

---

(1) Décret du 1er pluviôse an III (20 janvier 1795).
(2) *Moniteur*, 4 pluviôse an III (23 janvier 1795). Cf. Poisson, op. cit. T. IV. p. 119 et sq.
(3) Décret du 28 germinal an III (17 avril 1795). *Moniteur*, 30 germinal an III (19 avril 1795), 1er floréal an III (20 avril 1795).
(4) Cf. Poisson, op. cit. T. 4. p. 157 et sq. Comte. op. cit. p. 313.

bras... » étant très précieux, il fallait leur faciliter les moyens de venir en aide à leur famille; elle permettait donc « ... aux citoyens les moins aisés parmi la classe des artisans, journaliers et manœuvriers... de se dispenser de faire le service dans la garde nationale ». C'était un moyen commode de désarmer les gens du peuple et de les écarter des rangs. La garde nationale parisienne ne comprenait plus désormais que des bourgeois (1).

Le moment parut également propice pour reconstituer selon les principes appliqués à Paris les gardes nationales provinciales; la Convention décida d'y procéder de suite et le 28 prairial an III (16 juin 1795,) elle votait le décret de réorganisation (2); il allait modifier profondément la composition de la garde nationale et le rôle que l'institution, telle que l'avait créée les Constituants de 1791, avait été destinée à jouer dans la vie politique et sociale de la nation.

La garde nationale qui devait être réorganisée sans délai, comprenait tous les citoyens de 16 à 60 ans, à l'exclusion des... « ouvriers ambulants et non domiciliés et de ceux travaillant dans les manufactures, sans domicile fixe... »; on dispensait encore du service, outre une catégorie de fonctionnaires de tous ordres « .. les citoyens peu fortunés, domestiques, journaliers et manœuvriers des villes... à moins qu'ils ne réclament contre cette décision... » La loi rétablissait les compagnies de chasseurs et de grenadiers supprimées en septembre 1793 (3), parce que composées de citoyens aisés, pourvus d'armes et d'uniformes, elles avaient suscité, au nom de l'égalité, les réclamations des compagnies de fusiliers : chaque bataillon comprenait une compagnie de chasseurs, une de grenadiers, huit de fusiliers : une loi additionnelle (4) fixa à 100 hommes l'effectif des compagnies de grenadiers et de chasseurs, tandis que celles de fusiliers ne comprenaient que 77 hommes. Les compagnies, formées par communes ou groupement de communes voisines, constituaient par cantons un ou plusieurs bataillons, réunis en brigades de deux, trois ou

(1) Décret du 10 prairial an III (29 mai 1795). — *Moniteur*, 4 prairial an III (23 mai 1795). — Cf. Aulard. *Histoire politique*, op. cit. p. 518. — Poisson: op. cit. 4. p. 332 et sq. — Comte. op. cit. p. 314.

(2) Décret du 28 prairial an III (16 juin 1795).

(3) Décret du 20 septembre 1793. — *Journal militaire* du 29 septembre 1793. p. 828.

(4) Décret du 15 messidor an III (3 juillet 1795). *Moniteur*, 18 messidor an III (6 juillet 1794).

18

quatre bataillons, commandée chacune par un chef de brigade. Les brigades devaient être groupées par cinq au moins, dix au plus, pour former une division dont le commandement serait exercé par un chef de division, assisté de deux adjudants généraux; lorsque les divisions d'un département auraient à se rassembler « pour l'intérêt public » elles seraient commandées par un officier général, nommé par le gouvernement. Toute commune, chef-lieu de district, était autorisée à organiser une compagnie de canonniers à l'effectif de 5o hommes : les départements et les districts pourraient former des compagnies de cavalerie. Le mode d'élection des cadres, fixé par le décret de 1791, ne subissait pas de graves modifications; cependant, il faudrait désormais savoir lire et écrire pour être officier, sergent ou maréchal des logis, et l'on pouvait réélire « ceux qui par leur civisme et leur conduite auront mérité l'estime et la confiance de leurs concitoyens... » Cette dernière disposition ne fut, d'ailleurs, jamais appliquée car la constitution de l'an III prescrivit que les officiers ne pourraient être réélus « qu'après un intervalle. » (1).

Ainsi, l'élément populaire était sinon exclu, du moins invité à ne plus paraître dans la garde nationale où la bourgeoisie seule servirait comme sous l'empire de la loi de 1791; la prépondérance, reconquise par une classe sociale, s'affirmait par la réapparition des compagnies de chasseurs et de grenadiers, la faculté de constituer des unités de cavalerie, la réduction à une seule par chef-lieu de district des compagnies de canonniers qui s'étaient montrées presque toujours dévouées à la cause du parti terroriste. Dès lors, réinstallée dans la garde nationale, la bourgeoisie ne craint plus de l'organiser solidement : elle la groupe en grosses unités, les brigades et les divisions. La Convention n'avait d'ailleurs nullement dissimulé les motifs qui la déterminaient à ces innovations. Bodin, dans son rapport au nom du Comité militaire, l'avait déclaré; il s'agissait de garantir la France « contre les fureurs de l'anarchie », qu'on avait vue déchaînée lors des émeutes de prairial, d'achever, à l'aide des gardes nationales, la révolution qu'elles avaient commencée en 1789. L'orateur avait ensuite exposé le système de Robespierre, s'efforçant de détruire les gardes nationales, obstacle à sa dictature; il lui opposait le parti pris par la Convention de s'appuyer au contraire sur cette

(1) Loi portant constitution de la République Française, 5 fructidor an III (22 août 1795). art. 281.

institution : toutefois, ajoutait-il, il ne faut « confier les armes
qu'à des mains pures... leur exercice ne doit pas distraire la
vertueuse indigence de son labeur... ». Telles étaient les deux
données du problème; aussi, avait conclu Bodin, le décret s'efforçait de laisser aux citoyens aisés la « charge du service public...
et de n'appeler les citoyens les moins aisés que dans les dangers
de la Patrie... » (1).

Les avantages de la réorganisation de la garde nationale sur les
bases du décret du 28 prairial an III devaient être beaucoup mieux
compris par la bourgeoisie des villes que par les populations rurales; on constate en effet, dans le département de la Meurthe, que
la nouvelle organisation fut très difficile à effectuer dans les campagnes. Dans certains cantons, l'opération ne reçut aucun commencement d'exécution au cours de l'année 1795; elle s'effectua
dans d'autres, mais elle dura très longtemps, et après son achève-
ment, la garde nationale continua à ne faire aucun service; elle
était bien reconstituée, mais seulement sur les contrôles des administrations cantonales.

Dans le district de Nancy, les communes rurales dont la population atteignait ou dépassait le chiffre de 77 hommes, fixé par la
loi comme effectif minimum des compagnies, formèrent facilement ces unités; il fut beaucoup plus mal aisé d'y parvenir quand
il fallut réunir deux communes, personne ne voulant se déranger pour se rendre au village voisin. La difficulté s'accrut encore
quand on dut procéder au groupement des compagnies en bataillon et à la nomination des états-majors de bataillon; les élections eurent lieu en général à un nombre de voix extrêmement
réduit, 9 votants par exemple dans le canton de Pont-Saint-Vincent (2). Vers le 15 thermidor (2 août 1795) quatre cantons du
district avaient cependant terminé l'organisation de leurs bataillons, mais les quatre autres n'avaient pas encore effectué l'opération dans les premiers mois de 1796; il fut donc tout à fait impossible d'organiser, dès 1795, les brigades et divisions prévues par
la loi (3).

(1) *Moniteur*, 1ᵉʳ messidor an III (19 juin 1795).
(2) L'élection de l'état-major du bataillon du canton eût dû réunir à
Pont-saint-Vincent, 80 votants.
(3) *P.-V. d'élections dans les communes et cantons du district.* L. 1678. —
Comptes décadaires. L. 1513-171-172. — *P.-V. de l'administration municipale du canton de Frouard,* 5 ventose an IV (24 février 1796). L. 2814.
— *de Custine.* 10 ventôse an IV (29 février 1796). L. 2805. — *d'Amance,*
27 ventôse an IV (17 mars 1796). L. 2769. AD.

Dans le district de Lunéville, quelques communes seulement réorganisèrent leur garde nationale; il fut impossible de constituer les bataillons (1). Il en fut de même dans le district de Vézelise, où cependant le Procureur syndic Poinsignon s'était efforcé de faciliter l'opération en répartissant à l'avance les citoyens en compagnies, et les compagnies en bataillons; les gardes nationaux ne voulurent pas se déranger pour venir voter; sauf celle de Vézelise, toutes les municipalités, chefs-lieux des cantons du district, rendent compte, à la fin de septembre 1795, qu'elles n'ont pu arriver à réunir les citoyens en vue d'une organisation quelconque (2). On fait les mêmes constatations dans les districts de Château-Salins, Sarrebourg, dans celui de Dieuze, où l'on se contente de procéder à de nouvelles élections dans la légion du district, comme si la loi de prairial n'avait prescrit aucune réorganisation; dans celui de Pont-à-Mousson, où quelques communes cependant transforment leurs gardes nationales (3).

L'indifférence des campagnes est donc très aisée à percevoir; les procès-verbaux des élections, les comptes rendus des procureurs-syndics la notent presque partout; les autorités sont d'ailleurs sans pouvoir pour y remédier car la loi n'a prévu aucune sanction contre les citoyens qui refuseraient de remplir les formalités nécessaires à la réorganisation. L'Administration du département répond au Procureur syndic du district de Sarrebourg qui lui rend compte du peu de succès obtenu et demande des mesures coercitives, qu'il faut s'en rapporter d'après la loi « au patriotisme des citoyens » (4). Aussi, à la fin du mois d'août, le Procureur général syndic Mallarmé peut-il écrire dans une circulaire aux procureurs syndics des districts « ... La loi porte (Article premier) que toutes les gardes nationales seront réorganisées sur le champ; c'était impératif et urgent..; or, dans la plus grande partie des districts du département, et peut-être dans tous, l'organisation dont il s'agit n'a pas eu lieu, en tous cas, partout elle est au moins incomplète... parce que les gardes nationales, quoique dûment convoquées, ne s'étaient pas rendues au chef-lieu de leurs cantons en assez grand nombre pour procéder à des élec-

(1) P.-V. des municipalités chefs-lieux de cantons. L. 1412. AD.
(2) P.-V. des municipalités chefs-lieux de cantons. L. 2718. AD.
(3) P.-V. d'élections. L. 2271, 1116, 1990. — Comptes décadaires. L. 171, 172. A. D.
(4) Lettre de l'Administration du département, 8 thermidor an III (26 juillet 1795). L. 2271. A. D.

tions... Les communes des campagnes prétendent que la loi ne les
concerne pas, vu qu'elles sont peu fortunées... » Et le Procureur
général ordonne de convoquer à nouveau les citoyens et de tenir
pour valables les décisions que prendra une assemblée quel que
soit le nombre des présents; il conclut ainsi : « L'état actuel de
notre force armée est nul... parce qu'elle n'est plus organisée » (1).

La réorganisation fut au contraire facile dans les villes, à Toul,
à Pont-à-Mousson, à Lunéville; elle s'opéra dans des conditions
particulièrement rapides et régulières à Nancy sous la direction
du chef de légion Puyproux. Des commissaires firent tout d'a-
bord le relevé, dans chaque section, des citoyens valides, aptes à
entrer dans la garde nationale; on en trouva 2.759 pour toute la
ville, ainsi, l'on revenait à l'effectif de l'organisation de 1791 (2),
effectif sensiblement plus faible que celui de 4.000, dépassé de la
fin de 1792 jusqu'au moment de la réorganisation de prairial;
les 2.759 gardes nationaux furent alors répartis en trois bataillons d'effectifs sensiblement égaux, les 1re et 2e sections constituant le bataillon du Levant; les 3e, 4e, 5e, le bataillon du Midi et
du Couchant, les 6e, 7e, 8e, le bataillon du Nord et du Couchant;
50 canonniers avaient été au préalable choisis avec le plus grand
soin par le Conseil général de la commune, qui se renseigna d'une
façon précise « sur le civisme, la moralité et le talent des individus... » aptes à faire partie de la compagnie. Puyproux fut élu
chef de la brigade formée par les trois bataillons, Jobart lui fut
adjoint comme adjudant général; la réception des officiers eut lieu
le 30 messidor an III (18 juillet 1795) sur la Place du peuple, en
une cérémonie solennelle (3). A la fin du mois d'août, la garde
nationale était réorganisée dans toutes les villes du département;
dès lors, les municipalités s'occupent activement de procurer des

(1) *Lettre de Mallarmé*, 12 fructidor an III (29 août 1795). L. 1412. A. D.
(2) En 1789, la garde nationale comptait à Nancy, 2212 hommes ; en
février 1792, (après l'organisation de la légion, en exécution des prescriptions de la loi du 29 septembre 1791) 2.800 hommes. Du mois d'août 1792
jusqu'à l'époque de la réorganisation de prairial an III, l'effectif de la
légion s'élève à plus de 4.000 hommes. (*P.-V. du C. M.*, 14 frimaire an II
4 décembre 1793). A. M.
(3) *P.-V. du C. G. C.*, 5-6-8-9-10-11-25-27 messidor an III (23-24-26-27-28-
29 juin, 13-15 juillet 1795), 14 thermidor an III (1er août 1795). A. M. —
Lettre de Puyproux, 6 messidor an III (24 juin 1795). — *Affiche* du 8 messidor an III (26 juin 1795). — *P.-V. d'élection des canonniers, des sections*, 10 messidor an III (28 juin 1795) : *de réception et d'élection*, 20-24-
30 messidor an III (8-12-18 juillet 1795). L. 1678. A. D.

fusils à leurs concitoyens, qui en sont presque complètement dépourvus; ces efforts ne restent pas vains; en octobre, à Nancy, six compagnies sur trente sont armées de fusils et ce résultat, bien faible, constitue cependant une amélioration sensible de l'état de choses existant avant la réorganisation. En même temps, on cherche à faire disparaître le remplacement, à rétablir l'ordre et la discipline; de nombreuses amendes sont prononcées contre des gardes nationaux qui n'ont pas fait leur service ou ont enfreint le règlement de la garde (1).

On constate ainsi, au moment où s'ouvre la période du Directoire, le même phénomène qui se reproduit à chaque effort du pouvoir central pour organiser la garde nationale ou lui rendre quelque vie. Les grandes villes observent les dispositions légales, procèdent à la reconstitution qui leur est prescrite, leurs autorités municipales montrent la meilleure bonne volonté pour assurer un fonctionnement régulier du service; mais la loi n'atteint pas plus cette fois que précédemment la masse des populations parce que les campagnes se désintéressent toujours aussi complètement de la garde nationale.

L'indifférence de la masse n'est pas faite pour déplaire au législateur de prairial an III; l'institution, telle qu'il la conçoit, n'est pas seulement tout à fait différente de la garde nationale démocratique de 1793 où tous les citoyens avaient leur place; elle se différencie tout aussi nettement de celle créée par les Constituants de 1791.

L'Assemblée nationale avait entendu organiser par son décret du 29 septembre 1791, une force publique destinée tout particulièrement à assurer l'ordre intérieur; elle n'avait cependant pas borné à ce rôle exclusif l'intérêt de l'institution; elle avait voulu constituer aussi une réserve pour l'armée régulière, elle avait prévu des exercices pour la garde nationale, des formes pour la requérir et la grouper en cas de péril extérieur. Sans doute, cette organisation d'ensemble des forces nationales était restée ébauchée; l'idée des Constituants était demeurée timide, incertaine, maladroite; elle était féconde cependant et la garde nationale de 1791, réorganisée de façon appropriée, pouvait devenir facilement un sérieux appui pour l'armée. Toute prévision d'un emploi éven-

<hr>

(1) *Lettre du C. G. C. au général commandant les 3e et 4e divisions*, 21 germinal an III (10 avril 1795). — *P.-V. du C. G. C.*, 25 mess'dor an III (13 juillet 1795), 16 thermidor an III (3 août 1795). A. M.

tuel de la garde nationale en temps de guerre disparut au contraire de la loi de prairial et la constitution de l'an III ne répara pas l'omission ; la loi ne fit plus mention d'exercices pour les gardes nationaux et effectivement il n'y en eut plus désormais nulle part dans le département. Fidèle aux principes qui paraissent l'avoir guidée dès ses débuts, la Convention persistait à ne pas vouloir considérer la garde nationale comme une réserve naturelle de l'armée régulière ; celle-ci devait suffire seule à la défense du pays ; la garde nationale n'avait d'autre but que d'assurer l'ordre à l'intérieur, de constituer l'instrument fidèle et sûr du régime bourgeois qui s'inaugurait ; elle n'était plus légalement qu'une force de police dans les villes, de gendarmerie dans les campagnes.

CHAPITRE XVI

La garde nationale dans le département de la Meurthe pendant le Directoire, 4 brumaire an IV (6 octobre 1795), 20 brumaire an VII (4 décembre 1799).

I. La réorganisation des gardes nationales en exécution de la loi de prairial an III se poursuit en l'an IV. Loi du 16 vendémiaire an IV (8 octobre 1795). Arrêté du Directoire du 2 germinal an IV (22 mars 1796). — II. Lois réactionnaires du 25 thermidor an V (12 août 1797) et du 13 fructidor an V (30 août 1797). — III. Les colonnes mobiles. Réquisition des généraux Moulin et Frimont. — IV. Service des gardes nationales dans les villes. Service des gardes nationales rurales. Leur impuissance de l'an IV à l'an V contre les déserteurs, les réfractaires et les brigands. Mesures efficaces prises en l'an VI. — V. Tranquillité du département en l'an VII. Le gouvernement et les populations sont d'accord pour restreindre de plus en plus le rôle de la garde nationale. — VI. Suppression de tout service dans la garde nationale pendant le Consulat.

La réorganisation des gardes nationales en exécution de la loi de prairial se poursuit péniblement en l'an IV, car les habitants des campagnes ne mettent toujours aucune bonne volonté pour se réunir afin de procéder aux élections. La plupart du temps, les agents municipaux en sont réduits à ouvrir un registre où ils inscrivent ceux des habitants astreints au service de la garde nationale (1). Il a été à peu près impossible de rassembler les citoyens aux chefs-lieux de cantons pour former les bataillons. En général, ceux-ci ne sont donc pas réorganisés (2). Enfin même

(1) Aux termes de la Constitution de l'an III, la garde nationale ne devait comprendre que les citoyens et fils de citoyens. Cette distinction fut-elle faite dans les campagnes ? Les « citoyens et fils de citoyens » furent-ils seuls appelés à faire le service ? Il n'est pas possible de répondre avec certitude à ces questions.

(2) *P.-V. des Administrations municipales des cantons de Frouard,* 5 ventôse an IV (24 février 1796) L. 2814. — *Custine,* 10 ventôse an IV (29 février 1796). L. 2805. — *Laneuville-aux-Bois,* 21 ventôse an IV (11 mars 1796). L. 2854 bis. etc. A. D.

si la réorganisation a été effectuée, la garde nationale ne fait
aucun service dans les campagnes au début de l'an IV; dans les
villes « ...elle ne s'exerce pas, fait mollement le service dont les
riches se dispensent à prix d'argent... » (1).

La tranquillité dont jouit le département explique la lenteur
de la réorganisation et la disparition de toute activité de la garde
nationale, même dans les communes et cantons où elle existe.
Bien que la gendarmerie soit peu nombreuse et généralement
peu zélée, on ne constate pas, en effet, au début de l'an IV, que
la sécurité publique soit nulle part compromise ; aussi, jusqu'à
la fin de l'hiver, les différentes administrations ne s'inquiètent
pas de l'état des gardes nationales (2).

L'arrêté du Directoire du 2 germinal an IV (22 mars 1796),
étendant à la France entière une partie des dispositions prises
par la loi du 16 vendémiaire an IV (8 octobre 1795), à l'égard
de la garde nationale parisienne, allait encore aggraver la situation particulière de la Meurthe, en forçant à se transformer à
nouveau les gardes nationales des cantons qui avaient déjà réalisé
l'organisation prescrite par la loi de prairial an III.

La bourgeoisie aisée, rentrée en maîtresse dans la garde nationale, après la réorganisation de prairial an III, avait aussitôt pro-
fité de sa puissance retrouvée pour pactiser avec l'insurrection
royaliste. Le 13 vendémiaire, l'Assemblée s'était sentie sérieusement menacée ; elle ne pouvait se dissimuler que, seule, l'intervention de l'armée régulière l'avait sauvée. Le péril passé, si l'on
n'osait pas supprimer complètement la garde parisienne, on prenait du moins vis-à-vis d'elle de rigoureuses mesures de sûreté.
La loi du 16 vendémiaire fit disparaître l'état-major, l'état-major
des sections, les canonniers, la cavalerie; on abolit toutes distinctions entre les compagnies. Comme en même temps on cessa
d'exiger aucun service de la garde nationale, elle disparut dans
la pratique, dès cette époque, à peu près complètement (3).

(1) *Compte-rendu du Commissaire du Directoire près du département,*
8 nivôse an IV (29 décembre 1795). L. 133. A. D.
(2) *Compte-rendu du Commissaire du Directoire près l'Administration
du département,* 8 nivôse an IV (29 décembre 1795). L. 133. — *Le même
aux Commissaires près les Administrations municipales,* 3 ventôse an IV
(22 février 1796). L. 2985 A. D. — Les P. V. des délibérations de l'Administration du département (L. 88) entre le 28 vendémiaire an IV (20 octobre 1795) et le 16 ventôse an IV (6 mars 1796) ne font aucune mention de
la garde nationale.
(3) Poisson. op. cit. IV. 415. — Comte op. cit. p. 357.

Le Directoire n'était pas mieux disposé pour les gardes nationales de province; son arrêté du 2 germinal an IV réduisit tous les bataillons à huit compagnies en supprimant les éléments les plus actifs, les chasseurs, les grenadiers, les canonniers ; il fit disparaître, même dans les villes, tout groupement supérieur au bataillon. Certes, des mesures aussi radicales rendaient difficile l'utilisation de la garde nationale pour une insurrection et telle était bien, on peut le présumer, l'intention du gouvernement, inquiet des manifestations de royalisme ou d'anarchie contre lesquelles il entendait défendre le régime établi par la Constitution de l'an III ; seulement, c'était aussi renier l'œuvre poursuivie depuis 1789 pour faire de la garde nationale, l'armée de l'intérieur, chargée d'assurer avec l'ordre et la sécurité, le maintien des conquêtes révolutionnaires. En prairial an III encore, la Convention avait cherché à doter l'institution d'une organisation qui lui permît de fonctionner au profit du nouveau régime qui allait s'établir ; l'arrêté du 2 germinal proclamait que le Directoire renonçait à cette conception d'une garde nationale même amoindrie, qu'il la tenait en défiance et préférait la voir incapable de rendre des services qu'en situation de devenir dangereuse entre les mains de ses adversaires.

En fait, comme l'organisation prescrite par la loi de prairial n'était pas effectuée dans la plupart des cantons, comme la garde nationale n'avait fait en l'an IV aucun service dans les campagnes, l'arrêté du 2 germinal n'apporta pas grandes perturbations dans le département. Dans les villes, la nouvelle organisation fut assez rapidement effectuée ; elle l'est à Nancy à la fin de germinal (1). A Toul, personne ne se présente à la première convocation adressée pour procéder à l'élection des cadres ; la municipalité tente alors de reporter l'opération à un jour prochain où l'on convoquera les citoyens pour délibérer sur une question qui les intéresse fort, la création d'une école nouvelle ; le calcul se trouve juste et les citoyens viennent assez nombreux au nouveau jour fixé pour que, le 16 floréal, la garde de Toul soit réorganisée (2).

La réorganisation fut extrêmement lente dans les campagnes ; sauf dans de rares cantons, tels ceux de Nancy (extra et intra-

(1) P. V. de l'Administration municipale, 19 germinal an IV (8 avril 1796). A. M.

(2) P. V. de l'Administration municipale de Toul, 20 germinal an IV (9 avril 1796), 15 et 16 floréal an IV (4 et 5 mai 1796). A. M. Toul.

muros), celui de Vaudémont, les habitants des communes ne se rendent pas aux convocations qui leur sont adressées ; dans beaucoup de cantons, la garde nationale ne fut reconstituée qu'en l'an VI, dans d'autres, elle ne le fut jamais (1). Le 1er vendémiaire an VII (22 septembre 1798), le Commissaire du Directoire près l'Administration centrale du département s'exprime ainsi « ... Par lettre du 12 thermidor, j'ai consulté le Ministre de la police sur les moyens de lever les difficultés qui entravent la réorganisation des gardes nationales dans plusieurs cantons ruraux. L'obstacle principal vient de ce que personne ne se présente aux convocations. Il est facile d'y suppléer par la distribution en bataillons et compagnies, parce que les administrations municipales peuvent les régler au moyen des registres civiques où tous les citoyens sont inscrits. Mais nul moyen n'est indiqué par la loi pour suppléer au défaut d'élection d'officiers et de sous-officiers lorsqu'il ne se présente aucun votant. Il semblerait qu'en pareil cas les administrations devraient être autorisées à nommer sans que les élus par elles puissent refuser à peine d'être punis comme ceux qui se soustraient au service et à moins d'excuse reconnue valable... » (2). Les comptes-rendus des Commissaires près les Administrations de cantons signalent d'une façon aussi précise cette abstention des citoyens à se rendre aux convocations ; parfois, même dans les communes, où la population est assez nombreuse pour former une compagnie, il n'est pas possible de réunir les habitants, en floréal an IV, dans le canton d'Amance qui compte treize communes, sept agents rendent compte que personne n'a obéi aux convocations pour reformer la garde nationale (3).

On comprend que, dans ces conditions, la garde nationale du département ait été fort peu touchée par les lois des 25 thermidor et 13 fructidor an V (4), qui eussent provoqué de profondes modifications, si l'organisation, décrétée en germinal an IV eût été

(1) *P. V. des Administrations municipales des cantons d'Amance, Vaudémont, Nancy (extra-muros), Custine, Frouard, Baccarat, Lorquin, Sarrebourg,* de l'an IV à l'an VII. L. 172, 2769, 2792, 3117, 2936, 2806, 2814. A. D.

(2) *État de situation du département,* 1er vendémiaire an VII (22 septembre 1798) F7 7436. A. N.

(3) *Dossier relatif à la garde nationale du canton d'Amance,* 6 floréal an IV (25 avril 1796) L. 2775. A. D.

(4) Loi du 25 thermidor an V (12 août 1797). — Loi du 13 fructidor an V (30 août 1797).

réalisée. Dans la série des mesures réactionnaires, votées après
les élections de l'an V, qui font passer la majorité dans les Conseils
aux anti-terroristes (1), les deux lois ont pour objet de reconstituer une garde nationale plus bourgeoise encore que celle organisée en prairial an III. Désormais, il est indispensable d'être
citoyen pour être garde national (2) ; on rétablit les chasseurs,
les grenadiers, les compagnies de cavalerie, on reforme par canton une légion dont le chef sera élu par les chefs de bataillon
et l'Administration municipale du canton; par contre, on maintient la suppression des canonniers qui s'étaient, en général, fait
remarquer par leurs opinions avancées. Les colonnes mobiles dont
l'institution a été mal accueillie par les populations sont supprimées, pour donner satisfaction au sentiment public. Mais le coup
d'État du 18 fructidor an V (4 septembre 1797) met fin rapidement à ces mesures réactionnaires des conseils et la loi du 19 fructidor (3) rapporte celles du 25 thermidor et du 13 fructidor; dès
lors, les mesures déjà prescrites pour l'exécution de ces lois par
l'Administration centrale du département ne sont suivies d'aucun
effet (4) et l'état des gardes nationales ne subit pas de changements dans la Meurthe.

Au contraire, la création des colonnes mobiles, décrétée par
arrêté du Directoire, en date du 17 floréal an IV (6 mai 1796) (5),
avait sensiblement modifié l'organisation de la garde nationale.
Désormais, il exista dans chaque canton, sous le nom de « colonne
mobile du canton », un détachement de garde nationale dont les
cadres et les hommes furent désignés d'avance, afin de pouvoir
agir, sans perte de temps, sur la réquisition des administrations
civiles, au cas où seraient troublés l'ordre et la sécurité. La force
de cette troupe fut fixée au sixième de l'effectif de la garde nationale du canton; son renouvellement dut s'effectuer tous les six

(1) A. Aulard. *Histoire politique*, op. cit. p. 637 et sq.

(2) Une loi du 4 vendémiaire an V (25 septembre 1796) avait nettement
spécifié que les dispositions de la loi de prairial ne pouvaient être prohi-
bitives, mais restaient « purement facultatives », et qu'en conséquence on
ne pouvait refuser pour le service de la garde nationale un citoyen. — et par
là il faut entendre tout Français même non électeur. — valide et en état de
porter les armes. Au contraire, aux termes de la loi de thermidor, il
fallait désormais justifier pour être garde nationale « des qualités prescrites
par le titre II de l'acte constitutionnel ».

(3) Loi du 19 fructidor an V contenant des mesures de salut public.

(4) *P. V. de l'Administration du département*, 12 fructidor an V (29
août 1797). L. 2985, A. D.

(5) *Arrêté du Directoire*, 17 floréal an IV (6 mai 1796).

mois ; elle était groupée en compagnies dont les subdivisions se formaient par la réunion des hommes dont les domiciles étaient proches ; un chef de bataillon était désigné dans les cantons où l'organisation comportait plus de trois compagnies. L'Administration du canton choisissait les hommes parmi les gardes nationaux, les officiers parmi ceux de la garde nationale ; elle pouvait réélire les mêmes hommes et les mêmes officiers ; nul ne pouvait refuser le service. C'était une modification profonde au système compliqué établi pour la réquisition de la garde nationale par la loi du 29 septembre 1791 ; on supprimait le tirage au sort au moment du besoin ; on mettait entre les mains des Administrations des départements et des cantons, et surtout entre les mains des Commissaires, une force constamment prête, suffisamment solide pour aider la gendarmerie et les troupes à maintenir l'ordre et la sécurité. Or, en ce printemps de l'an IV, il devenait chaque jour plus urgent de rétablir la tranquillité, profondément troublée sur de nombreux points du territoire.

Dans la Meurthe, les désordres ne furent pas graves ; il y en eut cependant ; le 22 prairial an IV (10 juin 1796), Harlaut, Commissaire du Directoire près l'Administration du département, écrivait « ...ici des assassinats se sont commis ; là, des vols ont été fréquemment renouvelés ; il n'est presqu'aucun point du département qui n'ait été le théâtre de quelques désordres dont les auteurs échappent à la vengeance des lois... Ailleurs, les prêtres réfractaires, déportés et rentrés, ou sujets à la déportation et à la réclusion, se sont montrés et se montrent encore audacieusement... dans certains endroits, ils trouvent des appuis au milieu même des autorités constituées... » (1). Les troubles étaient-ils aussi graves qu'Harlaut semble le dire? on n'a pas cette impression en lisant les journaux de l'époque ou en étudiant les comptes rendus fournis par les Commissaires près des Administrations municipales. Cependant, malgré cette tranquillité relative du département, la formation des colonnes mobiles fut rapidement effectuée ; les Commissaires près des Administrations municipales mirent beaucoup de zèle à réaliser une organisation qui leur donnait un moyen commode de réquisitionner la force publique ; enfin, l'arrêté avait singulièrement facilité la formation des colonnes en décidant que les Administrations désigneraient les citoyens

______

(1) *Circulaire de Harlaut, Commissaire du Directoire près l'Administration centrale du département.* L. 2985. A. D.

et les officiers ; dès lors, il n'était même plus besoin que la garde nationale fût organisée complètement par canton, il suffisait de choisir les hommes sur les listes remises par les agents des communes et les officiers parmi ceux élus par les communes qui avaient formé leurs compagnies. Aussi, dès messidor an IV, la colonne mobile du canton de Nancy (intra-muros), trois compagnies, sous le commandement de Jobart, était organisée (1) ; elle était formée également pour la fin de messidor à Lunéville (2), et à Toul (3) ; elle l'était aussi dans le canton de Nancy (extra-muros), sous les ordres de Coliny, l'ancien major de la garde nationale de Nancy, retiré à Malzéville, comme « général provisoire » (4). Au commencement de l'an V, l'organisation était terminée dans tout le département (5).

Les populations avaient cependant témoigné quelque mauvaise humeur de cette nouvelle institution ; elles craignaient que ce fût un moyen déguisé pour constituer des éléments de garde nationale qu'on pût requérir facilement en cas de besoin pour un service à l'armée ; on se souvenait dans le département des levées en masse, opérées en 1793 et des gardes nationaux sans culottes envoyés à l'Armée du Rhin. Les faits vinrent précisément justifier ces craintes au moment même où les Administrations mettaient la dernière main à la formation des colonnes mobiles. En effet, le 30 fructidor an IV (6 septembre 1796), le Général Moulin, commandant la 5ᵉ division, à Strasbourg, écrivait au Général commandant la 4ᵉ Division à Nancy que l'armée ayant reçu l'ordre de se porter vers le Danube, il avait besoin pour « ...couvrir ses derrières... mettre Landau en sûreté... de 1.800 hommes de colonne mobile... », ils devaient être dirigés en hâte sur Haguenau « ...pour faire le service de la rive gauche et dans les places du Rhin... ». Le général Gillot, commandant la division, requit aussitôt 1.000 hommes des colonnes mobiles de la Meurthe ; le jour même, l'Administration centrale du département arrêtait la

(1) *P.-V. de l'Administration municipale*, 6 messidor an IV (24 juin 1796). A. M.
(2) *P.-V. de l'Administration municipale*, 3 messidor an IV (21 juin 1796). A. M. Lunéville.
(3) *P.-V. de l'Administration municipale*, 18 messidor an IV (6 juillet 1796). Cette colonne comprend 2 compagnies. D. 4. A. M. Toul.
(4) *Tableau de la colonne mobile*, 29 messidor an IV (17 juillet 1796). L. 2936. A. D.
(5) *Compte de gestion de l'Administration du département*, 15 floréal an V (4 mai 1797). L. 92. A. D.

répartition entre les cantons, prescrivant de choisir les volontaires d'abord, puis les hommes non mariés, enfin les hommes mariés de la 1re réquisition. Visiblement, elle avait pris l'arrêté fort à contre-cœur ; aussi, le lendemain, elle s'empressait de le rapporter et d'écrire à Paris pour soumettre la question au Directoire, seul corps légalement qualifié, avait fait remarquer un membre, pour autoriser l'emploi de la force publique hors du département.

Quelques jours plus tard, le Ministre de la guerre répondait « ...le Directoire pense comme vous qu'une pareille réquisition est contraire à la véritable institution des colonnes mobiles, qu'elles ne doivent se mouvoir que dans l'étendue de leurs cantons respectifs et que c'est pour cela qu'on y a admis indistinctement des célibataires et des pères de famille. La réquisition qui vous a été faite n'est point susceptible... d'être mise à exécution... J'écris au Général Moulin et je le charge de pourvoir à la sûreté de la frontière avec les troupes qui lui restent sans recourir à des mesures que le Directoire ne pourrait autoriser que dans les dangers les plus imminents... » (1).

L'occasion était excellente pour rassurer les populations; on décida donc d'afficher la lettre du Ministre de la guerre dans les communes (2). Malheureusement, au moment même où l'administration s'efforçait d'apaiser les craintes des citoyens, une nouvelle alerte allait encore jeter la défaveur sur les colonnes mobiles; le 14 vendémiaire an V (5 octobre 1796), en effet, le Général Gillot, commandant la division de Nancy, recevait une lettre des plus alarmantes du Général Frimont, commandant à Phalsbourg. Cet officier général annonçait l'entrée de l'ennemi en Alsace. « ...Je suis prévenu qu'il est à Bouxviller, Ingwiller... qu'il se dirige par les gorges de Lichtenberg, Petite Pierre, Bitche... l'on m'assure aussi que Lauterbourg, Haguenau, Wissembourg sont déjà en leur pouvoir ». Frimont rendait compte ensuite qu'il avait déjà requis la colonne mobile et la garde nationale du canton de Phalsbourg, qu'il allait faire refluer sur Nancy 250 prisonniers de guerre et il ajoutait « ...Veuillez, je vous prie, venir à mon secours en envoyant de suite des forces mobiles pour défendre ce point important... » Bien que les craintes du Général Frimont lui parus-

(1) *P.-V. de l'Administration du département*, 30 fructidor an IV (16 septembre 1796). L. 90. A. D.
(2) *P.-V. de l'Administration centrale du département*, 2 vendémiaire an V (13 septembre 1796) L. 91. A. D.

sent fort exagérées, l'Administration du département ne crut pas pouvoir se refuser à la réquisition sous réserve que le contingent fourni par la Meurthe ne sortirait pas du département.

Dès le 14, elle prit donc un arrêté, réquisitionnant 3.000 gardes nationaux dont elle fixa la répartition entre les cantons ; heureusement, il ne fut pas nécessaire de passer à l'exécution de ces mesures. Le 16, en effet, l'Administration était avertie par la municipalité de Phalsbourg que les nouvelles envoyées par le Général Frimont étaient dénuées de tout fondement ; seuls, quelques hussards autrichiens étaient entrés dans Wissembourg d'où ils s'étaient retirés presque immédiatement après avoir requis une petite somme ; l'émoi n'en avait pas moins été très vif dans tout le département (1).

Mais, si les citoyens, fâcheusement impressionnés par ces réquisitions successives de colonnes mobiles, ne mettaient aucun enthousiasme à s'inscrire sur les listes d'inscription ou protestaient volontiers contre leur inscription d'office, l'Administration centrale du département agissait vigoureusement ; elle rappelait à l'ordre les Administrations municipales qui tardaient à adresser les tableaux de leur colonne, elle envoyait aux frais des municipalités récalcitrantes des Commissaires exécuter le travail en retard (2). Désormais, les états concernant les colonnes mobiles furent tenus à jour à peu près partout, le remplacement des officiers et des hommes normalement assuré jusqu'à la fin du Directoire (3).

L'organisation des colonnes mobiles fut donc facilement et rapidement réalisée, mais, malgré ses efforts, l'Administration centrale ne parvint jamais à se procurer les fusils nécessaires pour l'armement; elle en demanda vainement au Ministre de la police, au Général commandant la Division ; les armes étaient trop rares pour en donner à des gardes nationaux quand tous les soldats

(1) *P.-V. de l'Administration centrale du département,* 14 vendémiaire an V (5 octobre 1796). L. 91. A. D.

(2) *Compte de gestion de l'Administration centrale du département,* 15 floréal an V (4 mai 1797). L. 92. A. D.

(3) *P.-V. des Administrations municipales des cantons de Pont-à-Mousson.* L. 2985 ; *Amance.* L. 2769 ; *Custine.* L. 2806 ; *Frouard.* L. 2815 ; *Nancy, extra muros.* L. 2936. — *P.-V. de réorganisation à Lunéville,* 8 vendémiaire an VIII (30 septembre 1799). A cette date, la colonne mobile de Lunéville comprend 174 gardes nationaux dont l'âge varie de 16 à 20 ans. Seuls, les gradés « sont pris par ordre du tableau dans les compagnies de la garde nationale ». H. 32. A. M. Lunéville.

aux armées ne pouvaient en être pourvus. Comme il était impossible d'en acheter, un arrêté du Directoire du 8 ventôse an IV (27 février 1796), interdisant la vente ou l'achat des fusils de guerre, on dut se contenter de piques, de sabres, de quelques mauvais pistolets, de fusils de chasse et ceci n'encourageait guère le zèle des citoyens, compris dans les colonnes mobiles (1). Est-ce à cause de ce manque d'armes que les autorités employèrent peu les colonnes mobiles? Est-ce parce que la gendarmerie suffit, en général, avec l'aide des gardes nationaux des communes, pour assurer la recherche des déserteurs et maintenir la sécurité menacée par les brigands? Nous n'avons pu arriver à des conclusions précises à cet égard ; en l'an IV, on relève encore, en deux ou trois occasions, l'emploi de colonnes mobiles ; il n'y a plus aucune trace qu'elles aient été employées dans le département, de l'an V au début de l'an VIII.

Les gardes nationales des communes n'étaient évidemment pas mieux fournies en armes ; celles des villes ne l'étaient pas davantage. C'est cependant aux gardes nationales ordinaires qu'on continue à faire appel quand il s'agit d'aider à rétablir l'ordre et la sécurité, comme si le gouvernement n'avait jamais institué les colonnes mobiles.

Cette mission devait être relativement facile à exercer dans la Meurthe qui ne subit pas, pendant le Directoire, de troubles comparables à ceux éprouvés par d'autres parties de la France ; cependant, bien que la situation du département n'ait jamais été alarmante, on constate, dans certaines périodes, une recrudescence du brigandage ou de l'agitation religieuse, dans d'autres, une augmentation sensible du nombre des déserteurs et des conscrits réfractaires. Dans ces crises, les administrations s'efforcent de rendre quelque vie à la garde nationale ; elles y parviennent difficilement, faute de pouvoir appliquer aux gardes nationaux insuffisamment zélés des sanctions efficaces. Il s'en faut cependant que la gendarmerie soit suffisante, au début du Directoire, pour assurer l'ordre et la police dans le département ; elle est peu nom-

---

(1) P.-V. de l'Administration municipale, 29 pluviôse an IV (18 février 1796), A. M. — Lettre de l'Administration municipale au Général commandant la Division, 7 thermidor an IV (25 juillet 1796). H. 32. A. M. Lunéville. — P.-V. de l'Administration municipale d'Amance, 15 frimaire an V (5 décembre 1796). — Lettre de l'Administration du département, 13 thermidor an IV (31 juillet 1796). L. 2877. — P.-V. de l'Administration centrale, 18 frimaire an V (8 décembre 1796). L. 91. A. D.

breuse, mal payée, mal recrutée ; elle n'aura guère de valeur réelle qu'à partir de l'an VII.

C'est la garde nationale rurale qui est le plus souvent requise d'aider la gendarmerie et ceci se comprend puisque c'est à la campagne que se cachent les brigands, les déserteurs, les prêtres réfractaires ; les gardes nationales rurales reprennent donc, par périodes, sous le Directoire, une activité qu'elles ont perdue depuis 1793, alors que celles des villes tendent à devenir chaque jour plus insignifiantes. A Nancy, la garde nationale se borne à effectuer, de l'an IV à l'an VIII, un service de postes et de patrouilles qu'on a réduit le plus possible; elle l'assure d'ailleurs très mal et, malgré tous ses efforts, l'Administration municipale ne peut arriver à faire disparaître l'habitude du remplacement ; parfois des citoyens négligent même de se faire remplacer (1). La situation est identique à Toul (2) ; dans cette ville, en l'an l'an VI, lors d'une émeute contre le rétablissement des barrières, la garde nationale refuse de marcher contre les perturbateurs de l'ordre et il faut envoyer les dragons de Nancy protéger les employés terrorisés (3). En pluviôse an VII (février 1799), le Commissaire près l'Administration municipale du canton constate qu'à Toul « ... le service de la garde nationale est presque nul, à raison des remplacements pour le service, fait par des vieillards et des enfants... »; la sécurité est assurée par la brigade de gendarmerie, forte de un maréchal des logis et cinq gendarmes; la place n'a pour toute garnison que 50 hommes du 24° régiment de cavalerie, commandée par un lieutenant (4). A Nancy, en germinal et en prairial de la même année, le Commissaire près l'Administration du canton écrit que la sécurité dont jouit la ville est due à la gendarmerie seule « ... La garde nationale fait le service avec la plus grande insouciance, malgré les efforts faits par l'Administration municipale pour la stimuler et lui donner de l'activité... » et le Commissaire déplore cette situation qui empêche la gendar-

---

(1) *Lettre de Saulnier, Commissaire du Directoire près l'Administration municipale de Nancy à Puyproux, chef de brigade,*, 14 ventôse an IV, (23 février 1796). H. 3. A. M.

(2) *P.-V. de l'Administration municipale,* 29 frimaire an IV, (20 décembre 1795) 22-24 prairial an IV (10-12 juin 1796) 24-29 germinal an V (13-18 avril 1797), 4-9 floréal an VI (23-28 avril 1798). A. M.; 3 messidor an IV (21 juin 1796) D. 4. A. M. Toul

(3) *P.-V. de l'Administration municipale,* 14-16-17-18-21-23 messidor an VI (2 4-5-6-9-11 juillet 1798). D. 4. A. M. Toul.

(4) *Rapport du Commissaire près l'Administration du Canton,* 30 pluviose an VII (18 février 1799). L. 172. A. D.

meric de se consacrer activement à la recherche des déserteurs (1).

Au début de l'an VIII, le préfet, Marquis, écrit à Lallemand, maire de Nancy : « Le général divisionnaire vient de m'adresser des plaintes sur la négligence avec laquelle le service de la garde nationale se fait dans cette commune; les postes sont toujours incomplets et la plupart composés d'hommes ou d'enfants hors d'état de porter les armes. Les remplaçants, dont le seul état est de monter la garde, en montent souvent huit à dix jours de suite, ce qui les met dans l'impossibilité de passer les nuits aux corps de garde et réduit les postes à la seule sentinelle... », et le maire constate, dans un arrêté du 23 floréal, que la situation signalée par le préfet, n'est pas nouvelle à Nancy (2).

L'inactivité des gardes nationales urbaines a désormais pour excuse la sécurité constante que les dépôts de troupes de ligne et la gendarmerie maintiennent dans les villes; les conscrits réfractaires, les déserteurs, les brigands s'y seraient trouvés rapidement dénoncés et arrêtés; la situation était très différente dans les campagnes, où la gendarmerie, insuffisante à réprimer les désordres, devait appeler à son aide la garde nationale.

En l'an IV, au moment où les gardes nationales se réorganisent conformément à la loi de prairial, le département est tranquille; on ne relève pas de plaintes contre les brigands, sauf contre une bande établie aux environs de Lunéville; elle est dispersée facilement par la gendarmerie, aidée de la colonne mobile du canton. Les attentats qui se produisent sur d'autres points ne paraissent pas plus nombreux qu'en temps habituel (3). Par contre, il y a dans les campagnes beaucoup de conscrits réfractaires et de déserteurs dont la plupart sont du département. Les parents les cachent, les voisins ne les dénoncent pas, les agents municipaux, pour ne pas rendre intenable leur situation personnelle, ferment les yeux et l'Administration centrale se trouve à peu près impuissante; en vain, elle fait appel au patriotisme des gardes nationaux pour seconder la gendarmerie, à l'intérêt des pères de famille qui, s'ils n'arrêtent pas les réfractaires, verront peut-être

(1) *Rapport du Commissaire près l'Administration du canton de Nancy (intra muros)*, 30 prairial an VII (18 juin 1799). L. 172. A. D.

(2) *Lettre du préfet Marquis*, 18 floréal an VIII (8 mai 1800). — *Arrêté du maire de Nancy*, 23 floréal an VIII (13 mai 1800). H. 3. A. M.

(3) *Circulaire du Commissaire du Directoire près l'Administration centrale*, 22 prairial an IV (10 juin 1796). L. 2985 A. D. — *Lettre de l'Administration municipale au général commandant la 4ᵉ division*, 7 thermidor an IV (25 juillet 1796). H. 32. A. M. Lunéville.

leurs fils partir comme conscrits, ces exhortations ne produisent aucun effet. La gendarmerie, à cette époque, manque totalement de zèle; d'ailleurs, dès qu'elle veut jouer son rôle, elle se heurte à une population liguée contre elle; son arrivée est signalée de loin, les conscrits gagnent les bois et reviennent tranquillement après le départ des gendarmes. Avec la connivence des agents municipaux et des municipalités cantonales, les officiers de santé délivrent aux réfractaires des certificats de maladie qui se paient un ou deux louis; des réfractaires, des déserteurs, se marient dans leurs villages (1). A Laxou, petite commune, on compte 18 réfractaires (2) et la gendarmerie en arrête autant à Xirocourt (3). Des jeunes gens prétendent avoir perdu leur feuille de route pour rejoindre leur corps; ils s'en font alors délivrer une nouvelle par un agent municipal, mais pour une armée tout autre que celle où ils ont été affectés primitivement; ils ont ainsi un excellent prétexte pour justifier leur présence partout ailleurs qu'à leur unité (4). Le Commissaire du Directoire près l'Administration du département, Harlaut, a cependant fait tous ses efforts pour remédier à cette situation. Le 16 vendémiaire an V (7 octobre 1796), il rappelle encore les fonctionnaires à leur devoir, il met en état de réquisition la garde nationale « et particulièrement les colonnes mobiles... pour prêter main-forte à la gendarmerie... contre les déserteurs et les fuyards de la première réquisition... » (5), mais il ne fonde pas grand espoir sur ces mesures. Le 23 vendémiaire an V (14 octobre 1796), écrivant au Ministre de la police, il déclare avoir fort peu de confiance dans la gendarmerie « qui souvent, par intérêt, transige avec son devoir... », il n'a plus de

(1) *Arrêté du Commissaire près l'Administration centrale du département*, 16 vendémiaire an V (7 octobre 1796) L. 2878. — *Circulaire du même 3 floréal an IV (22 avril 1796)* L. 2877. A. D. — *Nombreuses pièces relatives à des dénonciations contre les conscrits réfractaires, nombreuses lettres des Commissaires et des Administrations municipales des cantons au Ministre de la police. — Lettres de ce Ministre sur ce même sujet, de thermidor an IV (19 juillet 1796) à fructidor an IV (septembre 1796).* F' 7155 A. A. N.

(2) *Le Commissaire près l'Administration centrale du département à celui du canton de Nancy (extra-muros)*, 23 vendémiaire an V (14 octobre 1796). L. 2878. A. D.

(3) *Pièces du dossier de la Meurthe.* Thermidor an IV (19 juillet 1796) F' 7155. A. AN.

(4) *Lettre circulaire du Ministre de la guerre*, 25 pluviôse an IV (14 février 1796) — *P. V. de l'Administration centrale du département*, 16 ventôse an IV (22 février 1796). L. 88. A. D.

(5) *Arrêté de Harlaut*, 16 vendémiaire an V (7 octobre 1796). F' 7155 A. AN.

troupes de ligne, il se déclare donc complètement désarmé car il ne peut compter ni sur les agents municipaux, ni sur la garde nationale, ni sur les colonnes mobiles « … composées en grande partie de citoyens intéressés à recéler les enfants, parents ou amis ou cherchant à ne pas se désobliger réciproquement… »(1). Effectivement, non seulement en l'an IV, mais pendant toute la période du Directoire, on n'obtient aucun résultat de l'emploi de la garde nationale contre les réfractaires ou les déserteurs; seule, la gendarmerie rendit des services pour cette recherche.

Au commencement de l'an V, le nombre des réfractaires semble avoir diminué, mais par contre les déserteurs augmentent à la suite des revers éprouvés par l'armée de Moreau, battue et rejetée sur le Rhin; ils traversent le département en troupes armées, contre lesquelles la gendarmerie n'ose pas sévir. A la même époque, le brigandage jette la terreur dans les campagnes. A partir de brumaire, par crainte d'une bande de chauffeurs que l'on n'arrive pas à arrêter, il faut faire garder la diligence de Paris à Strasbourg pendant toute la traversée du département; quatre gendarmes accompagnent la voiture et l'on échelonne sur la route, les jours d'arrivée, des postes de cinq à six hommes, fournis par la garde nationale. Le commandant de la gendarmerie du département a la surveillance de ce service (2). Les chauffeurs n'opèrent pas seulement sur la grande route « … des brigands, armés et masqués, parcourent les campagnes, s'introduisent avec audace et à force ouverte dans l'asile des citoyens, pillent leurs propriétés… les routes sont devenues le domaine des brigands qui les infestent et dépouillent les voyageurs »(3) ; en frimaire, la ferme de Bonneval est complètement mise à sac par une bande de quinze brigands.

Devant cette recrudescence du brigandage, il devenait indispensable de prendre des mesures plus efficaces que celles décrétées en l'an IV; l'Administration centrale prescrivit donc qu'il serait organisé dans chaque commune un service de garde et de patrouille de cinq heures du soir à six heures du matin; les gar-

---

(1) *Lettre de Harlaut au Ministre de la police*, 23 vendémiaire an V (14 octobre 1796). F⁷ 7155 A. AN.

(2) *P.-V. de l'Administration du département*, 6-19 frimaire an V (26 novembre, 9 décembre 1796), 21 brumaire an V (11 novembre 1796) L. 91. A. D. — *P.-V. de l'Administration municipale*, 21 brumaire an V (11 novembre 1796). A. M.

(3) *Circulaire de l'Administration du département*, 6 frimaire an V (26 novembre 1796). L. 91. A. D.

des nationaux des communes voisines des grandes routes veille
raient à la sécurité des voyageurs; ceux qui refuseraient de concourir à ce service seraient soumis à la taxe de remplacement;
les communes qui ne l'organiseraient pas seraient pécuniaire-
ment responsables des délits commis sur leur territoire et contraintes de payer des dommages-intérêts aux citoyens lésés (1).
L'organisation des patrouilles nocturnes fut effectivement réalisée
dans un certain nombre de communes rurales et surtout dans
celles traversées par des grandes routes; partout ailleurs les
prescriptions de l'Administration centrale n'eurent aucun effet
réel par suite du manque de bonne volonté des habitants. Les
Administrations municipales prononcèrent en vain les amendes
prévues; la pénalité était tout à fait inefficace (2); aussi, même
dans les communes où il fut exécuté, le service dura très peu. A
la fin de l'an V, le Commissaire près l'Administration centrale du
département, constatant l'inutilité des mesures prises pour obtenir quelque service des gardes nationales, écrivait : « Il est impossible de compter pour le maintien de la police générale et champêtre sur le concours de la garde nationale dans les communes
rurales puisqu'on ne peut en obtenir aucun service... excepté dans
une ou deux communes principales, elle n'est point en activité et
les efforts pour l'y établir ont été vains ou n'ont eu de succès
qu'un moment... » (3).

Or, précisément, en ce début de l'an VI, l'agitation qui reprend
dans toute la France provoque des inquiétudes assez sérieuses
dans la Meurthe. Le mouvement royaliste reste superficiel et sans
effets; l'effervescence, causée par les prêtres réfractaires, est plus
grave, surtout dans la partie est du département, parmi les populations des cantons de Phalsbourg, Sarrebourg, Château-Salins;
mais surtout le brigandage s'accroît encore et l'insécurité devient

(1) *Arrêtés* des 6 et 19 frimaire an V (26 novembre et 9 décembre 1796).
L. 91. A. D.

(2) Les amendes se payaient-elles en papier ou en numéraire ? Nous
n'avons pu répondre à cette question ; on peut croire qu'à Nancy tout au
moins, elles se payaient en numéraire. Une lettre de Saulnier, Commissaire
du Directoire près l'Administration municipale fixe en effet la taxe de
remplacement « à 20 sols, valeur métallique, payables de cette manière,
ou en assignats au cours légal » 14 ventôse an IV (23 février 1796). II. 3.
A. M. En ventôse an IV, 100 francs en assignats valent 0 fr. 68. *P. V. de
l'Administration centrale du département*, 11-12-13 thermidor an V (29-30-
31 juillet 1797). L. 92. A. D.

(3) *État de la situation du département*, 21 vendémiaire, 21 frimaire
an VI (12 octobre, 11 décembre 1797). L. 173. A. D.

indéniable. « Depuis quelque temps des compagnies organisées de chauffeurs se signalent par des excès dans le département... » (1). Le 24 brumaire an VI (14 novembre 1797), à Coincourt, pendant la nuit, des brigands enfoncent la porte d'une maison, ligottent deux femmes et deux domestiques qu'ils surprennent dans les chambres, puis se mettent tranquillement à opérer un pillage en règle. Aux cris des victimes, on sonne le tocsin, les habitants accourent mais terrorisés « ... ils se contentent d'être témoins de la sortie paisible des brigands emportant leur butin... » On voulut du moins faire un exemple; l'Administration centrale suspendit l'agent de la commune et le village fut condamné au paiement de dommages-intérêts aux deux femmes dont la maison avait été pillée (2). En germinal, le tribunal correctionel de la Meurthe condamne à la peine de mort « quatre chauffeurs dont les crimes atroces répugnent à être cités... »; mais on laisse échapper de la prison de la Porte de la citadelle, cinq de leurs complices, dont trois venaient d'être condamnés à 16 ans de fer, un à 10 ans et le dernier à 4 ans de détention (3); le 21 floréal (9 mai 1798), on guillotine à Nancy quatre autres chauffeurs, dont deux soldats (4); en thermidor, époque où le brigandage est cependant en décroissance, la gendarmerie arrête encore « 41 déserteurs, un prévenu d'assassinat, un de viol, un de faux, un chef de bande de chauffeurs et trois voleurs... ». (5).

Devant cette recrudescence du brigandage, l'Administration du département ne pouvait que constater son impuissance à donner quelque activité à la garde nationale; elle rappelait les Administrations municipales à l'observation de son arrêté de frimaire an V sur les patrouilles nocturnes, mais elle ne se leurrait pas sur les effets de son admonestation. Le Ministre de la police ne déplorait pas moins une situation d'ailleurs beaucoup plus grave dans d'autres parties de la France; il gémissait de voir « l'audace des brigands à son comble, les fonds enlevés, les correspondances pillées, les routes peu sûres... » (6), mais il n'indiquait aucun

<hr>

(1) *État de la situation du département et P.-V. de l'Administration du département*, 7 ventôse an VI (25 février 1798). L. 94. A. D.

(2) *P.-V. de l'Administration du département*, 8 nivôse an VI (28 décembre 1797). L. 93. A. D.

(3) *Patriote de la Meurthe*, 20 germinal an VI (9 avril 1798). B. M.

(4) *Journal moral et politique de Nancy*, 23 floréal an VI (12 mai 1798). B. M.

(5) *Journal moral et politique de Nancy*, 20 fructidor an VI (6 septembre 1798). B. M.

(6) *Circulaire du Ministre de la police*, 13 frimaire an VI (3 décembre 1797). L. 2878. A. D.

remède efficace à cet état de choses. Heureusement, une mesure énergique, prise par le Directoire en nivôse an VI, vient donner aux autorités le moyen de forcer les gardes nationales à sortir de leur passivité; aux termes de l'arrêté du 26 nivôse (15 janvier 1798), le Directoire « ... informé que dans plusieurs départements, le service de la garde nationale est sans activité... » déclare indispensable de réagir énergiquement contre ce laisser-aller qui a permis le développement du brigandage. En conséquence « ... partout où la sécurité est menacée ou par des brigands ou par d'autres causes, les Administrations municipales dans les communes au-dessus de 100.000 habitants, les Administrations centrales dans les autres devront mettre la garde nationale en état de réquisition permanente; les citoyens qui refuseront le service seront traduits au tribunal correctionnel pour être condamnés à un emprisonnement de trois jours au minimum... Les commissaires près les tribunaux correctionnels devront interjeter appel si le délinquant est acquitté indûment pour refus de service personnel ou refus de remplacement... » (1). Des instructions énergiques appuyèrent ces prescriptions; le Ministre de la police écrivait aux administrations « ... Vous trouverez dans ces dispositions les moyens suffisants pour vaincre les difficultés que vous avez rencontrées dans plusieurs communes de votre département pour la mise en activité de la garde nationale... » (2) Dès lors, le 7 ventôse (25 février 1798), l'Administration centrale met en état de réquisition permanente les gardes nationales des cantons de Walscheid, Bourdonnay, celles des communes de Château-Salins, Haroué, Domèvre; le 8 prairial (27 mai), celles des cantons de Pont-à-Mousson, Toul, Blâmont, Sarrebourg, Phalsbourg, Dieuze, Vic, Château-Salins, Saint-Nicolas; elle recommande d'agir rigoureusement contre « les chauffeurs, les déserteurs, les prêtres réfractaires » (3).

Ces mesures ont un effet certain; désormais, dans les communes où la garde nationale est en réquisition permanente, les patrouilles de nuit s'exécutent; les Administrations municipales, énergiquement stimulées par le Commissaire du Directoire près

<hr>

(1) Arrêté du Directoire exécutif, 26 nivôse an VI (15 janvier 1798).

(2) *Circulaire du Ministre de la police*, 9 pluviôse an VI (28 janvier 1798) L. 2878. A. D.

(3) *P.-V. de l'Administration du département*, 11 nivôse an VI (31 décembre 1797), 7 ventôse an VI (25 février 1798), 8 prairial an VI (27 mai 1798) L. 93, 94. A. D.

l'Administration du département, sévissent contre les gardes nationaux qui refusent de marcher et les font condamner non plus à une amende dérisoire, mais à la prison; le service reprend et s'exécute avec régularité; on le fournit, même dans certains cantons, où la garde nationale n'est pas en état de réquisition permanente (1). Les administrations emploient leurs gardes nationales contre les prêtres réfractaires et les émigrés; des visites domiciliaires sont effectuées par la gendarmerie, appuyée de détachements de gardes nationaux. Généralement, ces opérations de police donnèrent peu de résultats, non par faute de zèle de la force publique, mais parce que le département contenait extrêmement peu de prêtres réfractaires et d'émigrés, sauf peut-être dans les cantons de l'est (2). Aussi, à la fin de l'an VI, le Commissaire du Directoire près l'Administration du département pouvait écrire « ... La police générale est très active dans cet arrondissement depuis que... j'ai provoqué des mesures adoptées par l'Administration centrale, du 8 prairial dernier. Quoique dans quelques communes des campagnes, on ait de la peine à faire marcher le service de la garde nationale et à faire faire les patrouilles de nuit, il est néanmoins constant que ces dispositions, étant exécutées assez généralement, que les gardes nationales des communes, placées sur les principaux points, étant en réquisition permanente, la surveillance sur les voyageurs et les auberges... étant sévère presque partout, des émigrés, des déportés rentrés, des déserteurs et des brigands parcourraient aujourd'hui difficilement une partie de ce département sans être arrêtés. Déjà plusieurs déserteurs et voleurs ont été saisis par l'effet de ces mesures et l'on entend infiniment moins qu'il y a quelque temps parler de vols, d'assassinats. Je tiendrai la main à ce que cet état de choses soit maintenu... » (3).

Effectivement, le département continue à être tranquille au

(1) *P.-V. des Administrations municipales des cantons de Belleau*, 19 nivôse an VI (8 janvier 1798), L. 2800. — *Laneuville-aux-bois*, 21 nivôse an VI (10 janvier 1798), L. 2854 bis. — *Amance*, 19-29 prairial an VI (7-17 juin 1798), 9 thermidor an VI (27 juillet 1798) L. 2769, etc. A. D. — *Journal moral et politique de Nancy*, 25 prairial an VI (13 juin 1798). B. M.

(2) *Arrêté de l'Administration du département sur les visites domiciliaire*, 23 messidor an VI (11 juillet 1798) L. 95. — *P.-V. des Administrations municipales des cantons de Custine*, 28 messidor an VI (16 juillet 1798) L. 2806. — *Amance*, 29 messidor an VI (17 juillet 1798), 9 thermidor (27 juillet 1798) L. 2769. A. D.

(3) *État de situation*, 1er vendémiaire an VII (22 septembre 1798), F7 7436. A. N.

début de l'an VII et l'approche de l'hiver n'est pas marquée comme le fait s'est produit jusqu'alors par une recrudescence du brigandage, la garde nationale des communes, placées en réquisition permanente, fournit toujours son service de patrouille, la gendarmerie, sous les ordres d'un officier intelligent et actif, le capitaine Marchis, rend maintenant de bons services; toutes les administrations sont unanimes à le constater (1). Rien ne viendrait donc troubler pendant l'hiver la tranquillité du département si une reprise générale du culte catholique n'amenait dans certains endroits une très vive agitation religieuse. L'Administration centrale est obligée de suspendre de nombreux agents municipaux qui ne montrent aucun zèle pour faire observer les lois relatives aux décadis ou tolèrent les manifestations catholiques (2). Des hommes, compromis pendant la Terreur, sont l'objet de sévices; en frimaire, on assassine à Blénod un ancien agent national, Lacroix, particulièrement détesté pour le rôle qu'il a joué en l'an II et les circonstances du meurtre prouvent qu'il s'agit bien d'une vengeance politique; on arrête cinq prévenus dont quatre habitants de Blénod sur qui pèsent les charges les plus lourdes; le jury acquitte les citoyens de Blénod et condamne sévèrement le cinquième prévenu qui, si l'on en croit le Commissaire du Directoire près l'Administration du département, est certainement le moins compromis (3). Toutefois, l'agitation religieuse et royaliste ne compromet pas la tranquillité matérielle; le brigandage a sensiblement diminué; en frimaire, on guillotine encore à Nancy deux chauffeurs, mais la gendarmerie arrête seulement cinq vagabonds, six voleurs et un prévenu d'assassinat (4); elle agit vigoureusement contre les déserteurs, dont 145 sont repris en frimaire, 68 en nivôse (5). Cependant, par précaution, l'Administration centrale conserve, en état de réquisition, les gardes nationales des cantons

(1) *État de situation*, 1ᵉʳ frimaire an VII (21 novembre 1798), F⁷ 7436, A. N.

(2) *État de situation*, 1ᵉʳ thermidor an VI (19 juillet 1798), 1ᵉʳ fructidor an VI (18 août 1798), 1ᵉʳ brumaire an VII (22 octobre 1798), 1ᵉʳ germinal an VII (21 mars 1799), F⁷ 7436, A. N. — *Journal moral et politique de Nancy*, 15 messidor an VI (3 juillet 1798), 21-29 messidor an VI (9-17 juillet 1798), 10 thermidor an VI (28 juillet 1798), B. M.

(3) *État de situation du département*, 1ᵉʳ pluviôse an VII (20 janvier 1799), F⁷ 7436, A. N. — P.-V. de l'Administration du département, 1ᵉʳ nivôse an VII (21 décembre 1798), 1ᵉʳ pluviôse an VII (20 janvier 1799) L. 173, A. D.

(4) *Journal de la Meurthe*, 22 frimaire an VII (12 décembre 1798), B. M.

(5) *Journal de la Meurthe*, 18 pluviôse an VII (6 février 1799), B. M.

situés à proximité des grandes routes; elle maintient pour toutes les communes l'obligation des patrouilles nocturnes (1).

La plupart des villages acceptent d'ailleurs assez volontiers d'organiser un service de sécurité pendant tout l'hiver de l'an VII; on a installé, dans beaucoup de localités,, des corps de garde chauffés et éclairés, qu'occupe chaque nuit un poste d'effectif variable suivant l'importance de la garde nationale; il est plus difficile d'affirmer que les patrouilles se font très exactement : des Commissaires du Directoire dans les cantons constatent que les citoyens éprouvent beaucoup de répugnance à s'éloigner des villages pendant la nuit, sous prétexte qu'ils n'ont pas de fusils. L'organisation, toute rudimentaire qu'elle soit, rend incontestablement des services; le plus sérieux est certainement d'écarter les malfaiteurs et les déserteurs des lieux habités où ils seraient arrêtés ou tout au moins signalés. De ce fait aussi, la gendarmerie voit sa tâche facilitée; on constate même qu'à cette époque, elle peut, à différentes reprises, se faire appuyer par des détachements de garde nationale pour la recherche des déserteurs. Enfin, les gardes nationales rurales assument aussi la corvée de mener, de gîte d'étape en gîte d'étape, les prisonniers de guerre (2).

En l'an VII, cet état satisfaisant se maintient (3) : il y a peu de réfractaires; les levées de conscrits s'exécutent sans aucune difficulté; toutefois, à partir du mois de floréal, avec les premiers revers de l'armée de Masséna en Suisse, à nouveau des déserteurs commencent à refluer sur le département; dans le mois, la gendarmerie en arrête 130, dont 22 seulement de la Meurthe « ... ils passent fréquemment par bandes de 20 hommes presque tous armés... marchent de nuit... à travers bois... le jour, ils se tien-

(1) *Comptes-rendus des Commissaires des cantons du département pour l'an VII.* L. 172. A. D.

(2) *Comptes-rendus des Commissaires des cantons du département pour l'an VII.* L. 172. A. D.

(3) Aussi, pour l'an VII, les mesures prises à l'égard des gardes nationales par le Directoire, le Ministre de la police, celui de la guerre, et l'Administration du département sont peu importantes; signalons cependant : 1° Un arrêté du Directoire du 21 floréal an VII (18 mai 1799), relatif au traitement des gardes nationales mises en réquisition. 2°. Un arrêté du 13 floréal an VII (2 mai 1799), réunissant en un seul document, toutes les dispositions relatives aux rapports de l'autorité civile avec la force publique. 3° Une circulaire du Ministre de la guerre du 23 floréal an VII (27 mai 1799), faisant envoi de l'arrêté du 23 floréal (L. 2985. A. D.). 4°. Une circulaire du Ministre de la police, 14 floréal an VII (3 mai 1799), faisant envoi de l'arrêté du 13 floréal (L. 2879. A. D.). 5°. Arrêté du Directoire, 15 messidor an VII (3 juillet 1799) autorisant les Administrations départementales à faire passer dans les départements voisins, jusqu'au gîte d'étape le plus proche, les gardes nationales qui emmènent des prisonniers.

nent cachés dans les bois... ils demandent des vivres dans les communes et souvent même en payant... beaucoup ont été présumés ci-devant Bretons... d'autres de la commune de Paris... » (1). Un service de répression fut organisé par la gendarmerie, aidée par les quelques hommes de troupe qui se trouvaient encore dans les dépôts; il ne fut fait aucun emploi sérieux ni des colonnes mobiles, ni de la garde nationale. Tout récemment cependant le gouvernement avait exposé que la garde nationale existait « sous deux rapports distincts, comme force privée et propre à chaque commune, comme force publique et constituée... » (2); dans le département, on ne l'utilisait depuis longtemps que sous la première forme, la seule, d'ailleurs sous laquelle elle existât encore. Si les revers qui marquent la reprise des hostilités en l'an VII avaient continué et si le territoire avait été envahi, la garde nationale désorganisée, désarmée, non exercée, eût été incapable d'un service quelconque. Le Ministre de la police ne pouvait tromper personne quand il écrivait, en messidor, aux Administrations du département « ... dans les circonstances actuelles... excitez le zèle de la garde nationale et rappelez-lui qu'elle est l'armée d'observation de la République et le second rempart de la Patrie... » (3). Dès le printemps de l'an VII, avec la reprise des travaux des champs, les gardes nationales rurales ont cessé tout service. Comme le pays est tranquille, que la gendarmerie suffit maintenant à la sécurité, que les administrations ont des soucis plus pressants, notamment celui des levées de conscrits et des réquisitions de subsistances pour l'Armée du Rhin, elles ne font aucun effort pour maintenir quelque activité dans les gardes nationales (4).

A ce même moment, au printemps de l'an VII, les administrations cessent également les efforts qu'elles ont faits jusqu'alors pour obtenir l'assistance de la garde aux fêtes nationales d'abord,

(1) *Etat de la situation du département au 1er prairial an VII* (20 mai 1799), *1er thermidor an VII* (19 juillet 1799). F7 7450. A. N.

(2) Arrêté du Directoire, 13 floréal an VII (2 mai 1799).

(3) *Circulaire du Ministre de la Police*, 19 messidor an VII (7 juillet 1799). — *P.-V. de l'Administration du département*, 29 messidor an VII (17 juillet 1799). L. 2879. A. D.

(4) *Etat de situation du département au 1er vendémiaire an VIII* (23 septembre 1799) 1er brumaire an VIII (23 octobre 1799) *Lettres de Saulnier, Commissaire du Directoire près l'Administration du département au Ministre de la police*, 15 brumaire an VIII (5 novembre 1799), 22 frimaire an VIII (13 décembre 1799). F7 7450. A. N.

aux fêtes décadaires ensuite. Tant que l'obligation de paraître aux
fêtes n'a pas été stricte, en l'an IV, en l'an V, les Administrations
de cantons se contentent de déplorer le peu d'enthousiasme mis
par la garde nationale à se rendre à ces cérémonies. Une des Administrations, animée du meilleur esprit, celle d'Amance, qui s'efforce d'attirer la garde nationale, qui organise pour elle des jeux
et des courses dotés de prix, est obligée de constater combien sont
décourageants les résultats obtenus. Le 10 prairial an V (29 mai
1797), à la fête de la reconnaissance et des victoires, sur les 6.000
individus du canton « ... il n'y avait pas 100 personnes présen-
tes... » le 10 messidor (28 juin 1797), à la fête de l'agriculture,
« il ne s'y est trouvé avec l'Administration que 4 ou 5 personnes... » : le 26 messidor (14 juillet 1797), seuls assistaient à la
cérémonie « le président de l'Administration, l'agent d'Amance et
le commissaire du Directoire... pour ces raisons la fête n'a pas été
célébrée... » (1). A partir de l'an VI, quand le gouvernement
essaie de substituer peu à peu l'observation du décadi à celle du
dimanche, oblige à chômer le décadi, institue les fêtes décadaires (2), les Administrations témoignent de la meilleure bonne
volonté pour obtenir que les populations acceptent un changement si total cependant dans leurs habitudes; elles s'efforcent
de faire assister régulièrement la garde nationale à la célébration
des fêtes; elles lui en facilitent les moyens en convoquant de
simples détachements, une escouade de chaque compagnie par
exemple, aux cérémonies. Ces efforts restent vains; les gardes
nationaux marquent peu d'empressement pour se rendre aux
fêtes décadaires et les amendes, prononcées par les Administrations sur la plainte des officiers, restent absolument inefficaces.
D'ailleurs les Administrations municipales elles-mêmes paraissent avoir eu peu d'illusion sur la possibilité d'introduire dans les
mœurs lorraines la pratique du culte décadaire. Cependant, à

<hr>

(1) *P.-V. de l'Administration du département*, 1er pluviôse an IV (21 jan-
vier 1796), 2 pluviôse an V (21 janvier 1797). L. 88, 91. — *P.-V. des
Administrations municipales des cantons d'Amance*, L. 2769. — *Custine*,
L. 2805. A. D.

(2) Aulard. *Histoire politique*. op. cit. p. 666. — *Arrêté du Directoire
pour l'exécution du calendrier républicain*. 14 germinal an VI (3 avril
1798). — *Loi ordonnant le repos les jours des fêtes décadaires*, 17 thermidor
an VI (4 avril 1798). — *Loi relative à la célébration du décadi*, 13 fructidor an VI (30 août 1798). — *Circulaire du Ministre de l'intérieur*, 29
brumaire an VI (19 novembre 1797). — *Circulaire du Ministre de la police
aux Administrations centrales et municipales*, 26 frimaire an VII (16 décembre 1798). L. 2879. A. D.

l'hiver et au printemps de l'an VII, après le vote des lois de thermidor et fructidor an VI, l'observation du décadi devient un peu plus stricte. Désormais, dans certains cantons, les Administrations municipales mettent en activité le jour du décadi la garde nationale et la chargent de faire observer le chômage dans les communes; on confère aux gradés le droit de dresser procès-verbal aux citoyens qui travailleront. Il est essentiel de remarquer toutefois que cette assiduité plus stricte de la garde aux fêtes décadaires se produit précisément au moment où le service des gardes et des patrouilles fonctionne régulièrement, sous peine de prison, pour les récalcitrants; le refus d'assister à la fête du décadi entraînerait la même punition; on s'explique dès lors l'obéissance des gardes nationaux. Elle décroît d'ailleurs très vite et elle cesse complètement à l'époque même où la reprise des travaux des champs fait disparaître les gardes et les patrouilles (1).

Ainsi, à la fin de l'an VII, au moment où se termine la période directoriale, la garde nationale ne participe pas aux cérémonies ; elle ne fait plus aucun service de police et de gendarmerie, elle a perdu toute activité ; ce n'est plus, cette fois, un des accidents accoutumés de son histoire, marquée jusqu'alors de phases de réorganisation plus ou moins accentuées, après des crises où elle semblait disparaître; il ne s'agit plus d'une éclipse momentanée; la garde nationale révolutionnaire a vécu et si l'institution retrouve quelque vie à partir de 1805, elle n'aura plus jamais l'ampleur et l'importance qu'elle a eues à des degrés divers de 1789 à 1799 (2).

L'évolution qui aboutit à ce terme a commencé sous la Convention où déjà nous avons vu les citoyens abandonner le service dans les campagnes, s'efforcer de l'esquiver dans les villes. Dès cette époque, et surtout après le 9 thermidor, les populations estiment assurées les conquêtes de la Révolution; elles ne redoutent plus l'ennemi extérieur, contenu par les puissantes armées, sorties

(1) P. V. pour l'an VI et l'an VII des cantons de Belleau, L. 2801 ; Frouard, L. 2814 ; Amance, L. 2879 ; Nancy extra-muros, L. 2936 ; Custine, L. 2806 ; etc. Compte-rendu de l'Administration du canton d'Amance, 30 pluviôse an VII (18 février 1799). L. 2775 et nombreux compte-rendus des Commissaires près les Administrations municipales pour l'an VII, L. 172. A. D. — Journal de la Meurthe, nivôse et pluviôse an VII. B. M.

(2) Cf. Lévy-Schneider. Napoléon et la garde nationale (Révolution française. T. 55. 1908, p. 530). Il faut d'ailleurs avouer que l'on ne sait à peu près rien sur l'organisation et sur l'état réel de la garde nationale pendant l'empire.

de la nation. En Lorraine, l'organisation plus stricte de la gendarmerie, la présence des dépôts de corps de troupe qui tiennent garnison dans la région, donnent des assurances positives de sécurité. La garde nationale n'apparaît donc plus d'une utilité aussi immédiate, eu égard aux lourdes charges qu'elle impose. Pendant le Directoire, quand la tranquillité intérieure est sérieusement troublée, les populations, et surtout les populations rurales, plus directement menacées, consentent à rendre quelque vie à la garde nationale sur l'injonction des autorités; en tout autre temps, elles ne font le service que contraintes et forcées sous la seule peur de la prison.

Le gouvernement évolue dans un sens parallèle; à mesure qu'il s'organise, qu'il dispose de moyens plus puissants et plus commodes pour se maintenir contre les opposants de l'intérieur et protéger le pays à l'extérieur, police, gendarmerie, armée, il préfère ne plus avoir à compter avec la garde nationale; à partir de prairial an III, toutes les lois, tous les arrêtés tendent à restreindre le rôle de l'institution; le système satisfait pleinement les administrés et la garde nationale disparaît ainsi pratiquement en l'an VII, d'un accord commun consenti entre les populations et le gouvernement.

L'héritage d'un pareil état de choses n'était pas fait pour déplaire au gouvernement consulaire; décidé à faire régner l'ordre et la sécurité, il entendait obtenir ce résultat sans faire revivre une institution essentiellement révolutionnaire, qui présentait tout d'abord à ses yeux le grave inconvénient de confier aux citoyens une partie de la force armée. C'était d'ailleurs satisfaire les populations, s'attirer à peu de frais leur reconnaissance; déjà la Constitution de l'an VIII n'impose plus l'obligation d'être garde national pour jouir des droits de citoyen (1); en 1800, la garde nationale n'a plus quelque apparence de vie que dans les grandes villes du département (2).

Officiellement cependant elle n'est pas supprimée : des remplaçants suppléent les troupes régulières parties en campagne, montent la garde dans les postes, font les patrouilles nécessaires mais ce sont des individus peu recommandables, leur service est irrégulier, mal fait. Le préfet, Marquis eut alors l'idée de

(1) Constitution de l'an VIII, 22 frimaire an VIII (13 décembre 1799).
(2) *Lettre du préfet Marquis au Sous-préfet de Toul*, 23 floréal an VIII (13 mai 1800). D. 5, D. 6. A. M. Toul.

substituer à la garde nationale des villes du département un véritable corps constitué de salariés, placé sous les ordres des municipalités. L'organisation serait réalisée sans frais pour l'administration, le nouveau corps devant être payé au moyen des taxes versées par les gardes nationaux qui ne voudraient plus faire de service. Le 14 fructidor an VIII (1er septembre 1800) Marquis décidait donc, en raison « de l'état déplorable » des gardes nationales des villes de Nancy, Lunéville, Toul et Pont-à-Mousson, qu'il serait créé dans chacune d'elles « une garde de remplacement » (1). Cette garde fut-elle effectivement organisée à Lunéville et à Pont-à-Mousson ? Nous n'avons rien pu trouver à ce sujet; on peut croire qu'elle ne le fut jamais à Toul; par contre, elle fut créée à Nancy par arrêté municipal du 16 fructidor an VIII (3 septembre 1800). (2).

L'effectif de la garde de remplacement ne devait pas descendre au-dessous de 150 hommes; il ne pouvait dépasser le chiffre de 250; en fait, il paraît avoir été réellement de 150 hommes, non compris les sous-officiers et les officiers (3). Les gardes de remplacement étaient répartis en trois compagnies, armés, habillés, équipés par la ville; celle-ci les employait à tous les services assurés jusqu'alors par la garde nationale, et même, si besoin, à la lutte contre les incendies. Il suffisait au garde national, commandé pour un service qu'il ne voulait pas exécuter, de déposer son billet à la mairie avec la somme convenue, soit 1 fr. 50 pour une garde ordinaire ou un détachement à l'extérieur, o fr. 75 pour une corvée; on pouvait encore s'abonner pour 24 francs par an. De leur côté, les gardes de remplacement étaient payés 1 franc par jour s'ils étaient fusiliers, 1 fr. 25 s'ils étaient caporaux, 1 fr. 50 s'ils étaient sergents (4).

L'organisation fonctionna à la satisfaction générale jusqu'au 20 messidor an X (9 juillet 1802), où le préfet ayant supprimé tout service de la garde nationale, la garde de remplacement fut dissoute; elle n'avait rien coûté à la ville et son compte se soldait même, après vingt mois d'existence, par un léger bénéfice. La

(1) *Arrêté du préfet,* H. 3. A. M.
(2) *Arrêté du maire,* approuvé le 17 fructidor an VIII (4 septembre 1800) par le préfet. H. 3. A. M.
(3) *Note de l'adjudant commandant de la garde nationale,* 26 frimaire an IX (17 décembre 1800). H. 3. A. M.
(4) *Arrêté du maire,* 16 fructidor an VIII (3 septembre 1800) H. 3. A. M.

municipalité avait dépensé pour l'habillement, l'armement et l'équipement, 9.354 fr. 44 centimes, elle avait distribué 16.733 fr. 13 centimes aux fusiliers et aux gradés pour solde de leurs services, mais les taxes versées par les gardes nationaux se montaient à 28.147 fr. 70 centimes et laissaient encore, tous frais payés, un bénéfice de 188 francs (1). L'institution de la garde de remplacement avait donc été financièrement heureuse.

Sa création en l'an VIII marque bien toutefois l'intention nette du gouvernement de faire disparaître la garde nationale proprement dite; il la réalisa, deux ans plus tard, en l'an X, dès que la fin des hostilités, lors de la paix d'Amiens, eut fait rentrer dans le département des troupes régulières qui pouvaient assurer le service de place dans les villes. Le 24 mai 1802, Marquis écrivait au sous-préfet de Lunéville « ...je désire que les fonctions de la garde nationale soient restreintes autant qu'il sera possible et même qu'elle soit dispensée de tout service permanent, si cela est praticable... » (2). Effectivement, le 28 juillet, le préfet, d'accord avec le sous-préfet et le maire, décide que la garde nationale de Lunéville ne fera plus aucun service (3). Déjà, depuis le 9 juillet, la suppression du service est réalisée à Nancy et Marquis a écrit au maire de cette ville : « Le Ministre de la guerre m'ayant chargé de supprimer les postes militaires de l'intérieur, j'ai pensé que le service permanent de la garde nationale devenait désormais inutile dans la commune de Nancy.

Vous voudrez bien, en conséquence, faire cesser ce service à compter d'aujourd'hui et vous concerter avec le commandant d'armes pour faire occuper par les troupes de ligne les postes de police dont la conservation serait jugée indispensable. J'ai saisi avec plaisir une occasion de débarrasser les citoyens de Nancy d'une charge qui était devenue pour eux un véritable impôt... » (4). Enfin, quelques jours plus tard, le préfet précisait encore davantage l'intention du gouvernement d'enlever dorénavant aux

(1) *Relevé de compte de la garde soldée*, 20 messidor an X (9 juillet 1802). H. 3. A. M.

(2) *Lettre du préfet Marquis au sous-préfet de Lunéville*, 4 prairial an X (24 mai 1802). H. 32. A. M. Lunéville.

(3) *Arrêté du préfet*, 9 thermidor an X (28 juillet 1802). H. 32. A. M. Lunéville.

(4) *Arrêté du préfet*, 20 messidor an X (9 juillet 1802) et *lettre du maire*. H³ A. M.

20

citoyens eux-mêmes tout souci de contribuer au maintien de l'ordre. « ...L'intention du gouvernement est que l'on ait recours le moins possible à l'appareil de la force publique et il m'a chargé de supprimer tout service ou poste d'honneur qui ne serait pas indispensable. La gendarmerie doit suffire... » (1).

(1) *Lettre du préfet Marquis au sous-préfet de Lunéville*, 26 messidor an X (15 juillet 1802). H³². A. M. Lunéville.

CHAPITRE XVII

Coup d'œil d'ensemble sur la garde nationale
dans la Meurthe pendant la Révolution

I. Part prépondérante de la bourgeoisie dans la formation des gardes nationales. Les gardes nationales rurales. — II. Influence du mouvement des fédérations. — III. Les levées de volontaires de 1791 et de 1792. — IV. Les réquisitionnaires et les sans-culottes de 1793. — V. La garde nationale perd son importance à la fin de la Convention et sous le Directoire.

La garde nationale naît en 1789 de deux idées essentielles : la volonté d'instaurer un régime nouveau, la volonté de ne pas laisser le pays tomber dans le désordre. Ainsi, à l'origine de l'institution, se retrouvent les deux grandes tendances de l'esprit français et plus particulièrement du caractère lorrain, l'aspiration vers un idéal de justice et de liberté, le sens de l'autorité nécessaire, de l'ordre indispensable.

Une classe sociale, la bourgeoisie, est éminemment pénétrée de ces idées; elle est dévouée à la Révolution qui s'ouvre, elle constitue l'élément le plus intelligent de la nation, celui qui comprend mieux le danger de l'anarchie. Son intérêt se concilie avec ses convictions ; elle veut s'emparer du pouvoir dont elle détient d'ailleurs une large part déjà, mais elle est riche, elle entend conserver, même augmenter sa richesse ; il lui faut, par suite, empêcher la Révolution de déchaîner une tourmente où disparaîtraient les fortunes et les biens.

Elle s'organise donc, dès le début, à la fois contre les aristocrates, partisans de l'ancien régime dont elle veut la destruction, et contre ceux des révolutionnaires dont elle juge dangereuses les tendances trop avancées. Son énergie est remarquable ; devant une crise qui s'annonce immédiatement grave, devant cette masse populaire où l'on sent fermenter de redoutables passions, la bourgeoisie n'hésite pas un instant à payer de sa personne ; elle s'arme et descend dans la rue, décidée à combattre pour le triomphe de ses idées et le maintien des principes d'ordre qui sont les siens. Ainsi se créent les gardes nationales des villes et des gros bourgs lorrains ; elles sont essentiellement bourgeoises ; on n'y admet que des gens sûrs « ...les plus aisés, des mieux connus et choisis... parmi ceux qui sont le plus susceptibles par leur bonne conduite, leurs mœurs et garantis par leur corporation ou par les chefs de l'ordre dans lequel ils se trouvent exister... » (1).

Il y a des heurts au début de cette organisation et il serait étonnant qu'il en fût autrement. Tous ces organismes qui naissent, administrations municipales irrégulières, aux noms les plus divers, sociétés populaires aux idées mal coordonnées, gardes nationales, milices bourgeoises ou citoyennes aux rôles mal définis, entrent forcément en conflit. Bientôt, ils se partagent en deux clans ; les modérés, effrayés des premières violences populaires, jugent rapidement l'ordre menacé et ont dès lors une tendance naturelle à s'appuyer sur des éléments qui n'ont pas adhéré franchement à la Révolution ; au contraire, les patriotes, pour assurer la prépondérance de leurs idées, ne répugnent pas à s'allier avec le peuple même qui est résolument favorable au mouvement révolutionnaire, mais n'a pas le sentiment profond de la nécessité de l'ordre et de la tranquillité intérieurs.

Les populations rurales ne participent pas à cette organisation des gardes nationales en 1789 ; on compte extrêmement peu, on pourrait dire qu'on ne compte pas de villages lorrains qui constituent des gardes. Ce n'est pas que les campagnards soient hostiles au mouvement révolutionnaire ; ils lui sont, au contraire, très nettement favorables ; mais ils sont loin d'avoir au maintien de l'ordre le même intérêt que la bourgeoisie des villes. Bien mieux, tout au moins au début, ils ne sont pas fâchés de la paralysie soudaine qui frappe les autorités de l'ancien régime. Elle leur facilite de brûler les actes constatant les droits féodaux, de piller les forêts de l'état, des seigneurs et des couvents, de chasser sur toutes les terres et de ne plus payer l'impôt ; surtout, les populations rurales manquent d'une classe sociale capable de prendre la direction d'un mouvement d'organisation comme la bourgeoi-

<hr>

(1) *Règlement pour la garde citoyenne de Nancy*, 26 juillet 1789. B. M.

sie a su le faire dans les villes. La garde nationale ne sera donc instituée dans les campagnes que par mesure administrative, en juin 1790; mais elle le sera alors facilement, car l'agitation, provoquée par les fédérations, aura préparé puissamment les paysans à accepter la charge nouvelle qui leur est imposée.

Les conditions mêmes de leur création avaient donné aux gardes nationales urbaines un caractère fortement municipal ; elles étaient essentiellement la milice de la cité, la garde citoyenne ; elles ne devaient pas conserver longtemps ces traits particularistes. Rapidement, les gardes nationales des villes et des départements voisins sentent le besoin de s'unir, de se coaliser ; elles comprennent aisément que l'association leur vaudra un sérieux surcroît de forces dans la lutte qu'elles sont décidées à soutenir pour l'établissement de la Révolution et le maintien de l'ordre. Leur union s'affirme dans les fêtes des coalitions ou fédérations provinciales qui se succèdent en Lorraine à partir du printemps de 1790 ; elle se manifeste dans tout son éclat à la fédération du 14 juillet, célébrée avec solennité, dans les départements comme à Paris ; dès lors, elle transforme profondément l'état d'esprit des gardes nationales. Ces corps sortent définitivement de leur particularisme ; ils prennent conscience du lien qui les rattache, non seulement à leur voisin, mais à la France entière ; en même temps, et du fait même qu'ils s'unissent pour être plus forts contre le danger, ils sentent bien que l'œuvre de la Révolution n'en est encore qu'à son début, qu'elle a besoin d'être défendue. Cette tâche, les gardes nationales sont prêtes à la remplir ; peut-être ne voient-elles pas clairement encore toute l'étendue de l'engagement qu'elles prennent, et ne comprennent-elles pas toute la grandeur des sacrifices qu'il leur faudra s'imposer pour tenir leur serment, mais, dès maintenant, leur patriotisme révolutionnaire est profond, il renferme en germe ce patriotisme élargi qui poussera aux frontières en 1791 et 1792 l'élite des gardes nationaux.

En Lorraine, les gardes nationales devaient être rapidement appelées à faire la preuve qu'on pouvait compter sur elles pour le maintien de l'ordre. L'affaire de Nancy, cette émeute sanglante provoquée par l'insurrection de trois régiments, soutenus par les éléments les moins recommandables de la population, était une épreuve sérieuse pour un début. La bonne volonté des gardes nationales, leur dévouement, leur courage même furent indéniables ; leur utilisation militaire se révéla difficile, mais de ceci on ne pouvait s'étonner. Leur organisation purement communale suffisait, à défaut d'autres raisons, à rendre presque impossible leur emploi en nombre; par contre, le fait que des détachements des gardes nationales de Metz et de Toul, commandés par d'anciens officiers et amalgamés avec les troupes de ligne, s'étaient fort bien conduits, constituait une précieuse indication.

De toutes façons, la garde nationale avait montré, en la circonstance, qu'elle ne craignait pas les coups ; mais cependant, si elle est prête, et elle le prouve, à payer de sa personne pour le maintien de l'ordre à l'intérieur, la grande masse des citoyens qui la compose n'a pas encore idée en 1790 qu'on puisse faire appel à son concours contre l'ennemi extérieur. Si certains esprits en arrivent à envisager parfois cette possibilité, c'est avec une imprécision qui la laisse toute chimérique. Ce point de vue est aussi celui de la majorité de l'Assemblée constituante, qui, dans son décret du 6 décembre 1790 encore, fait nettement la distinction entre l'armée « destinée essentiellement à agir contre les ennemis du dehors » et la garde nationale « essentiellement destinée à agir contre les perturbateurs de l'ordre et de la paix... ». La guerre contre l'étranger, fort improbable aux yeux d'un peuple éminemment pacifiste, est l'affaire de l'armée régulière, de l'armée du roi ; les gardes nationales n'ont point à se mêler d'une lutte en vue de laquelle elles n'ont point été instituées.

La conception du rôle des gardes nationales, en cas de péril extérieur, change au début de 1791 ; cette transformation a d'ailleurs été très efficacement préparée par le sentiment, né du mouvement des fédérations, où les gardes nationaux ont juré de soutenir la Révolution de tout leur pouvoir. Or, voici que la Révolution est menacée maintenant, non plus par les factieux de l'intérieur, mais par les rois coalisés ; à ce péril, l'armée, affaiblie par l'émigration de ses officiers, par l'absence d'un recrutement régulier n'est pas en état de faire face. La classe dirigeante, la bourgeoisie, est donc amenée logiquement à envisager qu'il lui faut défendre contre l'étranger aussi ses précieuses conquêtes et toute la Révolution, désormais étroitement confondue avec la Patrie. Au mois de janvier 1791, l'Assemblée constituante fait entrer dans ses prévisions l'emploi de la garde nationale, en cas de péril extérieur. En juin, elle se décide à appliquer la mesure ; elle demande donc des volontaires, non pas à la nation tout entière, mais à la classe qui, seule, jouit des droits de citoyens et compose la garde nationale. La bourgeoisie répond sans défaillance à l'appel qui lui est fait ; 2.870 gardes nationaux de la Meurthe partent pour la frontière, bourgeois des villes surtout, jeunes gens aisés de la campagne ; il n'y a pas ou peu de paysans, il n'y a pas d'ouvriers.

La levée des volontaires est la première mesure d'ensemble, prise par l'Assemblée à l'égard de la garde nationale. Jusqu'alors elle s'est contentée de légiférer, au gré des besoins, souvent pour régler les nombreux différends survenus entre gardes nationales et municipalités, la plupart du temps pour rendre légal un état de fait déjà existant. Le plus important des décrets qu'elle a rendus sur la matière, celui du 12-18 juin 1790, n'est que la reconnaissance de cette règle qui, depuis le début de la Révolution, réserve uniquement aux citoyens aisés le droit de servir dans la garde. C'est seulement à la veille de se séparer que l'Assemblée constituante vote la fameuse loi d'organisation de la garde nationale.

La loi du 29 septembre 1791 se propose essentiellement deux buts distincts, faire de la garde nationale l'armée, chargée de maintenir l'ordre à l'intérieur, la mettre en état de coopérer à la défense du pays en cas de péril extérieur ; mais, en fait, les mesures prises pour obtenir le résultat qu'on vise sont telles, que même du seul point de vue théorique, elles doivent rester à peu près inopérantes dans les deux cas. Le maintien de l'organisation en unités, où les hommes de tous les âges sont confondus, rend la garde difficile à employer, en cas de troubles sérieux à l'intérieur, et complètement inutilisable contre l'ennemi de l'extérieur ; sa mise en service, dans l'une ou dans l'autre de ces éventualités, nécessite forcément la formation d'unités de marche avec lesquelles on perd tout le bénéfice de l'organisation antérieure. La seule prescription féconde de la loi, c'est l'obligation, édictée pour toutes les gardes nationales, de l'instruction militaire. Qu'on l'observe et la nation est dotée d'une immense société de préparation militaire qui peut donner à l'armée, à défaut d'unités mobilisables, des soldats et des cadres subalternes instruits. Le résultat sera d'une extrême importance.

Dans la pratique, il fut loin d'être atteint. Les populations rurales témoignèrent peu de zèle pour réaliser la nouvelle organisation par district, ordonnée par la loi et pour instruire, même dans le cadre de la commune, leurs gardes nationaux. Seules,

les gardes nationales des grandes villes se conformèrent aux prescriptions légales ; elles s'instruisirent régulièrement à partir du début de 1792.

Le moment marque l'apogée de la garde nationale ; elle constitue véritablement alors une force considérable, moins pour sa valeur militaire qui reste faible, qu'en raison du facteur moral qu'elle représente. Composée de l'élite de la nation, ardemment dévouée à la Révolution, elle est prête à la défendre désormais à l'extérieur comme à l'intérieur ; son patriotisme est profond. Il s'est déjà traduit en actes, lors de la levée de 1791 ; il éclate avec plus d'enthousiasme encore en 1792, quand la Patrie est proclamée en danger. En quelques jours, la garde nationale de la Meurthe fournit 4.000 volontaires, répartis en cinq bataillons ; elle a ainsi levé pour les armées, en un an, dix bataillons et près de 7.000 volontaires.

La deuxième levée des volontaires marque cependant la faillite du système militaire, esquissé par l'Assemblée constituante qui avait rêvé de constituer deux armées. L'armée de métier, assez faible, se recruterait, en principe, dans la nation tout entière, en fait, parmi les citoyens passifs auxquels on fermait les bataillons de volontaires. L'armée des volontaires serait fournie uniquement par la garde nationale, par la classe aisée. Ainsi, la bourgeoisie prenait sa part du péril extérieur, mais elle se prémunissait contre le danger de voir se dresser en face d'elle, après la victoire, une armée régulière, qui pouvait devenir un instrument docile du pouvoir exécutif.

La conception disparaissait en août 1792, à la fois sous la poussée politique qui abolissait les distinctions de classe maintenues jusqu'alors et aussi devant l'étendue de l'effort à faire pour renforcer l'armée. Une classe sociale n'en eût pas été capable seule ; il fallait le demander à la nation tout entière.

Cependant, c'est encore la garde nationale, telle qu'elle a été constituée avant 1792, qui fournit la majeure partie des volontaires ; l'élément bourgeois, petits bourgeois, gens de lois, commerçants, boutiquiers, y reste prépondérant ; il se renforce seulement d'un nombre plus considérable qu'en 1791 de cultivateurs aisés, car le patriotisme s'est étendu aux campagnes. Mais cet effort même affaiblit considérablement la garde nationale ; désormais, elle marche vers son déclin.

En 1791, le départ des volontaires lui a fait perdre son élément lé plus jeune, le plus enthousiaste ; elle achève de s'épuiser en 1792. Surtout, elle est privée des cadres qui ont constitué jusqu'ici son armature ; anciens soldats, sous-officiers et officiers sont partis à l'appel de la Patrie et les jeunes gens qui eussent constitué plus tard un encadrement remarquable, poussés par le patriotisme et par l'ambition, l'ont également quittée ; dès lors, elle diminue considérablement de valeur militaire et plus encore de valeur morale.

L'invasion prussienne la trouve donc dans un état de désorganisation qui ne la prédispose pas à traverser avec résolution une crise où il lui faut envisager la lutte, dans des conditions précaires, contre la plus réputée des armées européennes. Pour la dresser en face de l'envahisseur, il lui faudrait des chefs et elle n'en a plus ; elle ne reçoit d'ordres que d'autorités civiles, incompétentes, hésitantes et effrayées ; d'ailleurs, son organisation se prête mal à la mise sur pied d'une troupe importante ; elle ne comprend pas non plus qu'on lui demande de combattre les Prussiens, quand on laisse inutilisés, dans les villes mêmes du département, les bataillons de volontaires qu'elle a fournis récemment. Mais, cette défaillance est courte ; dès que la victoire de Valmy rassure la Lorraine, la garde nationale retrouve son courage et sa bonne volonté pour concourir à la poursuite de l'ennemi.

Ce sursaut d'énergie n'arrête pas son déclin qui s'accentue encore en 1793 ; son importance dans la vie intérieure du pays diminue chaque jour. Les cadres politiques et administratifs sont désormais fortement établis ; des actes d'indépendance, d'opposition aux pouvoirs municipaux ou départementaux, analogues à ceux de 1789 ou 1790, ne sont plus de mise en 1793 ; ils ne seraient plus tolérés. Au reste, la garde nationale n'y pense pas ; elle-même s'est profondément transformée ; elle n'est plus, comme au début, un corps privilégié, puisque, depuis le mois d'août 1792, toutes les classes de la nation se confondent dans les rangs. En même temps, le service y devient chaque jour plus pénible ; elle remplace maintenant la police, la maréchaussée et les troupes régulières qui sont parties aux armées ; les citoyens aisés ou occupés par leurs affaires se dégoûtent d'un service qui n'est plus une distinction, des gardes et des patrouilles incessantes et fastidieuses ; le remplacement apparaît et prend toujours plus d'extension. Tel est le tableau dans les villes ; dans les campagnes, la garde nationale perd le peu d'activité qu'elle avait eu jusqu'alors ; elle n'existe plus que sur le papier.

Du point de vue militaire, l'institution n'est pas en moindre décroissance. La Constituante avait demandé à la garde nationale de fournir seule les volontaires de 1791, la Législative de donner encore la grande majorité de ceux de 1792, la Convention ne fait plus aucun appel à son concours en matière de recrutement. Et, en effet, l'effort à réaliser pour maintenir et renforcer les effectifs de l'armée qui se bat aux frontières devient tellement considérable qu'on doit abandonner tous les principes observés jusqu'alors en matière de recrutement. Comme on l'a fait en août 1792, déjà, on continue à s'adresser à l'ensemble des citoyens, mais on ne peut plus compter sur la bonne volonté seule, on en vient donc, sous l'empire des circonstances, à la réquisition. Dès lors, la garde nationale qui n'est pas autre chose maintenant que la nation tout entière, ne saurait avoir un rôle à jouer dans ce nouveau mode de recrutement.

Jusqu'au mois d'août 1793, la Convention applique le système de la réquisition dans des conditions parfaitement rationnelles ; mais, à cette époque, sous l'empire du danger grave qui menace le pays, elle perd pour un moment la notion juste qu'elle a eue jusqu'alors des possibilités en matière de recrutement ; elle écarte rapidement sans doute l'utopie de la levée en masse, mais elle commet l'erreur grave de croire qu'on peut procéder avec les réquisitionnaires de 1793 comme avec les volontaires. On oublie ainsi que c'est essentiellement à la garde nationale qu'on a dû de pouvoir former ces bataillons. La garde nationale de 1791 et de 1792, fortement constituée, leur a fourni des cadres expérimentés, des hommes d'un excellent esprit, d'une certaine instruction militaire, d'un niveau social généralement élevé. Encore avait-on pris la précaution de ne pas envoyer de suite à l'armée les bataillons de nouvelle formation.

Il en allait autrement avec les réquisitionnaires. Les hommes, tous très jeunes, étaient pour la grande masse des ouvriers ou des paysans d'intelligence peu cultivée et surtout d'un esprit patriotique bien inférieur à celui des volontaires; la garde nationale n'avait plus de cadres à leur donner; ils étaient hors d'état d'en faire sortir de leurs rangs et ce défaut absolu d'encadrement fait leur faiblesse incurable. Enfin, la Convention aggrave encore les inconvénients des mesures prises, en prescrivant de diriger immédiatement sur les armées les bataillons de réquisition. C'était croire qu'une foule, sans chefs, sans dressage préalable de son cœur et de son cerveau, est utilisable à la guerre. L'expérience devait être rapidement concluante.

A ce même moment, au contraire, des gardes nationaux de la Meurthe et notamment « le Bataillon des sans-culottes » de Nancy et de Lunéville, des détachements aussi d'autres départements, venus volontairement à l'Armée du Rhin, « pour donner un coup de main », servent à l'entière satisfaction des généraux et des représentants du peuple. Ils sont composés cependant de gens mariés et de pères de famille, mais ils ont ce que n'ont pas les réquisitionnaires : beaucoup de bonne volonté et des cadres, sans grande valeur militaire sans doute, mais qui, du moins, connaissent bien leurs hommes et en sont connus. Il est certain que des bataillons de gardes nationaux de cette sorte étaient parfaitement aptes à jouer aux armées un rôle analogue à celui dévolu dans la guerre moderne à nos territoriaux.

L'appel de 1793 aux sans-culottes est le dernier qui ait pour effet d'envoyer des fractions de la garde nationale servir effectivement aux armées. Il n'est plus besoin, en effet, de recourir à ces expédients de fortune maintenant que le système de recrutement fonctionne régulièrement; la garde nationale n'est plus considérée ni comme nécessaire, ni comme utilisable contre l'ennemi extérieur.

Elle n'en retrouve pas plus d'activité à l'intérieur. Jusqu'à la fin de la Convention, la garde nationale n'existe toujours que sur les contrôles dans les campagnes, elle perd encore de son importance sociale dans les villes. De plus en plus délaissée par les citoyens des classes aisées, arbitrairement dépossédés de leurs grades et systématiquement privés de toute influence par le parti montagnard avancé, elle se transforme en un corps soldé où seuls les remplaçants payés font le service, devenu pour eux un véritable métier.

La réorganisation de priairial an III aurait dû améliorer cet état de choses. Et, en effet, la loi est faite pour réserver à nouveau dans la garde nationale une part prépondérante à la bourgeoisie modérée qui revient au pouvoir ; les dispositions, qu'on a pris soin d'y insérer, en écartent l'élément populaire ; ainsi, l'institution pourrait reprendre une physionomie comparable à celle de 1789. Dans la réalité, la loi reste inopérante ; elle ne suffit pas à rendre dans les villes quelque activité à un service discrédité et fastidieux ; quant aux populations rurales, elles n'effectuent pas la réorganisation prescrite, ou si elles la réalisent, c'est uniquement sur les registres des administrations.

La garde nationale n'a pas une attitude moins effacée sous le Directoire ; de plus en plus, elle prend dans les vues du gouvernement et dans les idées des contemporains le caractère d'une force purement intérieure, auxiliaire occasionnelle de la police et de la gendarmerie. C'est pour lui permettre de remplir facilement et rapidement ce rôle que le Directoire procède à la création des colonnes mobiles. En fait, cet organisme nouveau reste peu employé dans la Meurthe où, d'une façon habituelle, la tranquillité est suffisamment assurée jusqu'en l'an VI ; les expéditions de quelque importance contre les perturbateurs de l'ordre public, brigands, déserteurs, réfractaires sont rares ; les autorités se contentent ordinairement de faire appuyer la gendarmerie par les gardes nationales des communes les plus à proximité. Il en est de même en l'an VI où l'administration réussit à rendre quelque activité aux gardes nationales rurales, en raison de bandes de chauffeurs et de déserteurs qui inquiètent le département ; mais le réveil est passager, et la garde nationale retombe bientôt dans son atonie. Au début du Consulat, elle n'existe plus que dans les grandes villes où elle est réduite à un simple corps de remplaçants ; en 1802, après la paix d'Amiens, à la satisfaction unanime des populations, le gouvernement décharge définitivement la garde nationale de tout service.

La mesure est dans la logique des choses. La garde nationale, qui s'était instituée pour faire triompher la Révolution et maintenir l'ordre, ne se découvre plus de raison d'être ; la Révolution est faite ; un gouvernement d'ordre est établi. Sans doute, les difficultés ne sont pas finies ; il peut y avoir encore des factieux à maintenir à l'intérieur et des ennemis à combattre à l'extérieur, mais le gouvernement consulaire assure contre ces périls ; il dispose, pour y faire face, d'une armée puissante, qu'il prélève sur la nation, ou plutôt sur une partie seulement de la nation, car le système du remplacement permet à la classe aisée de ne pas prendre part au service militaire. La bourgeoisie qui avait entendu, au début de la Révolution, s'installer au pouvoir et s'y maintenir par la force des armes, abdique définitivement en faveur d'un maître auquel elle confie ses destinées et celles du pays.

TABLE ALPHABÉTIQUE DES NOMS DE PERSONNES [1]

A

Aboville (Général d'), 210.
Alba, 71.
Alboise, XIX.
Alibert, 8.
Alison, 8.
Amus, 8.
Ancillon (d'), 42.
Andor (d'), 58.
André, 49, 81, 105, 138.
Anthoine (Abbé), 9, 11.
Anthoinet, 220.
Aristan de Châteaufort (d'), 39, 43.
Arnould, 142.
Audoin, 185.
Aulard (F.-A.), XV, XVI, XIX, 131, 198, 247, 249, 269, 277.

B

Bacourt (de), 8.
Bacquet, XIX.
Bailly, 235, 236, 237, 238, 239.
Balivière (de), 10.
Bar, 205.
Barbier, XV.
Barère, 213, 214, 215.
Barolière (de la), 184, 185.
Barthélemy (A.), XX.
Barthélemy (P.), XIX.
Bassompierre (Jean, Anaclet, comte de), 14, 26, 28, 53, 54, 55, 59.
Baudoin, XV.
Baudot, 205, 206.
Baumont (H.), XVI, XIX, 39, 44, 46, 47.
Beauharnais (de), 167.
Beauvau (prince de), 26, 28.
Bégin (E.-A.), XIX.
Belhomme, XX.
Berneron (de), 39.
Berson, 210.
Beurnonville, 134, 135.
Biron, 107.
Blaise, 105.
Bodin, 250, 251.

Bouillé, XII, XVII, XX, 18, 19, 36, 74, 82, 83, 84, 85, 87, 92, 93, 94, 95, 96, 97, 98, 99, 100, 101, 103, 104, 105, 121, 135, 143.
Borie, 223, 226, 227.
Boulligny, 185.
Bourdeau (M.), XVII, XX.
Bourdon (de l'Oise), XIV.
Bourguignon, 235, 236, 238, 239.
Bouvier (F.), XVIII, XX, 32, 52, 56, 65.
Boyé (P.), XVIII, XX, 180.
Breton, 42, 122.
Breviller, 4.
Briey, 232.
Broglie (Victor de), 157.
Brugnon, 160, 161, 204, 206.
Bruneau (M.), XVIII, XX, 32, 37, 38, 46.
Brunswick (duc de), 165, 166, 169, 171, 179, 180, 182, 183, 213.
Bultingaire (L.), XX.
Burcy, 223, 237, 238, 239.
Bussière (G.), XVIII, XX, 32, 36.
Buzot, 128.

C

Gabier de Gerville, XI, 2, 105.
Camus, XIV.
Carez (J.), 167, 170, 221, 225, 226.
Carnot, 213.
Carnot (le jeune), 198.
Caron, XIV.
Cauvin (C.), XX.
Cayon (J.), XVII, XX.
Charlot, 28, 51, 68, 99.
Charpentier, 210.
Charvet, 11.
Chassin (Ch. L.), XX.
Châtelain, 141, 143, 220.
Chazot, 135.
Chevalier (J.), XVIII, XX.

Chilly (L. de), XVII, XX.
Choiseul (comte de), 5, 6, 9, 19, 35, 39, 40, 45, 54, 58, 135.
Chuquet (A.), XIX, 135, 166, 168, 169, 171, 179, 180, 183, 210, 211, 213, 229, 230, 238.
Clarke, 226, 227.
Clerfayt, 165.
Cobourg (prince de), 213, 214.
Colin (J.), XIX, XX, 50, 52, 68, 216, 218, 219, 223, 224, 225, 226, 227.
Coliny, 8, 49, 50, 58, 124, 261.
Comte (Ch.), XVI, XX, 203, 248, 249, 257.
Conard (P.), XVIII, XXI, 36, 37.
Condé (prince de), 114.
Conteaux, 11, 53, 104.
Courbe (Ch.), XVII, XXI.
Courtau, 190.
Couturier, 196.
Custine, 210.

D

Dalde (lieutenant), XVIII, XX, 222.
Dauphin, 39, 43, 125.
Debidour (A.), XV.
Delorme, 39, 43.
Deloupy, 179, 206, 207, 232, 247.
Delsort, 98.
Denis (A.), XVI, XXI, 29, 34, 43, 144.
Denis (P.), IX, XVII, XXI, 3, 20, 219, 221.
Dentzel, 196.
Deprez (E.), XV, XXI.
Desbourbes, 105.
Dosilles, 98.
Desmeuniers, 117.
Desmottes, 83, 84, 85.
Doettmann (de), 39, 43, 59, 90.
Dieudonné, 73.
Dombasle (Abbé de), 10.

Douarche (A.), XIX, XXI.
Duchatellier (A.), XVIII, XXI.
Dubois-Crancé, 63.
Dumouriez, 25, 169, 179, 184, 210.
Dupeyrat, 71.
Duportail, 113.
Duquesnoy, XXI, 96, 134, 147, 149, 150, 158, 159, 167, 174, 175, 186, 187, 190, 204.
Duretest, 51.
Duvergier (J.-B.), XV.
Duveyrier, XI, 2, 105.

E

Élie, XIX.
Emery, 77, 79.
Estrade (comte de l'), 42.

F

Fabvier, X, XI, XII.
Fauré, XI, 179, 205, 229.
Febvé, 141, 204, 206, 221.
Fleury (H.), XVIII, XXI.
Fontenoy, 49.
Franc (Le), 115.
François, 51.
Fréteau, 114.
Friant, 135, 159.
Frimont, 256, 263, 264.
Fromental, 182, 185, 191.

G

Galaizière (de la), 73.
Ganaux, 137.
Gaucourt (de), 33.
Genaudet, 54, 83.
Genevois, 247.
Gérard, 8.
Gérard, 161.
Gillet, 71.
Gillot, 262, 263.
Gironsière (de la), 40, 43.
Glasson-Brisse, 201, 204, 205, 206, 221, 222, 225, 226.
Goeury, 8.
Gournay (B.-G.), XV.
Gouvenoux, 39.
Gouvion (Louis de), 43, 93, 94, 100, 104.
Grandjean, 204.
Grignon, 206.
Guyardin, 195, 213, 216.

H

Haener, 80, 98, 204.
Harlaut, 261, 268, 269.
Haussonville (d'), 5, 9, 17, 18, 23, 24, 44, 45.
Haxo, 156, 157.
Helzelle, 8.
Hennet (L.), XX, 135.
Hennequin (L.), XIX, XXI, 68, 224.
Hennequin, 190.
Henry, 81.
Hoche, XIX, 230.
Hohenlohe-Ingelfingen, 210.
Hohenlohe-Kirchberg, 165, 171.
Hotze, 238.
Humbert (F.-L. d'), 134, 135, 136, 146, 148, 149, 159, 160, 182, 185, 186.

I

Isselin, 87.

J

Jacob, 161.
Jadelot, 57, 68.
Janson, 8.
Jardin (G.), 204.
Jeandel, 142.
Jobart (de), 11, 26, 28, 49, 50, 52, 59, 77, 79, 80, 92, 97, 106, 146, 191, 201, 202, 206, 247, 253, 262.
Jobart (Madame de), 10.
Joffroi, 141, 142.
Jousseaux, 237, 238.

K

Kellermann, 134, 168, 170, 171, 177, 179, 184, 188, 190, 191.
Krantz, 4.

L

Lacoste, 195, 205, 206, 213, 216, 222, 230, 234, 236, 241, 242.
Lacroix, 174.
La Fayette (de), 44, 83, 84, 101, 195, 136, 143, 146, 168.
Lafitte, 11.
Laguerre, 235, 236, 238, 239.
Lalande, 135, 142.
Lallemand, 267.

Lamarque, 200.
Lameth (Alexandre de), 113, 118, 129.
Lamorlière (Général), 156, 157, 158.
Landremont, 217, 224, 225, 226.
Lattier (de), 108.
La Tour du Pin (de), XI, XVII, 24, 45, 53, 58, 83.
Laurencie (de la), 59.
Laval (de), 35.
Lavalette (de), XIII, XIV, XIX, 4, 5, 8, 9, 10, 11, 14, 19, 20, 21, 22, 23, 24, 25, 26, 27, 28, 34, 43, 44, 45, 49, 51.
Lecreulx, 172.
Legrand, 224.
Lelorain, 42, 84, 119, 152, 181.
Lemaire, 241, 242.
Léomaur, 8.
Léonard (de), XI, XVII, 17, 85, 91, 95, 96, 97, 98, 99, 104, 106.
Lepage (H.), XVIII, XXI, 4, 34.
Lesort (A.), XXI.
Léviston (de), 10, 24, 51.
Lévy-Schneider, XXI, 278.
Limonnier, 80.
Lisle (Samuel de), 77, 79.
Louis, 190.
Louis XV, 207.
Louis XVI, 155, 171.
Luckner, 166, 167, 168, 170, 173, 174, 176.
Luxer, 16.

M

Madelin (L.), XXI.
Maillot, 33.
Maire, XVII, 21, 99.
Maire, 8.
Maisonneuve, 51.
Mallarmé (C. J.), 252, 253.
Mallarmé (F. R. A.), 135, 228, 230, 234, 236, 241.
Malseigne (de), 74, 81, 82, 83, 85, 86, 88, 90, 91, 95, 101.
Malvoue (de), 39.
Mansuy (A.), XVII, XXI, 204.
Marat, 212.
Marc, 159.
Marin, 135, 149, 150, 186, 187, 190, 191, 199, 209.
Marquis, 267, 279, 280, 281, 282.

Masséna, 275.
Mauger, 198, 204, 205.
Mautouchet, XVI, XXI.
Mazade, 247.
Mercier, 86.
Mérian (de), 77, 78.
Michaud, 201, 206, 207, 246, 247.
Michel, XIX.
Michel, 8.
Micque, 176.
Milhaud, 223.
Milton (de), 51.
Mollevaut, 11, 50, 52, 93, 103, 104, 105, 108, 109, 143.
Monard (de), 42.
Moreau, 269.
Mortal, 46.
Moulin (Jean-François, général), 256, 262, 263.
Moulon (de), 23.
Mourquin, 179, 207.
Murat, 221.

N

Nassau (prince de), 144.
Nicolas, 71, 105.
Noailles (E. M. L., marquis de), 89.
Noailles (vicomte de), 61.
Noël, XI, XII, 124, 190, 191.
Noue (de), XII, 5, 9, 52, 53, 54, 59, 75, 76, 78, 81, 85, 87, 89, 93, 95, 96, 101, 104, 105, 108, 125.

O

Oudinot, 8, 51, 68.

P

Paignat, 115.
Parisot, 175.
Parroit, 71.
Pauly, XVIII, XXI, 121.
Pellerin (A.), XIX, XXI.
Perrin, 18.
Petit, 55.
Pétion, 128.
Pfister (Ch.), XVI, XXII, 1, 207.
Pfliéger, 247.
Philip, XXII, 204, 205, 206.

Pinon, 146.
Pitt, 214.
Poincaré (A.-F.), 11, 25, 26, 27, 28, 49, 59, 68, 77, 80, 82, 85, 90, 91, 97, 105, 106, 107, 109, 120, 123, 124, 141, 143.
Poinsignon, 252.
Poirson, 50, 105.
Poisson (C.), XVI, XXII, 12, 14, 22, 75, 212, 248, 249, 257.
Potocki, 25.
Poulet (H.), XVII, XVIII, XIX, XXII, 25, 112, 114, 115, 116, 118, 120, 121, 122, 123, 124, 125, 135, 143, 144, 154, 171, 204, 205, 206.
Prailly (Husson de), 43.
Prieur (de la Côte-d'Or), 213.
Prugnon, 105.
Puyproux, 206, 207, 232, 236, 237, 238, 239, 240, 241, 247, 253, 266.

R

Rabaut St-Etienne, 127.
Rambois, 8.
Rasquinet, 181, 182, 185, 186, 187, 188, 189, 190, 191.
Regnier, 105.
Renault (J.), XXII.
Reuss (Rod.), XVIII, XXII.
Riche, 196.
Robespierre, XV, 101, 113, 128, 206, 213, 250.
Roland, 164, 172, 173.
Rollind, 231.
Rosières (R.), XXII, 32.
Rouot de Fossieux, 71.
Roussel, IX.
Roussel, 8.
Rouvière (F.), XXII.
Ruamps, 223, 226, 227.

S

Salis (de), 78.
Salle, 105.
Sandt (de), XVIII, XIX, XXI, [illegible], 154, 16[illegible], 16[illegible], 71, 191, 2[illegible], [illegible], 0, 242.
Sau[illegible]

Saulnier, 172, 266, 270, 276.
Sautter, 226, 227, 233.
Schauenbourg, 218, 219, 222.
Schmidt (Ch.), XIV.
Sciout, XVI, XXIII.
Ségur (comte de), 41, 42.
Seillière, 68.
Seinguerlet (E.), XVIII, XXIII.
Servan, 168, 169.
Simoneau (Guillaume), 146.
Simonin, 8.
Sire, 8.
Sonnini, XII, 196.

T

Thouvenin, 68, 106, 115.
Thouvenin - Fafet, 205, 206, 247.
Tournès (R.), XXIII, 8.
Tricotel, 124.

V

Vallée (de la), 56.
Valory, 172, 182, 185, 187.
Vaultrin, 11.
Vellay (Ch.), XV.
Venot, 34.
Vergniaud, 155.
Vidampierre (comte de), 33.
Viguier (J.), XVIII, XXIII.
Vigneulle (de), 100, 104.
Villemin, 42.
Villeneuve, 8.
Vinot, 204.
Vioménil (de), 25.

W

Wachter, 16.
Wahl (M.), XVIII, XXIII, 43.
Wallon (H.), XIX, XXIII.
Warren (Mme de), 78.
Wittingbof (de), 115, 136.
Wulliez (J. F.), 206, 219, 246.
Wurmser, 239.

Y

York (duc d'), 213.
Young (A.), XXIII, 3.

TABLE DES MATIÈRES

CHAPITRE PREMIER

FORMATION DE LA GARDE NATIONALE A NANCY
(juillet-août 1789)

CHAPITRE II

LA GARDE CITOYENNE A NANCY ET SES DIFFICULTÉS AVEC LES
AUTORITÉS (septembre 1789-janvier 1790)

CHAPITRE III

FORMATION DE LA GARDE NATIONALE DANS LES VILLES ET LES BOURGS
DU FUTUR DÉPARTEMENT DE LA MEURTHE
(juillet-décembre 1789)

CHAPITRE IV

LA FÉDÉRATION DU 19 AVRIL 1790 A NANCY

CHAPITRE V

CHAPITRE VI

L'AFFAIRE DE NANCY

CHAPITRE VII

CHAPITRE VIII

LES GARDES NATIONALES DE LA MEURTHE ET LA LEVÉE DES VOLONTAIRES DE 1791

CHAPITRE IX

CHAPITRE X

CHAPITRE XI

CHAPITRE XII

CHAPITRE XIII

LA GARDE NATIONALE DANS LE DÉPARTEMENT DE LA MEURTHE DE LA FIN DE SEPTEMBRE 1792 AU 9 THERMIDOR AN II (27 juillet 1794)

CHAPITRE XIV

LES BATAILLONS DE RÉQUISITION ET LES GARDES NATIONALES SANS-CULOTTES A L'ARMÉE DU RHIN (août-décembre 1793)

CHAPITRE XV

LA GARDE NATIONALE DANS LA MEURTHE DU 9 THERMIDOR AN II (27 juillet 1794)

A LA FIN DE LA CONVENTION, 4 BRUMAIRE AN IV (26 octobre 1795)

CHAPITRE XVI

LA GARDE NATIONALE DANS LE DÉPARTEMENT DE LA MEURTHE PENDANT LE DIRECTOIRE, 4 BRUMAIRE AN IV (26 octobre 1795), 20 BRUMAIRE AN VII (24 décembre 1799).

CHAPITRE XVII

COUP D'ŒIL D'ENSEMBLE SUR LA GARDE NATIONALE DANS LA MEURTHE PENDANT LA RÉVOLUTION

Société Française d'Imprimerie et de Publicité, 26-28, boulevard du Château, Angers

ERRATA

On a relevé ci-dessous un certain nombre des erreurs typographiques les plus importantes, survenues en cours d'impression et ayant trait à des noms propres.

Page XXI, ligne 35, au lieu de : Lévy-Scheider, lire : *Lévy-Schneider*
— XXII — 18 — Philipp — *Philip*
— 127 — 17 — Rabaud — *Rabaut*
— 127 — 25 — Rabaud — *Rabant*
— 168 — 33 — Kellerman — *Kellermann*
— 170 — 31 — Kellerman — *Kellermann*
— 213 — 39 — Barrère — *Barère*
— 293 — 45 — Dosilles — *Désilles*
— 293 — 48 — Doettmann — *Diettmann*
— 295 — 39 — Rollind — *Rollin*